만국의 프레카리아트여, 공모하라!
일본 비정규노동운동가들과의 인터뷰

만국의 프레카리아트여, 공모하라! ─일본 비정규 노동운동가들과의 인터뷰

초판 1쇄 인쇄 _ 2012년 8월 1일
초판 1쇄 발행 _ 2012년 8월 5일

엮은이 · 이진경, 신지영

펴낸이 · 유재건
편집 · 박순기 | 마케팅 · 정승연, 한진용 | 영업관리 · 노수준, 이상원
펴낸곳 · (주)그린비출판사 | 등록번호 · 제313-1990-32호
주소 · 서울시 마포구 동교동 201-18 달리빌딩 2층 | 전화 · 702-2717 | 팩스 · 703-0272

ISBN 978-89-7682-762-3 03330
이 도서의 국립중앙도서관 출판시도서목록(CIP)은 e-CIP 홈페이지(http://www.nl.go.kr/ecip)와
국가자료공동목록시스템(http://www.nl.go.kr/kolisnet)에서 이용하실 수 있습니다.(CIP제어번호:
CIP2012003290)

그린비 출판사 나를 바꾸는 책, 세상을 바꾸는 책
홈페이지 · www.greenbee.co.kr | 전자우편 · editor@greenbee.co.kr

PRECA
PROLE
TA
RIAT

트랜스 소시올로지
Trans Sociology 014

만국의
프레카리아트여,
공모하라!

일본 비정규노동운동가들과의 인터뷰

이진경·신지영 엮고 씀

영B
그린비

서문

'만국의 프레카리아트여, 공모하라!' 그렇다. 한국의 프레카리아트, 나아가 만국의 프레카리아트는 공모해야 한다. 길바닥에 팽개쳐진 삶을 스스로 구제하기 위해, 모든 이들을 '시장'이란 이름의 전쟁 속으로 몰아넣고 삶을 근본에서 뒤흔드는 자본의 위협에 대항하기 위해, 새로운 삶의 조건을 만들어 내기 위해, 만국의 프레카리아트는 연대해야 한다, 공모해야 한다.

프레카리아트의 공모를 촉발하는 이 책의 제목은 2006년 일본의 잡지 『임팩션』 151호의 특집 제목에서 차용한 것이다. 아마도 일본의 비정규직 문제가 본격화되기 시작한 시점이었다고 생각되는 그 시기에, 그 잡지는 '프레카리아트'라는 개념을 일본에 소개하는 역할을 했던 것으로 보이는데, 이후 그 단어는 비정규직운동(프리타운동)의 대상을 정의하는 말로 사용되었고, 지극히 이질적인 사람들을 하나로 묶어 내는 데 매우 중요한 역할을 했다고 한다(이 책 6장, 아마미야 가린과의 인터뷰 참조). 맑스가 프롤레타리아트라는 말을 새로이 창안하여 "만국의 프롤레타리아트여, 단결하라!"라고 선언했을 때, 그것이 노동자들을 하나로 묶어 세워 독자적인 계급으로 만들어 내는 데 결정적인 역할을 했음을 안다면, 또 하나의 새로운 개념이 비정규직 노동자들을 위해 창안되었다는 것은 언어적인 층위를 넘어서는 현실적인 힘을 갖는다고 할 것이다. 이는 적어도 일본에선 '사실'에 속하는 것이었다고 보인다. 그렇기에 이 슬로건만큼 일본의 비정규 노동운동을 소개하는 이 책의 제목에 어울리는 것은 없을 것이다.

이 슬로건을 제목으로 다시 불러들이면서, 나는 '공모하라!'라는 말로 '단결하라!'라는 말을 대체할 이유가 있음을 간단히 부연하는 것이 필요하리라고 생각했다. 1848년 프롤레타리아트라는 이름으로 명명된 노동자들은 매우 열악하고 처참한 상황의 '동질성'으로 인해, 노동자라는 존재조건으로 인해, 계급적인 이해관계의 동일성으로 인해, 매우 강한 잠재적 동일성을 갖고 있는 사람들의 집단이었다. 그럼에도 불구하고 개별화되고 파편화되어 분산된 사람들. 그런 만큼 그들로선 하나로 단결하는 것으로 충분했고, 하나의 조직으로 단결하는 것이 상대적으로 쉬웠다고 할 것이다. 그러나 프레카리아트라는 말로 명명되는 사람들은, "비정규직 노동자뿐 아니라 실업자, 노숙자뿐만 아니라 히키코모리나 멘헤라(정신적 장애를 갖고 있는 사람들), 장애자와 마이너리티, 정사원이나 농민, 그리고 젊은이뿐 아니라 나이 든 사람"들에 이르기까지 지극히 이질적이다. 이해관계에서나, 생활방식, 사고방식, 노동방식 등 모든 면에서 하나로 묶어 줄 동질성을 찾기 어려운 집단이다. 따라서 이들을 하나의 동질적인 조직으로 통합하는 것도, 이들이 하나의 동일한 방식으로 운동하고 움직이는 것도 결코 쉽지 않을 것이다. 따라서 '단결하라!'라는 말로는 실질적으로 충분히 단결하기 어렵고, 그렇게 단결하는 것이 올바른 출구도 되기 어려운 조건이 밑바닥에 깔려 있는 게 아닌가 싶다.

그럼에도 불구하고 이들이 연대하여 '하나'처럼 움직일 수 있다면, 그것은 이 이질적인 집단들이 서로가 갖는 차이와 이질성을 바탕으로, 각자가 연대를 통해 무언가 이루고 싶다는 어떤 욕망의 '공모' 때문이라고 해야 할 것이다. 애초에 잡지의 특집을 구상할 때의 문제의식은 알기 어렵지만, 주어를 프롤레타리아트에서 프레카리아트로 바꾸었을 때, 서술어 역시 바꾸었어야 했던 이유를 나는 이렇게 생각한다. 그것은 지금의 프레카리아트운동을 19세기의 노동운동과 다르게 만들어 주는 중요한 요인 가운데 하나가 아닐까? 이를 통해 정규직 노동자를 모델로 하는 19세기 프롤레타리아트운동과 다른, 프레카리아트라는 새로운 이름의 프롤레타리아트에게 고유한 새로운 운동과 조직의 방식을 찾아야 한다고 나는 믿는다.

이 책에서 우리는 일본 비정규직 노동운동가들의 입을 통해 일본의 비정규직운동에 대해 접근하는 하나의 통로를 만들고자 한다. 비정규직 등의 문제로 유사하게 고통받고 있지만, 한국과는 아주 다른 방식으로 펼쳐지고 있는 그들의 운동에 대해 유심히 보고 생각해 보아야 하지 않을까 하는 생각이다. 이는 사실 나 자신의 이런 관심에 해당되는 말이기도 하다. '전국 유니온'와 '파견 유니온', '프리타 전반노조', '여성 유니온 도쿄' 등 도쿄의 대표적인 비정규직 노동조합 활동가들, 그리고 반빈곤운동의 상징적 인물인 유아사 마코토나 프리타운동의 아이콘이라고까지 불리는 아마미야 가린 등과의 인터뷰를 통해서, 일본 비정규직운동의 상황과 문제의식, 그리고 그들이 가고 있는 방향 등을 어렴풋이나마 포착하여 이해해 볼 수 있으리라는 생각.

사실 애초부터 책을 만들 기획을 갖고 인터뷰를 시작한 것은 아니었다. 지난 몇 년간 진행된 국내의 비정규 노동운동에 대해 관심을 갖고 있다가, 2008년 아마미야 가린이 한국에 방문했을 때 '수유+너머'에서 만났는데, 그때 일본 비정규 노동운동에도 관심을 갖게 되었다. 이유는 여러 가지겠지만, 무엇보다 한국의 비정규 노동운동과 분위기나 스타일이 아주 달랐다는 사실 때문이었던 것 같다. 그리고 일이 이상하게 '꼬이면서' 연구년 1년을 일본에서 보내게 되었는데, 이를 계기로 일본 비정규직 노동운동에 대해 '연구'를 하게 되었다.

물론 쉽지는 않았다. 워낙 전공 같은 거 따지지 않고 아무거나 내키면 공부하고 글을 쓰는 편이지만, 일본의 노동운동에 대해선 그리 잘 알지 못했고, 게다가 비정규 노동운동에 대해선 소개하는 책조차 거의 없었다. 당시 일본의 비정규 노동자에 대한 책들은 쏟아져 나오고 있었지만, 노동운동에 대한 것을 거의 찾아볼 수 없었다. 그래도 가까이에 노동운동에도 관심을 갖고 있었고 사회운동에 열심히 참여하는 친구들이 있어서, 어떤 조직들이 있는지, 누가 어떤 일을 하고 있는지 알려주었고, 인터뷰를 할 수 있도록 주선해 주기도 했다. 인터뷰를 시작하자마자 이 얘기들을 혼자 듣고 말기엔 아깝다는 생각을 하게 되었다. 더욱이 일본 비정규직 노동운동에 대해선 국내에 책 한 권 나와 있는 게 없다는 점에서, 관심 있는 분들에겐 유용한 책이 될 거라는 생각이 들었다.

하지만 일본어로 인터뷰한 것을 풀어서 책으로 만드는 데는 또 다른 여러 난관들이 있었다. 2009년에 했던 인터뷰를 이제야 책으로 내게 된 것은 그 때문이다. 그런데 책을 정리하는 작업이 마무리되어 갈 즈음에 일본에선 '3·11'이라고 불리는 지진과 원자력발전소 사고가 발생했다. 알다시피 이 사건은 일본 사회 전반에 엄청난 영향을 미쳤을 뿐 아니라, 일본의 사회운동에도 커다란 영향을 미쳤다. 사고가 난 원자력발전소에서 복구작업에 투입되었던 것은 비정규직 노동자들이었다. 그들은 7~9 단계에 걸친 중개회사들의 중간 착취를 거치면서 크게 삭감된 임금을 받으며 목숨을 걸고 작업을 해야 했다. 복구작업에 관여한 노동자들이 목숨을 건 작업에 끌려들어갔다면, 다른 지역의 노동자들은 정전이나 재해로 인해 일이 중단되어 작업을 할 수 없게 되면서 생계에 치명적인 위협을 받게 되었다. 비정규적 노동의 불안정성이 상반되는 두 개의 극에서 사람들을 생명으로부터 떼어 놓는 힘을 행사했던 셈이다. 비정규직 노동운동 조직들이 원자력발전소 문제에 어떤 식으로든 개입해야 했던 것은 단지 이 때문만은 아니었을 것이다. 하지만 이러한 사태는 일본에서 비정규 노동자와 원자력발전이라는, 표면적으로는 거리가 있는 두 지점을 단번에 연결해 버렸다. 이것이 비정규 노동운동에 직접적인 영향을 미쳤으리라는 것은 쉽게 짐작할 수 있는 바일 것이다.

이러한 사태는 책을 내는 것을 다시 연기시켰다. 3·11 이후의 비정규 노동운동에 대해 다루지 않는다면, 이 책은 과거에 대한 것이 되고 말 것이 분명했기 때문이다. 이에 비하면 인터뷰 전후해서 이루어진 일본의 '정권교체'는 사실 사소한 변화에 지나지 않았다. 다행히 함께 작업을 했던 신지영이 이후에도 계속 일본에 있었기에, 3·11이후 일본의 비정규 노동운동에 대해 정리하여 글을 쓰는 것은 가능하리라고 생각했다. 그는 매우 진지하게 다시 조사하는 작업을 시작했고, 가능한 분들에 한정되지만, 이메일로 변화된 상황에 대해 묻고 시위나 투쟁의 현장에 쫓아다니고 활동가들을 만나면서 필요한 글을 써 주었다. 이 글로 인해 앞서 한 인터뷰들은 시간의 격랑에 휩쓸려 가지 않고 지금의 시간 속에 살아남을 수 있게 되었다고 나는 믿는다.

이 책이 만들어지게 된 경위에 대해서는 앞에서 간단히 말했는데, 사실 그 이상의 세세한 지점에서 많은 분들의 도움을 받았다. 처음엔 도와주는 역할로 시작했지만, 곧바로 공동작업을 하는 것으로 휘말려든 신지영은 인터뷰의 준비작업에서부터 인터뷰 자체, 그리고 통역과 번역·녹취, 그리고 3·11 이후의 사태에 대한 조사와 집필에 이르기까지 지대한 역할을 해주었다. 나카타 노리히토와 구리하라 야스시는 인터뷰 이전의 '안내'에서부터 인터뷰할 사람들의 소개, 참고문헌의 소개를 비롯해 필요한 여러 가지 도움을 주었고,

책을 출판하도록 촉발하는 역할까지 해주었다. 이들의 지속적인 도움이야말로 이 책이 만들어지는 데 결정적인 요인이었다고 해야 할 듯하다. 바쁜 일정에도 불구하고 인터뷰에 응해 주었고 또 다른 인터뷰이들과의 연결을 도와주기도 했으며, 3·11 이후 상황에 대한 보충 인터뷰에도 자료와 답변을 보내주신 가모 모모요, 세키네 슈이치로, 이토 미도리, 야마구치 모토아키, 스즈키 다케시, 후세 에리코, 다노 신이치, 아마미야 가린, 유아사 마코토 씨 모두에게 감사의 인사를 드린다. 인터뷰를 했지만, 우리의 역량이 부족하여 여기 신지 못한 '이주련'(移住連)의 도리이 잇페이 씨에겐 미안함의 인사를 해야 할 듯하다. 그리고 도쿠나가 리사와 와다 요시히로가 없었다면, 정확히 알아들을 수 없는 일본어들 때문에 녹취를 포기하거나 많은 부분을 '절단'했어야 했을 것이다. 우카이 사토시 선생은 히토츠바시 대학에서 연구년을 보낼 수 있도록 도와주었을 뿐 아니라, 우정어린 토론과 지원을 통해 인터뷰와 연구를 뒷받침해 주셨다. 또 잡지의 지나간 시간을 통해 내게 밀고 들어와 현재를 보도록 해주었고 책의 제목까지 선물해 준 『임팩션』의 편집진과 프레카리아트에 대한 글을 부록으로 싣도록 허락해 준 이토 기미오 선생에게도 감사의 인사를 드린다. 그리고 '일본 국제교류재단'에서 제공한 연구비 덕분에 경제위기로 엔고의 고통을 절감해야 했던 시기, 인터뷰와 연구 작업을 무난하게 할수 있었다. 이외에도 여기 적지 못한 많은 분들의 신세를 졌다. 감사의 인사를 전한다.

2012년 4월 1일

이진경

차례

| 일러두기 |

1 이 책에 실린 인터뷰들은 2009년 10월과 2010년 2월, 그리고 2011년 6월에 이루어진 것들이다.
   인터뷰 질문은 이 책의 엮은이인 이진경과 신지영에 의해 진행되었다. 질문 부분은 고딕 서체로
   표기하여 인터뷰이의 발언과 구분했고, 질문자를 따로 명기하지는 않았다.

2 이 책에 등장하는 일본의 단체명은 작은따옴표(' ')로 묶어 구분해 주었으며, 독자들의 편의를 위
   해 가능한 한 한국어로 풀어 주거나, 일본어 한자 독음이 아닌 한국어 한자 독음으로 표기하였다.
   예) '일하는 여성 전국센터'(働く 女性の全国センター), '연합'(連合)

3 단행본·정기간행물에는 겹낫표(『 』)를, 논문·단편·영화에는 낫표(「 」)를 사용했다.

4 단체명 외의 외국 인명, 지명, 작품명은 2002년 국립국어원에서 펴낸 외래어표기법을 따랐다.

서론 | 전국의, 아니 만국의 프레카리아트여!
― 2000년대 이후 일본 비정규 노동운동의 전개과정

이진경

1. 일본의 '빈곤화'와 비정규 노동자

1960년대 이래 장기간의 고도성장을 지속해 오면서 일본에서 비정규 노동자가 급증하기 시작한 것은 1990년대 중반이었다. 1995년 일본 '경단련'이 발표한 「새로운 시대의 일본식 경영」(新時代の'日本的経営')이라는 보고서는 임시직과 계약직, 파견 등의 전면적 도입을 새로운 전략으로 제시함으로써 정규직의 종신고용을 요체로 하는 일본식 경영에 근본적 전환을 가져온 지표로 간주된다. 그러나 이는 급작스런 전환점이었다기보다는 이전부터 진행되어 오던, 파트타임이나 파견노동 등의 확대가 하나의 문턱을 넘게 되었음을 명시화했던 계기였다고 해야 할 것이다. 이 전환은 단지 묵시적인 변화의 가시화만을 뜻하지는 않는다. 그것은 비정규 노동이란 고용형태가 사용되는 배치의 변환을, 다른 말로 하면 '축적체제의 변환'의 지점을 표시하는 것이었다. 간단히 말하면 노동력의 부족을 보충하기 위한 것에서, '정규직의 종신고용'이라는 이전의 고용형태를 대체하는 새로운 고용형태로 변환되었다는 것이다.

가령 일본에서 파트타이머를 중심적인 고용형태로 도입하고자 했던 것은 그보다 10년 정도 앞선 1980년대 중반이었다. 이는 지금의 비정규 노동자와 달리 유연성을 위해서라기보다는 고도성장에 따른 노동력 부족을 메우기 위해 기혼여성들의 파트타임노동을 이용하려는 것이었는데, 1984년 노동성 부인국이 주도하여 조직한 '여성 파트타임노동에 관한 연구회'가 87년 제출한 보고서[1]는 파트타이머를 중요한 고용형태로 인정하고 그에 부합하는 법적 조건과 복지제도 등을 만들어야 한다고 제안함으로써 지속적으로 증가하고 있는 여성 파트타임노동에 적법성의 형식을 부여하려는 것이었다. 그러나 이는 90년대 중반 이후 비정규 노동이 전면적으로 도입되면서, 또 하나의 정상적인 노동형태로 자리잡게 되는 법적 조건이 되게 된다. 파견노동에 대한 법도 유사하다. 파견노동에 대한 법은 소프트웨어 연관 산업 등에서 사용되며 증가하기 시작한 파견노동에 법적 규제를 도입하기 위해 도입된 것이었지만, 1990년대 중반 이후 '유연성'을 위해 '탈규제'를 외치는 신자유주의적 흐름 속에서 파견노동의 규제는 점차 완화된다.[2] 가령 포지티브 리스트 방식으로 매우 제한된 영역에서 '상용형' 형태로만 허용되던 파견노동은 몇몇 금지된 영역을 제외하곤 어디나 사용할 수 있는 네거티브 리스트 방식으로 바뀌고, 사용 가능 기간도 연장되었을 뿐 아니라, 필요할 때만 일시적으로 모집하여 사용하는 '등록형 파견'이 도입되게 된다. 그 결과 비정규 노동자의 비율은 1985년 16.4%에서 1995년 20.9%로, 2000년 26.0%로 늘어나다가 2003

---

1) 労働省婦人局 編,『パートタイム労働の展望と対策』, 婦人少年協会, 1987.
2) 후생노동성의 조사에 따르면, 비정규직 증가의 주된 이유는 인건비 절약과 업무량에 대한 유연한 대응이었다(오학수, 「일본의 비정규직 현황과 노사관계」, 은수미 외, 『비정규직과 한국 노사관계시스템 변화(II)』, 한국노동연구원, 2008, 156쪽).

년에는 30.4%로, 2008년에는 34.1%로 급격히 증가하게 된다.[3]

이러한 변화에 대해 정이환은 일본에서 비정규 노동이 정규직을 제한적으로 대체하던 것에서 전면적으로 대체하는 것으로, 그럼으로써 비정규 노동자가 기간노동력이 되는 변화로 이해한다. 또한 비정규직이 대부분 파트타이머였지만, 이제는 간접고용의 증가를 포함해서 다양한 고용형태를 포함하고 있고, 임금결정 원리를 비롯해 정규직과의 격차가 커지고 있으며, 비정규직의 선택에서 자발성은 축소되어 비자발적 선택이 증가하고 있음을 들어 일본 비정규 노동의 성격이 크게 달라졌음을 지적한 바 있다.[4] 이는 가령 '프리타'[5]라는 말이 처음에는 '프리'함이 강조되면서 자발적으로 선택된 긍정적 직업의 뉘앙스를 갖던 것이, 90년대 중반 이후 생존의 위협을 받는 비자발적이고 부정적인 상태를 표현하는 것으로 바뀐 것과[6] 상응하는 것이라고 해도 좋을 것이다.

이러한 상황의 변화에 따라 "일억 총중산층화"를 외치던 경제대국 일본은, 고용시스템에 의해 사회적인 격차가 확대되면서 사회가 부유층과 빈곤층으로 양극화되는 '격차사회'가 되었고,[7] '도시가 요세바화'[8]하

---

3) 정이환, 『경제위기와 고용체제』, 한울, 2011, 217쪽; 오학수, 「일본의 비정규직 현황과 노사관계」, 153~155쪽.

4) 정이환, 『경제위기와 고용체제』, 215~240쪽.

5) '프리타'는 '프리'(free)와 '아르바이터'(arbeiter)가 합쳐져 만들어진 말로, 정규적인 직장을 갖지 않고 아르바이트나 파트타임노동을 하는 사람을 지칭한다.

6) "80년대에는 그다지 네거티브하게 다루어지지 않던 '프리타'라는 말이 부정적인 어감을 갖기 시작하게 된 것"은 90년대 전반 무렵이었다(毛利嘉孝, 『ストリートの思想』, NHKブックス, 2009, 140쪽).

7) 橘木俊詔, 『格差社會』, 岩波書店, 2006.

8) 아마미야 가린, 김미정 옮김, 『프레카리아트』, 미지북스, 2011, 119쪽. 요세바(寄せ場)는 일용직 노동력의 매매행위가 통합되어 일어나는 장소 또는 그 장소가 있는 지역을 말한다. 구체적으로는 새벽 4시 반부터 일용직 노동자, 중개인, 구인업자들이 모여 그날의 일자리 계약을 맺

는 '빈곤의 사회'[9]가 되었으며, 어떠한 안전망이나 완충장치 없이 해고나 병고와 같은 약간의 위기적 요인만으로도 걸림없이 절명의 경계로 미끄러져 내려가는 '미끄럼틀 사회'[10]가 되었다. '반빈곤'[11]이나 '탈빈곤에의 정치'[12]가 사회운동의 중요한 주제가 되었고, '프리타'와 '프레카리아트'[13]라는 말이 어디서나 마주치게 되는 중심적인 단어가 되었다.[14] 문화연구자인 모리 요시타카는 1990년대 중반 이후의 일본을 "'프리타적인 것'이 우리 사회에 침투하여 주요한 생활양식이 된 시대"라고 말한다.[15] '프리타'는 단지 경제적 빈곤의 문제를 넘어서 사회문화적 층위에까지 깊은 영향을 미치고 있는 것이다.

이러한 사태의 심각성을 극적으로 보여 준 것은 2008년 12월 말에서 2009년 1월 초 연휴기간에 있었던 '연말연시 파견마을'이라는 '이벤트'였다. 2008년 9월 리먼 쇼크 이후 경기침체에 대응하기 위해 캐논이나 도요타를 필두로 대대적인 파견해고가 있었다.[16] 반빈곤운동을 하는 사람들

는 대도시의 도로변, 공원, 역 앞 등이다. 오사카의 가마가사키(釜ヶ埼), 도쿄의 산야(山谷), 요코하마의 고토부키(寿), 나고야의 사사지마(笹島) 등이 유명하다. 요세바 주위에는 간이숙박소, 음식점, 도박장 등이 생기면서 도야가라 불리는 빈민가가 형성되어 있다.

9) 『現代思想』, 2007년 9월호.

10) 유아사 마코토, 이성재 옮김, 『빈곤에 맞서다』, 검둥소, 2009, 121쪽.

11) 湯浅誠, 「'派遣村'は何を問いかけているのか」, 湯浅誠·宇都宮健児 編, 『派遣村』, 岩波書店, 2009.

12) 雨宮處凜 外, 『脫'貧困'への政治』, 岩波書店, 2009.

13) 뒤에 나오지만, '불안정한'(precarious)과 프롤레타리아트가 합쳐져 만들어진 말로, 불안정한 노동자층을 뜻한다. 이 책 313쪽 6장 각주 1번과 부록의 이토 기미오의 글 참조.

14) 예를 들면 『現代思想』, 2005년 1월호 특집 "フリータとはだれか", 『インパクション』, 151호 (2006년) 특집 "万国のプレカリアート! '共謀'せよ!"가 그렇다.

15) 毛利嘉孝, 『ストリートの思想』, 136쪽.

16) 岡清彦, 『トヨタ·キャノン '非正規切り'』, 新日本出版社, 2009, 3~4쪽; 雨宮處凜 外, 『脫'貧困'への政治』, 岩波書店, 2009, 3쪽, 35쪽.

은, 이 가운데 생존의 완충장치를 갖지 못한 이들이 많아서 노숙으로 내몰리는 사람이 급격히 늘어날 것으로 예상했다. 일본은 12월 말부터 1월 초까지 긴 연말연시 연휴가 있는데, 추운 날씨에 노숙자 급식마저 중단되기에 노숙자들에겐 가장 고통스런 기간이다. 이 기간을 넘기기 위해 파견해고자나 노숙자들을 대상으로 숙식을 제공하고 노동상담이나 생활상담을 해주는 집단적인 공동사업으로 기획된 것이 '연말연시 파견마을'[17]이었다. 이는 사실 오사카의 요세바 가마가사키(釜ヶ崎) 등에선 이전부터 행해지던 것인데,[18] 유독 이 시기 파견마을이 크게 부각되며 '거대한 사건'이 되었던 것은 비정규 노동자의 확대와 빈곤화의 진전, 그리고 파견해고의 급증에 따른 것이었다고 보인다. 활동가들의 예상(200명 정도)을 크게 초과해 도쿄에서만 505명의 '촌민'이 모여들었고, 하루에 2만 통의 전화상담이 이루어졌으며, 동시에 며칠 만에 수천 명의 자원활동가와 엄청난 양의 식재료나 침구 등의 물자, 4,400만 엔의 돈이 모였다는 사실[19]은 객관적인 면에서나 주관적인 면 모두에서 이 문제의 절실함과 심각함을 단적으로 보여 준다고 하겠다. 또한 조직적으로도 대단한 집중도를 보여 주었는데, 애초에 반빈곤운동을 하던 사람들과 변호사, 프리타노조 활동가들이 모여 시작한 것이었지만, 개인 자격으로나마 '연합'(連合)[20]이

---

17) '年越し派遣村', 직역하면 '해 넘기기 파견마을'이다. 가마가사키의 노숙자 네트워크 활동가인 이쿠다 다케시(生田武志)는 이를 '월동투쟁'이라고 부른다(生田武志, 「越冬と年越し派遣村」, 湯浅誠・宇都宮健児 編, 『派遣村』, 岩波書店, 2009, 87~88쪽).

18) 生田武志, 「越冬と年越し派遣村」, 86~89쪽.

19) 湯浅誠, 「'派遣村'は何を問いかけているのか」, 10쪽.

20) '일본노동조합총연합회'(日本労働組合総連合会, Japanese Trade Union Confederation, 'JTUC')의 약칭. 일본의 노동조합 전국 조직이다. 1960년대 후반부터 일본 사회당계였던 '일본노동조합총평의회'(日本労働組合総評議会, 총평), 민사당 계열의 '전일본노동총동맹'(全日本労働総同盟, 동맹), '전국산업별노동조합연합'(全国産業別労働組合連合, 신산별), 중간파였

나 '전노련'(全労連)[21] 등 '내셔널 센터'도 참가했고, 나중에는 '전노협' (全労協)의 활동가까지 참가했다.[22] 이 사건 이후, 파견해고자와 비정규 노동자를 위한 다양한 활동이 전국적으로 급속히 확산되며,[23] '반빈곤 네트워크'라는 형태의 새로운 연대로 이어지고 있다.

이것이 하나의 극점을 표시하는 것은 사실이라고 해도 이것을 시작이라고 할 순 없을 것이다. 비정규 노동자, 혹은 '프리타'의 운동은 그 이전부터 활발한 양상을 띠고 전개되고 있었다. 가령 2004년에 시작되어 2005년 '자유와 생존의 메이데이'라는 이름으로 전국화되기 시작한 프리타의 메이데이 집회는 2006년 이후 전국의 프리타노조 활동가와 다양한

던 '중립노동조합연결회의'(中立労働組合連絡会議, 중립노련)의 노동 4단체가 통일을 지향해 '노동전선통일'(労働戦線統一)을 추진했다. 1982년 12월 14일 '전일본민간노동조합협의회'(全日本民間労働組合協議会, 전민노협)가 결성됨으로써 큰 진전을 이룬다. '전민노협'이 1986년 11월 제5회 총회에서 다음 해 가을 연합체로 이행하기로 확정한 것을 받아들여, 우선 '동맹'(同盟)이 1987년 1월에 23차 대회에서 해산방침을 결정하고, '총평'(総評), '중립노련'(中立労連), '신산별'(新産別)의 세 개 단체도 가을까지 '연합'(連合)으로 합류할 것을 결정했다. 1989년 11월 21일, 도쿄도 후생연금회관에서 '일본노동조합총연합회' 결성대회가 열렸고 초대 회장으로 '정보통신노련'(情報通信労連) 위원장인 야마기시 아키라(山岸章)가 선출되고 '총평'(総評)계 78개의 단위 산별[単産]과 조합원 약 800만 명이 합류해 노동 4단체의 통일이 완성된다. 2008년 6월 당시 52산별 675만 명의 조합원을 포함하고 47개 지방의 도, 부, 현, 전역에 걸쳐 네트워크를 갖고 있으며, 국제노동조합총연합(ITUC)에도 가맹되어 있다. 공식 홈페이지[http://www.jtuc-rengo.or.jp/].

21) '전국노동조합총연합'(全国労働組合総連合)의 약칭. '전노련'은 4개 노동조합을 통합한 '연합'에 대해 반공산주의, 노사협조노선이라고 비판하면서 결성된 일본 공산당계 노조 중 하나이다. '연합'이 결성되었을 때, 이를 비판했던 이들 일본 공산단계 노조들이 '연합'이 결성됨과 동시에 1898년 11월 21일에 '전국노동조합총연합'을, 사회당 좌파계 노조는 12월 9일에 '전국노동조합연결협의회'(전노협)를 결성한다.

22) 宇都宮健児,「反貧困運動の前進」, 湯浅誠·宇都宮健児 編,『派遣村』, 岩波書店, 2009, 18쪽; 棗一朗 外,「派遣村はいかにして実現されたのか」, 湯浅誠·宇都宮健児 編,『派遣村』, 岩波書店, 2009, 52~54쪽.

23) 宇都宮健児,「反貧困運動の前進」, 35~37쪽.

'프리타'들의 연대를 상징하는 행사로 자리잡았다. 또한 '파견 유니온'이나 '전국 유니온'처럼 '연합' 등의 전국조직에 속한 비정규 노동조합뿐만 아니라, '프리타 전반노조'[24]를 비롯해 개인 가입 형태를 취하는 수많은 프리타노동조합들이 전국적으로 생겨나기 시작했고, 이로 인해 사회운동이 거의 죽어 버렸다고 간주되던 일본 사회에서 프리타운동은 다시 사회운동이 활성화될 수 있는 가능성을 보여 주는 운동으로 받아들여지고 있다. 파견마을의 촌장을 했던 유아사 마코토로 '대표되는' 노숙자 생활 지원운동이나 반빈곤운동 또한 많은 사람들의 관심과 지지를 받으며 진행되고 있었다.

일본에서 통칭 '프리타운동'이라는 말을 통해서 상기하게 되는 것은 일차적으로 이런 운동들인 것 같다. 하지만 냉정하게 말한다면, 양적으로 가장 큰 '전국 유니온', 혹은 '파견 유니온' 같은 조직들을 포함한다고 하더라도, 비정규 노동운동 조직에 조직된 사람들의 수는 매우 적으며, 그 조직률은 비정규 노동자 가운데서도 4~5% 정도에 지나지 않는다. 전체 사회를 분모로 하거나, 적어도 노동운동을 분모로 하여 본다면, 일본의 비정규 노동운동이 갖는 힘이나 영향력은 지극히 미미한 것이라고 해야 할 것이다. 그러나 운동의 힘이나 영향력은 단지 통계적인 숫자로 표시되지 않는다. 특히 지금 일본에서 '프리타운동'의 영향력은, 앞서 인용한 모리 요시타카의 말에서 볼 수 있듯이, 프리타가 사회에 침투한 것과 호응하면서, 그 양적인 조직률로 표시되는 것을 크게 초과하고 있다고 해야 한다. 아마도 '파견마을'이란 사건이 이를 보여 주는 단적인 사례라고 할 것이다.

---

24) '전반노조'는 '일반노조'를 뜻한다.

또 하나, '연합'이나 다른 노동운동 전국조직이 취한 비정규직 조직 방침이나 그에 따른 조직적 결과들을 보는 것으로는, 비록 그것이 갖는 중요성을 인정한다고 해도, 비정규 노동운동의 전개양상에 대해 제대로 접근할 수 없다는 점을 지적해야 할 듯하다. 비정규 노동운동을 정규직 노동조합과의 관계나 그들의 보호활동이나 조직화를 통해 확인하는 방식의 접근은, 정규직 노동자의 관점에서 그것의 어떤 결여 내지 보충으로서 비정규 노동운동을 다루는 것을 뜻한다. 그것이 비정규 노동자의 노동조건 등을 다루는 데는 현실적으로 피할 수 없는 문제이기는 하지만, 이에 못지않게 중요한 것은 비정규 노동자나 노동운동을 비정규 노동자 자신의 관점에서, 프리타운동을 하는 조직이나 사람 자신의 관점에서 다루는 것이 아닐까 싶다. 특히 오히려 '프리타운동'이라는 말로 표현되는 일본 비정규 노동운동은 조직적으로 확립된 일본의 주류적인 노동운동은 물론, 전통적인 노동조합운동의 운동방식이나 조직의 방식에서 벗어나는 방향으로 전개되고 있다. 이 책에서는 비정규 노동운동을 하는 사람 자신의 생각과 말을 통해 일본 비정규 노동운동의 전개양상을 이해하고자 시도할 것이다.

2. 인터뷰한 사람들

여기서 연구, 소개하고자 하는 것은 일차적으로 도쿄의 비정규 노동운동이다. 이를 위해 2009년 4월부터 2010년 2월까지 도쿄에 체류하면서 여러 조직에 속한 활동가들과 만났고, 이런저런 집회나 시위 등을 비롯해 그들이 주최한 행사에 참가하면서 조사와 관찰을 했으며, 다양한 사람들을 만나 대화하고 토론하며 그들의 생각을 청취했다. 그리고 그러한 조사와 관찰을 바탕으로 중요한 조직의 활동가들을 선정하여 인터뷰를 했다. 인터뷰를 위해 선정한 대상과 대상선정의 이유는 다음과 같다.

1) 지역별 비정규 노동조합 74개 단체의 연합체인 '커뮤니티 유니온' 가운데 '연합'에 가입하는 데 동의한 14개 단체의 연합체 '전국 유니온'의 대표인 가모 모모요(鴨桃代). '전국 유니온'은 지역별 유니온의 연합체로서, 비정규 노동조합 가운데서는 가장 큰 규모의 조직이라는 점과, 일본의 가장 큰 노동운동조직인 '연합'에 가입한 조직이란 점에서, 기존의 노동운동 조직과의 관계를 설정하는 방식을 보여 줄 수 있다는 점을 중요하게 고려했다.

2) '파견 유니온' 서기장인 세키네 슈이치로(関根秀一郎). '파견 유니온'은 굿윌, 풀 캐스트, 엠 크루 등 거대 파견회사와의 성공적인 투쟁으로 일본의 비정규 노동조합 가운데 가장 잘 알려진 조직이다. 하지만 몇 가지 사정과 세키네의 바쁜 일정으로 앞서 말한 시기에는 인터뷰를 하지 못했고, 그 이후인 2011년 6월에야 할 수 있었다. 인터뷰 시기의 차이로 인해, 특히 그 시기가 2011년 3월 11일의 지진과 원전사태 이후였기에, 적지 않은 차이가 있을 수 있다고 생각하지만, 실제 인터뷰를 보면 여기서 다루려는 주제와 관련해 문제가 될 만한 어떤 간극은 없었다고 보인다.

3) '여성 유니온 도쿄'의 위원장이자 '일하는 여성 전국센터'의 대표인 이토 미도리(伊藤みどり). 일본 비정규 노동자는 여성 파트타임노동과 긴밀하게 연결되어 형성되었으며, 지금도 가령 2008년 남성 비정규 노동자 비율이 19.2%라면 여성은 53.6%이고, 여성 비정규 노동자가 남성의 2배 이상이란 점, 그리고 노동운동에서 젠더적 차이가 차별화되는 문제가 있음을 고려해서 선정했다.

4) '프리타 전반노조'의 집행위원인 야마구치 모토아키(山口素明)

와 스즈키 다케시(鈴木剛), 그리고 '프리타 전반노조' 공동위원장 후세 에리코(布施えり子)와 다노 신이치(田野新一). '프리타 전반노조'는 일상적 상담과 교섭 이외에 '자유와 생존의 메이데이'를 주도적으로 진행하고 있으며, 다른 지역에 있는 이른바 '인디계 프리타노조'의 대표격인 조직이다. 그리고 야마구치와 스즈키는 그것을 주도적으로 만들고 활동한 인물이다(스즈키는 지금은 '전국 유니온'에 속한 '관리직 유니온'의 집행위원으로 일하고 있다). 후세와 다노를 별도로 인터뷰한 것은 20대의 젊은 활동가란 점, 일본의 다른 사회운동과 달리 프리타운동이 젊은 사람들의 참여가 두드러진다는 점을 고려해서, 그런 이들의 생각을 들어보고 싶다는 이유에서였다.

5) 아마미야 가린(雨宮處凛). '프리타 전반노조'의 집행위원이기도 하지만, '반빈곤네트워크'를 비롯해 프리타와 관련된 여러 조직에 속해 있으면서도, 어느 조직에서도 독립적으로 활동하며 프리타운동을 주도하고 있고, 저널리스트로서, 저자로서, 활동가로서 프리타운동의 아이콘처럼 간주되며 커다란 영향력을 행사하고 있는 인물인데, 특히 문화적 측면에서 고유한 의미를 갖고 있다는 점을 중요하게 고려하여 인터뷰했다. 세대론과 관련해서도 중요하게 언급되는 인물이다.

6) 자립생활 지원센터인 '모야이'(もやい)의 사무국장이자 '반빈곤네트워크' 사무국장인 유아사 마코토(湯浅誠). 파견마을의 촌장이기도 했지만, 그와는 별도로 일본 반빈곤운동의 중심적인 인물이다. '파견마을'이 잘 보여 주듯이 일본의 비정규 노동운동은 노숙자운동이나 반빈곤운동과 결부되어 있는데, 반빈곤운동을 하는 사람의 관점에서 비정규 노동운동에 대해 접근하는 시각을 보여 줄 수 있다는 점을 중요하게 고려해서 선정했다.

이 외에 외국인 노동자의 문제가 비정규 노동자 문제와 연결되는 지점을 조사하기 위해 '이주 노동자와 연대하는 전국 네트워크'('이주련'移住連으로 약칭) 사무국장인 도리이 잇페이(鳥井一平)와도 인터뷰했지만, 일본의 경우 외국인 노동자는 산업연수생으로 완전히 분리되어 있어 비정규 노동과 관련해 따로 언급할 지점을 찾지 못해서 거의 언급할 게 없었다. 또한 인터뷰 내용도 일본 산업연수생 등의 기본적인 문제 등에서 크게 벗어나지 않았기에, 이 책의 주제와의 연관성이 적다고 보아 따로 싣지 않았다.

3. 비정규 노동운동의 조직형태

일본의 노동조합 조직률은 55.8%에 이르렀던 1949년을 정점으로 계속 낮아졌으며, 2000년대 들어와서는 20% 이하로 내려갔다. 다른 한편 전체 노동자 가운데 비정규 노동자 수가 증가함에 따라, 기업별 개별노조의 경우 노동조합이 전체의 과반수를 대표하지 못하는 상황까지 발생하게 되면서, '연합'을 비롯한 전국적 노동조합은 적극적으로 비정규 노동자를 조직할 것을 방침으로 정하고 추진했다. 그래서인지는 모르지만, 가령 파트타이머 조직률은 1990년대 중반 이래로 점증하여 94년의 16만 8천 명에서 2006년에는 51만 5천 명으로 증가했고, 조직률은 같은 기간에 2.0%에서 4.3%로 증가했다. 그리하여 파트타이머가 전체 조합원에서 차지하는 비율은 같은 기간에 1.3%에서 5.2%로 증가했다. 이렇게 조합에 가입한 파트타이머 중 80%는 정규직과 같은 노동조합에 가입하고 있다.[25]

---

25) 오학수, 「일본의 비정규직 현황과 노사관계」, 161쪽.

그러나 대부분의 노동조합에서 비정규 노동자는 정규직 노동조합에 가입하지 못한다. 자기사업장의 파트타이머에게 조합 가입자격을 준 곳은 전체 단위노조 가운데 23%이고[26], 실제로 가입시킨 곳은 17.4%에 그치고 있다. 파견노동자나 하청기업 노동자를 조합원으로 가입시킨 경우도 1%대에 불과하다. 나아가 가입했다고 해도 실제로 노조가 비정규 노동자를 위해 활동하는 것은 25.5%에 지나지 않으며, 노동조건 개선을 요구한 노조는 13%에 불과하다.[27] 즉 정규직 노동조합은 일본에서도 비정규 노동자를 위한 조직은 되지 못하고 있다.

정규직 노동조합에 조직된 비정규 노동자의 수에 비해 크게 적은 숫자를 포괄하고 있을 뿐이지만, 비정규 노동운동을 실질적으로 실행하고 있는 것은 이러한 정규직 중심의 노동조합이 아니라, 비정규직 중심으로 독자적으로 조직된 노조들이다. 이들은 기업별 단위노조를 근간으로 하는 정규직 노조와 달리 지역별 노조거나 일반노조('전반노조')의 형태를 취하고 있으며, 개인 가입을 통해 조합원을 조직한다. 한국과 달리 일본의 사용자들은 조합원의 수가 아무리 적어도 개인 가입 노동조합의 교섭 요구에 대체로 응한다. 이들 노조는 고용이나 임금 등과 관련된 '전형적인' 노동상담 이외에 주거나 다중부채, 생활보호문제 등 다양한 생활상담 또한 겸하고 있다. 엔도 고시에 따르면 개인 가입이 가능한 이러한 형태의 지역노조나 일반노조는 2009년 현재 약 300개 정도이고, 전체 조합원은 3~5만 명 정도, 이중 비정규 노동자는 1~2만 명 정도일 것으로 추산된다고 한다.[28]

---

26) 가모 모모요토 비성규직을 조직화한다는 방침이 없는 노동조합이 70% 정도 된다고 말했다.
27) 정이환, 『경제위기와 고용체제』, 302~303쪽.

이러한 노조들이 비정규직만을 가입대상으로 하는 것은 아니다. '전국 유니온'의 대표인 가모 모모요는 이렇게 말한다. "우리들 유니온 전체가 다 그렇습니다만, 비정규 노동자만 대상으로 하지 않습니다. 정규직도 비정규직도, 또한 국적도 불문하니까, 외국인도 대상으로 해요. 모든 노동자를 대상으로 합니다." 정규직 노동조합이 비정규 노동자들에게 대부분 닫혀 있는 것과 반대로 비정규 노동조합은 정규직을 포함하여 비정규 노동자 아닌 사람들에게 열려 있다는 것이다. 비정규직만을 대상으로 하지 않음에도 불구하고 비정규 노동조합으로 알려지게 된 이유에 대해서는 이렇게 대답한다. "처음부터 비정규직에게 '오세요, 들어오세요'라고 말을 걸어 왔던 까닭도 있고, 또한 결과적으로 '전국 유니온'은 각 유니온마다 비정규직의 비율이 40%를 넘어요. …… 반면 다른 기업별 노조의 경우 비정규직의 조직 가입율은, '연합'에 속한 경우에 대해서 말하자면, 5% 정도예요."(가모 모모요와의 인터뷰)[29]

비정규 노동자만으로 조직대상이 제한되지 않는 것은 다른 '비정규 노조'들의 경우에도 마찬가지다. 다른 노조, 가령 '프리타 전반노조'의 경우에는 가입대상의 범위가 노동자의 범위를 넘어서까지 확대되어 있다. 아는 사람의 소개를 통해 가입하는 경우가 많다고 하는데, "그렇게 모여 드는 사람들은 물론 고용되어 있는 사람들이 많긴 하지만, 실업자도, 생활보호대상자도 있고," 히키코모리도[30], 히키코모리 상태와 단기간 아르

---

28) 遠藤後嗣, 「非正規労働者の組織化:企業別組合と個人加盟ユニオン」, 정이환, 『경제위기와 고용체제』, 304쪽에서 재인용.

29) 이하에 이 글에서 이 책에 실린 인터뷰를 인용할 경우 "(가모)"와 같은 식으로 괄호 안에 성만을 써서 표시한다.

30) 히키코모리(引き籠り)란 정신적인 문제나 사회생활에 대한 스트레스 등의 이유로 집안에 틀

바이트를 왔다갔다는 사람도 있다고 한다(야마구치). 구마모토에서 '노동생존조합'을 만든 사람들은 '구마모토의 약한 자들'(熊本KY)을 자처하던, "원래 히키코모리였거나 리스트컷[31]을 하거나, 니트[32]를 하거나, 등교거부를 하거나 했던 사람들"이었다고 한다(아마미야). 프리타운동을 하면서 정신적인 문제를 극복하고 거꾸로 비정규 노조를 만들어 운동을 하게 되었다는 것이다. 비정규직의 경우 일이 없으면 실업자가 되기에 실업자와의 경계가 모호하고, 해고되거나 일자리가 없으면 노숙자가 되는 경우가 있기에 노숙자와의 경계도 모호하다. 따라서 비정규직에는 노동하지 못하는 자, 혹은 정신적인 이유로 노동할 수 없게 된 자까지 포함되게 된다. 이런 이유에서 비정규 노조의 가입대상은 노동자를 넘어 노동하지 않는 자까지 확대되게 마련이다.

　이는 일본의 비정규 노동운동이 자신들을 지칭하기 위해서 사용하는 '프레카리아트'(precariat)라는 개념과도 강한 상관성을 갖는다. 이 말은 원래 이탈리아의 사회운동에서 만들어져 사용되기 시작한 개념인데, 불안정함을 뜻하는 '프레카리오'(precario)와 '프롤레타리아트'(proletariat)라는 말을 결합하여 만들어진 것이다.[33] 임시직이나 계약직, 파트타이머나 아르바이트생, 파견사원 등 이전의 노동자들이 갖고 있던

어박혀 사는 사람을 뜻한다. '은둔형 외톨이'라고 번역되기도 한다.

31) 리스트컷(リストカット). 손목을 그어 자살시도를 하는 것을 표현하는 속어.

32) 니트(NEET)란 Not in Education, Employment or Training의 줄임말로 노동을 위한 교육·훈련도 받지 않는, 구직의사가 없는 실업자를 뜻하는데, 일본에서는 젊은 실업자들을 지칭하는 의미로 사용한다.

33) 伊藤公雄,「聖プレカリオの降臨」,『インパクション』151号(2006年 4月), インパクト出版会(이토 기미오의 이 글은 이 책의 부록으로 번역·수록되었다);櫻井和也,「プレカリアート共謀ノート」,『インパクション』151号(2006年 4月), インパクト出版会 참조.

최소한의 안정성마저 상실한 '불안정한 프롤레타리아트'를 지칭하는 말이다. 그러나 그것은 또한 프롤레타리아트라는 말에 포함된 애초의 노동자 또한 포함한다. '노동자'란 말의 외연이 해체되면서 다양한 비정규 노동자나 실업자까지 포괄하는 지점으로까지 확장된 말이다. 노동의 안정성이 사라진 만큼 외연의 뚜렷한 경계가 사라진 개념인 셈이다. 비정규 노동조합이 가입대상으로 설정하고 있는 사람들이 정확하게 이 개념에 상응한다.

이는 단지 가입대상을 확대하여 활동가능한 영역을 열어 두는, 대비하자면 비정규직의 가입을 허용하지만 단지 거기에 머무는 정규직 노조와 같은, 추상적 가능성의 차원에 머물지 않는다. 이는 노동조합의 실질적인 활동으로 이어진다. 즉 이 개방된 외연은 활동범위나 활동내용의 차이와 실질적으로 상응한다는 것이다. 심지어 정규직마저 포함하여, 실업자나 노숙자, 히키코모리, DV(가정폭력으로 인해 가출한 피해자들), 장애인이나 이른바 '멘헤라'(정신적으로 불안정한 사람들) 등 지극히 이질적인 사람들, 다만 빈곤이나 불안정한 생활로 인해 고통 받는 이질적인 종류의 사람들 전체를 대상으로 하고 있다는 것이 일본의 비정규 노동운동이 갖는 중요한 특징인 셈이다.

아마미야 가린에 따르면 이 '프레카리아트'란 말은 일본의 운동 속에서 현실적인 힘을 갖는 중요한 기능을 한다. "일본의 프리타운동이 비정규직 노동자뿐 아니라 실업자, 노숙자뿐만 아니라 히키코모리나 멘헤라, 장애인, 정사원이나 농민, 그리고 젊은이뿐 아니라 나이든 사람까지" 포괄하여 합류하는 양상을 지적하면서, 기존의 노동운동이 노동자, 그것도 조합원이라는 동질적인 집단을 조직하여 조합원의 이익을 위한 운동이 된 것과 달리, 그렇게 이질적인 사람들을 하나의 운동으로 묶어 주는 것은 무엇이라고 생각하느냐라는 질문에 아마미야 가린은 "프레카리아트라는 말"이라고 대답한다.

> 빈곤 문제 등으로 시달리는 사람을 묶어서 하나로 부를 만한 좋은 말이 없을까 고민하던 때에 프레카리아트라는 말을 발견한 것입니다. 2006년 메이데이 때였어요. 그전에도 『임팩션』이라는 잡지에서 가끔 '프레카리아트'를 특집으로 꾸몄던 적이 있던 것 같은데요, 이 말이라면 프리타건 정사원이건 무직이건 히키코모리이건 간에 스스로를 지칭하여 프레카리아트라고 말할 수 있지 않을까 생각했어요. 더구나 그 말 안에 힘차고 강한 이미지가 있어요. 우리 자신이 세계의 주체라는 것 같은 느낌 말입니다. 자신이 불쌍하고 구제되어야 할 가난뱅이가 아니라 세계를 변화시킬 주체라는 의미를 담아서 프레카리아트라는 말을 사용하기 시작했습니다. 프레카리아트운동이라고 하면 젊은 사람들의 비정규운동으로 생각되기 쉽지만요, 잘 보면 고령화된 사람들 또한 빈부격차가 심하고, 거기에 해고까지 당해 버리면 정말 힘든 상황에 빠지게 되지요. 그들 역시 프레카리아트인 거죠. 일이 없는 사람은 일을 하지 않는 채로 힘들고, 멘헤라도 장애인도 그렇습니다. 이런 점에서 그 말은 여러 사람들이 갖고 있는 어려움을 이해할 수 있게 해주는 것 같아요. 그게 이질적인 사람들을 하나로 묶어 주는 것이니, 완전히 그 말의 힘이라고 할 수 있겠네요. (아마미야)

아마미야 가린은 프레카리아트란 말에 변혁의 주체란 의미를 담아서 쓴다고 했지만, 노동자 이하의 조건에서 일하고 사는 사람들이 사용자나 정부와 싸울 수 있기 위해선 '주체적 자각' 이전에 또 하나의 '단계'가 필요하다. 생활의 가장 일차적인 문제조차 해결하지 못하는, 따라서 사실상 싸울 수 있는 상태에 있지 않은 사람들이기에, 먼저 싸울 수 있는 상태가 될 수 있는 조건을 만들어야 하기 때문이다. 유아사 마코토는 이에 대해 이렇게 말한다.

예를 들어 우리가 했던 '파견마을'에 왔던 사람들의 경우를 보면, 직장은 물론 살 곳도 없고 병에 걸리고 돈도 없는 사람들의 경우는 먼저 생활을 다시 가능하게 하지 않으면 노동 교섭을 하려고 해도 불가능해요. 회사와의 교섭은 대개 1개월, 2개월, 혹은 반년 이상 걸리는 것이기 때문에, 그 교섭 동안의 생활을 할 방도가 마련되지 않으면 싸울 방법이 없는 셈이죠. 그렇기 때문에 싸울 준비가 된 사람만을 대상으로 하면 비정규직은 조직화가 되지 않습니다. 싸울 준비가 되지 않은 사람들의 생활이나 주거 등 그러한 하드웨어적인 것뿐 아니라 정신적인 문제들을 해결할 때까지, 즉 자신이 회사와 뭔가 해볼 수 있는 정도로 건강이 회복될 때까지, 대개 몇 개월 이상 걸리는데요, 그때까지 옆에서 함께해 주고 도와주고 함께 걸어가 주는 식으로, 즉 싸우지 않는 사람을 싸울 수 있도록 해주는 부분까지 과제로서 설정해 두지 않으면 안 됩니다. 그것을 하지 않으면 결과적으로 어떤 일이 일어나냐 하면요, 상담하러 와서 상담은 하지만 노동 문제만 대응해 주니까 점차 오지 않게 되거나, 혹은 자신의 문제가 해결되면 사라져 버리거나, 상담에는 오지만 회사와 싸울 수는 없는 조건이니까 그대로 그만두어 버린다거나, 그런 일들이 일어나서 결국은 조직화가 불가능해져 버리는 게 아닐까 생각합니다.(유아사)

이는 가장 기본적인 상담활동을 비롯한 활동내용, 조직형태의 변화를 요구한다. 먼저 노동상담만이 아니라 이런저런 생활상담이 뒤섞이게 되고, 비정규 노동운동이 노숙자나 실업자의 생활보호운동과 겹쳐지게 된다. 그에 따라 그에 필요한 조직, 가령 법적인 상담이나 지원을 할 수 있는 변호사 단체, 의료적인 지원을 해줄 단체 등 여러 조직의 네트워크가 중요해진다. 이는 노동운동의 성격이나 방향에서 전환을 요구하는데, 이에 대해서는 다음 절에서 다루기로 한다. 다음으로 이들을 조직하는 방식이나 조직형태에서 일정한 변화가 필요하게 된다. 단적으로 말해서 이들은 한 달에 2천 엔의 회비를 내는 것조차 불가능한 사람들이다.[34] '파견마을'의 참석자 가운데는 전철 한 번 탈 돈조차 없어서 수십 킬로미터를 종일 걸어서 온 사람이 적지 않았다. 또한 고립된 삶으로 인해 인간관계에서 소외된 경우가 많기에, 역으로 인간관계를 형성해 가는 데 매우 취약한 사람들이 많다. 히키코모리는 이런 경우의 아주 단적인 예일 것이다. 따라서 다른 사람과 소통하고 인간관계를 만들어 가는 그런 과정이 필요하다.

'여성 유니온 도쿄'의 이토 미도리는 이런 이유로 인해 유니온과 별도로 '일하는 여성 전국센터'가 필요했다고 말한다. 그의 말은 두 개의 조직을 중첩시켜야 했던 이유와 그것을 통해 달성하려는 목적을 아주 잘 보여 주기에 길지만 인용하는 게 좋을 듯하다.

---

34) '수도권 청년유니온' 서기장 가와조에 마코토(川添誠)는 유아사 마코토와 함께 상호부조적 제도를 중심으로 하는 '반빈곤 네트워크'라는 '연대넷'을 만드는데, 그런 발상의 계기가 되었던 것은 "조합비를 낼 정도의 돈이 있으면 생활비로 쓰고 싶다"는 상담자의 말이었다고 하며, "쟁의 해결이 될 때까지 생활비가 없다거나 단체교섭에 참가하고 싶지만 교통비가 없다고 말하는 조합원이 적지 않았다"고 한다(유아사 마코토, 『빈곤에 맞서다』, 이성재 옮김, 검둥소, 2009, 172쪽).

노조는 예를 들면 '여성 유니온'도 지금 싸게 해도 한 달에 노조비 2천 엔을 내게 되어 있어요. 대개 노조에는 노조 회비가 필요하니까요. 월 2천 엔이니까 연회비가 2만 4천 엔인데요. 그런데 지금 사실 이 돈을 낼 수 있는 사람이 점점 사라져 가고 있어요. 경제적인 이유가, 그러니까 월 2천 엔의 돈을 낼 수 없다는 게 노조를 그만두는 이유가 되고 있는 거예요(웃음). 그걸 회사에서 받아내지 못하는 상태에서 노조비를 계속 낸다는 것이 힘든 거예요. 물론 매우 강한 신념을 갖고 있으면 2천 엔을 계속 내겠지만요. 그만큼 노조의 허들이 상당히 높아진 거죠. …… 따라서 경제적 부담 없는 '일하는 여성 전국센터'에서 사람들을, 신뢰를, 그러니까 경제적인 세이프티 네트워크만이 아니라 인간관계라는 세이프티 네트를 모으지 않으면 노조에서 싸울 수 없다는 거죠. 그래서 '일하는 여성 전국센터'는 거의 뭐랄까, 거의 이것은 저의 자기 희생처럼 되어 버렸습니다만, 회비를 년간 1천 엔으로 하고 있습니다. 즉 커피 값의 두 배 혹은 세 배 정도인가요? (웃음) 그럼에도 매우 요구가 높아요. 모두 예산이 제대로 마련되었느냐라든가, 겨우 1천 엔인데도, 그렇게까지 요구하지 말아 주세요(웃음)라든가. 하지만 모두들 기다려 왔다는 느낌이 들어서요. 그러니까 지금 노조에 갈 수 없는 파견들이 많지요. 노조에서 교섭 불가능한 사람들이. 노조에서 교섭이 가능한 것은 예를 들면 부모랑 같이 살거나, 정사원이거나, 저축이 있거나 하는 사람들이에요. 저축이 없으면 좀처럼 그 싸움을 계속하기 어렵고 재판도 불가능하죠. 그런데 모두들 돈을 모아서 활동한다는 것은 사람과 협력하거나 돈을 모으거나 하지 않으면 불가능하지요. 그렇게 참가할 수 있는 인간이 성장할 수 있는, 그런 사람을 모으는 장소가 필요하다고 할까……. 그래서 이곳에서 커뮤니케이션 교육 등을 열심히 하고 있는데요. 그래도 동료를 신뢰하면 어떻게든 싸울 수 있지 않을까? 동료를 신뢰하지 못하니까 싸우지 못하는 게 아닐까? 예를 들면 싸우고 난 뒤에 심한 상황에 처하는 것이 아닐까 하는 상태, 누구도 나 같은 것은 생활이 불가능해지면 도와주지 않을 거야라고 생각하는 상태에서는, 그러한 신뢰관계가 만들어지질 않습니다.

이런 점에서 비정규노조와 프리타 사이에 그들 개개인을 '임파워먼트'(empowerment)[35]하는 일종의 중간지대가 필요하다는 것이다. 이에 대해서는 유아사 마코토 역시 비슷한 생각을 갖고 있다. 그가 설립하여 사무국장으로 활동하고 있는 '모야이'는 노숙자나 빈민은 물론, DV, 정신장애인, 외국인 노동자 등을 대상으로, 집을 임대하는 데 필요한 보증인을 구해 주는[36] 것을 필두로 상호부조적인 관계를 구축하는 것을 지향한다. 단체의 이름인 '모야이'는 "협동하여 일을 함"이란 뜻을 가지며, 여러 배들이 함께 작업을 하도록 엮은 끈을 뜻하기도 하는데, 그처럼 "빈곤 당사자들끼리 그러한 [상호부조적] 관계를 새롭게 엮는 것"(유아사)을 표현하기 위해서 선택된 이름이라고 한다. 이런 점에서 보면 생활보호운동을 하는 단체들은 비정규 노동조합과 곤궁상태에 빠져 버린 빈민들을 연결하는 '중간지대'라고도 할 수 있을 것이다. 이를 가령 도쿄 지역 전체에 대해서 확장해 볼 수도 있을 것이다. '여성 유니온 도쿄'와 '일하는 여성 전국센터'가 중첩되어 하나의 단체로 작동하고 있는 것이라고 한다면 비정규 노동조합과 생활보호운동단체는 별도로 조직되어 있지만, 도쿄지역

---

35) 원래 'empowerment'는 권한이양 등을 뜻하는 말이지만, 유아사 마코토나 이토 미도리가 사용할 때는 '힘을 불어넣는 것', '역량을 갖게 하는 것' 등의 의미를 갖는다.
36) 일본에서는 월세집을 임대하는 경우에도 연대보증인이 필요하다.

전체에 대해서 보면, 노동조합과 '중간지대' 성격의 조직이 중첩되어 함께 작동하는 것이라고 할 수 있다는 것이다. 양자가 점점 긴밀한 관계 속에서 연계를 확대해 가고 있다는 사실은 이를 방증하는 것으로 생각될 수 있다.

이는 비정규 노조 자체가 상호부조적인 성격의 조직이 되도록 요구하는 것이기도 하다. 이로 인해 노조조직 자체가 다른 형태로 변화되기도 한다. '프리타 전반노조'의 경우가 이를 잘 보여 준다. 앞서 언급했듯이, 이 단체의 회원은 절반 정도가 아는 사람 소개로 온 사람들이며, 그런 식으로 곤경에 처한 사람이 "어려울 때 서로 도와준다는 생각"(야마구치)으로 모여든 사람들이다. 이와 별도로 집행위원으로 활동하고 있는 회원들의 경우, 급료가 나오지 않음에도 불구하고 나와서 활동하는 것은 그들 자신이 그렇게 "모이는 것이 매우 좋아서"(후세)라고 한다. "잘게 토막 난 인간관계들 때문에, 거꾸로 누구와 만나서 뭔가를 만들어 가는 것이 재미있다는 체험"(후세)이 자신이나 젊은 사람들로 하여금 거기 참가하게 한다는 것이다. 마찬가지로 다노 신이치 또한, '프리타 전반노조'에 대해 조합보다는 공동체나 코뮌 같은 느낌이 든다고 말하자, "아, 그래요, 다들 그렇게 생각하고 있다고 생각해요. 조합이라는 것은 모이기 위한 구실이라고 할까, 그걸 구실로 삼아 모인 것이니까요"라고 대답한다. 야마구치와의 인터뷰 때 함께 참여했던 스즈키 다케시는 이에 대해 "커뮤니티의 재출현", "관계성의 재구축"이 중요했다고 말한다.

다른 한편 '프리타 전반노조'가 누구에게도 급료를 주지 않는 데는 분명한 이유가 있다. 유급의 전임활동가를 두면, "직원의 생활을 위한 운동이 되"기 십상이기 때문이다.

누군가 유급 직원이 있으면 캄파[자발적으로 내는 돈]로 그 사람의 생활을 지원해 줘야 하니까, 이번 달은 이러이러한 정도의 수입이 필요하게 되고, 그걸 먼저 해서 생활을 유지시켜 주는 게 됩니다. 그렇다면 그건 좀 잘못된 것이 아닌가 싶어요. 어떤 문제이건 간에 자신이 자신의 존엄을 위해서 싸우고 싶어 하는 사람이 있기도 하고, 서로 간에 이 사람은 도와주어야 한다는 생각이 있을 때 서로 도와주거나 지탱해 줄 수 있는 그런 관계로 노조가 만들어지는 편이 좋지 않은가 하는 생각도 있어서 지금까지는 유급 전임자를 두지 않기로 했었습니다. 근데 이게 금후 어떻게 되는지, 지금은 105명 정도 규모의 노조이기 때문에 유지가 됩니다만, 규모가 좀더 늘어나고 더 많은 것을 해야 하게 될 때 어디까지 유지할 수 있을까는 매우 어려운 문제가 될 거라고 생각합니다.(야마구치)

이토 미도리가 노동조합비 내는 것의 어려움을 해결하기 위해 중간지대적 성격의 조직을 중첩시켜 만들었다면, '프리타 전반노조'는 유급자를 두지 않음으로써 조합비 없이 노조를 운영하는 길을 선택한 것이다.[37] 급료가 없기에, 야마구치를 포함해 모든 활동가들이 자신들의 생계는 아르바이트 등을 해서 각자가 해결한다. 말 그대로 프리타로서 생활하며 활동하고 있는 것이다. 따라서 집행위원의 활동시간은 요일별로 정해져 있으며, 교섭을 위해 함께 가서 시위를 하거나 해야 할 때에는 회원들에게 연락하여 시간이 가능한 사람들을 모아서 함께 대처한다. 즉 교섭에 필요

---

37) 물론 이런 식의 노조는 별로 없기에 일반화할 수 없지만, 비정규 노동자의 빈민적 조건이 어떤 식으로든 그에 부합하는 조직적 대응방식의 변화를, 혹은 조직 자체의 변화를 요구하는 면이 있음을 보여 주는 것임에는 틀림이 없다.

한 선전전이나 시위 등을 회원들의 상호부조로 해결하는 셈이다. 그래서 노조에 가입을 하게 할 때부터 이런 부조적인 성격을 명확하게 얘기해 준다고 한다. "조합에 가입한다는 것은 서로 도와주는 것이지, 조합이 단지 그 사람을 구제해 주는 것이 아니니까, 조합에 들어와서 다른 사람의 일을 당신이 돕는 동안에 당신 일도 다른 사람이 도와준다는 것을 말해 주고, 같이할 수 있는 교섭방법을 찾습니다."(야마구치)

또 하나 '프리타 전반노조'에서 흥미로운 것은, 야마구치 개인 의견임을 전제로 말한 것이긴 하지만, 회원들의 자발성과 조직의 부조적·공동체적 성격을 유지하기 위해 조직의 규모를 작게 유지하고자 한다는 점이다. 조직의 장기적인 전망에 대해 물었을 때, 야마구치는 이렇게 대답했다. "사람이 활발하게 의견을 서로 주고받으면서 그 속에서 활성화되는 자연적인 규모라는 것이 있다고 생각합니다. 30~40명이 한계이지 않을까 생각합니다. 30~40명이 모여서 함께 아이디어를 낸다든가, 이거 해보자, 도전해 보자 하는 건 이야기가 됩니다만, 300명은 그게 되지 않습니다. 따라서 30~40명 정도가 서로를 도울 수 있는 기술과 행동방법을 몸에 익히고 서로 도와가면서 사는 그러한 틀이 좋을 거라고 생각합니다. 그런 식으로 하면 300명이면 10개[의 조직이] 생기는 것이고 3천 명이면 100개가 되는데, 그런 식으로 분산해 대처할 수 있는 그런 단위가 확 늘어 가면 좋겠다고 생각하고 있습니다." 파출소 숫자만큼 그런 30명 규모의 조합이 잔뜩 늘어나고, 그런 조합들이 수평적인 네트워크를 구성하여 활동하는 것이 그가 꿈꾸는 미래의 프리타노동조합이다. 공동체들의 네트워크로 위계적이고 중심화된 거대조직을 대신하고 싶다는 발상은, 조합원들이 갖는 이질성을 제거하지 않으면서 그것들을 하나로 묶을 수 있는 아이디어로 보인다. 이는 노동조합의 발전전망에서도 기존의 정규직 노동조합과 다른 조직형태가 있을 수 있음을 보여 준다는 점에서, 노동조합 조직 형태 자체의 변화에 함축된 또 하나의 잠재적 변화라고 할 것이다.

4. '노동운동'에서 '사회운동'으로?

노동운동의 힘과 영향력에서나, 투쟁의 빈도나 강도에서 한국과 일본의 비정규 노동운동은 매우 현저한 차이를 갖는다. 한국에서는 한 기업 안에서 독자적인 노동조합을 조직해 장기간의 파업이나 농성을 하는 투쟁이 아주 빈번할 뿐 아니라, 그런 투쟁이 미치는 사회적 파장 또한 대단히 크다. 반면 일본에서는 하나의 기업에서 일하는 비정규 노동자가 독자적으로 조직하여 사용자를 상대로 전면적인 파업을 하는 경우는 별로 없으며, 빈도나 강도에서 비교할 수 없이 약한 편이다. 또한 한국에서는 파견노동자나 하청, 용역 노동자들이 싸울 때에도 주로 간접고용의 형식을 취하는 실질적인 사용자를 대상으로 하는 경우가 대부분이다. 반면 일본은 '굿윌 유니온'이나 '풀 캐스트 유니온', '엠 크루 유니온' 같은 사회적으로 잘 알려진 노조의 투쟁[38]의 경우도 실질적인 사용자가 아니라 파견회사를 상대로 한 것이었다. 따라서 실질적인 사용자를 대상으로 "비정규 노동자의 정규직화"를 주장하는 일은 거의 없다.

　일본의 사용자들이 소규모 개인 가입 노동조합에 대해서도 교섭에 응할 의무가 있으며, 이 의무를 대체로 준수하여 교섭에 성실히 임하는 편인 반면, 파견노동이나 청부노동처럼 간접고용의 경우에는 실질적인 사용자인 파견처나 원청기업이 교섭에 응할 의무가 없으며, 대부분 교섭

---

38) 関根秀一郎, 『派遣の逆襲』, 朝日新聞出版, 2009.

에 응해 주지 않는다고 한다. 일반적인 것은 아니지만, 성희롱의 문제나 노동재해에 관한 문제와 관련된 사안에 대해서는 교섭에 응해 주는 경우가 있다고 한다(세키네). 따라서 원청기업과의 교섭이나 투쟁을 지향하고 있는 한국과 달리 일본의 비정규 노조는 성희롱이나 노동재해 같은 경우가 아니면 노동조합이 원청기업이나 파견처를 상대로 쟁의를 하거나 교섭을 하는 일은 별로 없다(세키네). 어디나 직접적인 고용자를 대상으로, 가령 파견노조의 경우 대개는 파견회사를 상대로 교섭을 하거나 투쟁하게 된다.

또한 일본의 "비정규직은 파업하기 어렵다"(세키네)고 한다. 이유는 직접고용된 임시직이나 파트타이머 등은 노조에 가입한 경우 대개(80% 정도)가 정규직 노조에 가입해 있기에 독자적인 행동을 하기 어렵고, 기업별로 비정규직만의 독자적인 노조를 만든 경우가 많지 않고,[39] 또 파견노동자의 경우에는 "일이 정기적으로 들어오지 않"(세키네)기 때문에 파업하기 어렵다고 한다. 비정규 노동자가 사용자와 싸우는 것은 통상 일반노조나 지역노조 형태의 비정규 노조를 통해서인데, 이때에도, 한국처럼 정규직화를 요구하는 것도 아니고 정규직 노조와 경쟁적 관계에 있지 않음에도 불구하고, 정규직 노동조합이 비정규 노동조합의 요구나 투쟁에 대해 협조적인 경우는 적고 반대로 적대적인 경우가 많다고 한다. "실제로 저희가 파견노동이나 비정규 고용 문제, 예를 들어 해고 문제나 직접고용을 요구하는 그러한 활동을 할 때, 그곳에 원래 있던 정규직 노동조합이 말이죠, 마음 깊이 반기면서 협조해 주는 것은 극히 드문 일입니다.

---

39) 가령 최근 파업투쟁을 하는 통신회사인 KDDI의 계약직 노동자들은 계약직의 독자노조(KDDI에보르바유니온)를 결성했기에 파업을 할 수 있었지만, 이는 드문 경우다.

현실적으로는 저희들에 적대적인 태도를 취하는 경우가 많습니다."(세키네) 이는 비정규 노동자의 조직화를 기본방침으로 내걸었던 '연합' 같은 조직에서도 다르지 않은 것 같다. "'연합'이 활동에 도움이 되지 않는 경우가 있느냐"라는 질문에, '전국 유니온'을 통해 '연합'에 가입해 있는 조직인 '파견 유니온'의 세키네는 이렇게 대답했다.

도움이 되지 않는다는 그러한 느낌을 받는 순간은 매일 매일 있습니다만, 예를 들면……. 어떤 부분을 말씀드리는 것이 가장 상징적일까요……. 예를 들면 저희들은 지금 KDDI, 즉 국제전화센터에서 일하는 사람들의 문제에 돌입하고 있는데요. 그곳에서 7년간 일해 온 사람들이 일제히 해고당했습니다. 그것을 철회하도록 하기 위해서 활동하고 있는데요, '연합'의 선전차를 빌려서 KDDI 앞에서 항의행동을 해왔습니다만, 어느 시기부터인가 '연합'은 선전차를 빌려줄 수 없다고, KDDI 앞에서 할 때는 선전차를 빌려 줄 수 없다고 했습니다. 그러한 경우가 있습니다. 즉 겉으로 확실히 표가 나는 방해는 하지 못합니다만, 이러한 매우 작은 부분들에서 저희들의 활동에 도움이 되지 않거나 합니다.

이러한 태도는 '연합'에 대한 오래된 불신의 이유 중 하나였을 것이다. 그럼에도 불구하고 '전국 유니온'은 '연합'에 가입했다. '전국 유니온'이 '연합'에 들어간 것은 어떤 이유 때문이었을까? '전국 유니온' 대표인 가모 모모요는 이렇게 대답한다. "'연합'에 들어가자는 것은 지금 말한 것처럼 비정규 노동자가 정말로 갑자기 늘어나고 있어서, 법률적인 의미에서 일보 진전해야 한다는 것을 닥친 과제로 파악했기 때문입니다. 특히 파견의 문제에 대해서는 무슨 일이 있든 간에 법적인 대응책을 만들어야 한다는 것이 시급했어요. 그래서 법을 개정하기 위해서 '연합'에 들어가서 '연합'의 방침을, 뭐라고 하면 좋을까, 잘 수립해 가야만 한다고 생각했어요. '연합'이란 원래 정규직 사원들의 클럽이라고 지금도 이야기되지만, 특히 당시에는 1999년의 새로운 방침이 있긴 했지만, 구체적으로 말하면 법적인 측면에서 자세한 내용은 거의 제대로 되어 있지 않았어요. 그런 점에서 현장에서 제대로 비정규 노동자의 소리를 듣고 있는 우리들이, 우리들의 목소리를 '연합'에 제대로 넣어서 그 소리에 입각해서 방침을 만들어 가지 않으면 현장과 전혀 동떨어진 그런 방침이 만들어질 것이라는 거지요. 그래서 우리들은 어쨌든 '연합'에 들어가자, 그래서 그곳에서 우리들의 방침을 '연합'의 방침으로 만들자는 것이었습니다."

물론 '연합' 가입에 대한 반대는 컸고, 그래서 애초에 '커뮤니티유니온'에 속한 74개의 단체 가운데 옵저버 단체 3개를 포함한 14개의 단체만으로 '전국 유니온'을 만들어 '연합'에 들어가게 된다(가모). '전국 유니온'의 대표 가모 모모요는 자신들의 가입이 '연합'에 큰 자극이 되었으며, 그로 인해 2005년 'UI젠센동맹'의 다카기 쓰요시와의 경쟁 속에서 회장 선거에 출마하여 3분의 1의 지지표를 얻었다고 한다. 이는 비정규직에 대한 사업을 계속 밀고 가야 한다는 것을 공인받는 효과를 가졌고, 그 결과 파견법 개정안에 대한 논의에서 '전국 유니온'의 방침을 관철시킬 수 있었다고 말한다. 반면 '커뮤니티유니온'에 속해 있었지만, '연합'에 비판적이었던 '여성 유니온 도쿄'의 이토 미도리는 '연합' 가입 이후 '전국 유니온'이 '정치 조직', '캠페인 조직' 같이 되었다고 비판한다. 맥락은 다르지만, 이들과 독립적인 조직인 '프리타 전반노조'의 야마구치 모토아키는 정치나 행정에 영향을 미칠 수 있는 어딘가 정당계열의 조직에 들어가서 정치나 행정에 개입하려는 시도에 대해 비판하며 자기 나름의 자립권을 만들려 하고 있다고 말한다. 이는 단지 '연합' 같은 조직에 대한 태도의 차이를 넘어서, 비정규 노조들이 노동운동 안에서 취하는 활동이나 연대의 방향에서, 크게 구별되는 두 가지 상이한 방향이 아닌가 생각된다. 물론 '파견 유니온'처럼 노조로서의 활동이나 교섭, 혹은 투쟁에서 독자적인 방향을 갖고 있음에도 불구하고, '전국 유니온'과 함께 '연합' 같은 전국 조직에 가입하여 활동하는 단체도 있지만(파견법의 개정 등 제도적 개선이 중요하다고 보기 때문이다), 두 방향에 차이가 있다는 점은 분명한 것 같다.

노동운동 안에서의 이러한 두 방향과 다른 차원에서, 비정규 노동운동이 나아갈 방향에서도 상이한 두 가지 길이 구별될 수 있는 것으로 보인다. 그것은 앞절에서 서술한 것과도 관련된 것인데, 상대적으로 전통적인 노동조합이나 노동 문제의 영역을 크게 벗어나지 않는 것과, 그런 '노동운동'을 넘어서 '사회운동'으로 나아가려는 방향이 그것이다. 물론 이두 가지 방향은 앞서의 것 이상으로 대부분의 비정규 노조 안에 공존하고 있었다. 물론 그 안에서도 상대적인 비중이나 색조의 차이가 있긴 하지만, 정확하게 구별하여 말하려면 전통적인 노동운동과 그에 대한 비판적 형태로 '사회운동'을 대비하는 것이 더 적절할 것 같다.[40] 예컨대 유아사

40) 이를 이언 로빈슨이 말하는(Ian Robison, "Neoliberal Restructuring and U.S. Unions", *Critical Sociology*, 26, 1/2, 2000 ; 노중기, 「노동체제 전환기의 노동운동과 발전 전략에 관한 연구」, 『경제와 사회』 76호, 2007) '사회운동 노동조합주의'의 일종이라고 간주해도 좋을지는 좀 더 신중한 검토가 필요할 것 같다. 일단 일본의 활동가들이 이런 말로 표현하려는 것이 '연합' 등 기존 노동조합이 갖는 타협적이며 배제적인 '비즈니스 노동조합주의'에 대한 비판적 거리라는 점에서는 그렇게 말해도 좋을 것이다. 그러나 노중기(「노동체제 전환기의 노동운동과 발전 전략에 관한 연구」)가 유형화한 세 경우 가운데, 미국 등의 경우에조차 '사회운동 노조주의'는 기존 노동조합 내부에서 새로운 방향을 모색하려는 시도였던 반면, 지금 여기서 사용되는 말은 그 외부에서 노동조합운동에 대해 제기되는 제안이며, 이는 직접적으로는 비정규 노동조합 자체에 대해 사용되고 있다는 점에서 큰 차이가 있기 때문이다. 그 내용에서

마코토는 비정규 노동운동의 일상적인 활동에서도 전통적인 노동운동과 크게 달라져야 한다는 생각을 매우 강하게 표명한다. 그는 '연합'의 비정규 노동자 조직화 방침을 언급하고, 정규직 노동자를 조직하려 했던 그런 방식으로 비정규 노동자를 조직하려 해서는 제대로 해나갈 수 없을 것이라고 하면서 이렇게 말한다.

현재는 노동 문제와 생존 문제가 거의 구별 불가능해지고 있기 때문이에요. 말하자면, 노동조합에 상담하러 가는 것이나 저희와 같은 생활지원단체에 상담하러 가는 것이 거의 비슷한 문제가 되었습니다. 노동 상담을 하러 가는 사람들도 대개는 생활이 불가능한 상황에 처해 있기 때문이죠. 예를 들어 살 곳이 없고, 생활비가 없고, 빚이 있고, 정신적인 병이 있고, 가족 트러블이 있고, 그런 여러 가지 트러블이 있어요. 또한 생활 상담을 하러 오는 사람들도 노동 트러블을 겪고 있지요. 따라서 상담하러 오는 사람들의 트러블은 매우 복합적이고 다면적인 것이 되어 있습니다.

이러한 생각은 '파견마을'을 계기로 기존의 노동운동가들에게도 넓게 확산된 것으로 보인다. 가령 '파견마을'에 집행위원으로 참가했던 '전

도 계급적 성격이나 비타협적 성격을 강조한다고 보기 어렵고, 유아사 마코토가 말하는 것처럼 오히려 '생활보호운동'으로서의 측면이 강하기 때문이다. 민주당 집권 이후 유아사를 비롯해 많은 사람들이 정부기구에 들어가 활동했던 것은 '사회운동 노조주의'보다는 '사회적 조합주의'에 가까운 면이 있음을 보여 준다. 한편 '프리타 전반노조'처럼 정치적 성격이 뚜렷한 경우도 있기에, '사회적 조합주의'란 말로 이를 지칭하기도 쉽지 않다. 그들이 사용하는 '사회운동'이란 말은, 그들이 말하는 의미 그대로, 즉 기존 노동조합의 전통적 영역에서 벗어나는 활동을 지칭하는 의미로 이해하면 좋을 것이다.

노협' 상임간사 엔도 이치로(遠藤一朗)는 '파견마을'에 대한 대담을 하면서 이렇게 말한다. "'파견마을'의 행동을 통해서 노동조합과 다중채무문제, 생활보호, 싱글맘 등을 다루는 운동단체와의 연계가 가능하게 되었습니다. 비정규직 문제란 노동자의 빈곤화라는 측면이 있습니다. 그러한 운동과 노동조합이 만나서 함께 일을 할 수 있게 되었지요……. 노동조합에 상담하고 온 사람의 생활이 어려울 때에는 생활보호 신청을 합니다. 이러한 것이 각지에서 시작되고 있습니다. …… [이러한 것은] 생활보호운동을 하는 사람들로부터 노동조합이 배워 가는 것이 필요하게 되었다고 생각합니다."[41] '전일본건설운수연대노조' 서기장인 고야노 다케시(小谷野毅)는 "빈곤을 문제화하는 사람들과의 만남을 통해서 노동운동에 무엇이 결여되어 있었는지, 무엇이 필요한지" 알게 되었다고 쓰면서, 주거 문제, 고용보험 문제, 상호부조 문제에 더해 전태일을 언급하면서 사랑과 희생의 정신이 노동운동에 긴요한 것임을 지적한다.[42]

　　노동 문제만이 아니라 생활 문제 전반을 대상으로 해야 하기에 노동 전문기관을 넘어서야 한다면서, 이러한 문제에 대처하기 위해서 두 가지 방법이 있다고 말한다. "하나는 노동운동 이외의 여러 단체와 네트워크를 맺어서 그 이외의 문제들을, 예를 들면 정신적 문제가 있으면 이 클리닉이 있다고 소개해 줄 수 있는 네트워크나 빚 문제라면 이 변호사가 상담을 해준다고 소개해 줄 수 있는 그러한 네트워크를 가져야 합니다. 아니면 자기 자신이 원 스톱 서비스처럼 여러 가지 트러블을 갖고 오더라도

---

41) 棗一朗 外, 「派遣村はいかにして実現されたのか」, 62~63쪽.
42) 小谷野毅, 「社會運動の一部としての勞働運動」, 年越し派遣村實行委員會 編, 『派遣村』, 毎日新聞社, 2009.

어떤 것이든지 대응이 가능한 그런 노하우를 갖고 있거나 해야 합니다"
(유아사).

이는 단지 생활보호운동을 하는 사람이 노동운동의 바깥에서 요청하는 발언만은 아니다. 역으로 "반빈곤운동을 전개하기 위해서는 노동운동과의 연대가 필수적"[43]이라고 본다. 이런 문제의식에서 프리타의 생활 문제와 비정규 노동 문제가 중첩되는 '엠 크루 유니온'의 결성에 유아사 마코토 자신이 파견사원으로 참여한 바 있으며, 그가 주도적으로 만든 '반빈곤 네트워크'는 '수도권 청년유니온'의 가와조에 마코토와 함께 발족시킨 것이었다. 상호부조적인 제도를 중심으로 하는 이런 '연대넷'을 구상한 것은 가와조에였다고 한다.[44]

이런 이유에서 유아사는 비정규 노동운동은 노동운동의 틀을 벗어나서 '사회운동적인 것'으로 나아가야 한다고 명확하게 주장한다. "그런 점에서 비정규직을 조직화하기 위해서는 여태까지의 노동운동의 스타일과 다른 스타일이 필요합니다. 그것을 한마디로 하면 노동운동 협회에서 이야기되고 있는 사회운동적인 것이라고 할 수 있을 텐데요, 즉 사회운동으로서 노동운동을 하지 않으면, 또한 여러 가지 장애인운동이나 빈곤 문제 등과 네트워크를 만들지 않으면, 비정규직 조직화의 루트는 불가능하다고 생각하고 지금은 그러한 상황에 봉착했다고 생각하고 있습니다." 이는 앞서 인용한 고야노 다케시 또한 「사회운동의 일부로서의 노동조합」이라는 제목 아래 명시하고 있는 것이기도 하다. 즉 노동운동이 그저 조합원을 위해 활동할 뿐이라면 의도가 어떻든 객관적으로 격차사회의 특

---

43) 유아사 마코토, 『빈곤에 맞서다』, 164쪽.
44) 같은 책, 170~172쪽.

권계급이 되고 말지도 모른다고 하면서, 노동운동이 '전 노동자를 위해 활동하는 노동조합', '사회를 위해 활동하는 노동조합, 사회운동의 일부로서의 노동조합'이 되어야 한다는 것이다.[45]

여기서 비정규 노동조합은 물론 기존의 노동조합에 대해서까지 통상적인 노동운동의 영토를 벗어나 '사회운동'으로 탈영토화되어야 한다는 요구가 매우 광범위하게 제기되고 있음을 볼 수 있다. 이런 점에서 비정규 노동자는 빈곤이라는 문제를 통해서 노동운동이 다른 운동과 분리되어 있는 일본의 상황에서 다른 운동과 만나고 연대하며 '사회운동'으로 변환되는 범람의 지대를 표시하고 있다고 할 것이다. 이른바 '인디계 프리타노조'들이 '자유와 생존'의 이름으로 다양한 종류의 사람들을 한데 모으려고 하고 있는 것은 이러한 맥락에서 쉽게 이해할 수 있는 일이다. '반빈곤 네트워크'의 형태로 빈곤 문제 해결에 필요한 모든 능력과 그런 방향의 운동조직들과의 네크워크적 연대는 이러한 방향의 사회운동에 상응하는 연대의 방향을 표시하고 있는 셈이다. 유아사 마코토라는 인물이 여러 영역에서 주목을 받으며 부각된 것은 이러한 상황의 산물이라고 할 수 있을 듯하다.

도식적이지만, '노동조합운동'으로서의 노동운동과 '사회운동'으로서의 노동운동, 이는 지금 일본에서 비정규 노동조합이 취하는 두 가지 방향을 표시한다고 할 수 있다. 전자가 정규직 노동조합과 노동운동을 비정규 노동운동의 모델로 상정하고 있는 것이라면, 후자는 노동조합의 조직부터 활동방향 모두 그런 모델에서 벗어나는 방향을 향하고 있다고 하겠다. 하나가 비정규 노동자를 전통적인 정규직 노동조합운동으로 영토

---

45) 小谷野毅, 「社會運動の一部としての労働運動」, 173~174쪽.

화하는 길을 따라 나아가고 있다면, 다른 하나는 그로부터 이탈하여 탈영토화되는 길을 따라가고 있다는 것이다. 하지만 쉽게 양자를 대립시키면서 어떤 단체가 어디에 속한다는 식의 선택적 분류를 택하기는 쉽지 않은 것 같다. 왜냐하면 비정규 노동자나 파견노동자들의 삶을 보호하기 위해서는, 단지 개인적인 상담의 영역을 벗어나 한편으로는 생활보호대상자조차 다시 물속으로 밀어 넣는 행정기관과의 투쟁이 불가피하고, 다른한편으로는 법 개정투쟁 역시 매우 중요한 문제이기 때문이다. 각자 다른경로로, 이들은 민주당 정부가 들어서면서 만들어진 여러 종류의 위원회들로 불려 들어갔고, 결과가 어떠하든지 간에 그 안에서 법이나 제도적인개선을 통해 비정규 노동이나 빈곤의 문제를 해결하려는 지점에서 다시만난다.

그럼에도 불구하고 그들이 그 만나는 지점을 향해 각자가 선택하고통과한 길이 달랐음은 분명한 것 같다. 즉 두 가지 방향의 벡터를 모두 포함하고 있다고 해도, 중심적인 활동이나 방향성이 어디로 향하고 있는지는 어느 정도 구별할 수 있을 것 같다. '연합'이라는 기존 노동조합에 가입한 경우, 노동조합운동으로서의 성격이 일차적이라고 한다면, 그와 독립적인 영역에서 독자적인 방식으로 활동하는 이른바 '인디계' 노동조합이나 반빈곤운동 단체의 경우에는 '사회운동'에 일차성을 두고 있다고 보아도 좋을 것 같다.

여기에 마지막으로 또 하나 덧붙여야 할 것은, 비정규 노동운동을 하는 일본의 활동가 가운데 비정규직 철폐나 정규직화가 비정규 노동운동의 방향이 되어야 한다고 생각하는 사람을 만날 수 없었다는 점이다. 대체로 비정규직의 여러 고용형태를 고용형태의 다양성이란 관점에서 긍정하고 있다. 가모 모모요는 특히 여성들의 경우 집안일을 하면서 일을 하기 위해선 파트타이머 같은 비정규직이 필요하다고까지 말한다. 이는 남성들이 가장의 역할을 하고 여성들은 집안일을 하면서 비는 시간을 내서 노동을 하던 이전의 역사와 결부된 것일 게다. 따라서 개인적인 조건에 따라 선택할 수 있는 다양한 비정규적 고용형태를 인정하되, '동일노동 동일임금'(세키네)이나 강한 의미의 '균등대우'(이토)를 확보함으로써, 혹은 '원칙적인 직접고용, 무기한 고용, 충분한 임금'(가모)이란 조건을 확보하여 비정규직으로 노동하는 데서 오는 손해와 불리함을 축소하고 제거하는 것을 비정규 노동운동의 장기적인 방향으로 삼고 있다. 다른 한편 '프리타 전반노조'의 공동위원장 다노 신이치는 "비정규직이어도 살아갈 수 있으면 문제가 없"다면서 노동하지 못하는 사람도 평등하게 살 수 있도록 기본소득(basic income)이 주어져야 한다고 주장한다. 후세 에리코는 '일하지 않으면 먹지도 말라'는 사고방식을 넘어서지 않는 한, 일하지 않으면 죽는 게 당연하다는 태도를 벗어날 수 없으며, "일하지 않는 사람에 대한 차별" 또한 없애 버릴 수 없다고 하면서, 노동이 사라지고 있는 사회에서 노동의 이데올로기 자체를 비판한다. 이러한 양상은, 이유가 무엇이든 간에, 비정규 노동운동이 대체적으로 '비정규직 철폐'와 '정규직화'를 향해 있는 한국과 크게 대비되는 점이라고 하겠다.

5. 비정규 노동운동의 문화와 스타일

비정규 노동운동 가운데서도 특히 '프리타운동'으로 명명되는 이른바 '인디계 프리타노조'(아마미야)의 운동은 '생존'을 전면에 내걸고 있음에도 불구하고 전통적인 노동운동이나 '생활보호운동'과 다른 색조를 갖고 있다. 이토 미도리는 가령 '프리타 전반노조'에 대해 "정치적인 부분이 있어

다소 위태로운 젊은이들"이라고 표현하기도 하는데, 그들의 경우에는 애초에 프리타운동으로 합류하기 전에 반전운동 등을 경유한 과거가 있을 뿐 아니라 미야시타(宮下) 공원 투쟁[46] 등과 같은 현재적 활동에 기인하는 평가일 것이다. 그들이 노동조합이 "노동조합의 운동에 머물러 버리면 안 된다"(야마구치)는 생각을 명확하게 갖고 있다는 점에서 이는 사실이라고 할 터인데, 그보다 좀더 두드러진 것은 그들뿐만 아니라 전국의 '인디계 프리타노조'들이 함께하는 '자유와 생존의 메이데이'가 잘 보여 주듯이, '고유한 스타일'이라고 불러도 좋을 독특한 문화적 색채를 갖고 있다는 사실이다. 이는 한편에서는 생존을 위협하는 조건에 대해 "살게 해 줘!"(生きさせろ!)라고 외치는 분노의 정서와, 사운드데모와 춤, 코스프레나 퍼펫 등으로 상징되는, '재미'와 밀접한 표현적 욕망이 공존하는 상반되는 성분을 갖는 것 같다.

먼저, 이들이 말하는 프리타운동은 종종 '로스제네'(Lost Generation의 약칭)라고도 불리는 세대의 집합적 감수성과 결부되어 있다. 정이환은 1990년대 이전 일본 비정규 노동자의 증가가 기혼여성 파트타이머를 중심으로 이루어지고 있었음에 반해,[47] 1990년대 중반 이후에는 청년층이 또 하나의 중핵으로 등장했음을 지적한 바 있다. 90년대 중반 이후에는 남성들 전반에 걸쳐 비정규직으로의 대체가 이루어지고 있지만, 특히 35세 미만의 청년층에서 증가가 두드러진다는 것이다. 가령 1985년에

---

46) 시부야의 공원으로 집회나 시위가 자주 벌어지는 장소이기도 하고 노숙자들이 많이 이용하는 공간인 미야시타 공원을, 나이키에서 매수하여 '나이키 공원'이란 이름으로 스포츠 목적의 유료공원화하려는 시도에 대한 반대투쟁.
47) 이토 미도리는 이런 이유에서 비정규 노동운동의 문제가 젠더적인 성격을 갖고 있음을 반복하여 지적한다.

는 134만 명으로 중고령 여성 비정규 노동자의 절반 수준이었던 35세 미만 청년 비정규 노동자가 2005년에는 465만 명으로 급증하여 중고령 여성들과 비슷한 수준이 되었고, 1990년에는 졸업 직후 파트타이머로 입직하는 비율이 남성 3.8%, 여성 6.5%였지만 2007년에는 25.2%와 30.3%로 증가했다는 것이다.[48]

이러한 인구학적 분포는 정규직과 비정규직의 대립이 (남성)중장년층과 청년층 간의 세대간의 대립형태를 취할 수 있음을 뜻한다. 특히 일본의 장년층(종종 '단카이 세대'라고도 불린다)은 고도성장기에 취업했던 세대인지라, 맘만 먹으면 일자리를 구할 수 있었고, 종신고용이 일반적인 시대에 일을 했기에 일을 그만둔다는 것도 자의에 의한 것으로 알고 있다. 그렇기에 자신의 자식이나 젊은 사람들이 일을 하지 않는 것을 잘 납득하지 못한다고 한다.

정말로 예전 세대로부터 "일자리라면 찾아보면 있다. 그저 고르고 있는 것 아니야?"라는 말을 자주 듣습니다. "일할 곳이 없다니 믿을 수 없다. 네가 하고 싶거나 견딜 수 있는 그런 일이 없을 뿐인 거지?"라고 하는 거죠. 아무리 설명해도, "요즘 사람들은 정말 열 몇 시간씩 일해도 그래요"라고 말해도, "그건 고르기 때문이지"라는 식으로 생각해요. 정말 무서울 정도로 일이 없다는 것을 몰라요. 어찌됐건 일을 할 수 있다고 생각해요. 그리고 참을성이 없어서, 지적을 받거나 급료를 깎인다거나 하는 경우를 견디지 못해서 일을 그만둔다는 식이에요.(후세)

---

48) 정이환, 『경제위기와 고용체제』, 219쪽.

이로 인해 부모와의 갈등이 좀처럼 해소되지 않아서, 집에서 지내기 어려워지는 경우가 많으며, 그로 인해 해고되어 먹고살기 힘들어져도 집으로 들어가지 않고 '청년노숙자'가 되는 경우가 많다고 한다. '프리타 전반노조'나 아마미야 가린, 유아사 마코토 등 많은 사람들이 반박하는 '자기책임론'은, 한편으로는 신자유주의의 경제학적 논리에서 연유하지만, 일본에서 유독 스트레스를 주는 심각한 문제가 된 것은 이런 맥락에서일 것이다. "자기책임론의 논리가 엄청나게 강해요. 그리고 '부끄럽다. 내 아이가 일을 하지 못하고 아르바이트를 하다니 부끄럽다'거나 '주변 사람들에게 창피하다'는 식의 태도를 보이는 사람들이 정말 무지하게 많습니다."(다노)

비정규 노동자는 잦은 이동과 불안정성으로 인해 친한 사람을 사귀거나 안정적인 인간관계를 형성하기 어려워 사회적 고립에 처한 경우가 많은데, 이는 그에 따른 감정적인 고립감으로 이어지는 경우가 많다. '자기책임론'은 모든 문제를 자기의 책임으로 돌리게 만들어 이런 고립감을 심화한다. 경제적 곤경과 자기책임론의 결합이 출구 없는 궁지로 젊은 사람들을 몰고 있는 셈이다. 젊은 층에 히키코모리가 크게 늘어난 것이나, 프리타운동에서 히키코모리가 중요한 '인물'로 등장하게 된 것은 이와 무관하지 않을 것이다. 자살이나 '아키하바라 살인' 같은 '묻지마 살인'을 행하는 이른바 '도리마'(通り魔) 역시 이런 맥락에서 이해되고 있다.[49] 프리타운동의 상징적 인물이 된 아마미야 가린의 경우 프리타 생활 속에서 자살 시도를 반복했던 자신의 경험을 바탕으로 글을 쓰고 활동하고 있는데, 『살게 해줘! 난민화하는 젊은이들』(生きさせろ!難民化する若者たち)이라

---

49) 雨宮處凛 外, 『脱'貧困'への政治』.

는 그가 쓴 책의 제목은 이러한 상황을 압축적으로 보여 주고 있다.

이러한 상황에서 비정규직의 젊은이들이 '분노'의 감정을 드러내는 것은 아주 자연스러워 보인다. 「마루야마 마사오의 뺨을 때리고 싶다: 31세 프리타, 희망은 전쟁」이라는 강렬한 제목의 글로 유명해진 아카기 지히로(赤木智弘)나 아마미야 가린, 그리고 2008년 창간된 잡지 『로스제네』의 편집장 등 이른바 '로스제네'의 논객들은, 자신의 개인적인 경험을 바탕으로 빈곤의 문제를 '취업빙하기'에 사회에 나온 자신들 세대의 문제로 이해하며, 명확하게 분노를 전면에 내세우고 그 분노에 대한 공감 여부를 통해 자타를 가르는 배타적인 태도를 취하고 있다는 점에서 공통성을 갖고 있다고 한다.[50] 하지만 인터뷰할 당시, 아마미야 가린은 비정규직이나 빈곤의 문제가 자신들 세대만의 문제가 아니라고 하면서 더 어린 세대는 더욱 심할 뿐 아니라 고령층 역시 심각한 상황임을 지적한다.[51] 그럼에도 불구하고 단카이 세대에 대한 분노나 원망 같은 것을 완전히 떨치지 못한 것은 "젊은이에 대한 비난, 즉 좌우가 결탁해서 '젊은이들은 일할 생각이 없다'거나 하면서 공격했던 것에 대해서는 제대로 저항하고 싶다"는 생각에서라고 하면서, "90년대까지만 해도 계속해서 젊은이들을 공격해 오지 않았는가 하는 느낌"이라고 덧붙인다.

프리타운동을 하는 활동가들이 세대론적 대립관념을 갖고 있다고는 할 수 없다. 오히려 그런 감각에 대해서 거리감을 갖고 있는 경우가 일반적이라고 할 수 있다. 그렇지만 야마구치 모토아키나 그의 동료들이 '자

---

50) 毛利嘉孝, 『ストリートの思想』, 233~238쪽.
51) 모리타 미노루(森田実)와의 대담을 출판한 책 『國家の貧困』(2009)에서도 이러한 입장은 분명하다.

기책임론'에 대해서 갖고 있는 반감은 매우 강했다. 물론 그것은 세대론적 반감이라기보다는 기업을 모델로 개인의 경쟁력을 강조하는 신자유주의의 담론에 대한 반감일 것이다. 다른 한편 이런 활동가들의 생각과는 다른 차원에서, 고도성장기에 사회생활을 시작한 자신의 부모들과 갈등을 겪는 비정규 노동자 대중의 경우 이런 이론적 반론보다는 '자기책임론'의 형태로 공격을 해오는 기성세대에 대한 반감──굳이 세대론적이라고 할 순 없겠지만──을 갖기는 매우 쉬운 것 같다. 이전의 세대론적 반감을 벗어난 이후에도 아마미야 가린이 갖고 있는, "경우에 따라서는 젊은이들의 원망을 말하는 것이 좋은 점도 있지 않을까"(아마미야)라는 감각은 명료하지 않은 이런 감정의 표현이라고 보아야 할 것 같다. "살게 해줘!"라는 생존에의 외침에는 이런 분노가 담겨 있는 것이라고 해야 할 것이다.

다른 한편 프리타운동의 시위나 집회는 기존의 사회운동과 아주 다른 스타일로 진행된다. 가령 2009년 메이데이 데모의 마지막에 행해졌던 거리 시위는 음향장비를 갖춘 트럭 위에서 디제이가 음악을 틀어 주고 그 뒤를 사람들이 줄지어 춤을 추거나 걷거나 하면서 행진하는 '사운드데모'의 형태로 진행되었다. 뿐만 아니라 여러 가지 종류의 튀는 복장으로 '코스프레'를 하고 있는 사람들이 나란히 행진한다. 행진하며 구호를 외치기도 하고, 냄비나 딱따기 같은 것을 두드리기도 하는데, 분위기는 시종 가볍고 즐거웠고 재미 삼아 끼어드는 사람들도 적지 않았다. 이는 프리타노조나 노숙자운동을 하는 사람들이 적극 참여한 미야시타 공원의 나이키 공원화 반대 집회 때에도 비슷했다. 이는 사실 프리타의 메이데이를 시작하던 때부터 시작되었고, 이후 일반적 형식으로 정착되었다고 한다. 좀더 정확하게 따지자면, 2003년 이라크전 반전데모 때부터 시작되어 일반화된 데모형식으로 자리 잡은 것이라고 한다.[52] 교토에서 만났던 '후쿠오카 프리타유니온'의 한 활동가는 대학원에 다니던 시절, 이라크전 반대 시위에서 처음 접했던 사운드데모가 재미있어서, 집회나 시위를 따라다니기 시작했고, 급기야 대학원을 접고 프리타운동에 뛰어들게 되었다고 했다 (지금은 '후쿠오카 유니온'의 잘 알려진 활동가다).

이는 일본에선 주로 '슈프레히코르'(Sprechchor)라고 불리는, 구호를 함께 외치는 이전의 시위형식과 아주 다른 스타일이다. 데모하는 모습이 다르다는 것은 확연한 것 같다. "길고 좁은 깃발 같은 거 들고 모두 깔끔하게 줄을 서서 '[헌법] 9조를 지키자, 9조를 지키자' 하는 것과, 젊은 사람들이 여러 가지 멋대로 만든 플래카드를 들고 마음대로 하는 것은, 겉모습이 매우 다르기 때문에 그 겉모습을 보고 서로 거리감을 느끼지 않나 싶어요."(후세) 다노 신이치 또한 이렇게 말한다. "데모의 방식 등은 정말이지 다릅니다. 한텐렌[53]의 데모 등과는 정말 다릅니다. 정말 재미가 없어!" 그래서인지 "슈프레히코르 같은 것은 절대 하고 싶지 않다는 젊은이도 있"다고 한다(후세). 재미있는 데모로 특히 유명한 것은 '아마추어의 반란'(素人の乱)이라는 재활용품점을 운영하며 도쿄의 고엔지(高円寺)에 공동체적 성격의 지역운동을 하고 있는 마쓰모토 하지메(松本哉)다. 그는 대학을 다닐 때부터 기상천외한 방식의 이벤트성 시위나 데모로 '악명' 높았는데, 한때 구의회의원 선거에 출마했을 때에도 그런 식의 집회로 도쿄 한복판을 휘저어 놓았다.[54] 야마구치와 스즈키는 '아마추어의 반

---

52) 毛利嘉孝, 『ストリートの思想』, 146~147쪽, 174~175쪽.
53) 한텐렌(反天連). 일본 신좌익 분파 중 하나. 반천황제 운동 연합회(反天皇制運動連絡会)의 준말이다.
54) 마쓰모토 하지메, 김경원 옮김, 『가난뱅이의 역습』, 이루, 2009.

란'이 여러 지역에서 프리타노조가 만들어지는 데에도 큰 영향을 미쳤다고 하면서, 정해진 양식대로 무언가를 해야 한다는 발상을 깨거나 금지되어 있던 것을 깨거나 하게 만들었다고 말한다.

그런데 모리에 따르면 사운드데모가 자리잡는 과정에는 언더그라운드에서 형성된 레이브 문화[55]와 비정규 노동자의 만남이 있었다고 한다. 레이브 문화에 대한 책을 쓴 저자이기도 하며 스스로 디제이이기도 한 세이노 에이치(淸野榮一)가 1998년 경 요요기(代々木) 공원에서 시작한 레이브 파티가 그것이다. 요요기 공원은 지금까지도 노숙자들의 텐트촌이 상당히 크게 자리잡고 있으며, 이치무라 미사코(いちむら みさこ)처럼 '에노아루(えのある, '그림이 있는') 카페'를 만들어 노숙자운동을 하고 있는 화가들도 있는 공원인데,[56] 거기서 큰 소리로 음악을 틀고 레이브 파티를 하기 위해서 그들은 노숙자들에게 술을 돌리며 양해를 구해야 했고, 그로 인해 함께 참가하여 춤을 추는 사람도 나타나기 시작했다고 한다. 거기에는 일본에 있던 이란인이나 징집을 피해 도피한 이스라엘인들도 많았는데, 그중에는 레이브 문화에 익숙한 사람이나 디제이가 있었다고 한다. 2003년 이라크전이 벌어졌을 때, 세이노를 비롯해 레이브신에 속해 있던 사람들과 노숙자운동가, 프리타운동가 등이 반전데모를 계기로 하나로

---

55) '레이브(rave)문화'란 클럽이라는 장소에서 벗어나 창고, 공원 등에서 일렉트로닉 댄스음악을 틀어 놓고 인종 등의 차이를 넘어 평등주의적 정서 속에서 함께 어울리는 청년문화를 지칭하는데, 1980년대 후반 영국에서 시작되어 유럽으로 확장되어 갔다. 엑스터시 같은 약물 사용을 동반하기도 하고, 히피풍의 의상 스타일, 허가 받지 않은 옥외 파티 등으로 인해 기성세대로부터 퇴폐적이라고 비난받기도 했다. '레이브 파티'란 공원이나 창고 등에서 벌어지는 이런 종류의 파티를 뜻하는데, 디제이가 중요한 역할을 한다. '레이브신'은 '인디신' 등처럼 레이브 문화에 속한 뮤지션 등을 묶어서 지칭한다.
56) 이치무라 미사코, 신지영 옮김, 『저… 여기에 있어요』, 올벼, 2009.

합류하면서 일종의 스트리트 레이브 파티로 사운드데모가 기획되었고, 그것이 이후 사운드데모를 확산시키며 하나의 일반적 형식으로 자리잡게 되었다는 것이다.[57]

그러나 이런 차이를 운동 스타일에서의 대립으로, 쉽게 세대 간의 대립으로 이어질 수 있는 그런 대립으로 간주해선 안 될 것 같다. 이런 스타일의 데모에 대해 후세는 이렇게 말한다. "말해 보면 의외로, 오히려 젊은 쪽이 좀더 조심하거나 하는 편이고, 나이 든 분들은 '더 해봐라, 더 힘내라'라고 말해 주거나 합니다. 물론 너무 멋대로라거나, 장난치는 것 같다고 말하기도 하지만, 젊은 쪽이 걱정하는 것과는 달리 오히려 의외로 그렇지 않은 느낌입니다." 그는 다노가 정말 재미없다고 했던 '한텐렌 데모'에 대해 "한텐렌, 정말 좋아요! 나는 춤추거나 하는 거 싫어. 모두 너무나 즐거워 보이잖아. 왜 그래야 하지? 좀더 화내도 좋을 거 같은데"라고 한다. 이에 대해 다노는 "화내는 건 좋지만, 한텐렌 데모는 습관 같잖아. '… 반대에~', '… 반대에~'"

이런 점에서 차이는 단지 "세대 간에만 있는 것이 아니라 세대 안에도 있다"(후세). 가령 "후쿠오카에 가면 '사운드데모는 이젠 그만!'이라고 해요. 자신의 표현이 불가능하니까, 모두 같은 음악에 춤추는 게 아니라 한 명 한 명이 모두 자신의 생각을 표현하는 방식이 있지 않을까 해서, 춤출 사람은 춤추고 악기를 가져오는 사람은 가져오고, 변장을 할 사람은 변장을 하고 또 말하고 싶은 사람은 마이크에 대고 말하고……"(타노). 또 도야마(富山)에서는 사운드데모를 하는 가운데 나이든 사람들이 자신들이 만든 노래를 들고 나와서 노래한다든지, 구호를 외친다든지 하다가 갑

---

57) 毛利嘉孝, 『ストリートの思想』, 144~147쪽.

자기 펑크밴드 음악이 나온다든지 하는 혼합된 형식이 등장했다고 한다 (후세).

새로운 스타일의 시위문화가 반복되면서, 어느 정도는 서로 익숙해지거나 섞이기도 하면서 대립적인 요소들은 사라져 가고 있는 셈이다. 그러나 세대 간이나 세대 안에서 취향이나 선호의 차이가 있다고는 하지만, 이전 세대나 이전의 전통적인 스타일과 다른 새로운 스타일이 만들어졌다는 것은 틀림없다. 이러한 차이는 세대 간의 차이로 나타난다고 해도, 앞서 말한 세대 간의 반감을 포함하는 대립과는 달리, 서로가 접했던 문화, 익숙해진 문화의 차이라고 해야 할 것이다. 그러한 문화적 차이가 자신을 표현하는 시위방식의 차이, 투쟁 스타일의 차이로 자리잡고 있는 것이다.

그런데 '코스프레'라고 알려진 튀는 복장을 하고 다니는 이유에 대한 아마미야의 대답은 즐겁고 가벼워 보이는 것 안에 전혀 다른 어떤 것이 감추어져 있을 수 있음을 보여 준다. "이 복장에는 세상에 대한 위화감의 표명이라는 측면이 있습니다. 이런 복장을 하면 완전히 뭔가 다른 종류의 인종이라고 보이기 때문에 어떤 의미에서 그 편이 정신적으로 편하다고 할까, 어떤 의미에서 세상과 차단되는 것이 가능하다고 할 수도 있는 그러한 복장이지요. 이런 코스프레 하는 애들 중에는 리스트컷을 시도한 적이 있는 애들이나 멘헤라 계열의 문제를 지닌 사람들도 일부 있습니다. 아니, 꽤 많습니다. 저는 이러한 세상과는 영합하지 않는다거나 이런 세상을 인정할 수 없다는 그러한 의지를, 말 아닌 다른 방법으로 표명하려는 그러한 의지를 담고 있는 것입니다. 매우 즐겁고 귀엽게 보일지 모르겠지만, 저항하는 것이고 무장하고 있는 것입니다. 세상에 대해서 무장하고 있는 느낌이죠. 일종의 전투복입니다. 싸우고 있는 겁니다." 그러나 프리타들의 시위는 이러한 전투를 함께 모여 집단적으로 기획하고 그것을 통해 자신을 자유롭게 표현할 기회라는 점에서, 심각한 전투를 즐거운 게임으로 혹은 축제적인 것으로 바꾸어 놓는 것 같다. "한 명 한 명이 경찰 코스프레를 하거나 자기가 하고 싶은 모습을 함으로써, 정말로 자기가 하고 싶은 대로, 자기 멋대로 하려는 것입니다. 사실 평범하게 살아가면 자신을 표현할 기회라는 게 거의 없잖아요, 여러 사람들 앞에서 말예요. 그런 의미에서는 매우 자유롭게 표현 가능한 것이 사운드데모의 매력이라고 생각합니다. 또한 혼자서뿐 아니라 이번에서는 무엇을 할까 하고 여럿이 함께 생각하고 계획을 꾸미고 하면서, 즐겁게 참여하게 되는 거지요. 거기에는 그 모든 표현이 허락된다는 그러한 자유로움이 있습니다"(아마미야).

세상에 대한 분노와 분리의 의지를 자기를 드러내는 스타일의 복장으로 표현함으로써, 자기 내부를 향하는 고통을 밖으로, 세상을 향해 돌리는 것이고, 그것을 통해, 더욱이 그러한 활동을 동료들과 공유하는 방식으로 그것을 즐겁고 자유로운 참여의 기회로 만드는 것, 이것이 분노와 즐거움, 슬픔과 기쁨이 공존하는 기묘한 이중성을 만들어 내고 있는 셈이다. 아마도 이는 코스프레만이 아니라 분노와 즐거움이 공존하는 젊은 프리타운동의 문화적 특성이라고 해도 좋을 것이다.

6. 비정규 노동운동의 미래

프레카리아트로서의 프롤레타리아트는 언제나 무산자에서 시작하여 언제든지 무산자로 되돌아갈 수 있는 자들을 지칭한다. 고용되었든 고용되지 않았든, 임노동을 향해 열려 있는 무산자의 상태에 있는 자들을. 노동자는 고용되어 있어도, 잠재적으로는 언제든지 무산자로 되돌아갈 수 있다는 점에서 무산자에 속한다. 비정규 노동자는 일시적으로 노동하는 무산자다. 프롤레타리아트란 이 잠재적인 무산자를 뜻한다. 이런 점에서 노동자계급도 프레카리아트와 마찬가지로 프롤레타리아트에 속한다. 이 점에서 양자는 둘이 아니다. 다만 현재 고용되어 있는가 그렇지 않은가가 양자를 가른다. 이런 점에서 노동자와 비노동자, 정규직과 비정규직, 노동자계급과 프레카리아트는 하나가 아니다.

그런데 노동자가 프레카리아트가 되는 것은 쉬운 일이지만, 프레카리아트가 노동자가 되는 것은 쉬운 일이 아니다. 비정규직의 길은 정규직과 달라, 일단 한 번 들어서면 정규직이 되기 매우 어렵다. 이런 점에서 양자는 하나의 경사면의 양끝 같은 것이다. 정규직이 프레카리아트로 굴러 내려가는 것은 쉽지만, 프레카리아트가 정규직이 되려면 그 경사면을 거슬러 올라가야 한다. 그것은 특별한 기회나 동력이 없으면 불가능하다.

자본가들 역시 이와 유사한 경향이 있는 것 같다. 비정규직을 쓰는 데 맛을 들인 자본가가 정규직을 굳이 고용하려고 할 가능성은 극히 적다. 더구나 요즘처럼 생산의 유연성이 중요한 시기에 정규직을 안고 간다는 것은 고용의 유연성을 포기한다는 것을, 다시 말해 일을 하지 않아도 임금을 지불해야 하는 부담을 져야 함을 뜻한다. 그리고 인터넷을 통해 상품에 대한 정보나 가격정보 등의 경쟁이 글로벌한 차원에서 격화된 조건에서, 개별 자본가가 정규직을 쓴다는 것은 시장에서 불리한 경쟁조건을 안고 시작해야 함을 뜻하기에, 정규직화하는 것에는 또 다른 부담이 따른다. 따라서 자본가들 또한 비정규 노동자를 정규직화하는 것은 저 경사면을 거슬러 올라갈 특별한 이유가 없이는 기대하기 어렵다.

물론 모든 자본가들이 '정규직화'를 선택한다면, 경쟁조건에서의 개별적인 핸디캡을 부담하지 않아도 되기에 정규직화는 충분히 가능할 것이다. 그러나 거기서 빠져나가는 몇몇 자본가들만으로도 그것은 와해되고 만다. 오프사이드 트랩처럼 위반에 벌칙이 가해지는 '보편적인' 강제 없이는, 즉 법적이고 국가적인 강제 없이는 불가능한 일이다. 케인스주의적 분배정책이나 '복지국가' 정책 이상의 강한 국가적이고 제도적인 강제만이 비정규직 철폐를 가능하게 할 것이다. 그러나 1970년대 이래 자본주의의 역사는 케인스주의적 정책조차 자본주의가 감당할 경제적 여유가 없음을 보여 주었다. 따라서 이런 국가적 강제는, 이윤율의 특별한 계기가 있지 않고선 기대하기 어렵다.

여기에 또 다른 난점은, 자본가들의 경쟁이 전지구화되어 있다는 사실이다. 한국에서 국가적으로 정규직화를 강제하는 경우에도, 일본이나 대만 등 다른 나라에서 그렇게 하지 않으면, 역시 경쟁조건에서의 핸디캡을 지고 가야 한다. 이는 자본가들이나 부르주아 국가에게 기대하긴 쉽지 않은 일이다. 역으로 한국이나 일본처럼 발빠른 나라에서 비정규직의 확대가 더없이 급속한 것은, 노동자의 희생을 통해 '국민경제'를 살리고 자본가들의 경쟁력을 서포트하는 오래된(!) 전통 덕분일 것이다.

기술적인 이유에서 추구되는 '노동의 종말'이나 계급적 이유에서 진행되는 비정규직화와 더불어 이런 요인들을 생각해 보면, 노동자의 비정규직화는 이미 지금의 자본주의에서 피하기 어려운 하나의 경향이 되고 있는 건 아닌가 싶다. 그것은 노동자를 '과잉인구'로 만드는 '자본축적의 일반적 법칙'(맑스)에 따라, 노동자를 더욱더 무산자화하는 하나의 '역사적 경향'이라고 말해야 할 것 같다.

정규직의 절반에 그치는 소득, 언제 잘릴지 모르는 불안정한 고용상태, 빈번하게 옮겨야 하는 일자리, 안정성도 예측가능성도 보장되지 않은 미래······ 이 모든 것이 비정규 노동자를 힘겹게 한다. 그래서 다들 비정규직의 철폐를 원하고 또한 요구한다. 비정규직의 고통과 설움, 불안을 안다면, 그런 요구에 동의하지 않기는 쉽지 않을 것이다. 그러나 그것이 가능할 것인지는 다른 문제인 것 같다. 비정규직화가 지금 자본주의를 통해 작동하는 역사적 경향이라면, 정규직화란, 일시적이고 개별적인 '예외'를 제외하고는 쉽게 기대할 수 없는 것이다. 그것은 차라리 불가능한 요구고, 그 불가능성이야말로 그런 요구를 의미 있게 한다. 정규직화된 고용조차 불가능한 지금 자본주의의 한계지점을 드러내는. 그러나 그것은 정확히 그런 위상에 있는 것임을 알 때에만 유의미한 요구일 것이다. 그것을 통해 비정규직의 현재의 고통이 해소될 수 있다고 말한다면, 그것은 자신을 속이고 남도 속이는 것이 될 것이다.

맑스는 역사적 경향을 통해 세상을 보고, 그것을 통해 운동의 방향을 찾는 유물론적 사고방법을 알려주었다. 노동자의 비정규직화가 기술적인 면에서나 계급적인 면에서 거스르기 힘든 역사적 경향이라면, 비정규직의 고통을 해결하는 것도, 운동의 방향을 설정하는 것도 모두 그런 역사적 경향을 바탕으로 해야 한다. 공동체의 해체나 무산자화가 더없이 고통스러운 과정이었음에도 불구하고 노동 문제의 해결이나 노동자계급의 운동을 자본주의의 역사적 경향 위에서 사고했던 것처럼.

역사적 경향 속에서 비정규직의 문제를 본다는 것, 그것은 비정규직을 정규직이라는 '정상상태'에서 벗어난 일시적 '예외상태'가 아니라 점차 확대될 '정상상태'로 보는 것이다. 비정규직을 정규직화함으로써 사라질 존재로서 보는 게 아니라 비정규직인 채 살아가야 할 존재로 보는 것이다. 정규직 노동운동이나 조직을 모델로 비정규직 노동운동이나 조직을 다루는 게 아니라, 비정규직의 존재조건에 부합하는 새로운 운동과 조직의 모델을 만드는 것이고, 역으로 정규직의 운동과 조직조차 그런 비정규직의 운동과 조직을 통해 재구성하는 것이다. 맑스가, 대개는 그 비참함을 보고 고통에 공감하던 '무산'의 상태에서 역으로 "잃을 것이라곤 족쇄밖에 없다"며 그 강점을, 혁명성을 보게 해주었던 것처럼, 비정규직의 고통에 공감하는 것을 넘어서, 그 속에서도 새로운 강점을 찾아내고 그러한 존재방식 자체를 긍정할 수 있게 될 때, 비정규직이나 프레카리아트에 대해 혁명적으로 사유하는 것이 가능하게 될 것이다.

일본 노동자의 전반적인 비정규화와 비정규 노동자의 빈곤화는 기존의 노동상담으로는 해결할 수 없는 문제들을 노동운동의 현안으로 만들었고, 이로 인해 비정규 노동운동은, 덧붙여 노동운동 전반은 전통적인 노동조합운동으로부터 탈영토화되어 일종의 '사회운동'이 될 것을 요구받고 있다. 비정규 노동조합은 자연발생적으로 이러한 경로를 가고 있다고 보인다. 비록 '사회운동'이란 말의 내포가 매우 상이한 것일 수 있다고 해도. 그런데 비정규 노동자들을 제대로 수용하지 못하는 기존의 노동조합들이 이러한 요구에 따라 변화해 갈 것인가는 알 수 없는 일이다. 비정규 노동자들의 상황은 이와 다른 차원에서 비정규 노동조합 자신이 조직적으로도 노동조합과 다른 일종의 '중간지대'를 만들어 낼 것을 요구하고 있다. 이를 위해 중간적 성격의 조직을 만들어 노동조합과 중첩된 구조를 만들거나 노동조합 자체를 상호부조적인 성격의 조직으로 변화시키는 양상을 볼 수 있었다. 노동조합이 공동체적인 성격을 갖게 되는 것도 이와 무관하지 않을 것이다(물론 그게 다는 아니겠지만). 여기에 더해 비정규 노조 전부는 아니지만, 젊은 층으로 구성된 '인디계 프리타노조'라고 불리는 노조들의 경우, 이전의 노동운동이나 사회운동과 확연히 구별

되는 문화적인 특징을 갖고 있다. 이는 레이브 문화를 비롯하여 외부적인 기원을 갖는 다른 종류의 대항문화와 프리타노동운동의 결합에 의해 형성된 것인데, 이전의 전통적 노동운동과 대비되는 비정규 노동운동의 표현적인 특이성을 형성하는 데 매우 중요한 역할을 한다.

전반적으로 보건대, 이러한 특징들은 일본의 비정규 노동운동이 정규직 노동운동과 다른 방향을 갖고 있으며, 조직적으로도 정규직 노동운동과 다른 고유한 모델을 형성해 가고 있는 것으로 보인다. 이는 비정규직을 정규직화하는 것을 전반적인 목표로 할 뿐 아니라 정규직 노동운동의 일부로서 스스로의 포지션을 설정하고, 정규직의 전형적인 투쟁방법인 파업과 농성을 기본적인 투쟁형태로 하며 정규직 노동조합을 조직적 모델로 하는 한국의 비정규 노동운동과 매우 다른 양상을 취한다고 할 수 있을 것 같다.

물론 조직적인 규모에서나 투쟁의 강도, 그 영향력의 크기 등과 같은 면에서 볼 때, 혹자 말대로 일본의 비정규 노동운동에 비해 한국이 훨씬 더 강하고 격렬하며 큰 영향력을 갖는다는 것은 분명하다. 정규직 노동운동과 비정규직 노동운동의 연계 또한 한국이 더욱 긴밀함도 사실일 것이다. 그러나 그러한 강도와 영향력, 연계를 갖고 있지만, 한국의 비정규 노동운동에 대해 비정규직이 비정규직으로서 살고 비정규직으로서 운동하고 있다고 하기는 어려울 것 같다. 오히려 정규직 노동운동의 영향력이 큰 만큼 정규직의 운동이나 조직, 전략이나 전술 등의 모든 면에서 정규직 노동운동에 사로잡혀 있다고 해야 할 것이다. 따라서 비정규직인 채 살아가는 것을 모색하거나, 비정규직의 입장에 고유한 투쟁형태나 비정규직에 적합한 조직형태를 찾아내고 있다고는 하기 어렵다. 비정규 노동자의 입장과 비정규 노동운동의 방향과 조직, 투쟁형태 사이의 간극이,

고용자가 상대해 주지 않기에 500일~2천 일을 농성하며 싸워야 하는 난감한 사태로 빈번하게 이어지게 했던 것은 아닌지 질문해 보아야 하지 않을까? 물론 기륭전자나 재능교육, 이랜드, KTX 비정규 노동자들의 '영웅적인' 투쟁에 경의와 더불어 경이마저 갖지 않을 수 없음은 사실이지만, 그것이 비정규 노동운동이 피할 수 없는 길이라면, 그 운동에서 희망찬 미래를 발견하긴 어려울 것이며, 그런 운동에 나서자고 동료들을 설득하는 것은 쉽지 않을 것이다.

그렇다면 비정규직이 비정규직으로서 운동하고 투쟁하는 것은 어떤 것일까? 무엇보다 그것은 비정규직이 비정규직인 채 살 수 있는 조건을 확보하는 것을 향해서 가야 하지 않을까? 비정규직을 정규직화하는 것을 목표로 삼는 순간, 그것은 비정규직이 '무언가 결여된' 정규직의 자리에서, 즉 불충분한 정규직의 입장에서 행동하고 운동하는 것이 된다. 또한 고용형태나 작업형태 등 비정규직에 고유한 조건들을, 정정되고 제거되어야 할 어떤 것, 부정되어야 할 조건들로 가정하는 게 아니라 운동이나 행동, 사유의 전제가 되는 출발점으로 삼아 그에 부합하는 투쟁형태나 전략, 전술, 그리고 조직형태를 창안해야 한다.

이런 관점에서 볼 때, 그 강도와 영향력 등의 면에서 비할 수 없이 약하다고 해도, 일본 비정규 노동운동은 비정규직이라는 조건을 출발점으로 삼아 비정규직으로서 활동하고 운동할 수 있는 길을 찾아가고 있는 것처럼 보인다. 그것이 '좋은' 길인지, 성공적인 방향인지는 누구도 확언할 수 없겠지만, 정규직 노동운동을 모델로 하는 그런 노동운동에서 벗어나 비정규직이란 조건을 '없어져야 할 것'으로 가정하지 않고, 비정규직이 비정규직인 채 살아가기 위한 방법, 비정규직이 비정규직으로서 운동하는 길을 찾으려는 시도라는 점은 분명하다고 보이기 때문이다. 이는 한국

의 비정규 노동운동이 주목해야 할 근본적인 지점이라고 나는 믿는다. 그
럼으로써 한국 비정규 노동운동이 그 강력한 열정과 강도, 투쟁능력과 조
직력 등을, 비정규직이 비정규직으로서 살아간다는 것을 출발점으로 삼
아 비정규직으로서 운동하고 투쟁할 길을 창안하는 데 투여할 수 있다면,
비정규직이 일반화된 지금 시대의 자본주의에서 새로운 삶의 희망을 창
조할 수 있으리라고 나는 믿는다.

PRECA
+
RIAT

1장 '전국 유니온',
정사원노조의
연희장 안에 들어가다

가모 모모요와의 인터뷰

가모 모모요(鴨桃代)

가모 모모요는 '전국 유니온'(全国ユニオン, http://www.zenkoku-u.jp/)의 대표이다. 전국 유니온은 비정규직 노동단체로 정식 명칭은 '전국 커뮤니티유니온 연합회'(全国コミュニティ·ユニオン連合会)이다.

'전국 유니온'의 전신은 1985년 결성된 '커뮤니티 유니온 전국 네트워크'(コミュニティ·ユニオン全国ネットワーク, 약칭 '커뮤니티 유니온')로, 파트타임노동에 종사하는 주부들의 주도로 결성되었다. 특히 '커뮤니티 유니온'은 각 지역과 밀접한 관련을 맺고 있었는데, 지역별 조직이 합쳐져 결성된 것이 '전국 유니온'이다. 참여단체는 '커뮤니티 유니온'에서 활동해 온 홋카이도, 삿포로 등의 노동조합, '연합 삿포로 지역 유니온'(連合札幌地域ユニオン), 아키타의 '전국 유니온 아키타'(全国ユニオン秋田), 지바의 '나노하나 유니온'(なのはなユニオン), 도쿄의 '도쿄 유니온'(東京ユニオン), '도쿄 관리직 유니온'(東京管理職ユニオン), '파견 유니온'(派遣ユニオン), 나라의 '기타카 유니온'(北葛ユニオン), 오사카의 '전국 유니온'(全国ユニオン)과 '센슈 유니온'(せんしゅうユニオン), 미에의 '유니온 미에'(ユニオンみえ), 규슈의 '오이타 후레아이 유니온'(大分ふれあいユニオン)의 11개 단체, 그리고 '고베 워커스 유니온'(神戸ワーカーズユニオン), 도쿄의 '시타마치 유니온'(下町ユニオン), 노동조합 '무코가와 유니온'(武庫川ユニオン), 이렇게 3개의 옵저버 가맹단체가 참가하고 있다. 2003년 '연합'에 가입한다.

'전국 유니온'에서는 주로 노동상담을 축으로 하고, "누구든 혼자서도 가입할 수 있는 노동조합"으로서 정사원, 파트, 파견 등 고용형태에 관계없이 가입 가능하며, "모든 직종의 노동자에게 권리를"이란 모토를 내걸고 있다. 즉 파트, 파견, 계약직 등 비정규직의 조직화를 통해 비정규직이 혼자서도 대응하고 살아갈 환경을 만들고, 고용형태에 따른 차별과 임금 격차를 개선하고, 방기된 고용을 금지시키는 것을 합법화하기 위해서 노력하고 있다.

가모 모모요는 지바 현 노동조합인 '나노하나 유니온'을 결성하여 서기장을 지냈고, 1998년 9월부터 '전국 유니온' 위원장으로 활동한다. 1999년부터 2003년까지는 '커뮤니티 유니온 전국 네트워크' 공동대표로 활동했고, 2002년 11월에는 '전국 유니온'을 결성하여 대표로 활동하고 있다.

1장 | '전국 유니온', 정사원노조의 연회장 안에 들어가다
　— 가모 모모요와의 인터뷰

때 : 2009년 10월 20일

장소 : '전국 유니온' 사무실

먼저, 가모 씨께서 이 비정규직 노동운동을 하게 된 특별한 계기가 있었나요? '특별한'이란 말을 강한 의미로 사용한 것은 아니니, 굳이 특별한 계기가 아니더라도, 어떤 과정을 거쳐 지금의 운동에 이르게 되었는지 말씀해 주실 수 있겠습니까?

<u>가모</u>　저는 개인적으로는 특별한 계기가 없어요. 개인적이라는 말은 이상합니다만, 저는 당시, 즉 1988년에 '나노하나 유니온'[1]이라는 노동조합을 지바에서 결성했습니다.

지바요?

<u>가모</u>　네, 지바요. '나노하나 유니온'. 자, 이걸 참고하세요. 가장 끝부분에 전국 유니온에 속한 이런저런 유니온의 이름들이 들어 있어요. '나노하나 유니온'은 1988년에 결성했습니다. 그렇지만 그것을 적극적으로 결성한 것은 아니었어요(웃음). 실은 저는 단카이 세대[2]인데, 학생운동과 관련

---

1) '나노하나 유니온'(なのはなユニオン)의 홈페이지[http://park22.wakwak.com/~nanohana/] 참조. '나노하나'는 유채꽃을 의미한다.
2) 단카이 세대(団塊の世代). 1947~1949년의 3년간 제1차 베이비붐 시기에 출생한 세대이다. 후

되어 있었고 그래서 [졸업한 이후에도] 그대로 그 연속성 속에서 운동을 계속했어요. 그런데 제게는 지금 26세가 되는 아들이 있는데요, 그 아들이 태어나자 마자 무거운 병에 걸려서, 난치병이라고, 낫기 힘든 병이라고 해요. 그 병 때문에 아이를 어딘가에 맡기고 일을 할 수가 없게 되었어요. 그래서 일을 그만두고 3년간 아들 간병에 전념했어요. 3년 정도 지나서 보육원에 맡기고 일해도 된다는 의사의 허락이 나왔어요. 아들은 스물여섯 살인 지금도 병원을 계속 다니고 있지만 그래도 약을 먹으면 된다고 해요.

다행이네요.

가모 저로서는 어린애가 건강해지면 일을 계속하고 싶다는 생각이 강했어요. 어린애가 건강해져서 일을 할 수 있게 되어 다시 일을 찾았는데, 그때가 서른여덟 살이었어요. 그러다 보니까 정규직은 역시 없었습니다. 이른바 파트타임밖에 없었어요. 그래서 어찌할까 망설이고 있었는데, 우연히 '나노하나 유니온'은 지바 현의 당시 사회당계의 시회의원(市会議員)들이 만들었어요. 만들었다기보다는 결성하려고 준비를 시작했어요. 그때 의원들이 개인적으로 하고 있던 법률 상담이 있는데, 거기에 파트타이머나 조합이 없는 직장에 다니는 사람들의 상담이 늘어났습니다. 그런 사

생노동성의 통계에 따르면 약 800만 명이 넘는다. 이 세대의 정신적·문화적·사상적 배경으로는 다음과 같은 것들이 거론된다. 제2차 세계대전 후 부흥기에 출생했고 부모는 전쟁을 경험함, 전후 교육의 강한 영향, 학생운동과 관련, 고도성장기의 "황금의 알"로 불린다는 점 등. 이 단카이 세대의 자식들은 안정된 정사원이었던 단카이 세대와 달리, 취직이 어려운 상태에서 일하고 있으며, 단카이 세대인 부모에게 경제적으로 의지하는 경우도 많다.

람들을 받아들일 수 있는 노동조합을 만들어야 하지 않을까 하는데, 우연히 '에도가와 유니온'(江戸川ユニオン)이라는 도쿄에 있는 유니온이, 개인 가입이 가능한 유니온으로서 결성되었다는 것이 신문에 보도되었어요. 그들[상담하던 사람들]이 그것을 보고, 그러면 지바에서도 만들자고 준비를 시작했습니다.

그런데 그 유니온의, 지금도 우리가 하는 활동의 기초라고 할 수 있는 것은 상담활동이거든요. 그런데 누군가가 유니온에 없으면 상담을 받는 것이 불가능하잖아요. 그럼 누가 있을 것인가 할 때, 우연히 저도 그때 일을 찾고 있었기에, 저에게 해보지 않겠냐는 말이 들어왔습니다. 따라서 저는 유니온을 하기 위해서 유니온을 만든 게 아니라 단지 저 자신이 할 일을 찾던 차에 제안이 들어왔고, 그럼 해볼까 하여 1988년 '나노하나 유니온' 결성에 참여하게 된 거죠.

그렇기 때문에 정말이지 제 자신에게는, 파트타이머 사람들이나 비정규직 사람들에 대한 특별한 생각이 있었던 게 아니었어요. 제 머릿속에는, 당시 저는 공무원으로 출발해서 정규직 사람들과 함께 활동을 해왔기 때문에, 굳이 어느 쪽이냐고 하면 저에게도 파트타이머에 대한 차별의식이 꽤 있었다고 생각합니다. 그런데 단지 상담을 시작하자, 뭐랄까요, 파트타이머들이 상담을 끝낸 뒤에 반드시 "감사합니다"라고 말하는 것이었어요. 그런데 그 감사하다는 것이 무엇을 말하는 것인가 하면, 상담에 적확하게 답해 주어서가 아니라 이야기를 들어 줘서 고맙다는 것이었어요. 당시 사업장 안의 노동조합은 파트타임노동자를 뭐 완전히 적용 대상 외로 보는 그런 상황이었기 때문에, [파트타임노동자가 노동조합에] 뭔가 좀 말하러 가도 [노동조합에서는 파트타임노동자의 문제는 노동조합과] 전혀 관계 없다는 식으로 이야기하거나 했습니다. 거기다가 사업장 안에서 동료 사이의 연결도 의식적으로 만들어지지 못했고, 특히 당시에는 아직 계약해지나 해고의 문제 등이 마치 본인이 문제가 있는 것처럼 간주되는 상황이었기 때문에, 자신에게 닥쳐온 문제에 대해서도 말할 수 없었던 거예요. 옆 사람에게도 말할 수 없는 것이고요. 그러니까 집으로 갖고 가는 수밖에 없는 거죠. 그래서 부부간에, 즉 여성의 경우 남편에게 이야기하게 되죠. 그런데 그 경우 남편 쪽은 파트를 하는 부인에게, 공연히 일하러 가서 그렇다는 생각을 갖고 있어요. 자신이 벌어 온 돈으로 먹고 살 수 있는데……, 자신의 돈으로 말이죠(웃음). 그런 생활에 만족하지 못하고 멋대로……(웃음) 하고 싶은 대로 일한다고 비난하는 거예요. 그러니 직장에서 뭔가 문제가 있다고 해도 그걸 집에까지 가져오지 말라고 하는 식이 되고 말아요. 다시 말해 그런 이야기를 집에 가서 하면, 반드시 돌아오는 말이, 그렇다면 그만두면 되지 않냐는 것이지요. 부인은 그만두고 싶어서 말하는 게 아니라 계속 일하고 싶어서 말하는 건데……(웃음).

그러게 말예요.

가모 따라서 말하고 싶지 않게 되는 거죠. 그리고 행정도 말이죠, 정말로 행정은 지금도 크게 변한 것은 없는데, 그래도 지금은 여러 가지가 생겼지만, 당시는 '노동기준감독소'밖에 없었어요. 그런데 '노동기준감독소'는 가령 해고 문제로 가면, "1개월 전에 해고 예고 했습니까? 아니면 당일 해고 당했습니까", 만약 당일 해고 당했다고 하면, "해고 수당을 받았습니까?" 하는 절차 문제에 대한 것만 얘기해 줍니다. 그것이 모두 클리어하면, 노동기준감독관으로서 회사에 대해서 할 일은 없다고 합니다. 만약 당신이 해고를 이유로 싸우고 싶다면 그것은 민사 문제니까, "재판소에

가 주세요"라고 이야기해요.

　　그러나 본인들은 절차가 어떻건 간에, 열심히 일한 자신이 왜 해고 당해야 하는가를 업자에게 가장 말하고 싶은 거예요. 그 점을 회사에 대해서 제대로 처리해 달라는 것인데, 그런 것을 하지는 않는 거죠. '노동기준감독소'에서는요. 그러면 뭐, 해고 이야기도 3분 만에 끝나 버리는 거죠(웃음). 그런 상황에 대해 납득할 수 없는 사람들이 결국 책자를 보거나 여러 가지 연줄에 의해서 유니온에 오게 되었지요. 그러니까 저는 애초에 하고 싶어서 했던 것도 아니라, 법률 등도 자세히 몰랐구요……

그렇군요.

가모　저도 상담을 하면서 처음에는 무서워서(웃음), 고소 당하는 게 아닌가 싶어서 무서워 죽겠는데……(폭소), 그런 저에게도 이야기가 끝나면 "감사합니다"라고 감사의 인사를 하는 걸 보면서, 한 명 한 명의 파트노동자들이 고독했다는 생각이 들었어요.

그렇군요. 답답하고 억울한 얘기를 들어 줄 사람이 필요했던 것이군요.

가모　그것을 보면, 유니온은 문제를 해결하는 곳이라기보다는 문제를 들어 주는 곳으로서 중요하고 의미가 있다는 것을, 저는 그런 것을 통해서 알게 되었지요. 그리고 또 한 가지는요, 매번 이야기를 들으면서 또한 느낀 것인데, 아까 말했듯이 저에게는 "파트타이머는……" 이란 의식이 좀 있었는데, 그들의 얘기를 들으면서 일하는 것에 대한 의식이라고 할까 의욕이라고 할까, 그런 것이 정규직 노동자와 전혀 다르지 않다, 일하는 것에 대한 의욕이나 프라이드 등은 고용형태와 관계가 없다는 것을 매우 잘 알게 되었어요. 특히 해고당해서 오는 사람들의 경우에는 특히 그 부분이 매우 명확해서, 정말 왜 자신이 해고되어야 했는가에 대해 매우 강한 의문을 갖고 있었어요, 이야기를 들으면서 저도 [그런 의문에] 확실히 왜 그런가를 강하게 실감할 수 있었는데, 그 점에서 저로서는 상담자에게 매우 많이 배운 거지요.

그런 가운데 저는, 저로서는 매우 유니온의 활동이란 것이 매우 재미있는 것, 물론 상담하는 분으로서는 무거운 마음으로 오실 테니까 실례일지 모르겠지만요, 저로서는 유니온의 활동은 재밌는 것이라고 생각하게 되었어요. 특히 해결과정에서 유니온의 운동은 지금도 그럴 것이라고 생각합니다만, 하나하나의 연계라는 것이 의외로 다이나믹하게 연결되어 갑니다. 상담자와 관계자와의 관계도 그렇지만, 그 문제를 해결하기 위해서는 예를 들어 '나노하나 유니온'이 다른 유니온에 응원을 부탁하거나 변호사와 상담을 하거나, 때에 따라서는 매스컴 관계자들에게도 지원을 부탁한다든가 해야 합니다. 그러한 여러 가지 일들을 가능하게 만들기 위해서는 저희들도 관계를 넓혀 가야 해요.

이 두 가지가 제 자신이 유니온에 빠져들게 된 계기라고 할 수 있습니다. 그런 점에서 자신이 해야 한다고 생각해서 한 것이 아니라, 들어오게 되어서 그런 것을 하게 된 것이고, 그것이 재밌어서 20년간 하게 되었다는 그런 얘기가 되는 셈이죠(웃음).

멋진 이야기네요. 감동했습니다(웃음). '나노하나 유니온'은 지바 현의 여러 기업의 비정규직 노동자 전체를 대상으로 한 유니온이지요?

가모 저기, 우리들 유니온 전체가 다 그렇습니다만, 비정규 노동자만 대상으로 하지 않습니다. 정규직도 비정규직도, 또한 국적도 불문하니까, 외국인도 대상으로 해요. 모든 노동자를 대상으로 합니다.

모든 지역의 모든 노동자란 거네요!(웃음)

<u>가모</u> 그렇습니다. 그렇지만 지금 우연히 '나노하나'는 지바에 있으니까, ['나노하라 유니온'] 조합 조약에 근거해서 말하자면 지바에 살거나 그곳에 직장이 있거나 하는 사람을 대상으로 합니다. 지바에 살거나 그곳에 직장이 있는 모든 노동자죠. 그렇지만 물론 노동조합이 있는지 여부의 문제가 있어서, 기본적으로는 노동조합이 없는 곳의 상담을 하고 있어요. 그렇지만 최근에는 기업 안 노동조합의 움직임이 활발하지 않게 된 곳도 있어서, 기업 안에 노동조합이 있어 그곳에서 자신의 문제를 상담했지만 제대로 도움을 받지 못했다거나 할 때에도 해당됩니다. 예를 들면 파워하라[3], 세쿠하라(성추행)의 문제들, 그리고 일제히 해고당하는 것도 아니고 선별되어서 한두 명 혹은 특정 파트만 해고당할 때, 그런 경우에는 기업 안의 노조에서는 싸우기 어렵지요. 따라서 좀처럼 제대로 상담하기도 어렵습니다. 그런 문제들을 상담하러 옵니다, 지금은.

그러한 일로 비정규직이 상담하는 경우가 많습니까?

---

3) 파워하라(Power harassment). 성추행을 뜻하는 일본어 세쿠하라(セクハラ)에서 변형된 조어. 회사나 직장에서 권력이나 지위를 이용한 괴롭힘을 의미하는 말이다. 회사 등에서 직권 등의 권력 차를 배경으로 하여, 본래의 업무의 범위를 넘어서 인격이나 존엄을 상처 입히는 언행을 동반하여 고용자의 일하는 환경을 악화시키거나 고용불안을 일으키는 행위를 의미한다.

가모 많습니다. 우리들 노동조합이 비정규직의 노동조합이라고 이야기 되는 이유는, 비정규직만을 대상으로 하는 건 아니지만, 처음부터 비정규 직에게 "오세요, 들어오세요"라고 말을 걸어 왔던 까닭도 있고, 또한 결 과적으로 '전국 유니온'은 각 유니온마다 비정규직의 비율이 40%를 넘어 요. 그중 '관리직 유니온'의 경우는 원래 관리직이라는 명목으로 성립되 었기 때문에 그 정도까지는 되지 않을지 모르지만, [거길 제외하면] '전국 유니온'의 비정규직 비율은 40%예요. 반면 다른 기업별 노조의 경우 비 정규직의 조직 가입율은, '연합'에 속한 경우에 대해서 말하자면, 5% 정도 예요. 따라서 그에 비하면 '전국 유니온'에서 비정규직의 비율이 압도적 으로 높아요. 따라서 유니온은 비정규직 유니온이라고 이야기되고, 그렇 게 위치 지어져 왔습니다.

아까 말씀하신 것 중에 다시 확인하고 싶은 것인데요, 개인 가입이 가능한 노조가 만들어졌다는 신문기사를 봤다고 하셨고, 개인 가입을 명시한 '나노하나 유니온'은 1988년부터 시작했다고 하셨는데요. 그렇다면 개인 가입은 언제부터 가능하게 되 었나요?

가모 1985년에 '에도가와 유니온'이 결성되었어요. 그런데 그것이 '커뮤 니티 유니온'의 시작이라고 이야기되고 있습니다.

아, 그게 '커뮤니티 유니온'의 시작이군요.

가모 그래요. 그리고 개인 가입은 그때 이후부터예요. 그리고 '커뮤니티 유니온 전국 네트워크'라는 게 있는데, 10월, 어제, 어제가 아니구나, 10월 18일에 그 '네트워크'의 전국 교류 집회가 있었어요. 그게 시작된 것도 85

년인가……, 85년이네요.

이야, 빨리 시작되었네요.

가모 그러니까, 개인 가입이 가능한 지역 노동조합이 전체적으로 확산되어 간 것은 1985년 이후입니다. 그 이전에도, 예를 들면 '도쿄 유니온'이라는 조직이 만들어진 것은, 30~40년 정도 되려나, 그러니까 그 이전부터 조직으로서는 있었지만, 개인 가입을 받아들이는 조직이 전국적으로 확산되는 것은 85년 이후네요.

정규직노조와 달리 일본의 비정규 노동조합은 대부분 개인 가입 노동조합이더군요. 한국에서는 비정규 노조도 대개 정규직 노조와 비슷하게 기업별 노조를 기본으로 하고 있는 것과 대조적입니다. 일본에서는 조합원이 얼마 안 되어도 사용자가 대개 교섭에 응해 준다고 하던데, 사실인가요?

가모 네. 일본 노동조합법에 따르면, 두 명이 모이면 노조가 만들어질 수 있고 또한 두 명이 모이면 동시에 교섭권, 단결권, 쟁의권을 가질 수 있습니다. 그리고 사용자들도 대개는 교섭대상으로 인정하고 교섭에 응해 줍니다.

그것이 비정규직의 경우 개인 가입 노동조합이 쉽게 만들어질 수 있는 이유이기도 하겠네요.

가모 그렇습니다. 그러나 그에 비해 지금 힘이 너무 약하지 않은가……. (폭소) 그런 조건이 주어져 있으니 노동조합이 힘을 가질 수 있어야 하잖아요? 그렇지만 힘이 강해지지 않는 것이 일본 노조의 뭐랄까, 고개를 갸

웃하게끔 만드는 점입니다만.

노조의 힘이란 게 제도적·관행적 조건과 다른 문제란 뜻이겠지요? 그런데 교섭은 어떤 식으로 진행되지요?

가모 상담하는 분이 문제를 안고 상담을 하러 오지만, 그 문제를 회사와 교섭해서 해결해야 할 경우, 그 사람은 반드시 유니온에 가입하지 않으면 안 됩니다. 유니온에 들어오는 것은 교섭의 전제조건입니다. 그러지 않고 '단지 문제를 해결해 주십시오', '그렇게 하겠습니다' 이런 식이 되면, 회사에 대해 유니온은 제3자에 지나지 않습니다. 그러니 반드시 유니온에 들어와야 합니다. 이 사람이 조합에 들어오는 것을 통해서 제3자가 아닌 게 되는 거지요. 만약 그 사람이 조합에 들어오고 싶지 않다고 하면, 그럼 교섭 같은 건 불가능하다고 말해 줄 수밖에 없어요. 그건 확실히 하고 있습니다.

그렇다면 유니온에 들어오는 데 필요한 자격 같은 건 없습니까? 제가 문제를 해결해 달라고 하고 유니온에 들어가고 싶다고 해도 유니온의 활동이나 틀이나 그런 것들이 있지 않겠어요? 따라서 그 사람이 유니온에 들어오는 것이 어렵거나 한 경우도 있을 텐데요.

가모 없습니다. 그렇지만 확실히 해야 하는 것은 조합은 대행이 아니라는 겁니다. 대행이 아닙니다. 노동조합은 상담자와 함께 싸우는 것이기 때문에, 그것[함께 싸우는 것]이 당신은 가능한가 아닌가를 물을 수밖에 없어요. "저는 안 됩니다. [대신] 부탁합니다"라고 할 때에는 "죄송합니다만 조합으로서는 그렇게 할 수 없습니다"라고 답하게 됩니다. 노조에는 여러 가지 입장들이 있습니다만 대개는 그런 태도를 갖고 있습니다. 물론 이 사람이 파워하라나 세쿠하라로 인해 정신적인 문제가 발생해 회사 사람과 만나는 것으로 증상이 더욱 악화될 가능성이 있을 때에는, 그런 경우에는 "알겠습니다" 하고 그/그녀가 가령 교섭에 참여할지 여부를 배려는 합니다만, 그 경우에도 최소한 조합에 가입하는 것은 필요합니다. 그리고 가능한 한 대행이 아닌 한에서 교섭이나 그런 것에는 참여하는 것, 그리고 유니온의 일인 집회 등에도 참여하는 것, 그것은 뭐랄까, 조건은 아니지만, 본인이……

그것은 전제겠네요. 자신이 싸우는 것이니까요.

<u>가모</u> 그래요. 그래요. "당신이 싸울 마음이 없으면 우리도 싸우지 않습니다"라는 것이지요.

기업이 교섭에 응하지 않거나 진지하게 응하지 않을 때에는 어떻게 합니까? 보통 노조라면 스트라이크를 할 텐데요. 그렇게 하는 것은 좀 어렵지 않나요?

<u>가모</u> 먼저 문제 상담으로 해결이 안 될 때에는 노동조합으로서 교섭신청을 합니다. 기업에 따라서는 바로 응하는 곳도 있고, 응하지 않는 곳, 응하는 건지 알 수 없는, 미적미적거리며 여러 가지 이유를 붙이는 곳도 있어요. 예를 들면 바쁘니까 시간을 잡기 어렵다거나 하면서 함부로 시간을 <u>끄</u>는 그런 곳도 있구요. 그런 곳은 많은 경우 그러는 사이에 노동조합을 만들었다는 이유로 한 명 한 명 불러들여서, '노동조합을 선택할래, 회사를 선택할래' 하는 위협을 하거나, 또한 직무를 바꾸어 버리거나 하면서 이른바 부당노동행위를 하기도 합니다. 그러기 위한 시간을 벌기 위해서

미적미적거리는 거지요.

　그때 그때 다릅니다만, 그처럼 부당노동행위를 하거나 응하지 않는 곳에 대해서는, 기본적으로 지방 노동위원회에 일단 이의신청을 하고, 다른 한편으로 그 회사 앞에 가서 이 회사는 노동조합에 의해서 비판당하고 있다, 이 회사에서 ○○○ 씨가 해고당했고 그 문제를 해결하기 위해 우리가 회사에 대해서 교섭을 신청했지만 그에 응하지 않는다, 이 회사는 부당노동행위를 하고 있다고 하면서 선전 활동을 하거나 합니다. 그것은 조합으로서는 존엄의 행사인 것이니까요. 그런 활동을 합니다. 또한 아까 스트라이크라는 말을 하셨습니다만, 확실히 말이죠, 그 작업장에서 과반수의 지지를 얻으면, 그러니까 1/2 이상의 찬성을 넘어서면 스트라이크를 할 가능성이 있습니다. 그렇다고 가능하다는 것은 아니지만(웃음), 그래도 일단 하려고 한다면 가능하지 않겠어요? 그런데 정말로 우리들의 경우에요, 과반수를 넘는 지지를 받는 곳이 몇 군데나 있어요.

아, 그래요?

가모 네, 있어요. 시설 등에서 일하는 사람 중 과반수의 지지를 얻어 조합을 결성하는 그런 곳이 몇 곳인가 있습니다만, 그렇지만 압도적으로는 ['전국 유니온'에] 소속되어 있는 유니온들을 보면요, 조합원 수가 10명 정도 되면 많다고 할 수 있을 정도로 소규모 유니온들이잖아요? 그렇게 적은 인원으로 구성되어 있지만, 그렇다고 해서 스트라이크를 일으키지 않느냐 하면, 그럼에도 불구하고 하는 곳이 있습니다.

　예를 들면, 여기 유니온 안에서 '무코가와 유니온'(武庫川ユニオン)의 경우는 작년 2008년 3월부터 4월까지 스트라이크를 했습니다.[4] 이것

은 매우 대담한 스트라이크였는데 아마가사키 시청에서 호적 입력 업무를 하고 있던 파견노동자 5명이 있었습니다. 그들이 처음에는 위장청부[5]가 아닌가 해서 유니온에 상담하러 왔는데, 정말로 위장청부였습니다. 청부인가 했는데 파견과 같은 것이었죠. 시청의 업무 지휘 명령을 모두 시청의 관리인이나 업무인 같은 사람들로부터 받았습니다. 따라서 위장청부였던 거죠. 그래서 노동국에 이의제기를 하고 노동국이 지도해서 그녀들이 이번에는 파견이 되었습니다. 그들 본인에게 적정한 일을 준다는 그런 이유로 파견이 된 거예요. 거기에는 유니온도 들어가 있었기 때문에, 유니온은 위장청부라고 시청에 이의신청을 하고, 다른 한편으로는 시청을 위장청부로 고소를 했어요. 그리고 파견이 된 것에 대해, 유니온이 생각하기에 파견이라는 방식은 매우 불안정한 노동형태이기에, 시청에 직접 시정을 요구했습니다. 더구나 일한 기간이 파견으로서의 선정 기간을 이미 넘어서고 있었기 때문에 직접고용을 요청했습니다. 이 경우 직접고용이라는 것은 시청의 임시직이라든가 비상근직이라든가 그러한 공무의 파트노동형태를 뜻해요. 그러자 시청 쪽도 생각하고 있다는 답을 했습니다. 그런데 작년 3월에[6] 시청이 올해 4월부터 경쟁입찰(競爭入札)을 하

---

4) 이에 대한 자세한 이야기는 다음에서 볼 수 있다. http://www.15.ocn.ne.jp/~mukogawa/
5) 위장청부(僞裝請負). 사무청부(事務請負) 및 사무위탁(業務委託)이나 개인 사업주의 경우, 본래는 제조회사 사용자로부터의 사업발주만이 진행되어야 한다. 따라서 청부 측은 작업 책임자를 두어야 하며 그 밑에 사원이 있는 경우, 작업지시는 청부 측만이 해야 한다. 위장청부가 되는 경우는, 청부 측이 파견사원만 두고 책임자를 두지 않거나, 실질적으로는 책임자가 기능하지 않는 상태에서, 사용자의 사원이 파견사원에게 직접 작업지시를 하는 상태를 의미한다.
6) 확인해 본 바에 의하면 정확하게는 2월 19일. 중요한 일지를 첨부하면 다음과 같다.

07년 2월 13일　휴먼 스테이지(ヒューマンステージ)에 고용되어 있던 여성 노동자 5명이 '무코가와 유니온'에 가입하여 아마가사키(尼崎) 시청 분회를 결성.
07년 2월 14일　'무코가와 유니온'은 아마가사키시에 대하여 업무위탁은 위장청부이며 직

겠다는 내용을 유니온에 제시했습니다. 경쟁입찰을 하겠다는 것은 그들이 여태까지 수의계약(隨意契約)으로 일을 하고 있었다는 것, 즉 그녀들의 파견회사가 수의계약을 하고 있었다는 것 아니겠습니까? 그런데 경쟁입찰이 되면 그녀들이 일하는 그 파견회사는 제로에서 다시 입찰해야만합니다. 그녀들도 유니온도 그건 잘못되었다고, 즉 교섭에서 분명 긍정적으로 직접고용을 검토하겠다고 한 것을 제로로 되돌린 것이라고 생각했고, 그 조치에 화가 나서, "인간을 경쟁입찰 하지 말라!"라고 싸우게 되었죠. 그리고 그곳의 유니온은 활기가 있으니까, "자, 스트라이크를 하자"라고 이야기가 되었어요.

　그런데 처음에는 1주일 정도만 하면 뭔가 되겠지 해서, 시청 앞의 공원에 천막을 쳤지요. 그건 그야말로 한국에서 저기 (웃음) 왜, 자주 하지 않잖습니까? (웃음) 천막농성을 시작했어요. 그런데 1주일을 해도 아무

접고용하도록 이의 신청.

07년 3월 5일	무코가와 노동국으로부터 호적 입력 업무는 노동자 파견법 위반이라는 시정지도가 내려져, 모든 위탁계약에 대하여 자발적 점검이 요청됨.
07년 3월 30일	아마가사키 시장이 '무코가와 유니온'에 문서로 회답.
07년 10월 3일	무코가와 시민과와 단체교섭.
07년 11월 28일	"직접고용은 전 청사로부터의 이해를 얻을 수 없다. 다음 해에도 파견으로 고용하고 싶지만 4년간은 수의계약(隨意契約)으로 한다"라고 회답.
07년 12월 이후	직접고용을 요구하며 시청에 선전활동 개시.
08년 2월 19일	다음 해에는 경쟁입찰을 하겠다고 회답.
08년 2월 25일	단체교섭.
08년 3월 3일	스트라이크 돌입.
08년 3월 17일	"경쟁입찰 반대, 관제 워킹 푸어를 용납 못한다." '무코가와 유니온' 스트라이크 지원집회(300명 집결).
08년 3월 21일	아마가사키 시가 경쟁입찰을 강행. 풀 캐스트가 낙찰.
08년 3월 25일	풀 캐스트가 사퇴.
08년 3월 26일	입찰 부조 결정.
08년 3월 28일	스트라이크 해제 시, 현장 복귀.

말이 없었어요. 청장이 매우 강성이라서요. 여자였는데요. 결과적으로는 3주일간 하게 되었죠. 시민들도 예상보다 반발이 없었어요. 스트라이크라는 건 드물잖아요? 심지어 파견노동자의 스트라이크라는 것은 드물다고 말할 수도 없을 정도로 드물잖아요? 그래서 시민들도 매우 긍정적으로 받아들여줘서 "힘내라, 힘내라" 하면서 천막에 와 주고 지역 노동조합도 지원해 주었죠. 이 싸움도 꽤나 알려져, 전국적으로 지원이 확산되었어요. 그럼에도 시청은 경쟁입찰을 강행하려고 했어요. 두 번이나 했는데, 그러나 모두 실패했어요. 실패한 이유는 저희들 쪽도 입찰하는 파견회사에 대해서, 입찰되어도 이 싸움 그만두지 않겠다고 하는 그런 걸 써서 보내고, 여러 가지를 조치를 해서(웃음) 결과적으로 입찰이 실패했어요. 2번 모두요. 그래서 시청도 꺾여서 그녀들 5명을 임시로 고용했습니다, 우선. 그런데 시청에서 공무임시직은 계약 1회만이 원칙이에요. 따라서 임시가 되어도 언제 잘릴지 모르는 불안이 있기 때문에, 이번에는 유니온에서 서명 활동을 했고, 시청과 교섭을 계속해서 결과적으로 올해 4월부터는 비상근이 되었어요. 비상근도 불안한 점이 남아 있지만 그래도 임시직보다는 반복해서 계약갱신이 가능한 노동형태이기 때문에, 그런 식으로 비정규직이 되었습니다. 그런 형태로 '전국 유니온' 안에 몇 번인가 그런 스트라이크가 있었어요. 특히 이번에 했던 이 투쟁에 의해서 우리들도 스트라이크를 한다는 것이 알려졌기 때문에 무코가와뿐 아니라 '유니온 미에'(ユニオンみえ)와 같은 경우도 파견, 해고, 외국인 문제로 몇 가지 스트라이크를 했고, 이처럼 스트라이크를 하는 그런 곳이 나타나고 있습니다. 소수이긴 합니다만, 할 수 없는 것은 아니라는 것이지요.

힘이 나는 이야기를 들었네요(웃음). '전국 유니온'은 어떤 과정으로, 어떤 분들에 의해 만들어졌나요? 일본의 비정규직 노동조합들 간에 활동방식이나 활동스타일, 아니면 중심적인 활동방향이나 정치적 성격 같은 것에서 아무래도 차이가 있을 법한데, 차이가 있다면 어떤 것이 있을까요?

가모 잠시만요. 아까 1985년부터 '커뮤니티 유니온'이 확산되었다고 말씀드렸잖아요. 그게 이거예요. (자료를 보여 주면서) 이게 '커뮤니티 유니온 전국 네트워크'라는 것으로, 지금도 여전히 존재하고 있는데요, 이게 전국적으로 74개 정도 있어요. 그렇네요. 74개 단체네요. 이건 지금도 있어요. 이대로요. 이 안에, 즉 '전국 유니온'은 전부 이 네트워크 안에 들어가 있어요. 그런데 저희들은 2002년 12월 3월에 '전국 유니온'을 설립했어요. 왜 만들었는가 하면, 이러한 개별적 네트워크 속에서 유니온을 계속해 왔는데요, 특히 비정규직 문제에 대해서는 정말 빨리 대처하지 않으면 안 되는 문제가 상당히 눈에 띄게 되었어요. 눈에 보인다고 할까요. 균등대우 문제, 기간제고용[有期雇用], 즉 이유 없는 기간제고용 금지 문제, 파견법 문제 등등. 이 문제들에 대해서 대처해야 했지요.

그런데 개별적 유니온에서 대처한다면, 예를 들면 저는 '나노하나 유니온'에서 1988년부터 '파견 커뮤니티 유니온', 그러니까 유니온의 네트워크를 만들어 가면서 개별 문제를 해결해 왔는데, 그 경우 개별적인 A씨나 B씨의 문제는 유니온이 각 개인의 회사와 교섭을 하거나 하는 여러 방식을 통해 각각 나름대로 해결은 됩니다. 하지만 A씨가 파트타이머라는 것, 혹은 파견이라는 것과 균등대우 문제라든가 그런 문제에 대해서는 개별적인 방식으로는 해결할 수 없어요. 그것은 보다 큰 법률을 변화시킨다거나 보다 큰 사회적인 노동운동이 되지 않으면 해결이 되지 않습니다.

그래서 우리들은, 일본 안에는 내셔널 센터[전국적 조직]가 3개 정도

있어요. 2개라고 해야 할지도 모르겠지만. '연합'(連合), '전노련'(全勞連), '전노협'(全勞協)이라는 세 가지가 있어요. 그 속에서 '연합'이 가장 큽니다. 그런데 '연합'이 1999년에 '새로운 연합 방침'(ニュー連合方針)으로 균등대우의 실현, 비정규직 노동자의 조직화라는 것을 방침으로 명시화했습니다. 그것이 있어서 저희들은 여태까지 개별적으로 해온 운동을 좀더 사회적인 노동운동으로서, 사회적 과제로서 실현해야 한다고 생각해서, 2002년 '전국 유니온'을 만들자고 하게 되었습니다. 그때에 여기에 있는 '커뮤니티 유니온 전국 네트워크'의 74개 단체에 대해서 우리들은 이 네트워크에 가입하고 있는 모든 유니온이 '전국 유니온'을 만들어서, 그 전체가 '연합'에 가맹하자는 방침을 세웠습니다. '전국 유니온'은 어떤 면에서는 산별이니까, 그런 방침을 세우고 '커뮤니티 유니온'의 총회에 내세웠어요.

그런데 74개 단체 가운데는 '연합' 가맹에 대해서 원래 비판적인 유니온이 상당히 많습니다. '연합'이라는 것에 대해서, 뭐랄까요, 그런 운동은 하고 싶지 않다, 우리는 우리가 유니온을 만들었고, 우리가 하고 싶은 운동을 하겠다 하는 것도 있어서, 그런 논의는 하면 할수록 점차 감정론이 되어 버렸어요. 이론적인 것이 아니라 감정적으로 용납할 수 없다는 것이 되어 버리니까요. 그래서 그 논의는 결국 1년 정도, 2년 가깝게 했었나? 그래서 논의를 해도 의미가 없다 싶어서, '연합' 가맹을 받아들이는 방식으로 '전국 유니온'을 세우는 것에 찬성하는 유니온만으로 우선은 한 발 내딛자고 하게 되었습니다. 그래서 이 안에 들어와 있는 11단체, 그리고 옵저버 3개, 그러니까 14개이네요, 정확하게는 11개 단체와 옵저버 3단체가 모여서 2003년 12월에 '전국 유니온'이 결성되었습니다.

그렇다면 '연합'에 들어가는 것에 대해 찬성하는 이유와 그 안에 들어가서 운동하고 싶지 않다고 반대하는 이유, 그 두 가지 이유를 좀더 말씀해 주시겠어요?

가모 우리들은 '연합'에 들어가자고 했어요. '연합'에 들어가자는 것은 지금 말한 것처럼 비정규 노동자가 정말로 갑자기 늘어나고 있어서, 법률적인 의미에서 일보 진전해야 한다는 것을 닥친 과제로 파악했기 때문입니다. 특히 파견의 문제에 대해서는 무슨 일이 있든 간에 법적인 대응책을 만들어야 한다는 것이 시급했어요. 그래서 법을 개정하기 위해서 '연합'에 들어가서 '연합'의 방침을, 뭐라고 하면 좋을까, 잘 수립해 가야만 한다고 생각했어요. '연합'이란 원래 정규직 사원들의 클럽이라고 지금도 이야기되지만, 특히 당시에는 1999년의 새로운 방침이 있긴 했지만, 구체적으로 말하면 법적인 측면에서 자세한 내용은 거의 제대로 되어 있지 않았어요. 그런 점에서 현장에서 제대로 비정규 노동자의 소리를 듣고 있는 우리들이, 우리들의 목소리를 '연합'에 제대로 넣어서 그 소리에 입각해서 방침을 만들어 가지 않으면 현장과 전혀 동떨어진 그런 방침이 만들어질 것이라는 거지요. 그래서 우리들은 어쨌든 '연합'에 들어가자, 그래서 그곳에서 우리들의 방침을 '연합'의 방침으로 만들자는 것이었습니다. '연합'의 방침을 변화시키자는 것이 아니라, '연합'의 방침은 전혀 없으니까 우리들의 방침을 '연합' 안에서 방침화하자는 것입니다.

반면 들어가고 싶지 않다고 한 사람들은 아까도 말했던 것처럼 지금까지의 과정에서 '연합'이 해온 것에 대한 비판이 있다는 거죠. '연합'은 이른바 '정사원 클럽'이라는 비판도 있고, 비정규직의 문제는 상대해 주지 않았다는 비판도 있고요. 그렇게 큰 노조인데도 전혀 움직임이 없지 않았나 하는 비판이 엄청나게 많아요. 회사 편에 서는 경우도 많지 않았던가 하는 비판도 많고요. 저희들도 그런 점에 대해 모르거나 비판이 없었던 것이 아닙니다. '연합'이 올바른 운동을, 제대로 하고 있다고는 생각하지 않아요, 우리들도. 그렇지만 비정규직의 균등대우 등과 같은 사안들을 진행하기 위해서는, '연합'에 들어가야 한다고, '연합'을 움직이지 못하면 그런 사회적 운동은 만들 수 없다고 저희들은 생각했던 것뿐입니다. 그래서 '연합'에 가맹한 것이고 '전국 유니온'을 만들었습니다.

그럼 '연합' 안에서 정규직 노조와 비정규직 노조의 관계는 어떻습니까? 한국의 경우 '민주노총'에 비정규직 노조도 가입되어 있지만, 정규직 노조의 반발이 심해 비정규직 노동자들을 노동조합원으로 받아들이는 것에 대해서도 거부하는 경우가 많았습니다. 이랜드 파업처럼 비정규직 노동자들의 투쟁을 위해서 파업기금을 모아 주겠다는 약속도 했지만, 실제로는 노조들이 돈을 내지 않았고, 결국은 약속을 전혀 지키지 못했다고 해요. 그런 점에서 '민주노총'이 비정규직 노동자 운동에 대해 문제가 많다는 비판의 목소리가 매우 높습니다. '민주노총은 비정규직 노동운동에 적극적으로 함께 하고 싶다고 하지만, 그것이 실질적으로는 어려운 상황이 아닐까 싶은데요, 일본의 경우, 혹은 '연합' 안에서는 어떻습니까?

<u>가모</u> 글쎄요. 한국과 그다지 다르지 않을 거라고 생각해요. 다만 2002년에 우리들이 '연합'에 들어갔는데요, 그 당시에는 뭐랄까, 어찌 됐든 일본의 '연합'에 가입한 산별 자체가 비정규직이 점차 늘어 가는 과정 속에 있었고, 정사원 노조원의 비율이 줄어드니까 이른바 노동조합으로서의 기능이라고 할까요, 거기에 문제가 생겨나게 되었어요. 예를 들면 직장 안에서 잔업을 하기 위해서는 서브 락(サブロック)협정을 맺어야 하는데, 그러려면 한 사업장에서 과반수 이상의 노동자가 가입하고 있는 노동조합이 대표권을 가져야 합니다. 다시 말해 과반수가 넘지 않는 노동조합은

대표권을 갖지 못합니다. 그런데 일본 종업원의 경우에는 비정규사원이 정사원과 대등하잖아요. 그런데 비정규직이 늘어나니까 기존 노동조합원의 비율이 과반수를 넘지 못하게 되었습니다. 그러니까 서브 락도 맺지 못하고요. 그런 식의 다양한 문제가 나타나게 되면서 당연히 사용자로부터 "당신들이 종업원들의 대표 맞아요?"라는 이야기를 듣게 되지 않겠습니까?(웃음) 노동조합이라고 말하지만 말예요. 그렇잖아요?

그러한 여러 가지 문제들이 발생했기에 그러한 사태에 대해서 '연합' 안의 산별의 직원과 활동가들이 의식하기 시작했어요. 따라서 비정규직을 자신들의 노조 안에 들어오게 하지 않으면 노조라는 존재 자체가 무력하게 된다는 것을 의식하기 시작한 거죠(웃음). 그리고 또 한 가지는 일이라는 측면에서 비정규직의 중요성을 깨닫게 된 그러한 조합도 있습니다. 즉 비정규직이 없으면 직장이 움직이지 않아요. 또 이 사람들이 없으면 일이 되지 않아요. 같은 작업장에서 함께 일하는 노동자들, 그들이 없으면 자신들은 일을 할 수 없다는 것을 깨닫게 된 거죠. 그래서 동일한 노동자라고 스스로 의식을 바꾸지 않으면 안 된다고 생각하게 된 경우가 있습니다. 뭐 잔뜩 있습니다만 그런 점에서, 물론 외압은 아닙니다만(웃음), 그러한 것들의 결과 안에서 자신들 역시 변화해야 하지 않는가 하는 생각, 그런 움직임이 조금씩 조금씩 시작되고 있는 거지요.

그런 움직임이 시작된 것은 2002년, 즉 저희들이 '연합'에 들어간 때부터라고 생각해요. 그리고 우리들이 '연합'에 들어간 것은 정말 '연합' 안에서는 자극제가 되었어요. 여태까지와는 전혀 다른 이질적인 노조니까요. 그 때문에 처음에는 저희들이 들어가겠다고 했을 때, 3개월간, 아니 4개월간 기다렸어요(웃음). 들어가겠다고 했을 때, 잠시 기다리라고 했는데, '연합' 안에서 "저 노조는 정말 노조 맞아?"(웃음) 등과 같은 여러 가지 의문들이 제기되었던 거죠. 노조라고 하는데 사람들이 들어왔다가 나 갔다가 들어왔다가 나갔다가 하는 저것을 과연 노조라고 할 수 있는가 하 는 논란도 있었던 것 같아요. 그러니까 지금의 '연합'이라면 [우리에게] 기 다리라고 하는 것은 있을 수 없는 일이죠. 그런데 저희들은 4개월간 기다 렸고, 그때 '연합'의 회장은 사사모리 기요시[7]라는 사람이었는데요, 그 는 그때 "사회운동을 하지 않으면 '연합'은 존재감을 잃어버릴 것이다"라 는 말을 처음 꺼낸 사람이었어요. 그런 의미에서 그가 결단을 했어요. 우 리들과 같은 별난 노동조합을 넣지 않으면 '연합'이라는 노조는 존재감을 잃어버린다고. 그런 의미에서 우리들은 '연합'에 들어가 함부로 휘젓고 다니는 그런 존재인 거죠(웃음).

그러니까 지금 겨우 산별의 상부 사람들이 뭔가 해야 한다는 의식을 갖기 시작했다고 할 수 있지요. 그러한 의식이 모든 아래의 개별 단체나 전체의 의식이 되었는가 하면 그건 아직 전혀 아니지만 말이에요. 최근의 파견해고의 경우가 아주 상징적인데요, 그들은 자동차나 전기 계통의 큰 기업에서 잘렸는데, 그중에는 '연합'에 참여하는 산별 개별 단체가 있었 어요. 그 단체가 파견해고에 대해 "자르지 말라"라는 행동을 일으켰는가 하면 전혀 그렇지 않았어요(웃음). 그들이 잘림으로써 자신들은 어떤 의 미에서 보호받았다는 생각, 그렇기에 "적당히 하자"는 그런 이야기인데

---

7) 사사모리 기요시(笹森清, 1940~2011). 일본의 노동운동가, 도쿄전력에 입사한 후 도쿄전력 노 동조합(東京電力労働組合)에 들어가 조합활동을 했으며, 1989년에는 위원장이 된다. 1993년 부터는 '전국전력관련산업노동조합총연합'(全国電力関連産業労働組合総連合)의 회장으로 취임한다. 2001년부터 2005년까지 '일본노동조합연합회'('연합')의 제4대 회장을 역임했으 며, 이후 '연합' 고문이 되었고, 2010년에는 간 나오토(菅直人) 내각총리대신의 요청으로 내 각특별 고문으로 있었다. 2011년 6월 4일 췌장암으로 사망했다.

요. 아직은 그런 느낌이에요. 그렇지만 최근 2~3년간, 그리고 우리가 들어온 7년 동안 전체 흐름은 매우 급격하게 보다 비정규직화가 진행되고, 고용의 열악화가 좀더 강하게 진행되고 있으니까, 뭔가 하지 않으면 안된다는 분위기 정도는 나타나고 있지 않나 하는 그런 느낌입니다.

그렇지만 아직 각 개별 단체 안에서는 70% 가까이가, 산별이 아니라 개별 단체[單組]의 70% 정도가 아직 노조규약을 [비정규직을 포함한다는 식으로] 바꾸지 않고 있어요. 즉 조합이 대상으로 하는 것은 정사원뿐이라는 규정 그대로여서, 비정규직을 조직화한다는 방침을 취하지 않는 곳이 70% 가까이 있어요. 그 점을 바꾸는 것은 매우 어렵습니다만, 우리들이 확실히 생각하는 것은 여기까지 상황이 악화되고 있으니까, '정사원 클럽'이라고 우아한 기분을 말할 상황이 아니에요. 비정규직이 늘어나고 있다는 것은 결과적으로는 정규직이 일하는 것도 매우 엄혹해지고 있음을 뜻하는 거예요. 그 속에는 [정규직/비정규직의] 빈부차가 엄연하게 있는데, 그것에 대해서 비정규직이 모두 불만을 품고 있으니까, 그 일은 당연히 노동자 동료와의 대립적인 사안이 되기도 하지요. 그리고 결과적으로 사용자, 즉 기업 쪽은 그것을 잘 이용한다고 할까? 즉 같은 일을 하는데 싼 임금과 비싼 임금이 있으면, 싼 임금으로 쓰는 것에 맞추는 것이 균등대우라는 식으로 말하는 회사도 나타나기 시작하고 있어요.

빈부차가 있으면 있을수록 정사원은 그 빈부차만큼 일해야 하는 그런 상황이 만들어지고 있어요. 비정규직의 노동형태도 심각합니다만, 정규직의 노동형태도 다르지 않아서, 노동법상에서도 노동시간 규정이 변해서 이른바 '화이트칼라 에그젬프션[8]'이 제기되는 그런 상황에까지 이르고 있으니까요. 정사원 노동자는 장시간 근무도 당연하고 이동이나 이전도 당연하고 책임이 무거운 것도 당연한 것이 되어, 이런 모든 것이 당연시되는 그러한 상태에 놓이게 된 거죠. 그래서 정말로 우리들은 "겉모습만 정사원"이라고 말하는 그런 상황이 되고 있다고 생각해요. 그래서 그런 점에서 정사원 노동자들이 자신들만 지키면 된다는 것은 너무 나이브한 생각이라고 할까? 사실은 불가능해요, 지금의 현실적인 상황에서는.

비슷한 질문이 될 것 같습니다만, 가모 씨께서는, 전국 유니온이 '연합'에 가입한 뒤에 뭔가 '연합' 안에 긍정적인 변화가 있었다고 생각하십니까? 가입 효과라고 할까요? 그에 대한 가모 씨 자신의 평가는 어떻습니까?

__가모__ 2005년에 10월에 '연합' 임원 선거[役選]가 있었어요. 즉 '연합' 안의 회장이나 사무국장 등을 선출하는 것이지요. 그때 제가 [주류 측의] 대립후보로 입후보 했습니다. 그런데 '연합'의 임원 선거라는 것은, 선거가 되는 경우가 거의 없습니다.

그렇습니까? 선거인데 선거가 없습니까?

__가모__ '연합'의 임원 선거라는 것이 어떤 것인가, 조금 자세한 이야기를 하자면요. 임원 추천 위원회라는 것이 만들어져서, 거기서 다음 회장은 누구로 할까 사무국장은 누구로 할까를 논의합니다. 그리고 산별 지도자들이 모여서 대부분을 결정합니다. 따라서 선거가 되지 않고, 선거를 한다 해도 이기지 못합니다. 그렇기 때문에 대개는 선거를 하지 않습니다. 즉 추천 위원회에서 추천된 사람이 그대로 대회에서 선출되는 것이 여태까

---

8) 일본에서는 현행법상 법정 근로 시간인 주 40시간(일일 8시간) 이상 노동할 경우 시간 외 잔업 수당을 지불해야 되는데, 그것을 면제/금지하는 법안이다.

지의 '연합' 안의 임원 선거였어요. 그런데 2005년에 그 회장 선거에 제가 입후보 했어요. 대립후보로요. 그래서 그 전의 회장이었던 다카기(高木) 회장[9]과 대립후보로 선거에서 싸웠습니다. 그런데 이것은 제가 말하긴 좀 그렇지만, 여러분에게서 질문을 받은 거니까 말씀 드리자면, 저희 '연합' 안에서 비정규직 고용의 문제를 다루어야만 한다는 식으로 들이대는 것으로 받아들여졌어요.

사실 그 선거에 제가 나갔던 이유는 세 가지 정도가 있었어요. 첫째, 임원 추천 위원회의 논의 내용이 매우 불투명하고 이상했어요. 원래는 다카기 씨가 회장이라는 형태로 나올 리가 없는 흐름이었습니다. 왜냐면 그 이전의 사사모리 회장이 젊은 사람이 잇게 하고 싶다고, 그 때문에 자신이 내려오고 젊은 사람에게 이후를 맡기겠다고 했거든요. 8월까지 그렇게 보고를 하다가, 8월 말이 되면서 특상으로 '젠센동맹'[10]의 다카기 씨가 회장 후보로 나왔어요.

다카기 씨는 젊은 사람이 아니었나 보군요.

---

9) 다카기 쓰요시(高木剛, 1943~). 일본의 노동운동가. 외교관. 2005년에서 2009년까지 '연합'의 회장을 역임.

10) '젠센동맹'(ゼンセン同盟). '연합'(連合) 주류파의 하나로 일본의 노동조합. 정식명칭은 'UI젠센동맹'(UIゼンセン同盟)이다. 1946년 섬유업 기업별 노조를 단위조합으로 하는 '전국섬유산업노동조합동맹'(全国繊維産業労働組合同盟, 약칭은 全繊同盟)이 결성되어, '일본노동조합총동맹'(日本労働組合総同盟)에 가입한다. 최근 2002년에는 '일본화학, 서비스, 일반노동조합'(CSG連合), '일본섬유생활산업노동조합연합회'(日本繊維生活産業労働組合連合会)를 결성하여, '전국섬유화학식품유통 서비스 일반 노동조합동맹'(全国繊維化学食品流通サービス一般労働組合同盟, 약칭 UIゼンセン同盟)이 되었다. 악법 중 하나인 파견법이 개시되었을 때 이 악법의 개정을 요구하는 입장과 반대 입장에 서서 파견법 개정 반대 서명을 모으기도 했다.

가모 심지어 나이도 사사모리 회장보다 위인 걸요.[11] 그래서 모두 뭐지? 이상해! 모두 이상하다고 생각했어요(폭소). 게다가 '젠센'은 원래도 산별 중에서도 매우 회사 편을 드는 태도를 지닌 그런 노동조합이었어요. 그래서 모두들 "대체 왜 그런 거지?"라고 생각했던 거지요. 그때 모두들 "왜 '젠센'인가!"라고 생각했던 또 하나의 이유는, 평화 문제에 대해서 '젠센'은 사실 '개헌론자'예요.[12] 더구나 '연합'에서 조사했던 그 해의 8월 앙케이트 때는, 징병제까지 들이댔어요. 이처럼 평화의 문제에 대한 입장과, 회사 편을 드는 노조라는 이유도 있어서, '연합' 안의 산별들도 모두들 "뭐야!"라고 생각했고, 그런 점에서 다카기 씨가 선별된 과정까지 포함해서 이상하다고 생각해서 문제가 되었어요. 그것이 선거에 나갔던 한 가지 이유입니다.

그리고 둘째로는, 그때 정부는 고이즈미 정권이었어요. 선거에서 고이즈미 칠드런이 잔뜩 등장하여, 고이즈미가 압승했던 그 선거가 있었어요. 그런데 누가 고이즈미에게 표를 주었는가 하면 젊은 사람과 여성이었어요. 그런데 이 젊은이와 여성이라고 하면 지금 일본 사회에서 바로 워킹 푸어들이에요. 그런데 그들이 왜 고이즈미에게 표를 주었는가 하는 의문이 들 수밖에 없지요. 이는 어떤 의미에서 우리 노동조합들의 수치예요. 왜냐면 노조가 그들의 마음을 잡지 못했고, 노동조합으로서 할 일을 하지 못했음을 뜻하기 때문이지요. 그래서 이래선 정말 안 된다고 저희들은 생각했어요. 그런데 우리들은 정말 비정규직 문제를 다루기 위해서

---

11) 사사모리 기요시는 1940년생, 다카기 쓰요시는 1943년생이다. 여기서 사사모리보다 다카기가 나이가 많다고 한 것은 가모 모모요의 착각으로 보인다.
12) 평화를 위해 군사적 무장을 금지한 현재의 헌법 9조를 개정하자는 입장, 즉 평화주의에 반대하는 입장을 지닌 개헌론자를 의미.

'연합'에 들어온 것이기 때문에, 좀더 앞으로 나아가지 않으면 안 된다고 생각했어요

　그리고 또 하나[셋째]는 민주당과 관련된 것입니다. '연합'은 민주당을 지지해요, 지금도. 그때의 민주당의 당대표는 마에하라[13]였어요. 지금은 내각의 국토대신인가? 근데 그가 노동조합에 대해서 '필요 없다'고 말했어요.

자기들을 지지하는데도요?(웃음)

가모　그러니까요. 우리는 자기들을 지지하는데 그는 우리를 필요 없다고 하는 거예요(웃음). 사실 그는 어느 쪽이냐고 하면, 우파 그 자체예요. 그런 상황에서 뭐랄까, "'연합'이란 대체 뭔가" 하는 의문이 들잖아요?(웃음) 그래서, 그랬기 때문에 우리는 원래 선거에 나간다는 생각은 전혀 없었는데요, 이래선 안 된다고 생각해서, 토요일, 그러니까 임원 선거에 나간다고 신청하는 기간의 마지막 날, 마지막 시간에 나간다고 신청했어요. 그런 느낌으로 "이게 뭔가" 하는 의문을 던졌던 거지요.

그렇게 해서 선거에 나갔던 사람이…….

가모　네, 저였습니다. 그런데 그 선거라는 것이 제가 느낀 위화감을 다른 '연합'의 산별도, 양심을 가진 산별은 느꼈던 거죠. 그래서 107표를 얻었어요. 원래 저희는 1표밖에 없어요(웃음). '젠센'은 55표예요. 즉 1표 대 55

---

13) 마에하라 세이지(前原誠司, 1962~). 일본의 정치가, 중의원 의원(6기), 국토교통대신(제12,13대) 내각부 특명 담당대신(오키나와 및 북방 대책 담당).

표에서 시작한 거죠. 그래서 107표를 얻었어요. 즉 전체의 1/3을 얻어 버렸던 거죠. 이것은 일종의 거부인 거죠. 거부라고 할까 억지력은 되는 것이지요. 그래서 비정규직 사업을 진행해 가야만 하고 그리고 평화에 대해서는 이 이상 엉뚱한 방향으로 나아가면 안 된다는 억지력인 것이지요. 이것은 애초에 의식적으로 추진한 것은 아니었지만, 결과적으로는 효과가 있었다고 할 수 있습니다.

대단하네요. 1표에서 시작해 107표의 지지라니! 효과 또한 상당했겠네요.

가모 그래서 회장은 다카기 씨가 되었습니다만, 다카기 씨는 이 점을 매우 의식했고, 그래서 2년, 아니 4년간 그 점을 의식하면서 일했다고 생각해요. 이번에는 어찌 될까 다소 불안하긴 합니다만.

이번엔 언제 선거를 하나요?

가모 이미 선거가 끝나서 고가[14] 씨로 바뀌었습니다. 그 외에 우리들이 '연합'에 들어왔기 때문에 파견법 개정에 대해 '연합' 안에서 그것을 논의하는 위원회가 있는데요. 파견법에 대한 방침은 거의 '전국 유니온'이 말하고 주장하는 방침을, '연합'도 방침으로 받아들이기로 되었어요. 그리고 파트타이머법의 남녀 고용 균등대우 개정, 파트타이머법 개정, 육아휴가 개정 등을 담당하는 국가의 심의회가 있는데, 저도 개인적으로 그 심의회의 노동 쪽 위원으로 들어가 있어요. 즉 '연합' 안에서 노동 쪽 위원이

---

14) 고가 노부아키(古賀伸明, 1952~). 일본 노동활동가. '연합' 회장으로 2009년 제11회 정기대회에서 선출되어 현재에 이르고 있다.

배당되기 때문에, 그 심의회에 들어가는 것이 가능하게 되었습니다. 특히 파트타이머법에 대해서는 그 법률 자체에 관여하는 게 가능해졌습니다.

파견법 개정을 진행하고 있다고 들었는데, 이번 개정에서 '연합'을 통해서 개입하는 것이 가능해졌다는 뜻이지요?

__가모__ 네.

현재 파견법에서 가장 바꾸어야 한다고 생각하시는 것은 어떤 것입니까?

__가모__ 파견법을 바꾸는 문제에 대해 요즘 우리가 말하고 있는 것은 일용 노동과 파견해고에 관한 것입니다. 1985년 그 법이 만들어졌을 때 이른바 파견처인 기업에 고용·책임이 없다고 되어 있습니다. 실제 노동을 시키는 데도 전혀 책임이 없는 구조로 되어 있는 거죠. 또 파견회사와 파견처 기업의 사용 거래 관계에도 문제가 있어요. 그 사용 거래 관계로 인해 파견 노동자가 가령 8시간 동안 가서 일하는 파견처 기업에는 고용 책임이 전혀 없고, 파견회사 쪽은 이런저런 명목으로 중간 착취를 하는 게 얼마든지 가능합니다. 파견회사가 차지하는 몫에 대한 규제가 전혀 없어요. 이를 이용해 일용노동의 경우 굿윌이나 풀 캐스트와 같은 파견회사는 임금의 50~60% 정도를 떼어 갔어요.

어디선가 읽은 적이 있습니다. 파견회사가 중간에서 가져간 거죠?

__가모__ 네. 지금도 파견회사가 평균 30% 정도를 가져간다고 이야기되고 있어요.

평균 30%요?

<u>가모</u> 네. 파견처 기업에서 파견회사에 주는 '요금' 있잖아요? '파견 요금'
이라고 말하는데, 그것의 평균 30%를 파견회사가 업무 관리비 명목으로
가져가고, 70% 정도만 임금으로 준다고 해요. 이 30% 안에서 파견노동
자의 보건, 사회 보건 고용보험, 교육비 등을 부담하도록 되어 있는데, 원
래 순수 기준은 평균 4% 혹은 5%라고 이야기되고 있어요. 역시 평균이
지요. 그런데 일본의 일용노동의 경우 이 30%의 파견료에 대해서 규제
가 없어요. 그러니까 굿윌이나 풀 캐스트 같은 곳에서는 일용노동의 경우
50%, 60%로 책정했던 거지요. 그래서 파견노동자가 실제 받는 임금이 시
급 500엔 정도가 되었어요. 회사 임금은 정말 하향을 맴돌고. 더구나 굿윌
이나 풀 캐스트는 파견노동자 한 명 한 명에게서 데이터 소비비라든가 업
무 관리비 등 여러 명목으로 200엔에서 많은 곳은 500엔까지 가져갔어요.
하루에 한 번씩, 일할 때마다. 당시는 하루에 그러니까 200엔을 각각에게
서 받는데 매일 1만에서 2만 명이 일을 하니까, 200만에서 400만 엔 정도
가 매일매일 들어오는 거죠. 한편으로는 업무 관리비로 60% 가까이 받고,
그리고 교육비로 600만 엔이 들어오는 그러한 구조를 만들었어요. 그러
니까 파견회사는 깡그리 이익을 보는 상태이고. 그런데 파견노동자는 돈
이 없어서 넷카페 난민[15]이 되는 그런 상태가 된 거지요. 그런 식으로 파
견처는 고용 책임이 없고, 파견회사가 중간 착취를 마음대로 하는 게 가
능한 이러한 구조의 삼각관계가 고용형태 속에 들어와 있는 거죠.

---

15) 넷카페(ネットカフェ). 일본식 피시방. 음식물을 파는 것은 물론 간단한 샤워시설까지 구비
되어 있는 경우가 있다. 일본의 젊은 홈리스들이나 집이 없는 가난한 사람들 중 많은 수가 피
시방에서 먹고 자는 경우가 많아 '넷카페 난민(難民)'이라고 불린다.

그리고 85년 파견법에서 또 한 가지 문제가 된 것은 '등록형 파견'이었어요. 등록형 파견이라는 것이 85년에 법률이 시행될 때부터 가능하게 되었어요. 즉 등록형 파견이란 파견회사에 자신이 등록을 해놓으면 파견회사에서 "이런 일이 있는데, 하겠습니까?"라고 제안을 하고 계약해서 일하는 그런 방식이에요. 그런데 이 고용형태는, 이번 파견해고에서 정말 확실히 된 것은 등록형은 이거예요. (자료를 보여 주면서)[16] 여기요. 직접 고용의 경우 회사가 있고 노동자가 있으면 이 관계는 고용조정, 즉 회사가 "일할 필요 없어요"라고 말할 경우에도 그 필요 없다고 할 때의 리스크는 회사가 받아야 해요. 한편 파견 중에도 상용(常用)형이 있어요. 그 경우에도 파견처에서 일이 없어졌다고 하면, 그 사람의 임금 보상이나 새로운 일자리를 찾는 것 등 그 사람의 리스크를 모두 파견회사가 책임지게 되어 있어요. 그 파견회사 소속 사원이니까요. 그런데 등록형의 경우는 리스크가 파견처는 물론 파견회사와 관계없이 노동자에게 이렇게 바로 와버립니다. 파견처에서 일이 없다고 하면 파견회사에서 바로 파견노동자에게 "일이 없어요"라고 말하면 그만인 거죠. 상용형의 경우에는 그것이 파견회사에서 일단 멈춥니다. 그래서 임금 보상이나 일자리를 찾아주게 되어 있지만, 등록형은 그게 모두 파견노동자에게 오는 거죠. 그러니까 등록형 파견의 경우는 정말이지 뭐랄까…….

노동자를 위해서 해주는 건 아무것도 없고, 중개해 준 뒤 이런저런 '비용'만 챙기는

---

16) 이후 파견법 개정에 관련된 방침에 대해서는 가모 모모요 씨 개인이 작성한 데이터 문서를 기초로 설명을 들었다. 그 문서는 2009년 10월 6일에 작성된 「여성 노동의 현황 : 여성부의 과제」(女性労働の現状 : 女性部の課題)이다. 이 문서 중 여기에서 참고한 곳은 2쪽, '비정규직 고용의 위험성'(非正規職雇用のあやうさ)이라는 부분이다.

거네요. '자기책임'이 아니라 '개인책임'의 제도화네요. 모든 리스크를 개인책임으로 돌리는…….

가모 그래서 모든 리스크가 노동자에게 바로 오는 것이죠. 그런데 이 등록형 파견이 85년 파견법부터 들어와 있다는 거예요. 그래서 우리들은 파견처에 고용 책임이 없다는 것, 파견회사가 멋대로 중간 착취를 하고 싶은 대로 한다는 것, 그리고 파견처 기업과 파견회사 사이의 관계가 상거래 관계에 있어서 파견처에 일이 없다고 하면 파견회사는 뭐라 말할 수 없는 상황이라서, 등록파견의 경우 당장 일이 없다고 하면 그것을 그냥 노동자에게 전달하는 것으로 끝나는 그런 형태는 정말 안 된다고 생각해서, 그래서 이번에 "전면개정"[全正]을 요구하고 있는 것이지요. 즉 개정 과정 속에서 이러한 구조 전체를 바꾸지 않으면 안 된다는 것이 우리들의 주장이에요.

이번 개정에서 가장 핵심이 되는 것은 등록형 파견을 원칙적으로 금지하는 것이에요. 그런데 이것을 금지하는 것을 통해서 일용노동과 제조형 파견노동도 금지하게 돼요. 그리고 두번째는 파견처의 노동자와 파견노동자의 균등대우 조항을 넣자는 것이에요. 세번째는 파견처의 고용책임을 강하게 하기 위해서 파견처가 직접고용을 하도록 하는 그런 제도를 만들자는 것이에요. 그리고 '연합'의 방침도 이런 방침이 되고 있어요.

그런데 여당 그러니까 당시 자민당과 공민당이 여당이었는데요. 이들 여당도 작년 가을, 그러니까 8월이었나, 그때쯤에 파견법 개정안 여당안을 제출했어요. 일용노동자가 사회적으로 문제가 되고 있고, 또 아키하바라 사건도 6월에 있었고 해서, 사회적 흐름 속에서 파견노동 규제 강화를 해야 한다는 흐름이 제기될 수밖에 없었는데요, 그래서 여당안이 가을 안에 나왔어요. 그 여당안은 표면적으로는 일용파견의 원칙적 금지를 말하지만, 그 내용은 고용 계약 기간이 30일 이내일 경우, 즉 그런 계약 기간만 금지한다는 것뿐이에요. 그러니까 30일 이상이면 등록형 파견이 가능하다는 거예요.

그럼 대개는 가능해지게 되겠네요?

가모 네. 그러니까 이건 그냥 제스처일 뿐이다, 이런 건 안 된다고 해서, 이것에 대항할 수 있는 야당안을 내달라는 제안이 있었고, 그래서 그와 관련된 활동을 최근 계속해 오고 있었어요. 그래서 사민당, 민주당, 국민신당 3당이 올해 6월 25일에 3당 야당안을 냈어요. 거기에는 지금 우리가 말한 이 세 가지 근간이 포함되어 있어요.

　그런데 이것은 국회가 해산이 되면서 결과적으로는 폐기되었는데요. 그렇지만 저희들은 어떻게든 뭔가 법안을 내고 싶었는데, 왜냐하면 이후 올해 6월 선거가 있고 그 선거에서는 민주당이 정권을 잡을 수 있으리라는 예상이 있었기 때문에, 그때 민주당 안으로 확정해 두고 싶었어요. 그래서 6월 26일에 법안을 냈고, 민주당도 사민당도 그것을 그대로 선거 공약에 올렸고, 그 이후에 정권을 잡으면서 연립 내각이 만들어졌고, 그때 3당 공동안으로 다시 한 번 확정되었어요. 그래서 이번 파견법 개정을 위해서 노동 정책 심의회가 지금 시작되고 있는데, 이 3당안이 개정안이 되어 심의되고 있어요. 야당안이었던 게 내각안이 된 거죠.

　그런데 지금 심의되고 있는 이 안은 저희들이 보기엔, 물론 세세한 점에서는 내용적으로는 불충분하지만, 원칙은 제대로 담고 있으니까, 이것을 바탕으로 보다 좋은 것으로 만들려고 하고 있어요. 그런데 사용자편은 뭐, 정말 대반대예요. 그리고 파견회사 모임인 '인재 파견 협회'라는 곳이 있는데요. 그곳은 오십 몇만 명의 서명을 받았어요. 뭐, 자신들 회사에 등록되어 있는 파견노동사에게 여기 서명하지 않으면 일을 소개해 주지 않겠다는 식으로 해서 받았겠지만요. 그리고 등록형 파견을 금지하면 일이 사라진다고 위협을 해요. 실업자가 되리라는 거죠. 이번 심의회에서도 그 서명을 받아들이는 쪽이 제시하는 것은 바로 그런 식의 이론이에요. 그리고 그렇게 되면 글로벌 경쟁에서 이길 수 없게 된다고 주장하죠.

지금 우리들에게 머리가 아픈 것은 공익(公益) 쪽이에요. 노동 심의회는 3자가 참여하는데, 사용자 쪽, 공익 쪽, 그리고 노동자 쪽이에요. 그런데 이 공익 쪽이 말이죠, 그들은 대개 연구자 그룹인데요, 그들이 말이죠. 일단 작년의 여당안을 심의했던 심의회에서 어느 정도 내용을 결정했었는데, 그것이 [선거로] 뒤집어졌다는 그런 느낌을 갖고 있어요. 그래서 심의회가 이번에 두 번 있었는데, 그들이 말하는 것은 이거예요. 제작 파견 금지는 세계에 그 예가 없다는 것. 그리고 두번째는 등록형 금지는 헌법상의 직업 선택의 자유에 위반된다는 것. 이런 식으로 이른바 지금의 안에 대해서는 논의하지 못하게 하겠다는 태도예요. 그런 상태에서 심의회를 시작했기 때문에 지금 매우 불안합니다. 그래서 저희들은 이번에 10월 29일 집회를 하거나, "기다리게 하지 말고 빨리 하라!"면서 지금 3당안을 실현하려고 운동을 하기 위해서 움직이고 있어요.

매우 중요한 시기네요.

__가모__ 그래서 매우 바쁜 와중입니다.

저기, 이주 노동자 문제에 대해서 여쭤보고 싶은데요. 한국에서는 비정규직 노동자 못지 않게 이주 노동자 문제도 매우 심각한데요. 애초에 산업연수생제도는 일본의 산업연수생제도를 모델로 해서 만들어진 것으로 알고 있어요. 그게 이주 노동자가 불법이 되는 것을 조장하는 법이라서 심할 때는 연수생의 70~80%가 불법체류자가 되기도 했죠. 고용허가제가 새로 도입되었지만, 여전히 '미등록이주자'가 20만 명입니다. 이명박 정권 이후 단속이 더욱 강화되고 있습니다. 근데 작년에 일본에서는 자민당과 경단련이 일본도 이민자가 1천만이 되는 일본, 즉 이주국가로서의 일본을 향해 나아가야 한다는 새로운 보고서를 냈다고 들었습니다. 이주 노동자를 대대적으로 수입하는 전략으로 보이는데요, 그것은 임금을 낮추기 위한 것이기도 하고, 따라서 노동자, 특히 임금저하 경쟁에 말려들 비정규직 노동자와 관련성이 크지 않을까 싶습니다. 그런 점에서 이 새로운 이주 노동자 수입 전략에 대해서 어떻게 생각합니까? 또한 이주 노동자와 비정규직 노동자의 관계에 대해서는 어떻게 생각하십니까?

가모 '전국 유니온'의 활동 스타일은 상담자의 상담을 받아서 그 문제를 해결하는 것이에요. 그래서 외국인 노동자의 문제에 대해서 말하면, '전국 유니온' 가운데 '유니온 미에'가 외국인이 가장 많습니다. 대부분이 일본계 브라질인이에요. 그리고 '무코가와 유니온'도 좀 많지 않은가 싶고요. 즉 비율로는 간사이 쪽이 많다고 알고 있어요. 그렇지만 전체적으로는 외국인이 적은 편입니다. 인터넷 쪽에서도 많은 것은 '가나가와시티 유니온'[17] 등이에요. 그리고 기본적으로 보면 이 '가나가와시티 유니온'의 경우 매우 열심히 하고 있는데, 지금은 대부분 일본계가 많아요. 그런데 처음에는 한국인이 반수 이상이었어요. 많은 수가 불법체류 문제가 되

---

17) '가나가와시티 유니온'(神奈川シティユニオン). 스스로를 "국적을 불문하고 모든 노동자에게 열린 노동조합입니다"라고 소개하고 있다. 현재 20여 개국의 외국인 노동자 상담을 하고 있다. 홈페이지(http://www1.ocn.ne.jp/~kcunion/) 참고.

어서 되돌아가야 했어요. 그래서 지금은 대체로 일본계의 사람들, 즉 취업 비자를 지닌 사람들을 대상으로 하고 있어요.

그래서 지금 질문하신 외국인 노동자 문제에 대해서는 유감스럽지만 유니온으로서 어떤 별도의 정책을 갖고 있지는 않아요. 그렇지만 지금 말씀하신 것처럼, 정사원 가운데서 남성 대 여성의 문제가 있고, 고용형태로 보면 정사원 대 비정규 사원 문제가, 그리고 그 비정규직 아래에 외국인 노동자 문제가 있어요. 그러한 구조가 되어 있어요. 그러니까 확실히 '개호'[환자 간호나 노인, 장애인을 돌보는 일을 묶어 총칭함. 이후 '간호'라고 번역함] 등은 정말로 노동력이 부족한데도, 그것은 정말 일본 사람들도 일할 수 없는 그러한 저임금의 일이에요.

지금 파견해고를 당한 사람들이 취업을 하려 지원할 때, 파견노동 다음 단계의 일이, 자격을 몸에 익혀서 다음 일로 가려고 할 때 가장 많이 택하는 것이 '간호'예요. 그 경우 모두 연수를 해서 간호자로 가는 그런 형태로 진행되고 있는데요. 그런데 그 간호라는 일이 원래 간호파견법이 생겼을 때부터 간호할 노동자 쪽은 고려하지 않았어요. 이용자의 사회화, 즉 이용하는 쪽의 [고통을] 사회화하긴 했습니다만, 그것을 위해서 일할 노동자를 위해서는 법적으로 아무것도 배려하지 않았어요. 그래서 정말 간호를 하는 노동자, 특히 재택 간호하는 헬퍼들은 바로 등록형 파견노동자, 일용파견과 마찬가지로 어려운 조건에 놓여 있어요. 저희들이 앙케이트를 한 적 있는데, 임금이 한달에 3만~10만 엔으로, 그러니까 임금이 3만 엔일 때조차도 그 임금을 거부할 수 없는 그런 상태인 거예요. 더구나 이용자가 입원하거나 죽거나 해서 일이 없어지거나 할 수도 있는데, 그렇게 일이 없어지는 경우에 대해 어떠한 보상도 없어요. 그리고 이용자와 일하는 자 사이의 관계를 맺는 과정에 대해서는 임금이 나오지 않고, 이용자를 직접 상대하여 일하는 시간만 임금으로 계산되고 있어요. 예를 들면 그 사람을 위해서 기록하는 시간 등은 임금지급의 대상이 되지 않는 거죠. 이건 노동기준법상으로 보아도 잘못된 거예요.

그래서 우리들도 문제가 있다고 생각해서 행정이랑 교섭을 해서 모두 임금 대상이 되는 그런 틀을 만들었지만 아직 그런 것은 각 사무실로 보자면 실효성을 갖지 못하고, 그야말로 헬퍼를 하는 사람들은 감정적 피로감 증후군 상태예요. 간호법이 만들어진 게 2000년이라 생각되는데요, 그게 시행되면서 일본 안에서도 간호 일이 확장되었거든요. 그렇지만 저런 상황이 확실히 알려져서 지금은 굉장히 기세가 꺾인 상황이에요. 진지하게 하려고 하는 사람일지라도 이런 일은 아무리 하려고 해도 할 수가 없다, 그런 상황이 되어, 그 결과 노동력이 부족하게 되었고, 그래서 외국으로부터 노동력을 수입하겠다고 일본 정부가 말하고 있는 것이죠. 그렇지만 우리 입장에서 말하자면요, 그것을 누구에게 시키려고 하든 간에, 즉 그게 일본인이든 외국인이든 간에 차별해서는 안 된다는 것이죠. 그일을 하는 사람들이 그것을 통해서 제대로 밥을 먹고 살 수 있고 고용이 안정될 수 있는 그런 것을 원칙적으로 마련하지 않는 한, 외국인을 단지 노동력이 필요하니 수입한다는 식으로 하는 것은 정말 큰 문제라는 의견을 내놓고 있는 상태입니다.

이런 점에서 보면 정말로요, 그야말로 외국인 노동자를 수입하는 것을 통해서 비정규직 노동자의 워킹 푸어 상태를 좀더 고착시키려는 것으로 보이기도 해요. 이상하게도 그쪽[외국인 노동자]이 좀더 비싸지는 거니까, 오히려 그들보다 더 낮은 임금을 받는 사람들이 있어요. 그 사람들이 일해 주니까 당신들은 일이 없어요 하는, 그런 식의 상황을 만드는 거죠. 정말 이상한 이야기죠. 워킹 푸어인 사람들, 비슷한 처지의 동료들을 서로 경쟁시켜서 일을 서로 빼앗게 만드는 것이 되니까. 요즈음 모든 걸 그런 상황으로 만들어 놓지요. 즉 남성/여성 사이도 그렇고, 정규 대 비정규도 그렇고. 모든 고용을 그런 [경쟁적인] 상태로 연관시켜 가는 것이니까요. 그것은 정말 안 될 일이죠. 요는 [외국인 노동자를] 수입하지 말아라가 아니라, 수입하려면 노동조건을 확실히 보장하라는 것입니다. 그러지 않으면 일본이 정말 부끄럽다고 생각해요.

그런 문제는 한국도 마찬가지인 듯해요.

<u>가모</u> 파트타이머나 비정규직이, 혹은 우리들 노동조합이 어떤 걸 요구하잖아요. 일본 회사들은, 그렇게 요구하면 "동남아시아가 노동력이 더 싸고 외국이 더 싸다, 그러니 그쪽으로 공장을 옮기겠다"고 해요. 그런 식으로 위협하는 거예요. 그러면 저는 "그래 옮겨 봐라! 가라!"라고 해요(폭소). 그쪽에서도 쫓겨날 걸요. 왜냐면 어떤 나라들이든 각각의 노동자들이 존엄을 갖고 노동하고 있죠. 그리고 또 정보도 매우 빠르게 돌기 때문에 멋대로 저쪽이 더 싸다고 해도, 회사가 가는 건 그렇게 간단치 않아요. 노동자들도 그렇게 생각하지 않아요. 그런 것은 위협입니다. 그런 의미에서는 우리들은 좀더 글로벌한 노동자 연대가 필요하다고는 생각합니다. 거기까지는 아직 하지 못하고 있는 게 지금 우리들의 현실이긴 합니다만.

한국도 그렇지만, 일본의 일반적인 기업형 노조에서는 비정규직 노동자를 받아들이는 노조와 그렇지 않은 노조가 있을 텐데요. 대체로 잘 받아들이지 않는다고 들었지만, 노조가 적극적으로 비정규직 문제를 자기 문제로 받아들이고, 비정규직의 요구에 응해 주면서 활동을 하는 사례가 있다면 알려 주세요. 그리고 그런 노동조합의 활동이 비정규운동의 일부라고 판단하시는지요?

__가모__ 조금은, 조금은 좋아지고 있다고 생각해요. 기업별로 그것을 하자는 노조와 아까 말한 것처럼 노조의 규약을 조금도 바꾸지 않으려고 하고 비정규직을 전혀 조직화조차 하지 않으려고 하는 노조가 있어요. 최근 양쪽의 차가 넓어지고 있다고 생각합니다. 예를 들어 '연합' 내의 산별의 경우도, 하려고 하는 곳을 보면, 가령 정사원과 균등대우를 하려는 그러한 대응을 보면, 춘투의 경우에 몇 퍼센트의 베이스 업(기본급 인상)을 요구하잖아요. 그런데 기본적으로 정사원의 베이스 업 임금이 이 정도면, 그 정도로 비정사원에게도 베이스 업 임금이 확대되어 적용되어야 하는 것이잖아요. 그런데 그만큼 비정규직에게 확대해 가는 것이 불가능한 경우에 어찌할까 하는 것인데요. 우선은 정사원의 베이스 업을 요구해요. 그런데 정사원의 경우는 베이스 업이 되지 않아도 급료 인상 제도가 있어요. 즉 가만히 있어도 매년 5천 엔이나 3천 엔 정도 높아지는. 그런데 비정규직은 아무것도 없지 않습니까? 그래서 정말 비정규직을 생각해야 한다고 하는 산별의 경우에는 그만큼 베이스 업한 부분, 즉 춘투에서 정사원이 요구해서 베이스 업한 부분을 비정규직의 기업 내 최저 임금을 끌어올리기 위해서 가져와서 쓰는, 즉 비정규직을 위해서 쓰는 그런 방식을 채택하기 시작한 곳이 나타나고 있어요.

그래서 예를 들면 어떤 산별에서 기업 내 최저 임금이 [이런 대처를 통해 상승해서] 920엔이 되면, 그 산별 안의 어떤 개별 작업장의 경우에, 시급 200엔 정도씩 기본급을 올리도록 강제할 수 있게 되거나 하는 경우도 있어요. 그리고 최근 조금씩 확산되어 가는 예인데요, 균등대우에서 볼 때 임금이 가장 크지만, 그 임금 문제는 베이스 업만으로는 좀처럼 대처가 불가능해요. 정사원들도 매우 좋지 않아졌으니까 그런 측면으로 바로 맞붙어 대처하기가 어려워요. 그렇지만 뭔가 가능하지 않을까 해서 하는 것이, 정사원에게 있지만 비정규직에게 없는 것, 즉 예를 들면 경조사수당[慶弔手当]인데요. 경조사수당이란 예를 들어 결혼했을 때 2배의 임금을 주는 것이나 부모님이 돌아가셨을 때의 수당 등이에요. 그것이 정규직에게는 있고 비정규에게는 없는 게 당연하다고 여겼던 것을 비정규직에게도 주게 하는 것입니다. 그리고 특별 휴가, 여름 휴가, 겨울 휴가, 결혼 휴가 등도 그렇구요. 그런 것들을, 즉 정사원에게는 있고 비정규직에게는 없을 경우 비정규직에게도 같은 날수를 주라든가 하는 그런 대처를 조금씩 하고 있어요. 그것이 곧바로 균등대우가 되지는 못하지만, 비정규직 입장에서 볼 때에는 여태까지는 아무것도 없이 방치되어 왔던 것에 반해서, 노동조합이 조금은 자신들을 생각하게 되었다고 느끼게 됩니다. 이로 인해 노조 안의 같은 노동자 동지 사이의 관계성이나 의사소통이 좋아집니다. 이런 것들이 비정규직 노동자가 노조 안에 들어오는 것을 통해, 우리들이 '연합'에 들어온 것과 마찬가지로요, 입을 열고 권리를 요구하기 시작하게 되는 거죠. 자신들의 것을 해 달라고. 그렇게 말할 곳이 생긴 것은 매우 중요한 일입니다. 노조가 이야기를 들은 것을 무시할 수는 없으니까요. 따라서 비정규직 문제에 대해 맞붙어 대응하는 곳과 하지 않는 곳이 확실히 구별되고 있어요. 산별로 보면 그런 느낌이 듭니다.

지난해(2008년) '파견마을'을 우리들도 했는데요, 그것은 정말 놀라운 사실을 보여 주었습니다. 여태까지 "비정규직은……"이라고 보았던 것에 반해서, 그런 말을 더 이상 입에 담을 수 없는 상황이 만들어졌습니다. 그러나 기업 산별은, 아직도 역시 '정사원 클럽'이라고 불리는 분위기는 여전히 남아 있어요. 자신들은 좀더 좋은 환경에 있다는 그런 감각에서 벗어나지 못하는 것 같아요. 사실 자신들도 그 다음 날 아침에 어떻게 될지 객관적으로 말하자면 모르지 않겠어요? 그런데도 그러한 절박함이 그들에게는 아직 없다는 느낌입니다. 그래서 아직도 행복한 건가라고 생각하게 됩니다만(웃음).

지금 일본의 비정규직 젊은이들 가운데 넷카페 난민이라고 불리는 생활을 하는 사람이 많다고 들었습니다만, 이러한 넷카페 난민이라는 것은 도쿄의 독특한 상황입니까? 아니면 전국적인 것입니까?

가모 도쿄만이 아니라 소위 내각이 정해 놓은 도시[政令都市]인 대도시에 집중되어 있지 않나 하는 느낌입니다. 왜냐면 이번 파견해고의 경우에도 그렇습니다만 지방의 경우에는 그것이 그렇게 큰 문제로는 보이지 않습니다. 그런 이유는 뭐랄까, 지방의 젊은이들은 제작 파견 현장에서 일하거나 합니다만, 그 사람들이 예를 들어 이번 파견해고의 경우를 봐도 그렇듯이, [집으로] 돌아갈 수 있는 사람들은 돌아갑니다. 근데 되돌아가지 못하는 사람들도 엄청나게 많습니다. 그 돌아가지 못하는 사람들이 홈리스가 되거나 넷카페에 가는 것이죠. 그렇지만 넷카페는 아직 괜찮아요. 거기서 점차 홈리스가 되어 가는 것인데요. 그런데 지방은 뭐라고 할까, 집이 있고, 먹을 것은 자기 공간에서 얻을 수 있기 때문에, 대체로 밥을 먹고 살 수 있다는 느낌이 아직 좀 있지 않나 싶습니다. 그렇다고 해도 지방의 경우에도 조금씩 홈리스들이 늘어가고 있다고 이야기를 듣고 있긴 한데요.

그렇다면 넷카페 난민은 몇 명 정도 됩니까?

가모 숫자 말입니까? 그것은 파악되어 있지 않을 걸요. 이번 5월에 파견해고가 된 사람들, 아니 실업한 사람들 수가 5월 단계에 10만인가 15만인가 그랬어요. 그중 43%가 파견노동자입니다. 그중 넷카페 난민, 즉 넷카페에서 산다는 사람이 41,300명 정도였어요. 그런데요 아, 그런데 전체가 10만입니다. 그 중에서 넷카페가 41,300명 정도의 숫자였다고 기억해요. 그런데 이 숫자는, 10만도 그렇습니다만, 이 넷카페 난민의 숫자는, 정말 [실질적인 상황과 비교해 볼 때] 매우 낮은 수치라고 생각하면 되어요. 실질적으로는 저희의 감각에서 보면, 훨씬 더 많은 숫자일 거라고 생각해요. 그렇지만 대충 가늠할 수 있는 수치라고 생각해요. 이것은요 (자료를 보여 주면서)[18] 이 수치는 '파견마을'을 했을 때의 수치인데요, 그때 505명이 등록했어요. 이 중에서 파견해고로 일과 주거가 없다는 사람이 20.6%, 일용파견이었는데 일이 없다는 사람이 16.1%, 파견은 아니지만 구조조정되었다는 사람이 19.8%입니다. 그런데 어제 어디에서 잤습니까? 하는 질문에 대해서 57.9%가 노숙이라고 대답했어요. 이런 상태였어요. 그런데 파견으로 잘린 사람들은 바로 노숙은 못해요. 그러니까 노숙은요, 역시 노숙은 정말 뭐라고 할까요. 좀 이상한 말입니다만, 그럴 기분이 없다면 할 수 없는 일이에요. 이틀 사흘 노숙을 하게 되면, 처음 하는 경험자는 생각할 힘이 사라진다고 해요. 그러니까 조금씩 조금씩 돈이 없어지는 상황을 겪으면서 노숙 상태로 몰리게 된 것이라서, 그런 점에서 [파견해고된 사람들과] 홈리스들은 갖고 있는 의식이 전혀 달랐습니다.

비정규직 노동운동의 장기적인 방향에 대해서 질문하고 싶은데요. 한국에서는 많은 분들이 비정규직운동의 방향으로 비정규직 철폐와 정규직화 등을 강조하고 있습

---

18) 가모 모모요, 「여성 노동의 현황 : 여성부의 과제」(女性労働の現状 : 女性部の課題), 2009. 10. 6, 4쪽.

니다만, 일부에서는 비정규 노동자로서 살아갈 수 있는 방법으로서 기본소득(basic income)을 주장하는 사람들도 있습니다. 이런 문제에 대해서 장기적으로 볼 때 어디로 가야 한다고 생각하십니까?

가모 '전국 유니온'으로서 이렇게 하자고 정한 것은 아니니, 제 개인적인 의견이 될 텐데요. 저는 개인적으로는 여러 가지 노동형태가 있어도 좋다고 생각해요. 파트타임이라는 형태도 있어도 좋다고. 단지 원칙적으로 직접고용이어야 하고, 계약 기간이 없는 무기한 고용이어야 하며, 그리고 먹고 살아갈 수 있는 충분한 임금이 지급되어야 한다는, 이 세 가지가 확보된다면 일하는 방식은 파트타임이라든가 여러 가지가 있어도 좋지 않은가라고 생각해요.

　아까도 말했듯이 일본의 경우 정사원이라는 노동형태가 매력적인 노동형태가 아니게 되고 있어요. 그러니까 그런 시각에서 보면, 비정규직도 정규직도 무엇이 인간적인 노동형태인가를 노동조합 사람들이 새롭게 생각해야 할 시기가 온 게 아닌가 생각해요. 정규직이 하고 싶냐고 파트타이머들에게 물으면 그중 50% 정도는 그런 것은 하고 싶지 않다, 혹은 할 수 없다고 대답해요. 그렇지만 50%는 정규직이 되고 싶다고 말해요. 정규직이 되고 싶다고 말하는 이유는 정규직/비정규직의 차별 때문이에요. 완전히 똑같은 일을 하는데 임금 격차가 있다는 것을 받아들일 수 없기에 정규직이 되고 싶다고 말하지만, 그런 노동형태가 자신들이 추구하는 노동형태인가를 물으면 누구도 그렇게 말하지 않아요. 그리고 파견노동자의 경우는 70% 정도가 정규직이 되고 싶다고 말해요. 그것은 정말 완전히 똑같은 일을 하기 때문이에요. 노동시간도 잔업도 완전히 똑같이 하는데도 임금격차가 있으니까, 70%는 정규직이 되고 싶다고 말해요. 그러니까 저희들로서는 비정규직인가 정규직인가가 아니라, 어떤 노동형태든 그런 식의 차별은 있어선 안 된다는 문제제기를 해야 한다고 생각하고 있습니다.

이에 대해서는 일본 안에서도 노조의 태도가 여러 가지가 있어서, 여태까지의 기업별 노조 가운데 양심적인 노조의 경우는 정규직으로 가자는 그러한 방침을 정하고 있는데, 그것은 그것대로 하나의 운동으로서는 의미가 있다고 생각해요. 그렇지만 저희들이 비정규직 사람들과 여러 이야기를 해보면, 그리고 비정규직에는 특히 여성 노동이 많아서, 여성 노동의 52.5%가 비정규직인데요, 그런 여성들과 이야기를 해보면, 국가가 말하는 유동성이 아니라 자신들의 어린아이를 키울 때도 있고 간호를 해야 할 때도 있는데, 일하면서도 그런 것을 할 수 있는 그런 유동적인 노동형태가 필요하지 않을까 생각하게 됩니다. 그것도 하나의 노동형태로서 그것을 위한 제대로 된 조건이 갖추어진 그런 것이 필요하다는 것이지요. 그런 점에서 일본의 비정규직 노동자는 파견이건 계약직이건, 정규직에 비해 일종의 신분차별이 되고 있는데, 그것은 없애 버려야 합니다. 파트타임노동도 단지 노동하는 시간이 짧을 뿐인, 그것 말고는 다른 차별이 없는 그런 노동형태로 만들고 싶습니다. 그리고 파트타임노동자에 대해서 덧붙이자면, 전문교사에 한해서만 등록형을 허용하고, 그 외에 경우에는 전부 상용형이어야 한다고 생각합니다.

지금 여성 노동에 대해서 이야기를 들으면서 생각이 났는데요, 아까 파견마을의 경우에도 505명이 모였지만 여성과 외국인은 거의 없었다고 들었어요. 물론 노숙의 문제는 여성에게는 매우 어려운 것이기 때문에 그럴 거라고 생각합니다만, 그렇다고 해도 여성 노동자가 그렇게 보이지 않는 데에는 뭔가 특별한 이유가 있는 건 아닌가 싶기도 한데, 비정규직 노동자 안에서 여성과 남성의 차이가 있다고 생각합니까?

가모 '파견마을'을 했을 때 여성은 확실히 10명 정도밖에 오지 않았어요. 그러니까 이번 '파견마을'의 경우는 특히 제작형 파견해고에 따른 것이었기 때문에, 그렇기 때문에 여성이 적었으리라 생각해요. 그렇지만 주의해야 할 것은 여성은 노숙이 좀처럼 불가능하다는 사실이에요. 그렇기 때문에 노숙자의 비율은 적지만, 잘린 여성은 어떻게 하고 있는가는 하나의 문제입니다. 그렇지만 유감스럽게도 그 부분이 보이지 않습니다. 우리들은 오지 말라고 하는 게 아닌데, 보이지 않습니다. 그래서 그 사람들이 어디서 어떻게 흘러가고 있을까 하는 것이 궁금한 점이긴 합니다.

이번 파견해고의 경우에도 20대, 30대 남성들의 경우 "파견해고 후 어떻게 할 겁니까?"라고 하니까 다들 부모님 집에 일단 돌아가겠다고 했어요. 물론 집에 돌아간다고 해도 일이 있는 건 아니에요. 그렇지만 일단 돌아갈 곳이 있다는 것이죠. 그렇지만 40대, 50대 남성은 돌아갈 수 없다고 했어요. 집에 돌아가서 자신들이 가족들을 돌봐야 하는 나이인데, "집도 없고 일도 없고 저축도 없는데 어떻게 돌아갈 수 있겠어요?" 하는 상황인 거죠. 그렇지만 젊은 사람은 일단 돌아간다고 했으니까 아직 가족과 연결이 있다고 저희들은 생각했어요. 그런데 제작 파트에서 일하는 여성의 경우는 연령이 어떻게 되는지 정확하게는 모르겠습니다만, 이 작업의 경우는 비교적 젊지 않은가 싶기 때문에, 일단 집으로 돌아가는 것 안에 포함되어 있지 않을까 생각합니다. 하지만 죄송하게도 그 부분은 확실하지는 않습니다.

그리고 비정규직 안에서 남녀 차별은 어떤가 하면, 시급으로 하면 여성 파트타이머의 경우 차이가 있습니다. 100엔 정도 확실히 차이가 납니다. 즉 파트타이머 안에서도 확실히 남녀 차이가 있어요. 그렇지만 파견은 남녀 차이가 거의 없습니다.

없다니 오히려 이상하네요. 왜 없을까요?

가모 파견은 작업에 따라 정해지기 때문인 듯해요. 일용노동도 그렇구요. 남녀 모두 낮지요. 제작 파견도 시급으로 1,500~1,700엔 정도인데, 거기에도 남녀 차이가 없네요. 그런데 일단 파트타이머의 경우에는 100엔 정도 차이가 있어요.

　　그리고 여성들이 목소리를 내지 않는다기보다 사실은 비정규직 그 자체가 목소리를 내지 않는다는 것이 정확하다고 생각하는데요. 비정규직 안에서 여성이 70~80% 정도 되니까 어차피 여성이 목소리를 내지 않는다고 말할 수 있겠지만요. 그런데 자주 이야기되는 것처럼 파트의 경우에는, 이것은 비정규직의 남녀를 합한 수치인데요, 이 통계자료[19]는 월 수입이 20만 엔을 넘는 사람이 얼마나 되는지 조사한 거예요. 보면 파트타이머 가운데 월 20만 엔 이상 받는 사람은 6.7% 정도밖에 없지요. 즉 93% 가까이가 월 수입 20만 엔이 안 된다는 이야기지요. 그런데 파트타이머 중에는 압도적으로 여성이 많으니까, 월 수입이 20만 엔이 안 되는 93% 가까운 사람들 대부분이 여성이라는 게 됩니다. 그리고 비정규 전체 비율을 봐도, 80% 가까이의 사람들이 월 20만 엔 이하의 임금을 받고 있지요. 그들이 목소리를 내지 않고 있어요. 그건 왜인가 하면, 일반적으로 파트노동자는 이른바 가계보조(家計補助), 즉 가족 안에 동반자가 함께

---

19) 鴨桃代, 「女性労働の現状 : 女性部の課題」, 2009. 10. 16, 2쪽.

일하고 있으니까 괜찮다는 식으로 이야기되어 왔어요. 그런데 지금 그 동반자도 아마 비정규직이 되어 버렸을 거예요. 또 젊은 사람들은 대개 다 비정규직 커플이 되었을 거예요. 그런데도 이들이 조용히 하고 있는 것, 목소리를 높이지 않는 것은 어째서인가 하는 문제가 있어요. 이에 대해 여태까지처럼 일하는 세대주가 있으니까, 이대로 괜찮으니까 참고 있을 수 있다, 그래서 목소리를 높이지 않는 것이라고만은 생각하지 않아요.

저는 비정규직 노동자가 목소리를 높이지 않는 것은 가장 중요한 이유는 기간한정 고용 때문이라고 생각해요. 이것이야말로 일본에서 목소리를 높이지 못하게 하는 그런 구조를 이루고 있다고 생각해요. 계약 기간이 6개월 이하로, 3개월로, 1개월로 점차 짧아져 가고 있고, 매번 다음에 다시금 갱신해 줄까 어떨까를 두고 모두 불안을 느끼며 일하고 있는 거죠. 뭐 31회씩이나 갱신을 한 학교 보조원[学童の補助員] 분이 계셨는데요. 그분도 갱신 기간이 다가오면 매번 불안감을 느낀다고 해요. 그때 자신이 어떤 상태이든지 간에 직장에 나가지 않으면 갱신해 주지 않으니까, 절대로 병이 나면 안 된다고, 그런 생각을 하게 된다고 말을 했어요.

그리고 유니온 안에 출근 거부[出社拒否]를 해서 상담하러 오신 분이 있었는데, 파견으로 7년을 일했는데, 처음에는 1년 계약이었던 것이 3개월 계약으로, 이후에는 1개월 계약으로 바뀌었다고 해요. 상담하러 유니온에 왔을 때 이만큼 잔뜩 계약서를 갖고 왔었는데, 하는 일은 전화로 불만처리를 하는 것이었다고 해요. 근데 1분에 처리해야 하는 횟수의 할당량(norma)이 있었는데, 그게 계속 높아졌다는 거예요. 그것을 거부하고 싶은 게 당연하겠죠. 화장실에 갈 시간도 없고, 매일 잔업이지, 더구나 나중에는 출근 거부를 하기 전까지 14시간 연속 근무, 그래서 출근 거부를 하고 싶었대요. 그렇지만 거부하는 것은 자신이 노력이 부족하다는 식으로 사측에서 생각하게 될 것이라고 본인이 생각하게 되었고, 그럴 경우 다음 갱신을 할 수 없을 거라고 생각하여, 불안해서 말하지 못하고 결과적으로 그녀의 경우는 출근 거부를 하게 되었고, 그렇게 되자 회사 쪽은 바로 계약 해고를 해버린 거예요.

계약기간 문제가 정말로 조금씩 숨통을 조인다고 할까, 노동조합이 있어도 그 문제에 대해 노조가 제대로 싸워 줄 거라는 신뢰가 없으면 가까이 오지 못한다고 해요. 노조에 들어간다고 뭐 해결되겠어라고 생각하는 거죠. 실제로 기간 계약의 경우는 재판 판례가 해고예요. 요즈음 교섭에서, 몇 가지 교섭을 겹쳐 보면, 해고에는 정당한 이유가 있어야 한다고 하면, 회사에서는 단지 계약 만료니까 특별한 이유 같은 거 필요 없다고 해요. 그리고 요즈음 몇 번 갱신을 한 경우에는 노동자의 입장에서 그 이후에도 갱신해 줄 것이라는 기대를 갖게 되는데, 그런 '기대권'을 인정해요. 즉 기대를 할 권리가 있다는 거죠. 그런데 그에 반해 자를 경우에는, 자를 만한 상당한 이유를 회사 쪽이 제시해야 한다는 판례가 나와 있지만, 그것은 기간 계약으로 잘린 사람이 포기해 버리면 아무 소용이 없습니다. 노조에 상담하러 온 경우를 보면, 교섭에서 그런 것을 사용할 수 있는 사람도 해고당하면 그대로 포기해 버리는 경우가 압도적으로 많아요.

그렇다면 계약은 만료되었지만 그 일한 기간을 인정해 주는 어떤 장치들이 없습니까? 지금 '기대권'이라는 말씀을 하셨는데요. 그 이외에도 다른 식으로 계약과 관계없이 그 기간을 인정해 주는 그런 장치는 없습니까?

<u>가모</u> 따라서 우리들은 기본적으로 계약 해제로 교섭을 할 경우, "계약이 해제되었을 때까지 갱신을 몇 번 했습니까"라고 물어요. 그런데 예를 들

어 5회 이상 반복되었을 때에는 3개월이든 몇 개월이든 상관없는데, 그럴 때에는 일 자체가 일시적이거나 임시적이지 않음을 의미하기 때문에 갱신을 반복했던 것이므로 그 사람을 자르기 위해서는 그만큼 합당한 이유가 필요하니 입증해 달라고 압박합니다. 그런 반복 횟수는 법률적으로 정할 수 있는 것은 아니에요. 한 번에 잘라 버리는 경우도 있지요. 그렇지만 처음 면접의 경우에 계약 기간은 이렇지만 열심히 일하면……. 이라고 하는 경우, 당연히 재계약을 기대하게 되죠. 그게 기대권이라는 거예요. 그런 경우에 본인과 확인을 해서 교섭을 하지만 그것은 법률의 문제가 아니에요. 교섭의 내용이에요. 그렇기 때문에 매우 불투명한 부분이에요. 그러니까 이 점에 대해서는 기간 계약은 일본에서는 법률적인 권리로서 인정받지 못하고 있어요. 그런 점에서 마치 기간한정계약은 해도 좋다고 생각하는 회사도 많고, 그래서 기간한정계약을 하는 회사도 압도적으로 많고, 연구자들 중에서도 그런 불투명한 점에 대해서는 별로 인정하지 않아요.

그렇지만 그렇게 법률적이지 않지만 관습적으로 형성되는 그런 부분은 매우 중요하다고 생각합니다. 법률적인 것으로 이야기되지 못하지만, 항상적으로 일은 계속해 왔다거나 하여 생긴, 하지만 여태까지 인정받지 못한 권리를 새로운 형식으로 주장하려면 어떤 길이 있을까요?

가모 그러니까 대법원 판례로서는 지금 몇 번 갱신을 반복한 경우에는, [제한된] 계약 기간은 있지만 사실 계약 기간 없는 것으로 변화시킨 것이라는 판결로 도시바 야나기마치공장 사건(東芝柳町工場事件)이 있어요. 우리도 이것은 자주 사용했어요. 그렇지만 이것은 함정이 있는데, 이 갱신의 경우에는 느슨한 계약절차를 밟았어요. 느슨하다는 것은 제대로 된

문서를 쓴 것이 아니라 단 한 번만 썼을 뿐 그 이후에는 [별도의 계약 없이] 그냥 기간제로 일하는 식으로 했던 거예요. 그러니까 그런 느슨한 계약을 하는 곳에서는 유효성이 있습니다. 그래서 이것을 저희들도 자주 씁니다. 그렇지만 노동기준법이 바뀐 뒤부터는 이러한 계약을 문서로 확실히 쓰라는 것이 일본 법률에 명시되어 있고 그래서 이 도시바 야나기마치 공장 사건의 판례는 쓸 수 없게 되었어요. 그래서 나온 것이 히타치 메디코 사건(日立メディコ事件)인데, 바로 기대권과 결부된 사건이에요. 이게 판결로 인정되었기 때문에 이젠 '기대권'이란 말을 사용합니다.

'기대권'이 법적으로 인정된 권리가 되었다는 말이네요?

<u>가모</u> 예. 이 기대권이라는 것은 의외로요, 공장에서도 씁니다만, 그런 곳에 한정되지 않습니다. 최근에 공무원, 가령 시청이나 구청에서와 같은 행정 일에서도 비정규직이 매우 늘어났어요. 그러한 공무일을 하는 사람들은 계약이란 개념을 쓰지 않아요. 거기에도 비상근이라든가 임시직으로 일하는 사람들이 있는데요, 그들은 기간한정계약이지만, 민간의 경우에는 계약이잖아요? 그런데 공무는 '임용'이라고 해요. 그런데 임용이라는 것에 대해서 구나 시 쪽이 일방적으로 인사권을 갖고 있다, 즉 자를 권리가 있다는 그런 사고방식을 갖고 있어요.

기간제 계약보다 더 나쁜 조건이네요.

<u>가모</u> 그렇죠. 그러한 공무를 하는 사람들이 지금 여기저기서 잘리고 있어요. 더구나 이 사람들의 경우 정말 심한 것은, 또한 많아지고 있는 것이

기도 한데, 이런 것이에요. 6개월 단위로 3년 정도 기간계약을 하는 거죠. 즉 6개월 기간의 계약을 1회에서 6회까지 갱신하고 나면 그 시점에서 완전히 계약이 해제되는 거죠. 그런 계약을 처음부터 하는 그런 사람들이 늘어나고 있는데 그것을 해결할 방법이 없어요. 지금 이 점에 대해서 여러 가지로 재판이 일어나고 있어요. 이 점에 대해서 나카노(中野) 구의 보육원에서 비상근으로 일하는 사람들이 잘려서 소송을 걸었어요. 그때 구청의 입장은, 그 일은 공무의 일이고, 임용이 끝났으니 고용을 계속할 수 없다는 것이었죠. 그렇지만 그 일은 공무이고 임용된 것이지만, 고용이 계속될 것을 기대할 권리가 그녀들에게 있었다, 따라서 그 기대권이 해고되는 것에 의해서 훼손되었기 때문에 그에 대한 배상을 하라는 판결이 났어요, 아니 판결이 아니라 고등법원에서 협상이 되었어요. 거기가 노동조합이 있는 곳이어서 이 협상내용을 갖고 도쿄 구에 계속해서 항의를 하고 있지요. 이런 케이스가 있어요.

상담하는 일이 주된 활동이라고 말씀하셨는데요. '전국 유니온' 안에는 조합원이 얼마나 있고 상담하는 역할분담은 어떻게 하십니까? '전국 유니온'은 전국에 있다고 들었는데, 그러한 지역별로 있는 '전국 유니온'들이 각각 특성이 있을 텐데 그 특성이 어떻게 연결되거나 합니까? 즉 함께 집회를 할 때라든가 그러한 관계를 어떻게 맺고 있습니까? 즉 그러한 노조 안의 활동방식이 궁금합니다.

<u>가모</u> '전국 유니온'에는 14개 유니온이 들어와 있고, 회원 수는 3,300명입니다. 실제로는 좀더 있는데 '연합'에 돈을 내는 관계가 있어서, 3,300명이에요. 돈을 내는 관계가 있으니까 이 이상 늘릴 수 없어요(웃음).

아, 돈을 내는 문제가 있군요.

가모 네. '연합'은 상부 단체이니까 돈을 냅니다. 저기 그런데요, '전국 유니온'은 상담자를 직접 받지 않아요. 각각의 지역 유니온이 상담을 받는데 상담을 받는 수는 유니온마다 적지 않은 차이가 있어요. '도쿄 유니온' 같은 경우는 1년에 3천 건 정도, 우리 '나노하나'의 경우는 연간 300건 정도예요. 유니온에 따라서 차이가 매우 크지요. 그리고 상담의 수는 뭐랄까 해에 따라서도 차가 있어요. 요즈음은 계속 어느 유니온이든 간에 상담자가 급증하고 있어요. 그리고 상담을 하는 스태프는 센주(전임자)인 사람도 있고, 조합 실행위원이 순서대로 받기도 하고, 그리고 '도쿄 유니온' 등의 경우, 여기도 그런데요, 실업한 사람들이 있잖아요? 자신이 해고당해서 온 사람들은 회사에 갈 수 없잖아요? 그 사이에 유니온에서 자원봉사로 상담 일을 하는 사람도 있어요. 그리고 자신의 문제가 해결된 뒤에 자신도 유니온에 들어와서 문제가 해결되었으니까, 은혜를 갚는 것은 아니지만, 자신도 모든 사람들에게 도움이 되고 싶어서 상담 스태프가 된 사람도 있어요.

'전국 유니온'은 '핫라인'을 합니다. 작년에도 파견해고 핫라인을 11월에서 올해 2월까지 했었습니다만, 그런 핫라인을 하기 전에 상담 스태프가 법 집회를 해요. 상담을 하는 데 필요한 법률적 학습과 상담할 때 대응의 트레이닝 방식, 이쪽 의견을 막 말하지 말고 잘 들으라든가, 상담을 받아도 우리로서도 알 수 없는 경우에 혼자서 판단하지 말고 옆 사람에게 물으라든가, 몇 명인가 저와 같은 센주가 함께 있으니까 묻고 대답하라는 그런 것들의 시뮬레이션을 합니다. 지금 '전국 유니온'에서는 전임자보다는 노조원 가운데 하고 싶은 사람들이 모여서 함께 그룹을 만들어서 상담을 하는 것이 대세가 되고 있습니다. 상담을 하는 것은 제가 제일 처음에 말씀드렸듯이 상당히 재밌어요.

그리고 지역의 관계에서 말씀드리면, '전국 유니온'의 경우에 지역마다 전혀 다른 행동을 합니다만, 여러 지역이 모두 특징이 있어요. '유니온 미에'의 경우 외국인이 많은데, 그 이유는 그곳에 제작형 파견이 많기 때문이에요. 그래서 일계[20] 사람들이 잘리거나 하는 경우에 파견 직접고용 문제라든가 허위 청구 등의 문제에 관련된 일들을 계속 하고 있어요. 그리고 '삿포로 지역 유니온'(連合札幌地域ユニオン)이 있는데, 이곳은 특별한 노인 보호시설, 즉 간호시설과 관련한 조직화가 가장 진전된 곳입니다. 수용자에 대한 학대 문제와 관련해 직원들을 내부고발을 해서 해고당한 문제로 재판에서 싸운다거나 합니다. 이곳은 그런 의미에서 매우 특별한 노인 시설 조직화를 주로 하고 있는 곳입니다. 이런 식으로 여러 가지가 있습니다만 우리 '나노하나'의 경우는 파트타이머의 문제를 계속 다루어 왔고요. 그리고 '파견 유니온'(派遣ユニオン)은 바로 일용노동과 관련해 지금의 파견 문제를 다루는데, 지금 이곳은 여러 유니온들이 일용노동 회사에 유니온을 많이 만들어 내고 있어요.

그리고 '관리직 유니온'(管理職ユニオン)은 관리직이라고 붙어 있으니까 정사원이 많이 오는데, 지금 거기에 주로 집중하고 있어요. 지금 정사원의 록 아웃, 해고라는 것이 그것인데, 특히 계열사 사람들이 많아요. 불려가서 해고되어서 다음 날부터 오지 말라고 하고, 회사에 들어가는 아이디 카드도 다 빼앗기고, 자신의 물건도 박스에 넣어서 가져가라고 하

20) 일본 이외의 나라에 이주해서 그 나라의 국적이나 영주권을 얻은 일본인과 그 자손을 일컫는 말로 혼혈이나 하프도 포함된다. 일계인 중 일본에 사는 사람을 '재일 일계인', 일본 이외의 곳에 거주하는 사람을 '해외 일계인'이라고 한다. 특히 브라질에 이주해서 살았던 일계인이 가장 많기 때문에 '일계'라고 하면 브라질에 이주해서 살았던 사람이나 그 2세, 3세 들을 일컫는 경우가 많다.

고. 미국 영화에서나 나올 법한 그러한 일이 벌어지고 있어요(웃음). 그리고 정사원의 경우 지금 어떤 유니온에서도 문제가 되고 있는 것이 퇴직간섭(退職干涉)이에요. 정사원을 해고하는 것이 법률적으로는 어려운 것이어서, 기업도 지금 그런 것을 공부할 텐데요, 그 사람이 스스로 그만두겠다고 말하도록 하기 위해서 노력을 하지 않는다거나 협조성이 없다는 등의 얘기를 조금씩 퍼뜨려, 결국 본인이 멘탈[정신적 질환자]이 되어서 그만두게 만드는 그런 방식이 늘어나고 있습니다. 그래서 여기에서는 멘탈연구회 등이 만들어지고 있어요. '도쿄 유니온'(東京ユニオン)은 원래부터도 파견 문제를, 91년부터 파견 네트워크를 만들어서 특히 여성의 사무실 파견 문제를 계속해서 다루고 있어요. 그리고 지금 게이힌 호텔(京品ホテル) 문제라든가 아카이시쇼텐(明石書店)의 문제라든가 그런 몇 가지 문제를 다루고 있어요. 모두 제각각 특성이 있지요.

'전국 유니온'으로서는 그런 제 각각의 특징들을 갖는 유니온이 하는 것들 중 지금 정세에서 해야만 하는 것을 집중해서 해요. 특히 수도권에서 확대해서 대처해 나가야 하는 것을 하고 있어요. 요즘에는 특히 파견 문제가 중요하기 때문에 파견회사와의 교섭도 그렇지만, 행정노동소와 교섭을 한다거나, 입법화운동을 중심으로 추진한다거나, 다른 단체에 요청해서 함께 집회를 하거나 하는 그런 것들을 합니다. 그리고 예를 들어 지방의 '오이타 후레아이 유니온'(大分ふれあいユニオン), '유니온 미에' 등도 그렇습니다만, 오이타 현에 캐논이란 회사가 있는데 거기서 잘린 파견노동자가 있었어요. 그 문제를 '오이타 후레아이 유니온'이 다루고 있어서, '전국 유니온'이 일일 행동으로 도내의 본사에서 항의 행동을 했습니다. 그때 오이타의 캐논 문제를 일일 행동에 넣어서 캐논 본사 앞에서 해고 관련 항의 행동을 하기도 하고, 지방에서 제기하고 있는 문제

에 대해 도쿄에서 본사를 좀더 압박한다든가, 또한 지방에서 노동국에 이의신청을 해도 노동국이 아무것도 해주지 않는다고 하면 그것을 '전국 유니온'이 행정노동소에 교섭을 신청한다든가 그런 일들을 하고 있습니다.

따라서 일상적으로는 자율적으로 독립적으로 유니온을 하면서, 이것은 전체의 문제라고 생각되는 것과 지방에서 하는 것만으로는 해결되지 않으니까 전체화 해달라고 하는 것, 본사가 도쿄에 있으니까 그쪽에서 좀 압박해 달라고 하는 것 등을 하고 있습니다. 그 외에 다른 단체와 함께 하는 것도 하고 있어요. (자료를 주면서) 이것처럼 연락모임이 만들어져 있어요. '파견노동 네트워크'와 그 연락모임에서 '전 일본계 연계 연대'라는 곳이라든가, NPO나 연계 연대 단체와 함께 원내 집회(院內集会)를 계속 하거나 하는, 사실 이것은 좀 복잡합니다만, 그런 공동행동을 하고 있습니다. 이게 훨씬 틀이 넓습니다. 공동행동 가운데서도 가령 파견마을을 할 때와 같은 경우에는 우리들은 '연합' 계열이라고 이야기됩니다만, 공산당 계열인 '전노련'(全勞連)이나 '전노협'(全勞協)에게도 요청해서 함께 공동집회를 하거나 '파견마을'을 한다든가 해요. 최근에는 등록형 파견을 금지하면 실업자가 나온다는 그런 소문에 대해서, "그렇지 않다, 등록형 파견 금지로 고용이 지켜진다"라는 내용의 팸플릿을 만들어서 모두에게 돌려서 배분합니다. 29일의 이번 집회도 이러한 공동행동으로 할 것인데, 이런 일 역시 '전국 유니온'이란 이름으로 함께합니다.

정말 긴 시간 상세하게 말씀해 주셔서 감사합니다. 일본의 비정규직과 관련된 문제나 상황, 그리고 운동을 이해하는 데 크게 도움이 되었습니다.

PRECA
+
RIAT

2장 파견의 역습,
'파견 유니온'의 역습

세키네 슈이치로와의 인터뷰

세키네 슈이치로(関根秀一郎)

1964년생, '파견 유니온'(派遣ユニオン) 서기장. 노동 전문 잡지 편집기자를 하다가 '도쿄 유니온'(東京ユニオン)에 가입하면서 노동운동과 관계를 맺기 시작했다. '도쿄 유니온' 서기장과 집행 위원장을 지냈다. 2005년에 '파견 유니온'을 결성하여 비정규직 노동 상담 활동, 권리 향상, 조직운동을 하고 있다. 현재는 '파견 유니온' 서기장, 'NPO파견노동 네트워크'(NPO派遣労働ネット ワーク) 사무국장을 하고 있다.

특히 2007년부터 2009년에 걸쳐 벌였던 일용노동자 파견 급여 향상운동, 제조업 파견해 고 개선운동, 파견마을 활동으로 주목을 받았다.

저서로는 『파견의 역습』(『派遣の逆襲』, 朝日新聞出版, 2009), 『탈 배제사회—사람이 사람답 게 살 수 있는 사회를 위하여』(『脱·排除社会—人が, 人らしく生きられる社会にするために』, 湯 浅誠, 関根秀一郎 外, サンガ, 2009), 『워킹 푸어의 대역습』(『ワーキングプアの大逆襲』, 設楽清嗣, 関根秀一郎, 和田義光, 池田一慶 外, 洋泉社, 2007) 등이 있다.

세키네가 활동하고 있는 '파견 유니온'(http://hakenunion.blog105.fc2.com/)은 파견노동 자나 파트, 계약사원 등 비정규직을 중심으로 모든 형태의 노동자가 가입하는 조합이며, 물론 개인 가입이 가능하다. 노동현장에서 일어나는 임금 인하, 노동관리 횡포, 해고 등의 문제를 비롯, 현장에서의 트러블, 불만, 고민 등의 노동상담, 단체교섭 등을 하고 있다.

2011년 말 현재, KDDI 국제 전화 센터에서 계약직으로 일하고 있던 전화 상담원 비정규 노동자들에 대한 부당 대우 문제에 집중하고 있다. 예를 들어 1년 갱신이었던 계약을 3개 월 갱신으로 바꾸거나 심야나 이른 아침 수당을 제대로 지급하지 않는 문제 등이 그것이 다. 이들은 'KDDI에보르바 유니온'(KDDIエボルバユニオン)을 결성하여 활동하고 있다.

2장 | 파견의 역습, '파견 유니온'의 역습
― 세키네 슈이치로와의 인터뷰

때 : 2011년 6월 15일

장소 : 파견 유니온

반갑습니다. 세키네 씨와 '파견 유니온'은 굿윌이나 풀 캐스트, 엠 크루의 투쟁을 통해 잘 알려져 있고, 지금도 비정규직 노동운동에서 매우 중심적이고 상징적인 분이라고 알고 있습니다. 일본 비정규직 노동운동에 관심을 가진 한국 활동가들을 위해, 세키네 씨가 지금의 활동을 하게 되기까지의 과정과, 굿윌 등의 중요한 투쟁에 대해 얘기해 주셨으면 합니다.

세키네 이 활동을 하게 된 계기 말씀이시죠?

네. 이 활동을 하시게 된 계기와 과정, 그 중에서도 '도쿄 유니온'을 하시면서 그것과 별도로 '파견 유니온'을 만들게 된 이유, 그리고 두 유니온의 차이점에 대해서도 듣고 싶습니다.

세키네 '파견 유니온'뿐 아니라 '도쿄 유니온'도 파견 문제에 대해서 꽤 많은 활동을 하고 있습니다. 제가 '도쿄 유니온'의 상주 스태프가 되었던 것은 1994년입니다. 그 전에는 노동 관련 전문 잡지의 기자를 했습니다. 원래 노동 문제에 관심이 많았어요. 특히 차별 문제를 어떻게 없앨 것인가가 저의 가장 중요한 과제였습니다. 그래서 노동 문제 전문지의 기자가 되었습니다만, 거기에 '도쿄 유니온' 조합이 함께 있었어요. 그래서 '도쿄 유니온'의 일을 함께 하게 되었지요. 그런데 '도쿄 유니온' 일을 하면서 기자로서 취재를 해서 기사를 쓰기보다 노동운동을 하는 편이 저에게 더 잘 맞는다는 걸 느꼈습니다. 그래서 기자 일을 그만두고 '도쿄 유니온'의 상주 스태프가 되었습니다. 그게 94년의 일입니다.

그때부터 계속 '도쿄 유니온'에서 파견 문제에 집중했습니다만, 2005년에 파견을 중심으로 한 비정규직 문제를 특화시킨 노동조합을 만들 필요가 있다는 의견이 있었습니다. '도쿄 유니온'은 '전국 유니온'에 속해 있었는데, 거기서 비정규직 문제를 특화시킨 유니온을 만들자고 결정되어서 2005년에 '파견 유니온'을 만들게 되었습니다. 그렇지만 그 당시에 저는 아직 '도쿄 유니온'의 스태프였기 때문에 단지 '파견 유니온'을 만들었을 뿐, 구체적인 움직임은 없었습니다. 그랬던 것이 2006년에 '파견 유니온'의 상주 스태프가 되었습니다. 그때부터 구체적으로 움직이기 시작했습니다.

2005년에 '도쿄 유니온' 내에서도 비정규직 문제를 특화시킨 형태의 유니온이 필요해졌다고 하셨는데, 왜 비정규직 문제를 특화시킨 유니온이 필요하게 되었는지 그 상황에 대해서 좀더 자세히 듣고 싶습니다. 또한 앞서 노동 관련 전문 잡지에서 기자를 하셨다고 말씀하셨는데요, 어떤 잡지였는지요?

세키네 제가 만들던 잡지는 『노동기준광보』(勞動基準廣報)라는 것으로 노동 문제 전문지입니다. 기업통신사(企業通信社)에서 발행되었습니다.

지금도 발간되고 있습니까?

<u>세키네</u> 네. 지금도 발행되고 있습니다. 그곳에서 4년 정도 편집기자를 했습니다. 서비스 잔업, 노동재해 문제, 그리고 노동기준법 관계가 많아서 노동후생성이나 기업 취재를 많이 했습니다.

특화시킨 '파견 유니온'을 만들게 된 계기는요?

<u>세키네</u> 알고 계시리라 생각합니다만, 1980년대 이후로 파트노동이 늘고, 90년대에 접어들면서 파견노동이나 비정규직 고용도 급속히 늘어나게 되지요. 또한 90년대에 들어서면서 파견회사도 매우 거대해져 갑니다. 일용노동 파견회사가 매우 비대해집니다. 알고 계시는 것처럼 굿월이나 풀캐스트 등이 업계 최고가 될 정도로 거대해집니다. 그런 상황에서 '도쿄 유니온' 활동을 통해서만 비정규직 문제나 파견 문제에 대처하기에는 좀 힘에 부쳤습니다. 따라서 '파견 유니온'을 만들게 되었습니다.

저는 일본의 노조에 대해서 잘 알지는 못합니다만 '연합'에 속해 있는 정규직 중심의 노조와, '파견 유니온'이나 프리타노조처럼 비정규직 중심의 노조 간에는 차이가 있지 않을까 싶습니다. '연합' 등 기존의 정규직 노동조합이 비정규직 노동자를 조직대상으로 설정하고 적극적으로 조직하겠다고 결의한 것으로 알고 있는데요, 그 경우 조직대상인 비정규직은 직접고용된 파트타이머나 임시직이나 계약직 노동자만을 뜻합니까? 아니면 파견사원으로 들어온 노동자나 하청업체 소속으로 들어와서 함께 일하는 노동자도 포함하는지요?

<u>세키네</u> 비정규직을 그 정도로 확실히 구분해서 생각하고 있지 않을 것 같은데요. 물론 '연합' 본부에서 비정규직까지 확실히 틀을 넓혀 가려고 했을 때에는 파트나 계약직뿐 아니라 파견노동까지 포함해서 생각하려고

했으리라고 생각합니다. 그러나 실상 그러한 제안이 현장에서 부딪치는 과정 속에서는요, 글쎄요, 파견 문제에 대처하기에는 좀처럼 힘에 부친다는 반응을 보이거나 하는 경우가 자주 있지 않은가 싶네요. 실제로 저희가 파견노동이나 비정규 고용 문제, 예를 들어 해고 문제나 직접고용을 요구하는 그러한 활동을 할 때, 그곳에 원래 있던 정규직 노동조합이 말이죠, 마음 깊이 반기면서 협조해 주는 것은 극히 드문 일입니다. 현실적으로는 저희들에 적대적인 태도를 취하는 경우가 많습니다.

역시 일본에서도 정사원 중심의 노동조합에 비해 비정규직 노조는 교섭을 할 때 많은 어려운 점이 있군요?

세키네 그렇지요. 단지 비정규직이라는 것만으로도 우선 정규직 노조로부터 차별을 당하는 경우가 있고, 좀처럼 정규직 중심의 노동조합이 이해해 주지 않습니다. 설령 같은 일을 하고 있다고 하더라도 자신들은 우선 큰 허들을 일단 넘어선 것이라는 어떤 엘리트 의식이 있어서요, 그러한 지점을 좀처럼 넘어설 수 없는 경우가 자주 있습니다.

방금 말씀해 주신 비정규직 노조가 겪는 어려움에 대해서 구체적인 예가 있다면 말씀해 주시겠어요? 직접적인 사용자가 고용자와 다른 파견사원이나 하청업체 직원에 대해서 정규직 노동조합은 어떤 입장을 갖고 있는지요?

세키네 네, 예를 들면 전기 제조업체에서 일하고 있던 파견노동자가 있는데요. 그는 이미 5년 넘게 그 업체에서 파견으로서 일해 왔습니다. 매우 고도의 기술이 필요한 일을 하고 있었기 때문에 회사로부터도 매우 귀중한 존재로서 여겨져 왔는데요. 이른바 파견으로 인정되는 전문 업무인 26

개 업무가 있어요. 그런데 그가 했던 일은 그러한 26개의 업무에서 벗어나는 성격의 일이 다분히 포함되어 있었지요. 따라서 파견처인 전기 업체에 직접고용을 요구해 보기로 이야기가 되어 활동을 시작했습니다. 그때 그곳 즉, 전기 제품 업체, 대기업이었는데요. 그 제품 업체의 노동조합에 인사를 하러 가서 꼭 협력을 해주셨으면 좋겠다고 부탁을 했었습니다. 그러자 "네? 우리 회사 사원이 된다는 것은 엄청나게 어려운 일이에요"라는 이야기를 들었습니다. 즉 당신들이 요구하는 것은 엄청난 일이라는 것이지요(웃음).

정사원이 되는 건 허들이 높다는 인식을 갖고 있는 거네요?

세키네 네, 그런 뜻이었던 것 같아요.

훌륭한 기술을 갖고 있는데도 그러한 이야기를 들은 것이네요?

세키네 네, 네, 그렇습니다. 실제로 어떤 기술을 갖고 있는가는 중요하지 않다, 그보다 그곳 업체의 사원이 된다는 것이 대단한 일이라는 것이지요. 처음부터 그러한 이야기를 들었고, 그 이후에도 전혀 협력해 주지 않았습니다. 그러한 일이 있었지요.

앞서 드린 질문과 관련된 것이지만, 정규직 노동조합과 비정규직 노동조합 사이의 관계에 대해서 좀더 구체적인 질문을 드리고 싶습니다. 한국의 경우 어떠한 문제가 있는가 하면, 유사한 업무를 하는 정규직 노조가 있는 경우에도, 정규직 노조가 파견직이나 하청업체 직원 같은 비정규직을 조합원으로 받아들이려 하지 않는 경우가 많아서, 독자적인 비정규직 노동조합을 조직하는 경우가 많습니다. 일본에서도 한국에서처럼 같은 회사 안에 정규직 노조와 비정규직 노조가 독립적으로 조직되는 경우가 있습니까? 그리고 한국에선 이렇게 한 회사나 같은 업무 속에서 비정규직 노조가 정규직 노조와는 독립적으로 조직되는 경우, 두 노조 사이에 갈등이 생기는 경우가 많아요. 이른바 '민주노조'의 경우에도 정규직이 견제를 하기 때문에, 비정규직 노조와 연대하기보다는 갈등이 발생하는 경우가 많은데, 일본은 어떠한가요?

세키네 일본의 경우에도 별로 좋은 관계를 만들어 가고 있지는 못합니다. 제가 있는 '전국 유니온'은 비정규직 노동자가 많이 가입해 있는 노동조합입니다. '전국 유니온'이 2002년 '연합'에 가맹하게 되었을 때, 당시 '연합'의 사무국장이었는지 회장이었는지 좀 가물가물한데요, 얼마 전에 돌아가신 사사모리(笹森)[1] 씨가 이 문제에 매우 전력을 다해서, 비정규직 부분을 꼭 넣어야 한다고 발언하면서 이 방향으로 일을 과감히 추진해 주었지요. 그래서 저도 가입할 수 있었는데요, 당시의 사사모리 씨를 중심으로 한 움직임은, 기존의 틀을 넓히지 않으면 '연합'도 끝장이 난다는 인식에 따른 것이었어요. 따라서 '연합'은 당시에 '연합'에 대한 평가위원회를 만들었습니다. 나카보(中ヶ方) 씨나 도쿄대학의 진노(神野) 씨가 포함된 '연합' 평가위원회였는데요. 그 평가위원회를 통해서 '연합'이 어떠한 문제를 지니고 있는가를 제3자의 눈을 통해서 파악해 보려는 일에 착수했습니다. 그때 매우 엄격한 평가를 받았는데요(웃음). 그 평가 결과를 개선하지 않은 채 방치해 두면, '연합'은 존속할 수 없게 된다고 확실히 씌어져 있었습니다. 하지만 결국 방치하고 있지요(웃음).

---

1) '연합' 제4대 회장을 지낸 사사모리 기요시(笹森清, 1940~2011)는 2011년 6월 4일 췌장암으로 사망했다. 87쪽 각주 7번 참조.

조금 더 구체적인 실례를 듣고 싶은데요. '연합'이 도움이 되지 않는다고 할까 그러한 경우가 있었습니까?

세키네 음……. 표현하기가 어려운데요. 도움이 되지 않는다는 그러한 느낌을 받는 순간은 매일 매일 있습니다만(웃음), 예를 들면……. 어떤 부분을 말씀드리는 것이 가장 상징적일까요……. 예를 들면 저희들은 지금 KDDI, 즉 국제전화센터에서 일하는 사람들의 문제에 돌입하고 있는데요. 그곳에서 7년간 일해 온 사람들이 일제히 해고당했습니다. 그것을 철회하도록 하기 위해서 활동하고 있는데요, '연합'의 선전차를 빌려서 KDDI 앞에서 항의행동을 해왔습니다만, 어느 시기부터인가 '연합'은 선전차를 빌려줄 수 없다고, KDDI 앞에서 할 때는 선전차를 빌려 줄 수 없다고 했습니다. 그러한 경우가 있습니다. 즉 겉으로 확실히 표가 나는 방해는 하지 못합니다만, 이러한 매우 작은 부분들에서 저희들의 활동에 도움이 되지 않거나 합니다.

그럼 다음 질문으로 넘어갈게요. 파견사원의 경우 고용자와 사용자가 다른데요, '파견 유니온'처럼 파견노동자를 조직하는 노조의 경우, 주로 파견회사를 상대로 교섭합니까, 아니면 파견노동자를 사용하는 사용자인 파견처나 '원청회사'와 교섭합니까? 한국의 경우에는 파견회사가 원청회사나 사용자의 눈치를 많이 보고 있고, 그 회사들이 조건을 만들어 주지 않으면 노동조건을 개선하기도 쉽지 않아요. 따라서 파견직의 경우도 주로 원청회사를 상대로 교섭하려 하며, 파견회사와의 교섭으로 해결하는 경우는 그다지 없는 듯한데, 일본은 어떻습니까?

세키네 일본의 경우, 교섭 상대를 비교해 보자면, 파견회사와 교섭하는 경우가 압도적으로 많습니다. 원청회사나 파견처의 경우는 좀처럼 교섭에 응해 주지 않기 때문입니다. 일본의 경우는 원청회사나 파견처가 교섭에 응하지 않아도 문제가 되지 않는 형태로 애초부터 구조적으로 틀지어져 있습니다. 그렇기 때문에 일본의 경우 파견처나 원청회사는 파견회사를 통해 파견사원을 쓸 경우에는 노조와의 교섭에 직접 응하지 않아도 괜찮도록 되어 있기 때문에 오히려 파견회사를 통해서 파견사원을 쓰는 것이라고까지, 그런 식으로까지 경영 전문 변호사가 말할 정도입니다.

아! 그렇군요. 그렇다면 그것이 일본의 파견회사가 그렇게 엄청난 대기업이 된 이유 중 하나인지도 모르겠네요?

세키네 일본의 파견회사가 그렇게 비대해진 큰 이유 중 하나……. 그렇죠. 파견노동자를 파견회사를 통해서 쓰면 원청회사나 파견처가 교섭에 응하지 않아도 법에 저촉되지 않는다고 말하는 변호사가 있습니다. 경영 측에 속해 있는 변호사들 말이죠.

그렇군요. 그렇게 파견회사의 존재가 변호사들의 변론에 이용되곤 하는군요. '파견 유니온'은 파견노동자 이외의 비정규직의 가입도 가능한가요?

세키네 네, 그렇습니다.

파트타이머나 기간제 계약직, 임시직 등의 경우는 어떻습니까?

세키네 '파견 유니온'은 파견을 중심으로 하는 노조일 뿐, 파견에만 한정된 노조는 아닙니다.

그렇지만 이름이 '파견 유니온'으로 되어 있어서 파견에 한정된 듯한, 적어도 '파견 사원'이 중심이 된 노조라는 느낌이 듭니다.

세키네 물론 중심은 파견노동자입니다. 그렇지만 다른 비정규직도 전부 가입할 수 있습니다. 또한 정사원도 가입할 수 있습니다.

정사원도 가입이 가능하다고요?

세키네 네 그렇습니다. 누구든 가입할 수 있습니다. 예를 들어 작년 6월까지, 사우나 오조(サウナ王城)라는 사우나캡슐 호텔이 우에노 역 앞에 있는데요, 거기에서 자주경영[2]을 하게 되었던 적이 있었습니다만, 그곳에 가입한 사람들은 오조에서 일하고 있던 정사원들이었습니다.

그렇다면 '파견 유니온'은 비정규직 전반과 더불어 노동 전반에 걸쳐서 활동을 하고 계신 것인데요. 역시나 각각의 노동형태에 따라서 교섭의 대상이 다르거나 활동의 내용이 다른 점이 있을 것 같습니다. 예를 들어 기간제 계약직이나 파트타이머들은 파견회사가 따로 없이 사용자에게 직접고용되어 있으니 사용자와 교섭을 하게 될 것 같고, 파견사원은 파견회사와 교섭을 하게 되겠지요. 물론 시기별로 '파견 유니온'이 집중하는 교섭 대상도 다르리라고 보는데요. 그러한 직종별 교섭 대상의 차이랄까, 직종별 활동 내용의 차이에 대해서 말씀해 주시겠어요?

---

2) 자주경영(自主經營). 회사가 일을 그만두라고 해고한 뒤 노조가 자주적으로 관리하여 일을 계속하는 경우를 의미한다. 여기서 세키네 씨가 예를 들고 있는 사우나 오조(캡슐 호텔, 마작도 병행함) 자주경영의 간단한 경위는 다음과 같다. 사우나 오조의 경영자는 2009년 11월 3일 갑자기 11월 28일로 폐업한다고 발표한다. 사원들은 노동조합 '오조 유니온'(王城ユニオン)을 결성하여 폐쇄통고를 받아들이지 않고 사우나 등의 경영을 계속하면서 경영 측과 교섭을 진행했다.

세키네 현재 가장 힘을 기울이고 있는 것은 역시나 KDDI의 문제입니다. KDDI의 국제전화 오퍼레이터들의 해고를 철회시키기 위한 활동을 하고 있는데 바로 6월에도 큰 데모를 했었고요. KDDI의 가장 큰 핸드폰 사업인 AU를 사용하지 말자는 보이콧 캠페인도 하고 있습니다.

아이고……. 제가 쓰고 있는 게 AU 핸드폰인데요.

세키네 그렇네요(웃음).

그 지점에서 궁금한 것은, 각 사안별 차이라기보다는 파견의 경우 교섭대상이 파견회사가 되고, 임시직의 경우는 원청회사가 되는 등, 각각의 고용형태에 따라서 교섭의 대상이나 활동의 내용이 다르지 않은가 하는 점인데요 어떤가요?

세키네 글쎄요……. 어떨까요……. 저희 같은 경우에는 파견이든 계약직이든 간에 우선 기본적으로는 고용자에게 트러블을 해결하도록 요구하고요, 노동조건을 개선하도록 요구합니다. 이러한 점에서는 기본적으로는 같은 것이라고 생각합니다. 파견사원이 갖고 있는 보다 복잡한 구조를 고려한다면 기본적으로는 같은 것이지요.

그렇지만 조금 더 설명을 부탁드리고 싶은 지점들도 있어요. 제가 부족한 지식으로 상상을 해보면요, 세키네 씨의 책 『파견의 역습』(派遣の逆襲)에도 씌어져 있던 내용입니다만, 예를 들어 일용노동자 파견의 경우는 바로 전날 일이 있다는 전화를 받고 즉흥적으로 일을 하러 가지요?

세키네 네 그렇습니다. 바로 전날 연락을 받지요.

반면에 계약직의 경우는 어찌 되었든 일할 곳이 결정되어 있지요. 고용 또한 파견직은 파견회사와 된 상태에서 파견처에서 일을 하지만, 계약직은 직접 계약된 곳에서 일을 하구요. 따라서 교섭을 할 때에도 일하는 곳이 어느 정도 안정적으로 결정되어 있는 계약직과 일용직 파견의 경우는 교섭 대상이나 방식이 다를 것처럼 느껴져요. 한국에서도 비정규직 문제는 이미 충분히 심각한 상황인데, 비정규직 노동자의 교섭 방식이나 항의 방식은 정규직 노동조합의 그것을 그대로 따르고 있는 경우가 일반적인 듯합니다. 반면 일본의 비정규직 노조는 대부분 개인 가입이고, 그런 점에서 기업별 노조가 대부분인 정규직과 비교하면 사용자와 다른 관계 속에서 교섭하게 될 거 같은데요.

세키네 음……. 한국에서는 개인 가입이 불가능한가요?

개인 가입인 노조가 몇 개 있으니, 형식적으론 불가능하다고 할 수 없겠지만, 그것은 거의 예외적인 경우고 매우 희귀한 경우에 속합니다. 최근 실업자를 가입대상에 포함시켰다는 이유로 '청년 유니온'은 누차 가입신고가 반려되고 말았지요. 그러나 성실한 교섭을 기대하는 건 더욱 어렵습니다. 결국 개인 가입 노조란 실질적으론 거의 불가능하다고 해야 하겠지요.

세키네 그렇습니까? 일본의 경우에는 무엇보다도 개인 가입이 가능하다는 점이 결정적이라고 할 수 있습니다. 따라서 계약직의 경우에도 개인으로 노조에 가입을 하면 일하는 회사와 교섭이 가능하고요, 일용파견노동자도 개인으로 노조에 가입을 하면 파견회사이든 원청회사이든 교섭이 가능합니다. 정사원도 개인으로 가입을 하면 그 회사와 언제든지 교섭이 가능한 것이지요. 따라서 계약직이든, 일용파견직이든, 정사원이든 간에 고용주에 대해서 언제든지 단체교섭을 신청할 수 있습니다.

개인 가입이 되니까 직종별 교섭에 있어서도 큰 차이가 없는 건지도 모르겠네요. 매우 좋은 제도이네요

세키네 네. 그렇습니다. 개인 가입이 가능하다는 점이, 그 점이 매우 크지 않은가 싶어요. 그렇지만 파견처, 즉 원청회사에 대한 단체교섭은 매우 한정된 범위만이 인정된다는 점은 있습니다. 예를 들면 성추행 문제에 한해서는 파견인 회사가 교섭에 응해 주는 경우가 있습니다만 그 외의 경우에 대해서는 거의 교섭에 응해 주지 않습니다. 또한 그리고 노동재해에 대해서도 파견처 회사가 단체교섭에 응해 주는 경우가 있네요. 정리하자면 성추행이나 노동재해 이외의 문제에 대해서는 파견처나 원청회사가 파견사원의 단체교섭에 응해 주는 경우는 거의 없다고 할 수 있습니다. 그러한 점에서 생각해 보면, 파견처나 원청회사는 어떤 의미에서 여러 가지로 구조상 보호받고 있다고 할까요, 교섭에 응해야 할 대상에서 제외되고 있다고 할 수 있지요.

그렇게 파견처나 원청회사가 교섭에 응해 주지 않을 때에는 어떠한 방법을 쓰시나요? 파견회사와 교섭을 한다든가 하는 건가요?

세키네 음……. 응해 주지 않아도 계속해서 원청회사와 싸움을 하고, 쟁의권을 요구하거나 쟁의행위를 계속합니다. 그런 케이스가 자주 있습니다.

그 점에 대해서는 나중에 더 자세히 들었으면 합니다만, 조금 전에 성추행이나 노동재해 문제가 나왔으니까 그 점에 대해 먼저 여쭤봅니다.

세키네 네. 그러지요.

여러 가지 인터뷰를 해오면서 느끼게 된 것인데요, 비정규직 노동자의 경우 고용의 중단이 직접적인 생활고로 이어지더군요. 미끄럼틀 사회라는 말도 있지만 실직이 바로 홈리스로 이어지는 경우들도 있구요. 따라서 노동자를 대상으로 하는 상담은 단지 고용조건이나 교섭에 대한 것뿐만 아니라 생활에 대한 것, 심지어 정신적 문제에 대한 상담까지 포함한다고 하는 얘기를 여러 사람에게서 들었어요. '파견 유니온'의 경우에도 상담은 이처럼 직접적인 교섭 이외의 영역까지 포괄하고 계십니까? '파견 유니온'에서 하는 활동이나 상담에도 이러한 경우들이 많은가요? 그럴 경우에 어느 정도의 범위까지 상담을 하고 계신가요?

세키네 네, 그래요. 정신적으로 매우 심각한 상황까지 몰린 분들에 대한 상담이 꽤 많습니다.

'파견 유니온'에서도 그러한 생활 문제나 정신적인 상담까지도 적극적으로 하고 계십니까?

세키네 네, 그렇습니다.

전문적으로 그런 상담을 하는 분도 계십니까?

세키네 전문적이라고까지는 말할 수 없습니다만, 파견으로 일하는 사람들은 일을 잃는 것에 그치는 게 아니라, 동시에 살 곳을 잃는 것까지 한꺼번에 겪는 경우들이 있었습니다. 재작년의 경우를 말하자면 리먼 쇼크 직후가 그랬습니다. 그때 저희 '파견 유니온'에서 그러한 상황에 개별적으로 대응하는 것이 도저히 불가능한 것은 아니었지만, 역시나 힘에 부쳤습니다. 따라서 그때 '연말연시 파견마을'을 만들었던 것입니다.

네, 네. 그 이야기를 참 많이 듣고 보았습니다. 2008년 말에서 2009년 초의 일이지요? 매우 감동적으로 보았어요. 여태까지 가시화되지 못했던 빈곤 문제가 가시화되었고, 다양한 시민 차원의 참여 및 자원봉사자의 참여가 있었지요. 그야말로 마을이 만들어졌다는 느낌이 들어서 매우 감동했었어요!

세키네 그렇지요. 진짜 마을이었습니다.

그런데 그것이 그 이후에는 행정 쪽으로 넘어갔다고 할까요, 혹은 인터뷰를 하면서 오히려 그러한 빈곤대책은 행정이 해야만 하는 일이라는 인식을 가지고 행정이 움직이도록 했다는 측면도 있다는 말도 들었는데요.

세키네 음……. 그러니까 '파견마을'은 말이죠, 리먼 쇼크 직후라서 만들어진 것으로 그것과 동일한 상황은 현재 그다지 일어나지 않고 있다고 말할 수 있습니다. 이번 3월 11일에 일어난 일본 대재해의 경우도 고용상황에서 보자면 리먼 쇼크와 비슷할 정도의 영향을 미쳤습니다만, 리먼 쇼크 때와는 좀 차이가 있습니다. 파견회사나 각 사업체별 상황을 보면 리먼 쇼크의 경우는 너무나 심각한 규모로 갑작스런 해고가 일어났던 탓에 영향이 엄청났고요. 그때 회사 측도 이러한 갑작스런 해고로 인해 세간의 비난을 많이 받게 되었던 점도 있었기 때문에, 이번 재해 이후에는 그와 같은 영향이 미치지 않을까 회사 측도 매우 고심하면서 (해고를) 하고 있다고 할 수 있지요. 따라서 재해 이후에도 고용상황에 엄청난 피해가 있었지만 리먼 쇼크 때처럼 잔뜩 보도가 되거나 해서 '연말연시 파견마을'이 만들어지는 그러한 구조는 좀처럼 만들어지지 않고 있지요. 그렇지만 저희들은 이번 재해가 고용에 끼친 영향력으로 치자면 리먼 브러더스 사태와 거의 동일하거나 혹은 그보다 훨씬 더 심한 영향을 광범위하게 끼치고 있다고 판단하고 있습니다.

말씀하신 것처럼 이번 재해로 인해서 직장을 잃은 사람들도 많고, 더구나 이번 일을 계기로 무리하게 해고당하거나 한 사람들도 많다고 들었습니다. 리먼 쇼크 이후의 상황을 비롯해서, 재해 이후의 고용상황에 대해서도 구체적으로 이야기를 듣고 싶습니다.

세키네 리먼 쇼크 때에는요, 건강상태도 양호하고 충분히 일을 할 수 있는 환경의 사람들이 완전히 일을 얻지 못하고 말이죠, 다년간 생활이 불가능한 상황에 몰려 있지요. 조금 전에 여기 오셨던 분도 그랬는데요, 2008년 말 리먼 쇼크 직후 파견사원을 대대적으로 해고하던 당시에 실직한 이후, 직업을 얻는 것이 불가능한 상태였습니다. 물론 조금씩 조금씩, 공공근로 [基金事業]에서 단기간 일하기는 했습니다만, 그렇지만 그것은 정말이지 짧은 기간일 뿐이어서, 장기간 일을 할 수 있게 복귀하는 것은 아니었어요. 때문에 생활보호 대상자로 살아가는 상황에서 벗어날 수 없었지요. 그러한 사람들이 많은 것은 정말 심각한 상황이라고 생각하고 있습니다.

그 상황에 더해서 3월 11일의 재해가 발생한 이후의 상황은 어떻습니까? 어떤 점들이 보다 심각한 상태가 되었습니까?

세키네 이번 재해가 고용에 준 영향은 이렇습니다. 재해는 리먼 쇼크 때처럼 생산 제조업, 그것도 수출을 중심으로 하고 있는 자동차나 전기 등의 생산 제조업에 핀포인트를 두고 영향을 미친 것은 아니었습니다. 이번 재해의 경우는 보다 광범위한 고용상황에 영향이 미치고 있습니다. 얕고 넓게 영향을 미치고 있다고 볼 수 있습니다. 따라서 생산제조업 부분에서,

그리고 콜 센터, 관광, 물류 등에서 파견해고가 일제히 일어나고 있는 상황입니다. 실업률이 매우 높아지고 있습니다.

실업률이 어느 정도 높아지고 있습니까?

세키네 음, 수치상에서는 아직 명확히 나타나지 않습니다. 예를 들어 피해지에서는 이번에 '고용 보험 특례 조치'(雇用保険の特例措置)라는 것이 생겼는데요. 재해로 실직했음에도 이직(離職)을 시키지 않은 채로 국가가 실업급료를 주는 것이죠. 이 조례는 후생노동성이 국가 대책으로서 내놓은 것인데요, 따라서 그 사람들은 실업상태로 인정되지 못합니다. 따라서 실상 실업상태임에도 실업으로 세어지지 않는 사람들이 많이 있기 때문에, 실업률은 수치상으로는 그렇게 높아지지 않은 듯이 보입니다.

그렇지만 사실상은 매우 높아지고 있다는 말씀이시네요?

세키네 네 그렇습니다. 제가 저번 주에 미나미소마(南相馬)에 있는 공공 직업 안정소(ハロ-ワ-ク, hallowork)에 다녀왔는데요. 원전으로부터 비교적 가까운 지역입니다. 그곳에서 일하고 있는 분도 실업률이 매우 높아지고 있다고 말했습니다. 실질적인 실업률은 매우 높아지지만 특별 조례의 대상이 되기 때문에 실업으로 세어지지 않는다는 것이죠.

비정규 노동자는, 특히 파견 등의 간접고용처럼, 사용자와 고용자가 이원화되어 있는 경우에 더욱 그러할 텐데, 고용형태가 예전의 '고전적' 관계와 크게 달라진 경우가 많지 않은가 싶습니다. 이런 의미에서 전통적인 노사관계가 변하고 있는 건 아닌가 싶기도 한데, 어떠한 점들이 변화되었다고 느끼시는지요?

세키네 음……. 제가 노동운동에 직접 관여했던 시기는 이미 비정규직 노동도 매우 늘어나 있었기 때문에 현재와 근접한 상황이 일어나리라고 예측하는 시각이 이미 등장하고 있었다고 할 수 있어요. 그렇지만 차이도 있지요. 일본에서는 종래에는 정사원이 중심이었으니까요. 그런 가운데에서 극히 일부분만을 파트노동으로 시켜 왔던 것이 80년대 이후에 매우 늘어났고 그 속에서 파견노동과 같은 간접고용이 크게 늘어났지요. 이러한 파견노동의 특성이라는 것은 한마디로 하자면, 고용하지 않은 채 일을 시키는 것이라고 생각해요.

예전에도 없진 않았지만, 매우 제한되어 있었지요.

세키네 그래요. 90년대 중반 파견법 개정이 그걸 확대하기 시작했지요. 예전에는 일을 시키기 위해서는 반드시 고용해야 한다는 전제가 있었는데요. 고용하지 않은 채 일을 시키는 것이 가능하다는 것, 그것을 인정해 줘버렸다는 것이 큰 차이입니다. 이러한 경향은 처음에는 매우 일부분에 한정되어 있었고, 즉 일부분에 한해서만 파트노동을 인정했죠. 그러던 것이 1999년 '대상업무 원칙 자유화'에 따라서 고용하지 않고 일을 시키는 형태가 매우 확산되었지요. 그런 점에서 고용하지 않은 채 일을 시킨다는 것이 매우 폭넓게 인정되어 버렸어요. 그 속에서 합법화되었던 것이 일용 파견입니다.

고용형태의 변화도 있었겠지만, 노조와 조합원의 관계, 혹은 노조의 투쟁형태에도 변화가 일어나지 않았을까 싶은데요.

세키네 간단히 말씀드리면 굿윌이나 풀 캐스트의 경우에도 그랬습니다만, 저도 등록을 해서 일하는 것이 가능했습니다. 정말로 매우 간단히 노조원의 자격을 얻게 된 것은 (웃음) 종래와 비교해 볼 때 한 가지 큰 차이점이나 특성이라고 할 수 있지 않을까 싶습니다(웃음).

그렇게도 말할 수 있겠네요(웃음).

세키네 그렇지요. 종래의 파견회사에는 제가 등록해서 일을 하는 것은 좀처럼 가능한 일이 아니었으니까요. 반면 굿윌이나 풀 캐스트의 경우에는 정말 간단하게 등록해서 일하는 것이 가능해졌습니다. 따라서 저도 [노동조합 활동가가 아니라] 거기서 일하는 조합원의 한 명으로서 교섭하는 것이 가능해지는 그러한 환경이 되었다는 점은 매우 큰 차이겠죠.

굿윌이나 풀 캐스트에는 아무런 조건 없이 단지 일하고 싶다면 등록이 가능합니까?

세키네 그렇습니다. 신분증이나 면허증을 갖고 가면 매우 간단히 등록이 됩니다. 한 시간도 걸리지 않아서 등록이 되고, 등록한 뒤에는 언제든 일을 소개해 준다는 거죠. 그런데 실제로 일을 해보면 극히 적은 임금으로 매우 힘든 일을 하게 되는 것이지요.

외국인도 등록이 가능합니까?

세키네 일용파견은 물론 외국인도 가능합니다. 저도 일하러 가 보면 외국인도 일하는 그러한 현장이 꽤 있었습니다.

흠……. 그렇군요. 파견사원으로 쉽사리 등록이 가능해지면서, 역설적이지만 노조에도 쉽사리 가입할 수 있게 되었다고 할까, 더 많은 사람이 가입할 환경이 되었다고 할까 그런 셈이네요.

세키네 네, 그런 셈이지요(웃음).

일본의 노조가 진행하는 활동을 보면, 한국의 노조 활동과의 차이가 보이기도 합니다. 예를 들어 파업 같은 것을 보면, 한국의 경우 비정규직 노동조합은 정규직에 비해 평균 5~16배 정도나 많은 파업을 경험했다고 들었습니다. 따라서 대개의 비정규직 노조는 0.83회의 파업 경험을 갖고 있다고 합니다. 한편 일본에서는 '파견 유니온'을 비롯한 비정규직 노동조합의 활동은 잘 알려져 있지만, 노조에서 파업을 한다는 얘기를 들은 적은 별로 없는 것 같아요. 비정규직이 파업을 하는 것이 드물다고 이해해도 괜찮을까요? 아니면 파업을 하기 어려운 조건일까요?

세키네 일본의 경우 비정규직은 파업하기가 어렵습니다.

그렇다면 그 이유는 무엇일까요? 일본의 비정규직 노조의 활동은 주로 개인 가입자의 문제를 개별적으로 지원하는 식으로 이루어집니까, 아니면 고용자와 집단적인 단체교섭을 하지만 파업까지 가는 경우가 적은 것일까요?

세키네 말씀하신 것처럼 파업을 하기가 어렵습니다. 물론 최근 KDDI의 경우는 파업을 진행했습니다만, 일용파견처럼 일이 정기적으로 들어오지 않는 파견노동자의 경우에는, 스트라이크를 일으키기가 매우 어렵습니다.

그렇겠지요. 따라서 주된 활동방식이 단체교섭을 하는 것일 텐데요. 그렇지만 파견처나 원청회사는 좀처럼 교섭에 응해 주지 않는다고 말씀하셨지요. 그렇다면 단체교섭도 그다지 쉬워 보이지는 않아요. 그런 상황에서 어떠한 방식의 활동이 가능할까 생각하게 됩니다. 그렇지만 굿윌의 경우처럼 거대한 저항활동을 해오셨지요?

세키네 그렇지요. 그럼에도 엄청난 저항활동들이 있었지요. 예를 들면 굿월의 경우는 그곳에서 일하는 사람들이 자신들이 얼마나 열악한 환경에서 고통스럽게 일을 하고 있는가를 계속해서 고백을 해왔습니다.

개별적인 사람들의 이야기로부터 출발하는 것이군요?

세키네 네, 그렇습니다.

'파견 유니온'에서 진행해 왔던 활동방식에 대해서 좀더 구체적으로 소개해 주시면 한국의 비정규직 노동운동에도 도움이 되리라고 생각합니다.

세키네 네, 저희가 일용파견 문제에 관해서 활동을 시작했던 것은 2006년입니다만, 그 이전부터 '전국 유니온' 안에 있었던 정보 교환회인, '하로 유니온'(ハロ─ユニオン)이라고 읽습니다만, 그곳 '하로 유니온'에 매월 파견으로 일하는 사람들이 모여서 여러 가지 의견을 주장하거나 정보를 교환하는 모임이 있었는데요, 2006년에 거기 모인 사람들에게서 일용파견 이야기가 나오기 시작했습니다. 재미있으니 좀더 이야기해 보자고 하자, 그 모임에 참여했던 사람들이 전부 그 일용파견 일을 한 경험이 있었습니다. 들어 보니까, 정말 일용노동으로 등록해 두면, 예약을 해두면 언제든지 일을 소개해 준다는 것이었죠. 그러나 그 일은 대부분이 매우 힘들고 극히 저임금이었으며, 그에 더해 임금에서 200~250엔 정도가 부당하게 공제된다는 이야기를 들었습니다. 그렇다면 저도 우선 일해 보자고 생각해서, 2006년 봄경에 굿윌에 등록해서 일해 보았습니다. 실제로 일해

보니까 정말 매우 나쁜 환경임을 절감할 수 있었습니다. 가장 놀랐던 것은 매우 힘든 노동에 극히 저임금이라는 것이었습니다. 굿윌을 시작으로 여러 가지 회사에 등록해서 일을 해보았습니다만, 어느 곳을 막론하고 너무나 열악한 환경이었습니다.

바로 그 무렵 풀 캐스트에 등록해서 사원으로서 영업일을 하고 있었던 사람들로부터 상담이 들어왔습니다. 실제로 잔업 수당이 1원도 나오지 않음에도 매우 장시간 노동을 강요받고 있어서 1주일씩이나 집에 돌아갈 수 없는 경우가 자주 있다는 것이었습니다. 그러한 상담과 함께 잔업 수당을 확실히 청구하고 싶다고 했습니다. 이야기를 듣고 당신들뿐 아니라 일용파견 일을 하고 있는 사람들은 어떠냐고 묻자, "아니 그 사람들도 정말 심각하다", 자신들보다 더 열악한 조건에서 일하고 있다고 했습니다. 그래서 그들의 환경도 꼭 개선시키자고 의견이 모아져서, 파견사원과 함께 일용파견사원을 모두 합쳐 '파견 유니온'을 만들어 보자고 하게 되었습니다. 그래서 2006년 가을에 이 문제를 제기하기 시작하면서 '파견 유니온'과 별도로 '풀 캐스트 유니온'이 만들어진 계기가 되었습니다.

한 사람 한 사람의 상담을 통해서 그렇게 진전해 가는 것이군요. 흥미로운 것은, 한 사람 한 사람이 개인 가입을 하고 개인상담을 하므로 노동활동도 개인적으로 할 것처럼 보이지만, 실제로는 '풀 캐스트 유니온'처럼 단체가 구성된다는 것입니다. 대개의 경우에 '파견 유니온'에서 교섭은 개인별로 합니까, 아니면 단체별로 이루어집니까?

<u>세키네</u> '파견 유니온'의 경우는 집단형으로 교섭을 진행하는 경우가 매우 많습니다. 예를 들면, 처음에 활동을 전개했던 것이 '풀 캐스트 유니온'이었고, 그 다음에 활동을 전개한 것이 'KDDI 에보르바 유니온'이었습니

다. 그 다음이 '굿윌 유니온'이 활동을 전개했고요. 그런 식으로 집단으로 활동을 벌이는 경우가 대부분이었습니다.

어떤 차이가 있을까요? 예를 들면 프리타노조의 경우에는 작은 단위로 활동을 전개하는 경우가 많기 때문에, 교섭을 벌일 때에도 직접 행동 등을 하는 경우가 많다고 들었습니다. 한편 '파견 유니온'에서 해왔던 풀 캐스트, 굿윌, KDDI의 활동들을 보면, 좀더 큰 집단 형태로 교섭을 진행하기 때문에 미디어에 어필할 수 있는 여지가 넓어지는 것 같기도 한데요, 그런 점에서 '파견 유니온'의 활동 방식이랑 다른 비정규직 유니온의 활동방식에 차이가 있다면 말씀해 주시겠어요? 혹은 집단에 교섭을 하기 때문에 좋은 점이라든가 오히려 어려운 점이 있을까요?

<u>세키네</u> 네, 우선 굿윌이나 풀 캐스트의 경우 매우 특징적인 것은, 일용파견으로 활동하고 있는 사람들이 생활을 할 수 없다고 호소해 왔다는 것입니다. 즉 자신들이 놓여 있는 사회적 환경이 너무나도 심각해서 스스로 그러한 상황을 호소하고 싶다고 하는 사람들이 매우 많았습니다. 따라서 그러한 사람들이 점점 자신의 목소리를 내도록 했고, 그것을 미디어가 대대적으로 보도하게 되었습니다. 따라서 개별적인 소리가 사회적 발신이 되어 갈 수 있었고, 그러한 발신과 노동운동이 매우 밀접하게 관련되어 갔기 때문에 거대한 싸움으로 전개될 수 있었습니다.

그러한 운동에 참여한다는 것은 사람들이 바뀌는 계기가 될 수도 있었을 텐데요.

<u>세키네</u> 네, 그렇습니다.

그러한 경우에 대해서도 말씀해 주시겠어요?

세키네 예를 들어 현재 우리와 함께 활동하고 있는 후지노라는 분은 굿윌 때부터 관계를 맺게 된 분입니다. 그는 지금도 계속해서 일용노동을 하고 있습니다만 당시에는 주로 굿윌을 중심으로 일을 하고 있어서, 굿윌의 너무나 열악한 노동환경을 어떻게든 개선하고 싶고 사회에 호소하고 싶다고 스스로 목소리를 내기 시작했어요. 그리고 점점 목소리를 높여 갔습니다. 그가 카메라 앞에서 스스로의 목소리를 점차 크게 내기 시작한 것이 운동 전체를 고양시켜 가는 데 중요한 힘이 되었습니다.

역시나 일용파견노동자 입장에서 말했기 때문에 동료인 다른 일용파견노동자들의 마음에 바로 호소할 수 있었던 것이네요?

세키네 네, 정말 그랬습니다. 일용파견이 얼마나 심하게 열악한 노동인가를, 멀리 떨어져서 보고 있는 사람들에게도 알기 쉽게 전달할 수 있었다고 생각합니다.

파견사원도 그렇지만 비정규직의 경우 작업에서 주변화되어 있는 경우가 많아서, 파업을 해도 작업장의 조업을 중단시키기 어렵고, 그래서 교섭을 강제하는 힘이 약합니다. 거기에다가 직접고용자가 아닌 경우 교섭에 잘 응해 주지 않지요. 그래서 투쟁이 벌어지면 많은 경우 점거투쟁이나 농성투쟁이 되고, 투쟁기간도 어느새 500일 ~2천 일에 이르기까지 턱없이 길어지곤 합니다. 이러한 난점이 한국만의 고유한 문제라고 생각하시는지요? 아니면 비정규직 노동자의 일반적인 약점이라고 생각하시는지요? 만약 이것이 비정규직 노동운동의 일반적인 약점이라면 교섭이나 요구조건에 강제력을 부여할 수 있는 방법에는 어떤 것이 있을까요?

세키네 그렇군요. 풀 캐스트의 경우를 말씀드리자면, 조금 전에도 말씀드렸던 것처럼 한 사람 한 사람의 노동자들이 자신들이 놓여 있는 환경을 점점 더 소리를 내서 호소하기 시작했다는 점, 그리고 미디어가 그것을 점차 대대적으로 보도했다는 것이죠. 그러면 행정 쪽에서도 그 무거운 궁둥이가 움직이기 시작하고 '노동기준감독소'도 움직일 수 있게 됩니다. 그러면 '노동기준법'에 위배된다든가 '고용보험법' 위반이라든가 하는 각 종류의 법률 위반에 대해서도 행정 쪽이 제대로 함께 협조해 주게 되는 것이지요.

처음에 굿윌을 폐업으로 몰아붙일 수 있는 계기가 되었던 것은 다음과 같아요. 어떤 노동자가 항구에서 일을 하고 있었는데요. 그가 상담을 하러 왔습니다. K씨라고 해 두지요. K씨는 목발을 짚고 상담하러 왔는데요. 굿윌의 계약에 들어 있었던 '데이터 소비비'를 자신은 보험료라고 생각했다, 그런데 그가 부상을 당해서 이 보험료로부터 돈이 지불되는 게 아니냐고 확인하자, 사실 그 보험은 이미 만료된 것이라고 말했다고 합니다. 그것이 이상해서 상담을 하러 왔었습니다. 들어 보니까, 파견법에서 금지하고 있는 항만 하역 업무(港湾荷役業務)에 파견되어 있었다는 것을 알게 되었습니다. 이러한 상황을 행정기관이나 보도를 통해서 대대적으로 알려 간 것이 굿윌을 폐업으로 몰아갈 수 있었던 중요한 계기가 되었습니다.

파견노동의 확대 자체가 법의 개정에 의한 것이었고, 파견노동자의 활동을 규정하는 것도 법의 영향 아래 있는 만큼 파견법을 개선하는 것은 교섭 이상으로 중요한 의미가 있을 것 같은데요.

세키네 그렇습니다.

파견법을 개선하기 위해서 어떠한 것들이 필요하다고 생각하시고 또한 어떠한 일을 하고 계신가요?

세키네 우선 노동자들이 목소리를 높여 매우 열악한 환경을 충분히 제대로 호소하는 것을 통해서 조금이라도 일하는 사람들이 유리하도록 개선하는 작업을 평소에 해나가야 한다고 생각하고 있습니다. 이번 일용파견 문제, 그 이전의 파견마을 문제 등을 보면, 그 개별적인 요소 요소에서 사람들을 돕는 것은 물론 중요한 일이지만, 동시에 파견법을 바꾸어 가는 것에도 힘써야 한다고 생각하고, 그러한 점에 힘을 기울여 활동하려고 해 왔습니다. 좀처럼 제대로 실현되고 있지는 못하지만요. 파견법 개선방안은 국회에 상정된 상태로 그대로 방치되고 있고요.

작년에 인터뷰를 시작할 때부터 파견법을 바꾸는 문제가 매우 중요한 화두였는데요, 특히 하토야마 내각으로 바뀐 뒤로는 국회에 참여하는 활동가들도 있고 해서 꽤 좋은 분위기가 형성되어 간다고 느꼈는데요, 그 이후로 어떻게 전개되어 왔습니까?

세키네 그 이후 지금까지 쭉 방치되어 버렸습니다. 작년 봄에 '노동자 파견법 개정 법안'이 국회에 상정되었는데요. 제대로 심의되지 않은 상태가 계속되고 있을 뿐입니다.

그건 정말 큰일이네요.

세키네 네, 정말 그래요.

그러한 방치 상태에 대해서 항의 행동은 어떤 것들이 이루어지고 있습니까? 혹은 예정된 액션이 있습니까?

세키네 [2011년] 7월 13일에도 국회에서의 원내 집회를 하려고 예정하고 있습니다. 이 원내 집회에서는 다음과 같은 것들을 호소할 생각입니다. 역시나 재해시에도 반복해서 파견노동에 대한 해고가 일어났다는 것에 대해서, 그리고 왜 이대로 방치되고 있는가 하는 부분에 대해서 모든 위원들에게 질문하는 그러한 집회를 하려고 합니다. 이 집회에는 재해로 인해 파견해고를 당한 분들도 참여하도록 부탁하려고 합니다.

마지막 질문인데요, 파견노동자들의 경우 등록형 파견이나 일용파견의 경우에는 파견으로 나가 일하는 시간만을 계산해서 임금을 받는 것으로 알고 있습니다. 그렇다면 등록형이나 일용파견과는 다른 형태의 파견, 즉 통상적 파견사원이라고 할까요, 그런 파견의 경우에는 혹시 일이 없는 시간에 대해서도 파견회사로부터 임금을 받습니까? 아마도 받지 못하겠지요?

세키네 물론 그 경우 일이 없는 시간에 대한 수당은 받지 못하지요.

네, 그러리라고 생각합니다. 그렇지만 만약 일하지 않는 시간에도 파견으로 등록한 기간 동안에는 임금을 받을 수 있도록 하는 그러한 방향으로 운동을 진행한다면, 그래서 만약 파견회사에서 일이 있든 없든 간에 등록된 상태를 안정적인 고용상태로서 인정하고 임금도 준다고 한다면, 파견노동도 훨씬 안정적인 직업이 될 수 있을 것 같습니다. 혹시 이러한 방향성이 파견노동조합의 운동방향이 될 수 있다고 생각하십니까? 이 질문을 드리는 이유는, 정사원을 지향하는 것이 아니라, 비정규직이나 일용파견노동자로서 살아가는 경우가 늘어난다고 할 때, 그것을 안정적인 형태로 마련해야 할 필요성이 있다고 생각해서 떠오른 대안인데요, 이러한 방향성을 지닌 운동방향도 가능할까요?

세키네 그러한 것도 가능하리라고 생각합니다. 이번에 저희들이 제기하고 있는 파견노동법안의 한 가지 핵심적인 것이라고 할 만한 것은 말이죠, 등록형 파견의 원칙적인 금지입니다. 일이 있을 때만 계약을 맺는다고 하는 등록형 파견이라는 것은 고용을 너무나 불안정하게 만든다는 거죠. 따라서 이것은 원칙적으로 금지해야만 한다고 생각합니다. 파견은 원칙적으로 '등록형'이 아니라 '사용형'으로 해야 한다는 것입니다. 이것이 이번 파견노동법 개정안의 가장 중요한 핵심이라고 할 수 있습니다. 즉 일이 없을 때에도 파견회사는 보상을 확실히 하도록 하는 것이 이번 개정안의 가장 중요한 한 가지 핵심 사안입니다.

그것이 현재 가장 중요하게 추진하고 계신 일이라고 봐도 좋을까요? 마지막 질문과도 관련되는데요, 앞으로의 전망이랄까 앞으로 무엇을 해야 한다고 보시는가에 대해서 들려주세요.

세키네 크게 말해서 이른바 간접고용, 즉 고용하지 않은 채 일을 시키는 것은 더욱 더 엄격하게 규제해야 한다고 생각합니다. 노동자 파견이든 하청업이든 간에, 고용하지 않고 일을 시키는 것을 인정하는 것은 일하는 사람들의 환경을 너무나 열악하게 만든다고 생각하기 때문에 간접고용을 확실히 규제해 가는 것이 한 가지입니다.

그리고 역시나 다른 한 가지는 단기계약[有期] 고용을 규제해야 한다는 것이죠. EU나 프랑스에서는 특별한 이유가 없는 단기계약 고용은 금지하고 있습니다만 일본에서는 단기간 계약이 거의 무제한적으로 인정되고 있는 형편입니다. 따라서 항상적으로 주어지는 일일 경우에도, 언제든지 해고할 수 있도록 단기간 계약을 하는 경우가 매우 많습니다. 예를 들면 3개월짜리 프로젝트여서 3개월 간의 계약직으로 고용하는 것은 합법적이죠. 혹은 1년간 육아 휴직을 하는 사람들도 있으니까, 그 일을 대신할 사람을 뽑을 때에는 계약직으로 쓰는 것은 합법적이라는 것이지요. 이러한 몇 가지의 정말로 합법적인 경우를 명시하고, 그 이외의 단기계약 고용은 규제해 가야만 한다고 생각합니다. 세번째로는 균등대우를 합법적인 것으로 만들어 가야 한다는 점입니다. 임금을 균등하게 하는 것이 균등대우의 가장 중요한 핵심이라고 할 수 있는데요, 장기간 일하는 정사원과 단기간 일하는 파트타임노동자의 1시간당 임금을 비교해 보면, 파트타임 쪽이 압도적으로 낮습니다. 원칙대로 보자면 짧은 쪽이 임금이 높아야 할 것 같은데, 사실상 단기로 일하는 경우가 장기간 일하는 사람보다 1시간당 임금이 압도적으로 낮다는 거죠. 이것이 대표적으로 드러내 주듯이, 차별적인 대우가 버젓이 통용되고 있지요. 이 차별을 확실히 금지시켜서, 같은 일을 하고 있다면 같은 노동 조건을 정하는 것이 중요합니다. '동일 가치 노동, 동일 노동 조건'(同一価値労働, 同一労働条件)이라는 원칙 말이죠. 이것을 명확하게 정해야 한다고 생각합니다.

긴 시간 귀중한 이야기 들려주셔서 감사했습니다.

PRECA
+
RIAT

노조에도
올 수 없는 노동자는
어떻게 조직할 것인가?

이토 미도리와의 인터뷰

이토 미도리(伊藤みどり)

이토 미도리는 1995년 '여성 유니온 도쿄'(女性ユニオン東京, 약칭 WTU, http://www.f8.dion.ne.jp/~wtutokyo/)가 만들어질 때부터 위원장과 집행위원으로 활동해 왔다. 2007년부터 시작된 '일하는 여성 전국센터'(働く女性の全国センター, 약칭 ACW2, http://www.acw2.org)에서는 대표로서 여성 노동 문제의 최전선에서 활동하고 있다. 한국을 비롯한 해외의 여성노동 문제 활동과 폭넓은 관계를 맺고 있기도 하다.

'여성 유니온 도쿄'는 1995년에 생긴 여성노동운동단체이다. 여성노동에서는 그때부터 이미 파견노동 및 비정규직 문제가 남녀 불평등 문제와 아울러 심각하게 부각되고 있었고 이런 문제에 대처하기 위해 결성된 단체이다. 「결성 선언문」을 보면 여성에게 가해지는 공공연한 차별에 맞서 "여자들에 의한 여자들을 위한 여자들의 활동"을 시작해야 한다고 쓰고 있다. 여성 스스로 자립해서 운동을 해나가는 것은 충분한 자금도, 시간도 없기 때문에 쉽지 않지만 "일할 권리를 얻기 위해서" 자립된 연대를 호소하고 있다. 주된 업무는 상담을 통해 여성노동 문제를 해결해 가는 것이며, 기업이나 직종 고용형태를 불문하고 개인 가입 및 상담이 가능하고, 이러한 활동을 통해 맺어진 동료간의 연대와 자원봉사로 지지되고 있다. 한국의 '서울여성노동조합'(SWTU) 및 '한국여성노동자회'(KWWA)와 활발히 교류하고 있다.

'일하는 여성 전국센터'는 2007년 설립되었고 '여성 유니온 도쿄'와 같은 건물에 있다. 이 단체는 여성이 건강하게 일할 수 있는 활동, 혼자서도 풍요로운 생활을 영위할 수 있는 임금, 여성에 대한 차별과 폭력 근절, 여성 한 명 한 명을 존중하고 그들이 가능성을 발휘할 수 있는 구조를 지향한다. 주된 활동은 상담을 통한 개별 노동 문제 해결, 조사연구, 정보 집약 및 제공, 정책 제안, 교육 개발 등을 하고 있다. 최근에는 인터넷 상에서 '일하는 여성 전국센터 라디오'(http://www.radiopurple.org/acw2/)를 운영하여 여성노동의 현실을 알리고 있다.

2008년에는 '여성과 빈곤 네트워크'(女性と貧困ネットワーク, http://d.hatena.ne.jp/binbow women/)에 참여해 여성노동과 빈곤, 야숙자(野宿者) 여성을 매개하는 활동에 참여했다. 이번 인터뷰에서는 질문을 하기도 전에 현장의 문제에 대한 절절한 이야기가 바로 흘러나왔다.

3장 | 노조에도 올 수 없는 노동자는 어떻게 조직할 것인가?
— 이토 미도리와의 인터뷰

때 : 2010년 2월 28일

장소 : 여성 유니온 도쿄

여기선 정신적인 문제 상담도 하는가 보네요?

이토 예, 멘탈 문제 상담도 합니다. 요즘 멘탈 문제 상담이 엄청나게 늘어서 이곳에서 멘탈 상담을 합니다. 이곳에서 어느 정도 자기 자신을 확실히 추스른 뒤에 위에 올라가서 상담을 합니다. 이곳은 '여성 유니온 도쿄'이지만 '일하는 여성 전국센터'도 함께 쓰고 있어요.

멘탈 문제가 늘어난 것은 파견이나 비정규직이 늘어난 것과 관계가 있나요?

이토 비정규직과 관련된 문제도 있지만, 비정규직뿐 아니라 정사원도 상당히 그런 문제가 늘어나고 있어요. 저도 2000년까지 계속 일[노동]을 했습니다만, 그때는 애프터 파이브라든가, 일은 힘들어도 자기 자신의 시간을 가졌어요. 2000년까지는요. 그런데 1999년부터 자택 근무가 시작되었는데, 여성도 그것이 가능하게 되었고요. 그래서 여성도 남성만큼 일하게 되어서 그때부터 병이 확 늘었어요. 그건 정부 통계에서도 나오는데요, 그때부터 자살자가 늘고, 정신병과 멘탈 헬스 케어 정신병원도 늘었고요.

그런 상황이 매우 심각해요. 정사원은 장시간 노동으로 너무나 지쳐 있어요. 2000년과 지금 2010년을 비교해 보면 지금은 2000년에 정사원이 하던 일의 3배 정도의 일을 해요. 정말요. 한 명이요. 구조조정이 심하니까, 정사원이 비정규직으로 바뀌는 현상이 있으니까, 그 정도로 일하지 않으면 살아남지 못하니까요.

　　게다가 뭐랄까, 일하는 사람들 동료끼리 이지메를 하거나 하는 경우 동료를 신뢰할 수 없게 되죠. 일본은 학교에서도 이지메가 많아서, 학교에서 이지메로 마음에 상처를 받은 상태인데, 회사에서 더블 펀치로 이지메를 당하면, 이전 상처가 낫지 않은 상태로 다시 회사에서 다시금 상처를 받게 되죠. 그래서 여기에 올 때에는 이미 우울증 상태인 경우가 많아요. 어떤 대학에서 정신 보건 연구하시는 분이 건강 조사를 했는데 우울 증상을 가진 조합원이 56%라고 했어요.

예? 56%나 됩니까?

이토 그렇습니다. 그러니까 노동상담을 하면 2명 중 1명이 병이라는 느낌이 든다고 할까요? 패닉장애이거나 우울증이나 아니면 반대로 조울(躁鬱) 장애 등이 있거나 한 매우 심한 상황이에요. 그러니까 물론 파견의 경우 장기간 파견을 계속하면 고용 불안이 가속화하니까 멘탈 문제가 매우 심해지죠. 가령 아키하바라 사건, 아시잖아요. "저도 사실은 그런 기분이 들었다"(웃음)는 그런 이야기를 몇 명이나 하더군요. 자신도 그 범인의 기분을 알 것 같다는 이야기를 여러 명으로부터 들었습니다.

그건 여성뿐 아니라 남성도 그렇지요?

이토 그렇지요. 그런데 남성 쪽은 도움을 주고받는 데 몹시 서툴러요. 그리고 한국도 그럴 테지만 일본의 남성은 한 집안의 기둥이다, 남성은 여성을 먹여 살려야 한다는 것이 머릿속에 박혀 있기 때문에, 남성은 쓰러질 때까지 갑니다. 여성은 쓰러지기 바로 전에 이곳에 옵니다. 즉 쓰러지기 바로 직전쯤에 이곳에 와서 도와달라고 합니다. 하지만 남성은 쓰러지고 나서 오는 그런 상황이기 때문에 남성 쪽이 더욱 심각합니다.

그렇군요.

이토 그렇지만 단지 정신 면에서 더 심각하다는 것이고, 경제적으로 보면 여성 쪽이 훨씬 더 심각합니다.

그렇지만 남성들은 상담하러 잘 오지 않는다는 거지요?(웃음)

이토 그러나 남성도 점차 늘어나고 있다고 들었습니다. 여기는 여성 전용입니다만.

한국이나 아시아 나라들의 여성단체와 연계가 많은 모양이네요.

이토 과거에는 일본이 한국과 달랐지만, 지금은 많이 비슷하다는 느낌이에요. 우리는 한국의 '여성 노조'와 KWWA(한국여성노동자협의회)와는 10년 이상 관계를 맺고 있어요. 원래 KWWA는 '여성 유니온 도쿄'를 안 뒤에, 그 뒤에 만들어진 것입니다. 1997년에 스터디 여행하러 와서, 그러니까 뭐더라, KWWAU였던가, '한국여성노동자사회협의회'를 만들기 전의 뭔가가 있었는데, 그 여성 그룹이 스터디 여행을 왔어요. 그때 제 책이 한국에 번역되었어요. 그때 한국은 IMF시대였는데, 민주노조는 대기업 남성 중심으로 여성이 잔뜩 해고되어도 전혀 지원을 하지 않는 경우가 있었다고 해요. '여성노동자협의회'를 만들 때 처음에는 "왜 남성도 있는데 여성끼리만 하는가?"라든가, 상당히 비판적이었다고 하는데, 그 후 1999년에 결성되었어요. 그러자 어느 사이엔가 이쪽보다 확 커졌고, 한국에서 매우 큰 조직이 되었어요. 그 점을 이철순[1] 씨는 매우 잘 알고 있어요.

'카우'(CAW, 아시아여성노동위원회)[2]라고도 불리는 '커뮤니티 아시아 동맹'이라는 것이 있는데 그것은 일본인 시오자와 미요코(塩沢美代

---

[1] 전 '한국여성노동자협의회' 대표. 현재는 '한국희망재단' 상임이사이다. 그는 남녀고용평등법 개정운동과 여성실업대책본부 결성에 앞장서는 등 30여 년간 여성노동운동에 이바지한 공로를 인정받아 2007년 7월에 국민훈장 동백장을 수여받았다. 그가 여성운동을 시작한 것은 1973년 천주교 '가톨릭노동청년회'에서 활동하면서부터였으며, 당시 경공업 노동자의 대부분을 차지하면서도 근로기준법의 보호를 전혀 받지 못했던 여성 노동자들을 조직화하는 데 힘썼다. 1988년부터 6년간 '아시아여성위원회' 집행위원장으로 활동하면서 국제 여성노동운동 활성화를 위해 일했다. 1990년대 말부터는 여성 실업문제 해결과 비정규직 여성 노동자 권리 찾기에 힘을 쏟아 왔다.

[2] '아시아여성위원회'(Committee for Asian Women, 약칭 CAW, http://www.asahi-net.or.jp/~re9m-wtnb/index.htm). 일본에서는 이 단체명의 번역어로 '아시아여성위원회' 대신 '아시아여성노동위원회'를 사용한다. 원래의 영어 단체명에서 workers가 빠졌던 것은, 당시 아시아 각국에서 노동탄압이 극심했던 탓에 일부러 '노동자'(workers)를 피한 탓이라고 한다. 따라서 일본에서는 번역어에서 본래의 취지를 살려 '아시아여성노동위원회'라고 부르고 있다. 이 운동은 1970년대 후반 아시아 각국에서 경제성장이 급격히 진행됨에 따라 공장노동자로 일하는 여성들이 장시간 노동과 열악한 노동환경에 고통을 받게 되었던 상황 속에서 시작된다. 1981년, CAW는 이런 상황을 개선하기 위해서 그리스도교 단체의 지원에 의해 여성단체로 성립된다. 이 단체의 창설에는 시오자와 미요코(塩沢美代子)가 깊이 관여했다. 이후 이 운동은 이슬람교, 불교, 힌두교 등 다양한 종교, 문화, 언어를 갖는 아시아 각지에 퍼져나갔고, 1992년에는 그리스도교 단체로부터 독립해 여성 노동자 그룹의 네트워크가 되었다. 현재, 아시아 13개국 24단체가 네트워크에 참가하고 있고, 사무국은 방콕에 있으며 동아시아, 동남아시아, 남아시아 지역에서 1명씩 참여하고 있고, 이외에 타이인 12명으로 이루어져 있다. '여성 유니온'은 2003년부터 이 조직에 정식 등록되었다.

子) 씨가 시작했지요. 시오자와 씨는 크리스천인데요, 교회를 거점으로 아시아 등지를 다니면서, 군사독재 시대에도 한국을 왔다갔다하면서 활동했고, 김지하와 편지를 주고받기도 했던 매우 유명한 사람이지요. 지금은 이미 90세에 가까운 나이인데요. 그 사람이 아시아의 풀뿌리 노동자 그룹을 만들었는데, 이철순 씨는 그 그룹의 멤버였어요. 19개국 38개 그룹이 참여하고 있는데 거기에 저희들도 관여하고 있었고, 계속해서 풀뿌리운동으로 교류해 왔지요.

　1980년대, 한국에 군사정권이 수립되고 광주항쟁이 있던 때, 일본 기업 중 컨베이어 벨트로 생산하는 제작 관련 기업이 전부 한국으로 옮겨 갔어요. 그때 저희들은 그곳에서 일하고 있었어요. 그러니까 그때 시오자와 미요코 씨가 "일본은 안 된다"고, 아니, 안 된다기보다는 아시아의 사람들, 즉 개발도상국이라고 이야기되는 나라의 사람들을 기업이 침략을 해서, 즉 전쟁은 아니어도 침략을 해서, 거기서 이익을 얻는다고 했죠. 그래서 일본인은 당시 20대들도 뭐, 돈이, 번쩍번쩍이라고 할까, 정말 브랜드 상품에 국민이 전부 미쳤었어요. 그러니까 좀 돈 거 아닌가 할 정도로 정말로 부유한 생활을 했습니다. 줄리아나 도쿄(ジュリアナ東京)[3]라는 건 그때 유행했어요. 춤춰 제끼고 마셔 제끼고, 일본 전체가 전부 알코올 중독이 된 것처럼……. 정말이에요. 외국에서 온 사람들이 일본 전체가 이상하지 않냐고 할 정도로, 그랬어요. 돈투성이였어요. 그때에 시오자와 씨는 일본에 살고 있지만 아시아의 민중과 함께하자고 했던 거죠. 일

---

3) 줄리아나 도쿄(ジュリアナ東京). 버블 붕괴 시기인 1991년 5월 15일에 일본기업과 영국기업이 합작해서 만든 디스코텍으로 당시 매우 유행했다. 도쿄도 미나토구(港区) 시바우라(芝浦)에 있었으며 정식명칭은 'JULIANA'S TOKYO British discotheque in 芝浦'이다.

본 기업이 아시아에서 심한 짓을 하고 있으니까.

그래서 그때부터인데요. 그때 저는 전기 공장 노동자였어요. 그래서 그 흐름 속에서 이철순 씨랑 의기투합한 시오자와 미요코 씨라는 일본인 과, 그때 섬유산업 즉 의류 공장 노조의 조직가가 있었는데, 그 사람에게서 저도 영향을 받아, 계속해서 와세다 호시엔(早稲田奉仕園)이라는 그리스도 교회에서 비밀 모임을 해나가면서(웃음), 아시아와의 연계가 필요하다고 했던 기억이 있어요. 그러니까 일본 역시 미국과 마찬가지예요. 일견 선진국처럼 보이고 경제대국이니까 진보한 것처럼 보이지만, 그 것을 거부하려고 하는 사람에 대한 압력은 너무나 강해서 조직화가 어렵다고 할까요. 그렇지만 이번에 겨우 민주당 정권이 섰지요. 좋을지 어떨지 모르겠지만, 조용한 혁명인데요. 일본인은 안 된다, 일본인은 정말 바보 아닌가 할 정도로 참을 것을 강요당해 왔는데, 삶을 잃어버릴 정도가 되었으면서도 가만 있다가, 그런데도 자민당에 투표를 하고, 그래서 정말 어쩔 수도 없는 거 아닌가 하고 생각할 참에, 조금 변화한 것이 지금의 현상이라고 할 수 있습니다. 처음부터 이야기가 좀 심각했나요?

지금 '여성 유니온 도쿄'와 '일하는 여성 전국센터'를 하고 계시는데, 어떤 과정을 거쳐서 이런 활동에 이르렀습니까?

이토 저는 1970년대에, 그러니까 저는 뭐, 꽤 나이를 먹었어요(웃음). 70 년대에 나가노(長野) 현의 산촌지역에서 고등학교를 졸업하고 도쿄에 왔어요. 여러 가지 꿈이 있었지만, 결국 공장에서 일하게 되었지요. 제게는 공장이, 뭐랄까 컬처 쇼크 같은 것을 주었어요. 지금으로 치자면 인도네시아 부근의 느낌이지만, 그때 공장의 풍경이라는 것이 "이런 세계가 있었나?" 할 정도로 비참했어요. 그때 일본은 호경기였기 때문에 중학생들이 졸업을 하고 집단 취직을 해 도쿄에 오기도 했어요. 그래서 중학교 졸업이면 열 다섯 살 정도의 어린애들인데, 그들이 도쿄에 와서 전기 공장의 벨트 컨베이어에서 일을 했어요. 엄청난 속도로 조립을 하기 때문에 모두 어깨가 아프다 허리가 아프다고들 했어요. 그게 그 이후 아시아로 가게 되는 것이지요. 당시에는 여성이 대학에 가는 경우가 아직 소수였기 때문에, 고등학교를 졸업했다는 것만으로도 뭔가 장래의 간부 후보생이란 느낌이었는데, 공장에 배속될 때도 그런 느낌을 갖고 있었어요. 저는 그쪽이 잘 맞을 것 같아서, 그러니까 물건을 만드는 것이 좋아서 그런 일을 하려고 공장에 들어갔었어요. 근데 화장실도 못 간다거나 할 정도로 너무나도 비인간적이고 혹심한 상태였어요. 그 당시가 1970년, 공장에 들어가기 전까지는 일본이 좋은 나라라고 생각했었는데, 그런 현실과 만나게 되고, 이게 현실인가 하고 비로소 현실을 돌아보게 된 거죠. 그래도 그때에는 일본의 노조도 강하게 싸우고 있어서, 제가 들어간 회사는 우연히 노조가 매우 강한 곳이었어요. 회사 안에서 데모 교섭을 할 정도로 강한 노조로, 중학교를 졸업한 15~6세의 학생들이 노조간부로 입후보 가능한, 그러한 아직 민주적인 곳이었어요.

그때 여러 가지 싸움이 있었지만, 벨트 컨베이어의 속도를 1분이나 2분 정도 더 빠르게 하는 것에 반대하는 싸움이 있었어요. 이미 정말이지 아슬아슬한 동작으로 일을 하고 있는데 1분이라도 더 늘리는 것이 그게 정말 얼마나 힘든 일인지, 모두 울면서 호소했어요. 그런데 제가 배속된 작업장은 꽤나 커서 7,000명, 아니다 700명의 여성들이 일을 하고 있었는데, 제 작업장은 속도를 1분 빠르게 하는 것은 절대 안 된다고 결정을 했어요. 그런데 그때 제가 그 작업장에서 매우 인기를 얻었던지라, 모두 뭉치는 데 구심 역할을 했어죠. 그러니까 뭐 회사에서 가만히 있지를 않는 거죠. 이토 미도리를 쳐부수지 않으면 안 된다고 해서, 모두로부터 떨어진 곳에 책상을 옮겨다 놓고 거기 근무하게 했죠. 그러자 그게 노조의 활동가의 눈에 띄어서, 근성이 좋다고 (웃음), 그럼 부인부——당시에는 부인부라고 했습니다만, 지금은 여성부라고 하지요——에서 활동하지 않겠냐고 권유를 받아서 들어가게 되었는데, 그때가 스무살 정도였어요.

엄청 빨랐네요. (웃음)

이토 그때에 시오자와 미요코를 만났어요. 왜냐하면요, 시오자와는 아까 말했던 CAW를 만든 사람인데요, 그가 당시 전기 노조, 노동조합 부인회의 학습회, 즉 공부 모임에 강사로 오고 있었어요. 그 사람 말이, 미지근한 물이라고 생각해서 불만도 말하지 않고 일하면, 이윽고 물이 끓어올라서 삶아져서 살다가, 완전히 삶아져서 죽게 된다고 (웃음). 개구리에 비유해서 너희들도 가만히 있으면, 참으면 똑같이 된다고 (웃음) 하더군요. 그렇게 알기 쉽게 이야기를 해서, 중학교를 나온 노동자에게 호소해서, 많은 사람이 시오자와 씨에게 영향을 받아서 노조의 활동가가 되었습니다. 그게 제가 노조활동을 하게 된 계기입니다. 좀 긴 여정이었죠? (웃음)

'여성 유니온 도쿄'와 '일하는 여성 전국센터'가 만들어진 계기와 더불어, 이런 활동이 일반적인 비정규직운동이나 다른 여성운동과 다른 점이 있다면 무엇일까요? 또한 이토 미도리 씨가 이런 단체에서 활동하기 전에는 여성운동을 하셨는지 일반적인 노동운동을 하셨는지도 듣고 싶습니다.

이토 먼저, 왜 여성만의 노조인가 하는 것에 대해 얘기해야 겠네요. 당시는 노조가 엄청 싸우는 노조에서, 더 이상 싸우지 않는 노조로 변화하는 그런 시기였어요. 그게 칠십 몇 년이더라, 오일 쇼크 때여서, 파트타임노동자가 전원 해고되는 사건이 일어났어요. 그런데 그때 파트타임이 모두 여성이었어요. 지금처럼 기간이 정해져 있지는 않은 종신 고용 파트타임이었습니다. 당시에는 주로 주부가 하는 것으로서 시작된 것이 그런 파트타이머였는데, 그때에 연수입이 그다지 높지도 않은 파트타임을 해고해서 회사를 구할 수 있다는 건 말이 안 된다. 회사가 좀더 노력해야 하는 것 아닌가 하는 이유로 반대했었는데요. 그때에 부인부는 절대 반대, 즉 여성들은 해고에 절대 반대해서 파트를 응원할 결의를 강하게 했었는데, 노조의 남자 동료들이 주도하는 실행위원회가 회사와 거래해 버렸어요.

그 이후 노조 자체가 점점 어물어물하게 되더니, 그때를 경계선으로 해서 점점 약해져서 회사 안에서 데모하는 것은 있을 수 없는 일이 되어 버렸어요. 그래서 이런 이야기를 하면 정말 오래 살았다는 느낌마저 드는데, 이런 일이 여러 가지 있었어요(웃음). 그 이후에는 그러니까 전기 노조 그 노조 자체가 정말로 싸우지 않게 되어서, 회사와 일체화되어서 노조라고 말하기조차 어려운 상황이 되었어요. 회사는 부인부를 망가뜨리기 위해서 자신들이 발탁한 남자들을 파견하거나, 여성 노조원을 무력화시키기 위해서 정말 여러 가지 시도를 했고, 파트타이머 해고가 부득이하다는 방침을 통과시킴으로써 여성들의 조직적 대응을 와해시켰지요. 그때 저는 노조가 파트타이머의 해고를 허락했다라는 것, 그래서 결국은 노조 자체마저 엉망이 되었다는 것을 경험했어요. 그런 일종의 원체험을 정말 확실히 제 자신의 눈으로 목격하게 되었던 거지요.

그 뒤 저는 그 회사를 그만두고 중소기업에 들어갔는데요, 그곳도 공장이었어요. 일본 노조는 과거에 '총평'(総評)[4]이라는 곳이 있었고, 그 가운데 전기노조는 중립계, 즉 좌도 우도 아닌 그런 입장을 갖고 있었는데요, 그때 저는 제너럴 유니온인 '총평'의 '전국일반'이라는 노조에 상담하러 갔고, 작업장에서 노조를 만들었습니다. 그 이후 계속 '총평'의 '전국일반'에 소속되어 다양한 노조를, 작업장의 노조를 만드는 일을 계속해 왔는데요. 그런데 언제더라, '여성 유니온'을 만든 것은 1995년이었는데요, '총평'이 사라지게 되면서 '전노협 전국일반'이 그것을 대체하게 됩니다. 즉 '전국일반'은 '연합', '전노협', '전노련' 세 가지로 나뉘어졌는데 저는 우연히 제가 소속된 곳이 '전노협'이었기 때문에 '총평 전국일반'에서 '전노협 전국일반'으로 이적되었어요.

처음에는 '도쿄 관리직 유니온'을 만들게 되었고 그게 많이 성공했어요. 그런데 그 이후에 역시 여성 조직화를 위해서 '여성 유니온'이 좋겠다는 이야기가 되어서 '여성 유니온'이 만들어졌는데, 그때가 1995년이었어요. 그러니까 일본으로 치면 그때가 '경단련'이 새로운 시대의 일본의 경제 전략으로서 기간한정계약[有期契約]을 늘리고 그래서 비정규직을 늘려 가는 시기, 그러한 고용의 다양화와 유동화에 따라 계획을 도모하여 전략을 세웠던 시기였는데, 비정규직을 조직하기 위해서는 역시 여성의 조직이 불가결하다는 생각이 있었어요. 그리고 또한 세쿠하라 문제 말인데요, '총평'이나 '전국일반'이나 '전노협 전국일반'이 된 노조 안에서도 세쿠하라가 잔뜩 있어서요(웃음). 여자가 들어오면 "와~", 예쁜 여자가 들어오면 바로 "우와와와~" 하는 식의 남성들의 반응이 있었는데, 그것은 역시 노조의 단결을 위해서는 적합하지 않다고 생각했어요. 단결할

---

4) 일본노동조합총평의회(日本労働組合総評議会). 약칭 총평(総評).

남자로부터 세쿠하라를 당하다니, 그런 상황에서요. 그래서 처음에는 남
성들과 같은 노조 안의 한 분과로서 '여성 유니온'을 만들었어요. 그러니
까 남성과 같이하는 전국일반의 사무실 안의 일부분, 즉 책장 하나 정도
를 빌려서 '여성 유니온'이 만들어졌던 거지요.

그런데 1995년, 그해는 한신 대지진[5]이 있던 해로 일본인들이 자원
봉사를 하는 게 그때 시작되었죠. 그 한신 대지진, 그리고 지하철 옴진리
교 사건[6]이 있던 해였어요. 옴진리교 알아요? 그 사건 있기 전날의 일이
었어요, 여성 유니온이 만들어진 게. 아니다, 훨씬 전인가? 어쨌든 만약 그
날이랑 겹쳐졌으면 아마도 아무도 와 주지 않았을 거예요. 그렇지만 그
전이었기 때문에 매스컴이 잔뜩 와 주었어요. 여성만의 노동조합이라고.
그래서 뭐랄까, 준비회의 단계였지만, 1995년의 경우에는 비정규직의 문
제에 대해선 어떤 노조도 문제화하지 않는, 비정규직 고용 문제는 아무
도 말하지 않는 시기였죠, "파트는 해고되어도 남편이 부양하니까 괜찮지
않냐"라는 것이 일본 주류파 노조 간부의 말이었으니까요. 그래서 뭐랄
까 우르르 상담이 쇄도해 왔어요. 그래서 뭐, '전국일반노조'에 여성이 흘

---

5) 한신·아와지대지진(阪神·淡路大地震). 1995년 1월 17일 일본 효고 현(兵庫縣)의 고베 시와
   한신 지역에서 발생한 대지진이다. 일본 지진관측 사상 최대 규모의 지진으로, 6,300여 명이
   사망하고 1,400억 달러의 피해를 냈다.
6) 옴진리교. 교주 아사하라 쇼코(麻原彰晃)가 1984년 창설한 옴신선회의 후신. 종말론을 주장
   하는 신흥 종교 단체이다. 옴(Aum)은 '우주의 창조·유지·파괴'를 뜻하는 힌두교의 만트라
   다. 아사하라 교주는 절대 자유 상태인 해탈에 이르기 위해서 요가와 수행, 단체생활 및 출가
   시 모든 재산을 교단에 기증할 것을 강요했다. 1995년 11월 지구 최후의 날이 오는데 옴진리
   교 신자들은 아마겟돈을 극복하고 천년왕국을 영위한다고 설법해 왔다. 1995년 4월, 도쿄 지
   하철 역에서 사린 독가스 테러 사건이 발생한다. 이는 아사하라 교주의 아마겟돈을 실천하기
   위해 교단이 꾸민 것으로 일본 사회 전체에 커다란 충격을 주었다. 옴진리교의 신도 대부분은
   젊은 층이며 일본 내 신도 수만 1만 명, 해외 지부도 갖고 있었다.

러 넘쳐도요, [저희가 있던 곳은] 정말 이 정도도 안 되는 작은 사무실이었어요. 당시 1만 명의 조합원이 당시 '전국일반 도쿄 노동조합'에 있었는데 매우 좁은 사무실에서 시작했지요. 그래도 강한 노조였기에, 작업장 안에도 사무실을 따로 갖고 있을 정도로 강한 노조였어요. 결국 사람이 넘쳐나서 2년째엔가 사무실 설립 모금을 해서 이곳으로 이사했어요.

그런데 그때 "여성만으로는 절대로 망할 거다!"라는 이야기를 들었어요. "뭐, 돈도 없지, 남자도 없이 너희만으로는 망할 거야!"라는 이야기를 들었습니다. 그렇지만 사무실을 옮기려고 했던 이유는 남녀가 함께 있으면 아무래도요, 여자가 "나는 여자라서 그런 것은 불가능해요"라든가, "저기, 단체교섭은 무서워요", "역시 강한 남자가 가 주는 게 좋지 않아, 이토 씨?". 이런 식의 말을 해요. 그러면 저는 "당신은 뭘 하기 위해서 여성 유니온에 들어온 거야? 이곳은 여성의 임파워먼트(empowerment)를 위해서 만든 곳이야. 이곳은 당신이 가진 힘을 발휘하기 위해서 있어요. 만약 그게 싫다면 남자랑 함께하는 다른 노조가 있으니까 그곳에 가는 게 좋지 않아?" 하는 식으로 말하거나, 그런 느낌으로 꽤 힘들게 해왔어요. 저희들이 지키고 싶었던 것은, 여성이 하려고 하는 일을 남성에게 대신하게 하고 싶지 않다는 것이지요.

원래 노조라는 것은 원래 여성 쪽이 먼저 힘을 발휘해서 만들어진 경우가 많다고 생각해요. 한국도 그랬다고 생각하는데요. 저의 원체험도 아까 부인부에서 여성들이 중학교를 졸업하고 열 몇 살의, 아직 스무 살도 되지 않은 사람들이 노조 간부를 했던 그런 것이었으니까요. 그러니까 노조란 정당이 아니니까, 작업장의 개선을 목적으로 하는 곳이기 때문에 중학교 졸업이든지 몇 살이든지 전적으로 괜찮다라고 할 수 있죠. 그런 의식을 갖고 해왔습니다. 그렇지만 단지 당사자가 아니면 회사와 교섭할 때

폭발력이 없어요. 그래서 그 점에서 당사자의 목소리를 높여 가는 조직이어야 한다는 점에는 지금도 계속 집착하고 있어요. 그런 과정 속에서 '여성 유니온'을 세워서 해왔어요.

'여성 유니온'으로선 처음이었나요?

이토 '여성 유니온 도쿄'가 일본에서 최초의 여성 노조는 아닙니다. 사실은 1987년에 '여자 노동조합 간사이'(おんな労働組合 関西)가 만들어집니다. 이것도 아까 말했던 '카우'(CAW)의 커뮤니티에 들어가는데요. 이 그룹은 역시 원래 남성과 함께 싸웠지만 남성들이 지원해 주지 않아서 만들어진 거예요. 어떤 것인가 하면 동일 노동, 동일 임금이라고 임금인상을 요구했는데, 여자이니까 그런 임금인상은 가능하지 않다, 즉 정사원인 남성이 중심이 되어 임금인상을 하는 게 먼저고, 그 뒤에야 여성의 인상 문제를 다루는 게 순서라고 하고, 그래서 결국 지금은 JR이 된 예전의 국철 임시 직원인 와다(和田) 씨라든가 교토가스의 야카베 후미코(屋嘉比ふみ) 씨라든가 하는 분들이 노조를 통해 싸우려고 했을 때 노조의 남성 조합원들로부터 방해를 받았고, 노조 또한 지원을 해주지 않아서 결국 혼자서 개인이 재판을 해야 했어요. 그런 식으로 노조가 지원해 주지 않으니까 어쩔 수 없으니 여성들끼리 하자고 해서 결성한 것이 '여자 노동조합 간사이'였던 거예요. 여성노조가 만들어진 건 그게 처음이고, 그 뒤에 도쿄, 가나가와, 니가타, 센다이, 홋카이도 등 연이어 일본 안에서 여성 노조가 생기게 돼요.

그런데 여성노조는 모두 200명 혹은 100명 전후로, 역시 아이가 있고 남편이 있고 해서 남성처럼 24시간 노조 일을 할 수 없어요. 그리고 어떤 조직으로부터도 지원을 받지 못하니까 돈이 없습니다. 오르그가 잔뜩 있어도 돈이 없어요. 그래서 모두 아담하고 조촐하게 운영하면서, 그래서 또 서로 사이좋게 지낸다고 할까요(웃음). 하지만 해나가는 활동의 내용은 정말 질이 높습니다. 일본에서 처음으로 국립 대학의 비상근 강사의 지위확보 보호(地位確保保全) 판결을 따낸다든가 하는 것처럼 '일본 최초'가 많아요. 하지만 애써서 싸워서 그렇게 훌륭한 싸움을 해도 돈이 없고, 시간이 없고⋯⋯. 24시간 노조활동을 하는 건 무리⋯⋯(웃음).

1995년, '여성 유니온'을 만들었던 해는 '베이징 여성회의'가 있던 해이기도 했는데요, 그때 1995년을 경계선으로 해서 일본의 여성단체는 NGO든 노조든 일본 여기저기서 나타납니다. 베이징 여성회의가 계기가 되었어요. 그때까지 여성들은 주로 임금차별 재판 지원을 받지 못했고, 세쿠하라 문제는 재판에서 이기질 못했어요. 우리는 그것을 이기도록 지원하는 활동을 했어요. 그러니까 본래 노조에서 했어야 했던 일을, 노조가 지원을 해주지 않으니까, 우리들이 했던 거죠. 재판에서 혼자 싸우는 여성들을 지원하기 시작했어요. 그래서 점점 오사카에는 이런 여자가 있다, 홋카이도에도 있다, 규슈에도 있다, 그런 식으로 해서 점차 얼굴과 얼굴을, 1995년경부터 10년 정도 걸쳐서 얼굴을 익힌 관계가 되었습니다.

그것이 '일하는 여성 전국센터'로 이어지게 되는 건가요?

이토 그런 셈이죠. '일하는 여성 전국센터'를 만들게 된 계기는 좀더 구체적으로 말하면, 아메리카의 레이버–페미니즘(labor-feminism)을 연구하는, 웨인 주립대학의 하이디 고트프리드(Heidi Gottfried)라는 연구자가 있는데요. SEIU[7]라는, 그러니까 서비스 노동 조합과 관계가 깊고, 또한 하얏트(Hyatte) 호텔의 노조라든가, 그리고 UE[8]라는 노조 있잖아요, 마이클 무어 감독의 영화에 나오는 UE라는 노동조합에서 나왔던 여성 오르그인데요. 저는 그녀와 미국에서 알게 되었고, 그녀와, 그리고 아메리카의 '여성 연합', 아메리카의 '나인 투 파이브 여성근로자 협회'(9 to 5 National Association of Working Women)[9] 같은 미국의 마이너리티 풀뿌리 그룹들과 2006년에 미국에서 일미 공동 워크숍이라는 것을 했어요.

아니, 그보다 먼저 미국 AFL-CIO[10] 내의 뭐랄까, 비밀 그룹이라고 할까, 좌파 그룹이 있는데, 그 사람들이 "일본은 전혀 안 된다"고 생각했었는데, '여성 유니온'이 있었다는 걸 알게 되었다고 해요. 즉 일본의 엄청 큰 노조는 봐 왔지만 노조가 살아 있지 않았다, 그래서 뭐라고 할까, 모두 양복을 입은 아저씨들이 "파트!"라고 부르는 걸 보면서 "일본의 노조는 가망 없다, 정말 안 된다"라고 생각했었는데, '파트'에 대해서 말하면서 어째서 양복 입은 아저씨들이 말하는가 생각했었는데, 그때 '여성 유니온'을 알게 되었다는 거예요. 그리고 미국의 공민권운동 이래 노동자의 역량을 기르기 위한 교육, 워크숍 교육에 대해 말하면서, 자기에게 엄청

---

7) SEIU, Service Employees International Union. 사이트는 http://www.seiu.org/

8) 미국 전기노조. The United Electrical, Radio and Machine Workers of America의 약칭. 사이트는 http://www.ueunion.org/

9) 사이트는 http://www.9to5.org/

10) AFL-CIO(American federation of labor and congress of the Industrial organization). 사이트는 http://www.aflcio.org/aboutus/unions/. 미국 산별노조총연맹. 산업별조합회의라고도 불리는 AFL-CIO는 1955년 12월 미국의 양대 노동조합조직인 AFL(노동총연맹)과 CIO(산업별조합회의)가 합병하여 성립된 세계 최대의 노동조합조직으로 노동자 1,300만 명을 대변했다. 그러나 2005년 8월 AFL-CIO 소속이었던 '서비스노조국제연맹'(SEIU)과 '전미트럭운전자조합'(TEAMSTERS)이 지도부와의 갈등 끝에 존 스위니 위원장과 현 지도부에 대한 불신을 이유로 결국 AFL-CIO를 탈퇴하여 위기를 맞고 있다. 이들 두 노조의 조합원 수는 무려 320만 명으로 전체 조합원 수의 25%나 된다.

나게 많은 교재가 있으니까 일본어로 번역해서 같이 하지 않겠냐는 이야기를 하더군요.

2003년의 정말 더운 여름에, 우리는 메이지 공원에서 바자회, 즉 벼룩시장을 했는데, 그때 그 고트프리드 씨가 와서 함께하면 분명 재미있을 것이고, 자신이 돈을 대서 미국으로 초대할 테니까 저에게 전국에서 여성 오르그를 골라서 함께 와달라고 했어요. 그래서 지금의 'CAW2'의 운영인이자 제청인이 된 '규슈 워킹위민즈 보이즈'(九州のワーキングウィメンスボイズ), '오사카 워킹위민즈 네트워크'(大阪のワーキングウィメンズネットワーク)라든가, '일하는 여성 인권 센터 이퀄'(働く女性の人権センターイコール)이라든가, 나고야(名古屋)나 센다이(仙台), 홋카이도(北海道) 등의 사람들에게 말을 해서, 1천만 엔 규모의 엄청난 예산을 들여서 미국에 갔어요. 그래서 글로리아 존슨(Gloria Johnson)과, 그녀는 AFL-CIO의 사람인데요. 그 당시 AFL-CIO에는 7개의 부서가 있었는데요, 그 중 여성연합에서 아프리카계 아메리카인 부서 여성연합 회장이 글로리아 존슨이었어요. 그런 여성 등과 만나서 함께 참가하게 되었어요. 생각해 보면 저는 정말로 엄청난 여성 오르그들과 만나 왔다는 생각이 드는데요(웃음). 그래서 아메리카 노동운동의 역사라든가 워크샵의 이야기를 들었고요.

그래서 그 다음 해인 2004년인가에 3년에 걸친 프로젝트로 미국의 저널리스트, 노동운동 활동가 등 그곳의 노동 교육 센터의 교사들이 일본인을 위해서 만든 교재를 전부 일본어로 번역했어요. 그것을 통해 무엇을 했는가 하면, 조직을 하는 데 무엇이 필요한가, 매스컴은 어떻게 사용할까, 노조에서의 연설 방법, 커뮤니케이션을 하는 방식 등을 배웠어요. 요약하면 커뮤니케이션, 역량강화, 조직화 등 세 가지를 중심으로 한 교재였어요. 10명씩의 그룹으로 나뉘어서 했어요. 그러자 여태까지 알던 관계가 더욱 일체화되었어요. 그래서 역시 우리들은 돈도 없고 노력도 남자들처럼 확 안 되니까, 연대하는 것을 통해서 힘을 키워 가자고 이야기가 되어서 2007년에 그야말로 '마리아'를 불러서(한국의 이철순을 마리아라고도 불러요) 함께 얘기했죠. 한국에서 여성 노조가 살아남았잖아요. 일본에는 전국 조직이 없지 않느냐, 물론 기존의 전국 조직은 있지만 정말로 풀뿌리의 자립적이고 자발적인 일하는 사람들이 하는 노조는 없지요, 그렇게 하여 결성된 것이 2007년의 '일하는 여성 전국센터'입니다.

일본의 각 지역만이 아니라 중국과 한국, 미국까지 넘나드는 엄청난 역사가 있군요 (웃음).

<u>이토</u> 이곳은 뭐랄까, 여전히 아주 '핫'하니까요. 그러니까 매우 젊어요. 그런데 일본은 올드, 올드, 그러니까 뭐랄까, 노조가 거의 올드 심야 클럽처럼 되어 버려서요. 그래서 그런 사람들이 전부 차지하고 있어서 젊은 사람이 나와도 으깨버리구요. 예를 들어 파견운동이건 파트타이머운동이건, 뭐든 간에 모두 양복을 입은 화이트칼라 아저씨들이 비정규직의 권리의 춘투라든가 뭐라든가, 파견노동자를 위해서 뭔가를 한다고 하지만, "파견노동자는 어디에 있는 건가" 싶고, 그러다 마지막에 "그러면 '파견노동자의 인사'를 듣겠습니다"라는 식으로……. 그러니까 주역이 아닌 거예요. 일본의 노조에서 노동자는 말이죠, 주류파는 대학 나와서 곧바로 '연합'에 들어온 사람들이 노조 간부가 되거나 해서, 전혀 뭐랄까, 말이 살아 있지를 않고, 겉모습일 뿐이고, 사람에게 호소력이 없어요. 그런 건 말이죠, 전혀 강할 수 없어요.

예를 들어 육아업[育児休業] 해고가 있어서 소란스러웠을 때요. 이 곳엔 매스컴이 취재하러 오는 경우가 많지만, 큰 노조의 경우 "매스컴이 취재하러 오는 사례가 없어요 이토 씨"라고들 해요. 그런데 오지 않을 리가 없는데, 오는데 말예요. 그러니까 [노조가 활동을] 제대로 하지 않으니까, 맞붙어 대처하지 않으니까 오지 않는 거죠. 최근에 그런 상황에 대해 조금 반성한 듯합니다만, 따라서 여러 신문사들이 "이토 씨 쪽은 정보의 보고예요"라고 합니다만, 그런 의미에서는 저희는 직접 날것인, 현장의 사람들과 가장 가까이 접촉해 왔다고 할까요.

그렇지만 뭐라고 할까요? 사람들이 몰려들어서야 겨우겨우 매스컴에 나오는 그런 약점, 따라서 매우 질은 높은데도 조직을 확대하거나 사회적으로 영향력을 갖는 지점에서는 아직 약하다는 점, 그것을 전국 조직을 통해 바꿔 갈 수 있지 않을까 싶었죠. 그래서인지 최근엔 조금씩 주목을 받게 되어 가장 큰 내셔널 센터인 '연합'으로부터 자금 원조가 있었어요. 정말 조금이지만요(웃음). 상담 트레이닝비로 60만 엔 정도. 그러나 그러한 자금 원조조차 과거라면 정말 있을 수 없는 거죠. '연합'에 가입도 하지 않았는데 돈을 주거나 하는 것은 있을 수 없는 일이니까요. 예전이라면 돈을 받으려면 '연합'에 가입하라는 것이 통례였으니까 말예요. 따라서 '연합'도 많이 변했다고 해야 할 듯해요.

그것은 역시 반빈곤운동과도 관련되어 있다고 할 수 있을 겁니다. 저도 물론 '반빈곤 네트워크'의 유아사 마코토(湯浅誠) 씨 등과 함께 운동을 하고 있습니다만, 유아사 씨는 여성에 대해서 빈곤은 여성의 문제라고 확실히 말하고 있고, '연합', '전노협', '전노련'의 쟁쟁한 간부와 제가 함께 동석하게 하는 그런 틀을 만드는 방식을 취하고 있어요. 사실 그게 가능한 것은 역으로 유아사 씨 쪽도 엄청 작은 그룹이기 때문일 거예요(웃음).

100명 정도의. 물론 그들에게 대상이 되는 사람들은 몇 천 명이 되지만, 사실 조직은 매우 작아요. 우리도 그래요. 뭐랄까 최근 15년간 7천 건, 8천 명 정도의 사람들의 일을 처리했고 800개의 회사와 교섭을 했지만, 조합 원은 300명이 될까 말까 합니다.

그런 점들이 사실은 이번 정권 교체의 대변동을 일으킨 담론이 되었 다고 생각해요. 그건 분명해요. '파견마을'을 한 것은 모두 그런 사람들이 었어요. 대조직이 아니에요. 그런 작은 조직들이 모여서 큰 사건이 만들 어진 것이고, 나중에 대조직이 초조해져서 인사하러 왔던 거라고나 할까 요? 인사만 하러 왔다는 말은 좀 이상하지만 말예요(웃음). 사실은 그것이 현실인 거죠. 노조가 아니라 한 명의 남성인 유아사가 미혼모 클럽이나 우리들에게 말을 걸어 주어서 같이하자고 했던 것이고, 그것이 그 기존의 대조직을 움직여 파견이나 비정규직 노동자에게 말을 걸어 왔다라고 저 도 느끼고 있어요. 물론 그래도 역시 아직은 여성 문제에는 약합니다만. 그렇지만 조금씩 변화해 왔다고 할까, 그런 느낌은 듭니다. 또한 인터넷 이 보급되었기 때문에 적어도 문제의 발신만은 가능해졌다고 할까요. 그 렇게 하면 반응이 여기저기에서 나타납니다.

'여성 유니온 도쿄'는 '전국 유니온' 소속입니까?

이토 아직 '전국 유니온'에 소속되어 있지 않아요. '전국 유니온'에 들어가 있지 않다거나 '커뮤니티 유니온'에 들어가 있지 않다거나 하는 것은요, 여러 가지로 내막이 있어서예요.

그래요?

<u>이토</u> 네. 거절당했어요.

어, 거절당했습니까?

<u>이토</u> 같은 도쿄 멤버한테서요. 오사카 사람들은, 추천해 줄 테니까 '전국
유니온'에 들어오라고 했어요. 들어갈 자격은 충분합니다. 두 단체가 추
천해 주면 들어갈 수 있으니까요. 그런데 세쿠하라 문제를 너무 많이 제
기해서, 저희들이 꽤나 노조 간부를 추궁하고 노조 간부가 했던 행위에
대해서 상당히 시끄럽게 만들던 사정도 있고 해서요(웃음). 물론 그들은
이유를 그런 식으로 말하지 않지만, 어쨌든 우리는 많이 거절당했어요.
그래서 어떤 '전국 유니온'을 결성하는 것을 결정하는 집회에서, 여성들
이 '연합' 가입을 매우 강하게 반대했어요. 그런데 결국 '전국 유니온'은
'연합'에 가입하는 것으로 끝나서, 지금 14개 정도가 '전국 유니온'에 가
입한 상태죠. 그들은 통째로 '연합'에 들어가고 싶어했어요. 그렇지만 '연
합'에 가입한 뒤에도 다시 여기로 돌아와서 활동하네요. 바보 아닌가? 엄
청 돌아서 오네 싶은 느낌이 들어요.

　　그렇지만 그때 '여성 유니온'은 방해물이었을 겁니다. 생각건대, 사
실 그때 '여성 유니온'은 거추장스러운 것이었습니다. '전국 유니온'이 '연
합'에 가입하려고 하는데, '여성 유니온'이 오면 '연합'에 들어갈 수 없다
는 그런 느낌이었을 겁니다. 그래서 "뭐 하러 왔냐?"고, 그러니까 여기에
서 소개받았으니까 갔는데, '연합' 간부로부터 엄청나게 멸시당했죠. 그
멤버들은 모두 같은 도쿄에서 일하는 사람들인데……. 간사이 같은 경우
에는 모두들 같이 지내는데요. 그래서 그런 인간관계에 봉착한 우리들은,
현실적으로 멘탈 헬스가 필요해진 노조를 포함해서, 아무래도 괜한 에너

지를 쓰지 않는 것이 좋겠다는 생각에 이제껏 가입하지 않은 상태인 거죠. 그런데 이 센터에 들어와 있는 사람들 가운데는 '전국 유니온' 멤버나 '커뮤니티 유니온' 멤버도 있습니다. 따라서 여기서는 대립적인 관계가 아닙니다만, 그렇지만 '전국 유니온'의 도쿄의 간부급 사람들과는 멀리하는 그런 관계입니다. 뭐랄까, '연합'에 들어가는 걸 이렇게 싫어하는지 모를까 싶을 정도예요. 결국 "같이하고 싶지 않다!"라는 이야기만 들었으니까요. 그래서 여러 가지 좋지 않은 평도 있었고요. 잘 모르겠어요. 그러니까 남성이 하자는 대로 하지 않는다는, (폭소) 가장 본심을 말하자면 바로 그게 맘에 안 드는 점이었던 거죠.

'여성 유니온'은 '커뮤니티 유니온' 안에서도 위에서 몇 번째로 큰 조직에 속해요. 사실 '커뮤니티 유니온'의 경우는 모두 작으니까요. 한 단체에 100명밖에 없다거나……. 그러니까 ['여성 유니온'이] 들어가면요, 숫자가 '커뮤니티 유니온'에서 보면 위로 들어가요. 그런데 간사이의 여성들[11]도 강해요. 거기선 "'여성 유니온'이 들어오면 도움이 될 텐데요"라는 이야기를 지금도 듣고 있어요. 그래서 지금도 검토하고 있는데요, 좀……. 반면 '연합 삿포로 지역 유니온'(連合札幌地域ユニオン)은 '커뮤니티 유니온'을 그만두고 싶다고 이야기하는데, 잠시 들어가 있으라고 하는 상태예요.

'커뮤니티 유니온'은 확실히 지금도 여성이 많지만, 예전에는 훨씬 더 여성이 많았어요. 확실히 여성이 이니셔티브를 갖고 있었어요. 그런데 어느 사이에 아저씨가 되었는가 싶어요. 정말로 전혀 지금과 달라서 여성이 중심이었습니다. '파트 커뮤니티 유니온'은 '커뮤니티 유니온'을 만들

---

11) 오사카의 '전국 유니온'(全国ユニオン)을 의미하는 듯.

었던 창립자가 "파트" '커뮤니티 유니온'을 강조하여 만들었어요. '에도가와 유니온'(江戸川ユニオン)[12]이 그것인데요. 여기는 정말 파트타임노동자를 잘 조직화해 가겠다는 것을 목표로 하고 있어요. 여기 『커뮤니티 유니온 선언』이라고 책이 있지요? 그러니까 예전의 '커뮤니티 유니온'과 지금의 '커뮤니티 유니온'이 전혀 달라요. 『커뮤니티 유니온 선언』이라는 이 예전의 책을 보면 대부분 여성이 중심이었음을 쉽게 알 수 있죠. 그런데 그것이 점차 지금의 '커뮤니티 유니온'이 된 것인데, 사실 지금은 '전국일반'과 뭐가 다른가 싶어요. 세쿠하라 문제를 말하면 경시되지, 왜 현장의 사람이 중심이 안 되냐고 하면 무슨 말이냐고 하고, 그래서 저희들은 매우 질렸어요.

그렇지만 그건 도쿄만 그래요. 지방 조직은 '여성 유니온'을 모두 응원하고 있어요. 도쿄는 역시 정치와 가까운 것도 있어서 여러 가지 점에서 좀 복잡해요. 저희들은 확실히 말해서 '커뮤니티 유니온 도쿄'의 운동 분야에서 보면 소수지요. 도쿄의 '전국일반'은 완전 크니까요. 노조도 많고요. 그런데 '커뮤니티 유니온'은 매스컴을 잘 활용한다고 할까요. 그렇지만 실태는, 잘 관찰해 보세요. 늘 같은 얼굴이 맨앞에 앉아 있으니까요. 반면 조합원은 1년을 있지 않아요. 모두들 교체되고 들고나고 하고, 매스컴을 이용해서 조합원을 점점 내놓고 하지만, 그 조합원들은 그 다음 해에는 없으니까요. 그거 잘 관찰해 보세요. 뭐, 정말 완전히 노조원을 이용하고 있어요. 역시 밖으로 나가면 별로 좀……(웃음). 그렇지만 우리들은 그들은 그들 하는 대로 두자는 생각이에요. 보는 사람은 보고 있으니까. 별로 그쪽에 매력을 못 느끼니까 별로 상관없다고 생각하지만, 그게 노조

---

12) 홈페이지는 http://www.edogawaunion.com/

라고는 생각하지 않아요. 뭐랄까 그건 정치조직같이 되어 버렸어요. 캠페인 조직 같아요(웃음). 느껴져요? (웃음)

역시 노조는 한국의 여성노조처럼 정말 현장 노동자가 중심이 되어야 해요. 일본도 그런 노조였는데, 그런 게 정말 사라졌어요. 현장 노동자가 제대로 노조원이 되거나 분과장이 되거나 해서, 노조원이 노조원을 제대로 오르그해서, 가령 정말로 학력이 없는 사람도 모두 함께 발언할 기회를 얻어서 활발히 논의하는 그런 것이 되어야 해요. 따라서 이곳 '일하는 여성 전국센터'도 분규는 아니지만 의견이 잔뜩 나와서 화악~ 나오고 하는데, 그게 당연한 거예요. '전국 유니온'은 한 건 나오면 쾅 하고 짓밟아 버리고 뭐랄까, 정말 지루해졌어요. 과거에는 그렇지 않았는데요. 그렇지만 로컬 조직의 경우는 매우 열심히 '커뮤니티 유니온'을 하고 있구요. '전국 유니온' 가운데서도 홋카이도의 '연합 삿포로 지역 유니온', 오사카의 '센슈 유니온'이라든가— '센슈 유니온'은 거의 대부분 여성이에요— 그런 곳과는 매우 친합니다. 그렇지만 도쿄와는 잘 안 됩니다. 그리고 그쪽 사람들은 모두 조합원을 매우 중요하게 생각하니까요. 새로운 사람을 길러 내려고 하고요. 그러니까 역시 서로 마음이 끌리는 것은 '전국 유니온' 사람들 중에서도 그러한 '여성 유니온 도쿄'와 정보 교환을 하는 쪽과 그렇지 않은 쪽으로 나뉘어 있습니다.

'여성 유니온 도쿄'와 '일하는 여성 전국센터'를 함께, 한 사무실에서 하고 계신데, 두 조직의 차이는 무엇이고, 활동의 차이는 무엇입니까?

이토 그것은 아시아의 국제 회의에서 세운 전략과 관련된 것인데요……. '카우'는 단지 교류할 뿐만 아니라 전략도 세우는데요(웃음). (종이를 가져

와서 그림을 그리며) 이런 것입니다. 사실 한국도 그렇지만 노조의 조직률이 매우 낮지 않습니까?[13]

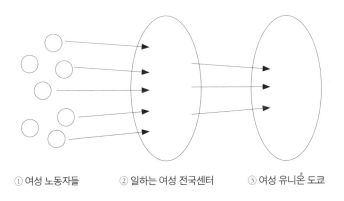

① 여성 노동자들   ② 일하는 여성 전국센터   ③ 여성 유니온 도쿄

　여기 보면 ③이 '여성 유니온 도쿄'이고 ②가 '전국센터'('일하는 여성 전국센터')라고 합시다. ①은 여성 노동자들인데, 모두 고립되고 정말로 좀처럼 뭉쳐지지 못하고 있지요. 게다가 멘탈 헬스가 필요한 경우도 있구요. '여성 유니온 도쿄'(③)와 '전국센터'(②)의 관계는, 우선 ②에서 사람들을 모아서, 유아사 씨가 말하는 것처럼 이곳에서 힘을 모은다고 할까 임파워먼트를 하고 그것을 ③으로 연결되게 하는 것이지요. 왜 그러냐면요, 노조는 예를 들면 '여성 유니온'도 지금 싸게 해도 한 달에 노조비 2천 엔을 내게 되어 있어요. 대개 노조에는 노조 회비가 필요하니까요. 월 2천 엔이니까 연회비가 2만 4천 엔인데요. 그런데 지금 사실 이 돈을 낼 수 있는 사람이 점점 사라져 가고 있어요. 알겠어요? (웃음) 경제적인 이유가,

---

13) 이토 미도리 씨가 그려 준 도형을 흉내 내서 첨부한다. 이후 번호는 이 도형의 세 가지 형태를 의미.

그러니까 월 2천 엔의 돈을 낼 수 없다는 게 노조를 그만두는 이유가 되고 있는 거예요(웃음). 그걸 회사에서 받아내지 못하는 상태에서 노조비를 계속 낸다는 것이 힘든 거예요. 물론 매우 강한 신념을 갖고 있으면 2천 엔을 계속 내겠지만요. 그만큼 노조의 허들이 상당히 높아진 거죠. 미혼모들이 자주 말하는 것인데요, 유급휴가나 잔업수당을 달라는 그런 권리가 노동기준법에 있지만, 그러한 노동의 권리를 행사하는 순간 해고되니까, 그렇게 해고되면 한 달도 채 먹고살 수 없으니까, 그러니까 노조와의 연결이 불가능한 것이지요.

따라서 경제적 부담 없는 ②에서 사람들을, 신뢰를, 그러니까 경제적인 세이프티 네트워크만이 아니라 인간관계라는 세이프티 네트를 모으지 않으면 노조에서 싸울 수 없다는 거죠. 그래서 '일하는 여성 전국센터'는 거의 뭐랄까, 거의 이것은 저의 자기 희생처럼 되어 버렸습니다만, 회비를 년간 1천 엔으로 하고 있습니다. 즉 커피 값의 두 배 혹은 세 배 정도인가요? (웃음) 그럼에도 매우 요구가 높아요. 모두 예산이 제대로 마련되었느냐라든가, 겨우 1천 엔인데도, 그렇게까지 요구하지 말아 주세요(웃음)라든가. 하지만 모두들 기다려 왔다는 느낌이 들어서요. 그러니까 지금 노조에 갈 수 없는 파견들이 많지요. 노조에서 교섭 불가능한 사람들이. 노조에서 교섭이 가능한 것은 예를 들면 부모랑 같이 살거나 정사원이거나, 저축이 있거나 하는 사람들이에요. 저축이 없으면 좀처럼 그 싸움을 계속하기 어렵고 재판도 불가능하죠. 그런데 모두들 돈을 모아서 활동한다는 것은 사람과 협력하거나 돈을 모으거나 하지 않으면 불가능하지요. 그렇게 참가할 수 있는 인간이 성장할 수 있는, 그런 사람을 모으는 장소가 필요하다고 할까⋯⋯. 그래서 이곳에서 커뮤니케이션 교육 등을 열심히 하고 있는데요. 그래도 동료를 신뢰하면 어떻게든 싸울 수 있지 않을까? 동료를 신뢰하지 못하니까 싸우지 못하는 게 아닐까? 예를 들면 싸우고 난 뒤에 심한 상황에 처하는 것이 아닐까 하는 상태, 누구도 나 같은 것은 생활이 불가능해지면 도와주지 않을 거야라고 생각하는 상태에서는, 그러한 신뢰관계가 만들어지질 않습니다.

한국의 경우는 바로 그 점이 다른 거 같아요. 40대는 군사정권을 경험했잖아요? 그래서 적어도 군사정권으로는 돌아가고 싶지 않다는 그런 공통분모가 있지 않습니까? 물론 이명박도 심하지만, 군사정권만은 되고 싶지 않다는. 그래서 서로를 돕는 그런 것이 있잖아요? 일본은 그런 게 너무 옅어요. 한국의 영화감독이 일본에 와 보고선 일본인이 가장 고립되어 있다는 생각이 든다고 했다고 해요. 필리핀에 가 봐도, 슬럼임에도 서로 돕는데 일본인은 서로 뿔뿔이라고. 그런데 요즘 젊은 사람들 사이에 서로 돕고 서로 나누는 것들이 모색되고 있지요. '프리타 전반노조' 같은 곳은 취재해 보면 좋을 거라고 생각하는데요. 그곳도 다소 정치적인 부분이 있어서 다소 위태로운 젊은이들입니다만, 그렇지만 젊으니까 어쩔 수 없나 싶기도 해요(웃음). 그러니까 저도 그런 시기가 있었기 때문에 젊은 사람이 여러 가지 해보고 싶다는데, 그건 어쩔 수 없는 거지요. 그래서 지켜보고 있습니다만, 저기, 그곳의 사람들이 서로 돕는 경험을 통해서 동료를 신뢰 가능해지는 것이 다음 단계로 나아갈 수 있는 그런……. 이것은요, 2003년에 홍콩에서 동아시아 여성노동자의 조직화를 위한 전략 회의를 했었는데, 한국, 일본, 홍콩, 말레이시아, 타이완 등의 사람들이 모여서 앞서와 같은 전략을 세웠어요.

듣고 보니까 '전국센터'는 일종의 공동체 같은 곳이네요.

이토 그렇습니다. 핫라인활동과 함께 전화상담을 베이스로 하면서 교육 활동을 합니다. 핫라인을 하며 정책제안을 하는데, 올해는 유니온이 너무나 바빠서 상담과 교섭 활동으로 넘쳐 나기 때문에 우리들은 유니온에서 일할 인재를 올해에는 '전국센터'에서 하려고 해요. 유니온에 오는 사람들은 쟁쟁한 노조원이니까, 즉 자신이 노조를 만든 사람들이 오기 때문에, '전국센터'에서 다음 조직가 축적을 하려고 해요. 그래서 지금 유니온을 만드는 캠페인을 하려고 생각하고 있어요. '전국센터'에서 나온 인재를 유니온에 넣는 그런 식으로요. 그런 다음에는 ①의 사람들을 다시 ②(전국센터)에서 경험의 장을 갖도록 하는 그런 형태로 하고요. 따라서 ③(유니온)이 전국을 기획하는 것은 무리입니다. 현장의 일로도 힘이 벅차니까요. 여기(②, 전국센터)에는 누구나 들어올 수 있어요. 학생이나 지식인도 들어올 수 있어요. 학자도 변호사도 할 수 있고요. 물론 혼자서 노조에 갈 수 없는 사람들도요. 물론 대개는 한 명 한 명의 개별 노동자들이지만 말이죠.

'카우'는 이 관계 속에서 어떻게 연결되어 있나요?

이토 아, '카우' 말인가요?

네. 이후 드릴 질문이 여성 이주 노동자에 대한 것인데요, 홈페이지를 보면 아시아의 여성들뿐 아니라, 일본에 와서 일하거나 결혼해서 온 이주 여성들 지원도 하고 있다고 씌어 있었어요. 일본에 있는 그러한 이주 여성 노동자에 대해서는 어떤 일을 하고 계신가요?

이토 아, 이주 노동자 문제는 아직 충분히 손대지 못하고 있어요. 성적 소

수자 등은 들어와 있고 미혼모도 그렇지만 이주 노동자는 아직······. 이주 노동자 조직은 '전국 이주 연합'이라는 조직이 지원하고 있어요. '이주련'[14]인가? 꽤나 큰 조직이에요. 홈페이지가 있어요. 그리고 제가 알고 있는 것은 이주 노동자 관계 활동으로 크게 성공한 것은 '가나가와시티 유니온'(神奈川シティユニオン)으로, 그쪽과 저희는 관계가 좋아요. 그리고 '커뮤니티 유니온' 속에서도 그쪽은 어느 쪽인가 하면 '연합'이 아니에요. 그리고 '전통일'(全統一労働組合)[15]과 '가나가와시티 유니온'은 이주 노동자를 많이 조직화하고 있어요. 취재하면 좋을 거라고 생각해요.

그러면 '카우'는요?

이토 '카우'는 동아시아, 동남아시아, 남아시아의 풀뿌리 그룹이고, 19개국 38개 단체로 이루어져 있어요. '카우'는 '여성 유니온 도쿄' 홈페이지에 나오고 링크도 되어 있지요. 그렇게 된 것은, 3년 전에 총회 같은 것을 했는데요, 이곳에서 동남아시아까지는 거의 '글로벌' 같은 느낌이에요. 캐논 같은 것도 동남아시아까지 다 침투해 있고, 삼성이나 캐논, 도요타, 현대자동차 등도 모두 침투해 있어서 공장 이야기를 하면 한국도, 일본도 같다는 그런 느낌이죠. 그런데 남쪽은 아직 너무 분쟁상태라서요. 즉 방글라데시, 파키스탄, 인도 등은 좀 다른 편이죠. 그리고 필리핀은 또 좀 다른데요, 필리핀은 정말이지 교육이 잘 진행되어서, 쉽게 만족하지 않는다고 할까, 정말로 훌륭해요. 토론 방식이 뭐랄까, 정말 활발히 진행되고 있

---

14) '이주 노동자와 연대하는 전국 네트워크'(移住労働者と連帯する全国ネットワーク, 약칭은 移住連)[http://www.jca.apc.org/migrant-net/Japanese/Japanese.html].

15) 전통일 노동조합(全統一労働組合)[http://www.zwu.or.jp/].

어요. 그러나 남아시아의 경우는 아직 분쟁상태라서, 마구 화내면서 말하는 경우가 많아서 컨센서스를 잘 만들어 가야 한다고 할까? 재미있어요.

얼마 전에 엄청 웃었던 것은, 남쪽에서 보면 거기서 회의를 할 경우 인도가 가장 중심에 와요. 저번에는 아예 조선반도가 없었어요(웃음). 뭐라고 할까, 극동이라고 하는 것은, 그쪽에서는 아예 지도에 그려져 있지를 않아요(웃음). 이게 일본이고, 조선반도는 보이지 않는 그런 분위기예요. 따라서 이 근처들에 있는 것은 다 바보 취급을 당해요. "당신들은 경제대국이죠? 그러니 우리들의 고통을 알 리 없어요!" 그런 느낌으로 방글라데시나 파키스탄 사람들은 말하지요. 사실 그들도 이 회의에 참석하러 와요. 그리고 지금의 중국이, 단결권이나 단체교섭권도 없는 중국 사람들이 참여하지요. 그 사람들은 경제대국의 사람들이 말하는 건 참고가 안된다는 (웃음) 그런 분위기예요. 정말로. 서로 이해해 가는 것은 매우 어렵지 않나 싶은 그런 분위기죠.

그렇지만 이 회의는 계속해서 진행되고 있어요. 지난번 G8 투쟁을 할 때도 왔었어요. 그때 홋카이도에서 여관을 잡지 못해서 민박 같은 데 묵게 했더니 언제 와 보겠어 싶었던지, 무지하게 기뻐하더군요. 그런데 좀더 묻고 싶은 게 있어요? '카우'에 관한 책도 여러 가지 있어요.

뭔가 이 전략 속에서 함께 하는 것이 있을까 해서요.

이토 그러니까 '카우'의 동아시아 회의에서 이러한 이야기를 했어요. 비정규직 고용의 조직화를 어떻게 할까 하는 사안이 제기되었을 때, 거기서 역시 중요한 것은 중간지대라는 거죠. 정사원이면 스트레이트로 돈도 있으니까 확 모을 수 있지만요, 비정규직은 그렇지 않으니까 ['전국센터' 같은) 중간지대가 필요하다는.

비정규직의 비율은 여성이 훨씬 높잖아요? 한국도 그렇지만요.

__이토__ 한국도 높지요.

비율만은 아닌데요. 한국도 비정규직의 매우 중요한 싸움이 몇 번이나 있었죠. 이랜드, KTX 승무원, 기륭전자 등의 투쟁이 있었는데요. 그런데 KTX나 기륭전자는 말할 것도 없고, 이랜드는 위원장 등은 남성이었지만, 투쟁의 주역은 여성들이었습니다.

__이토__ 그래요. 그게 훌륭해요.

따라서 그런 의미에서 비정규직운동 안에서 여성의 위치나 역할이 매우 큽니다만, 일본도 그렇습니까?

__이토__ 그러니까 비정규직 문제는요, 그것을 말하는 것은 곧 여성의 문제를 말해야 하는 그런 문제예요. 비정규직 문제는 무엇보다 여성의 문제입니다. 이것이 비정규직에 관한 일본 통계인데요[옆의 도표 참조], 이게 몇 년 전이더라, 지난 15년간의 변화인데, 이게 남성이고 이게 여성이에요. 가장 밑이 평사원인데요. 그런데 매스컴에 나오는 것은 남성 부분일 뿐입니다. 그렇지만 어떤 연령대를 보든 여성이 많습니다. 그런데 이런 것을 남자들은 말하지 않아요. 주류의 노동운동에서는 '연합'이 겨우 비정규직 고용 춘투를 말하기 시작했어요. 그렇지만 여성의 조직화라고는 좀처럼 말하지 않아요.

한국의 예를 들면 「외박」이라는 영화가 있잖아요. 물론 민주노총의 지원의 방식이라든가 여러 가지 문제가 있을 테지만, 「외박」 안에서 마트

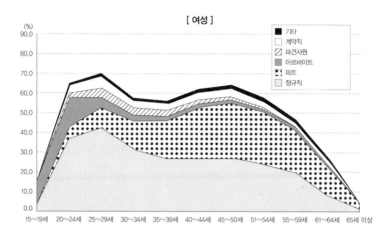

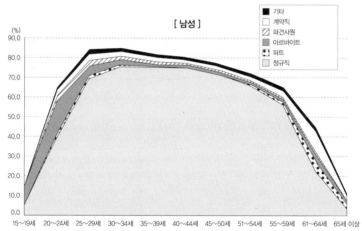

여기서 이토 미도리가 보여 준 통계 자료는 2008년 9월 28일에 있었던 「여성과 빈곤 네트워크 만들자 결성집회」(女性の貧困ネットを作ろう立ち上げ集会) 자료집 1쪽에 실려 있던 것이다. 그 자료집에는 이 통계자료가 원래 2007년 일본 총무성 통계국이 작성한 「노동력조사상세결과」 (勞動力調査詳細結果)이며, 일본 후생노동성에서 펴낸 『여성노동의 분석2007』(『女性勞働の分析 2007』, 財團法人21世紀職業財團)에 수록되었던 것임을 밝혀 두고 있다.

앞서 언급한 「여성과 빈곤 네트워크 만들자 결성집회」는 '여성과 빈곤 네트워크'를 만들자는 취지로 열린 첫번째 집회이다. 이후 이 단체는 계속해서 빈곤 속에서도 '여성의 빈곤' 문제를 중심으로 활동하고 있다. 이 인터뷰 각주 23번 참조.

의 계산대에서 일을 하던 사람들이 순식간에 성장해 가잖아요. 그래서 조직의 리더가 되잖아요? 그러한 조직화가 중요하다는 것을, 비정규직이 중요하다고 말하는 노조조차도 그렇게 하지 않고 남성이 여성을 대행해 버립니다. 이랜드의 점장이 "집에 돌아가고 싶은 사람은 솔직히 말해 봐요"라고 하는 것처럼, 꽤나 여성의 입장에 맞추어서 했기 때문에 그만큼 싸울 수 있었을 거라고 생각하지만요. 물론 그렇게 되기까지 프로세스가 여러 가지가 있었을 거라고 생각합니다만.

그렇지만 일본에선 그것과 같은 것을 한다고 한다면, 갑자기 남성이 확 나타나 끼어들어서, "자, '파트'는 이쪽으로 서 보세요"라고 말하거나 해요(웃음). 그런 파트 자신이 노조에 참여하는 것에 대해 확신을 갖도록 한다든가, 자신들이 잘못되지 않았다는 것을 자기 스스로의 힘으로 말할 수 있게 되는 것, 점점 연설을 잘하게 된다든가 하는 그런 것을 중시하는 노조가 일본에는 정말 적어요. 전부 대행해 버려요. 오르그라고 할까, 노조의 간부들이요. 민주노총이 중간에 들어와서 대행해 버리려는 것처럼. 그렇지만 민주노총은 일본 노조과는 비교할 게 못 돼요. 민주노총은 그래도 싸우고 있으니까요.

그렇지만 민주노총도 정규직의 조직이었던 거지요. 과거 일본의 70년대에 제가 소속되어 있었던 노조와 마찬가지로 결국 대행주의인 것이지요. 그러니까 민주노총이 정말 바뀌지 않으면 갈 길은 일본과 마찬가지일 거예요. 성장이 되면 될수록 점점 어용화되어 갈 거예요. 그러니까 민주노총이 정말로 그곳에서 방향을 전환해서, 여성 조합원을 그 틀 안에 넣어서 바꾸지 않으면, 대행주의를 넘어서지 않으면, 분명 일본과 똑같은 길을 밟게 될 거라고 생각하고 있어요. 제가 이랜드 싸움을 보고서 얻은 교훈은, 현장의 점장을 중심으로 조직된 여성을 축으로 해서 여성들 자신이 열심히 하면서 변해 가는 것이었어요. 제가 가장 감동받았던 장면은 "좀더 큰 소리로 외치지 않으면 들리지 않아요" 라든가, "제대로 말해요" 라든가 그런 식으로 노조원들을 열심히 고무해서, 그 사람들 자신이 하게 하려고 정말 열심히 노력하는 것이었어요. 몇 번이나 몇 번이나 연습시키고 연설하게 하는 것, 그게 중요한 것이죠. 그것이에요. 그것은 일하는 사람들 자신의 힘을 긍정하는 것이고, 그들이 자신의 힘을 긍정하게 될 거라고 믿기 때문에 시키는 것이잖아요.

그런데 일본 '연합'은 파트 따위가 연설을 할 수 있을 리가 없다고 생각하고 바로 대행해 버려요. 그러니까 그러한 노조는, 아무리 봐도, 저희들이 볼 때에는 "대체 누구의 노동조합이야?" 이런 느낌인 거죠. 노조의 주인공은 모름지기 노동자, 현장의 사람이죠. 따라서 저와 같은 오르그는 정말로 시중드는 그런 것, 단지 상자를 준비해 주는 것이지요. 다음은 당사자가 그 속에서 뭘 할까를 정하는 것이죠. 모임의 장소를 준비해 준다거나 하는 것을 오거나이저가 해주는 것일 뿐이고, 그 외에는 연락이나 조절 같은 것을 해주는 것이죠. 그런 것을 일본의 노조는 잊어버렸어요.

물론 비정규직의 조직화까지는 우선 이야기가 되었습니다. 역시나 정세가 심각하니까요. 그렇지만 빈곤 문제가 여성 문제라는 것을 노조가 아직 말하지 않고 있어요. 그런 것을 말하게 되면 조금은 변할까 생각해요. 이런 것을 말하면 "근데 이토 씨, 남성도 힘들어요. 여성이니 남성이니 말하는 것은 시대에 뒤떨어져요"라는 이야기를 들어요. 그러면 (통계를 보여 주면서) "자, 이건 뭐지?" (웃음) 일본의 여성의 지위가 이래요. 내각은 의외로 [남녀가 구별되어 산정된] 그런 통계를 내는데 이는 남녀공동참회(男女共同参會) 등이 있기 때문이에요. 그런데 후생노동성에 가면 남녀별로 된 통계가 없거나 하거든요(웃음). 후생성에는 파견노동자의 남녀 구별 통계도 없었어요. 그래서 파견노동자 가운데 여성 수가 많다는 것은 다른 내각 부서의 다른 곳의 통계에 나와요.

이처럼 사실에 즉해서 이런 통계로 복잡한 것을 복잡하게 보지 않으면 비정규직이다 여성이다 남성이다 말할 수 없으니까요 그렇게 모든 것을 한통속으로 치부해서 처리해 버리면, 이렇게 고립되어 있는 한 명 한 명의 사람들을 따돌리는 게 되지요. 따라서 즉, 정말 현실을 본다는 것은 일반화하지 않는 것이라고 할 수 있을 것 같아요. 차별이 있다면 있는 거죠. 또한 이주 노동자나 장애인은 좀더 복잡하잖아요. 그런 복잡한 것을 복잡하게 보아야 해요. 일하는 사람을 정말로 주인공으로 한다는 것은 현실을 있는 그대로 봐야 하고, 자신들의 이념이나 그런 것으로 단순화해 가서는 안 된다고 생각하는 거죠.

제 안에서는 일본의 노동운동이라는 것은 정말 패배해 왔을 뿐이라고 할까요, 정말 뭐랄까 패배해 왔을 뿐이에요. 그러니까 지금 가난해져서 잘됐다고 해야 할 듯해요(웃음). 제 말은 정말 이상한 것입니다만, 아시아 전체가 기아로부터 벗어날 수 있을까 없을까 할 때, 군대에게 죽임을 당하거나 할 때 일본은 빠져 있었으니까, 저로서는 [가난해졌기에] 겨우 좋은 시대, 아주 좋은 시대가 되었다고 생각해요. 눈이 흐려져 있던 사람이 겨우 눈을 떴다는 그런 느낌이라고 할까요? 글로벌이라는 시점에서 사물을 본다고 할 때, 여성이 있는데 없다고 생각해 왔던 것이니까, 비정규가 있는데 없다고 생각하고 정사원만으로 해왔던 것이니까요. 그러한 것으로부터 이제 겨우 눈을 뜨게 되었다는 거죠. 그러나 아직도 흐려져 있어서 아직 여성이 보이지 않는다고 할까요? 역시 그러한 점에서 조금이나마 눈을 뜨는 그런 시대는 되었다고 생각합니다만.

오자와가 돈 문제로 말이 많긴 하지만, 오자와 때리기가 무지하게 심한 이유는, 지금 민주당 정권이 이주 노동자에게 참정권을 주려고 하는데 그것을 어떻게든 못하게 하려고 하는 자이돗카이(在特会)[16] 같은 우파 세력이 엄청나게 급증하고 있다는 것과 무관하지 않아요. 또 하나, 민법 개정으로 여성 권리를 향상시키려는 것도 그래요. 이런 게 정말 싫은 거죠, 보수파들은. 그래서 여러 가지 스캔들이 나오고 있는 것이지요. 물론 민주당이 다 좋다고는 생각하지 않지만 말예요. 그렇지만 그래도 나아질 수 있는 가능성이 지금 나타나고 있는 거예요. 정말로 이것으로 바뀔 수 있을까 없을까 하는 것이, 과거에는 있을 수 없던 것들이 지금 나타나고 있는 거죠. 그래서 국가 내각의 심의회나 연구회에 유아사 마코토 씨나 아마미야 가린까지 들어가 있으니까요. 그러니까 제 친구 중에서 미혼모 대표와 같은 사람도 내각에 들어갔고요. 여태까지 이 근방에서 소수운동을 했던 사람들이 지금 정부의 정책을 제안하는 곳에 있는 거지요. 물론 그들이 역시나 말려들지 않도록, 우리들이 밑에서부터 정보교환을 해가면서 긴장을 주어야 해요. 이런 점에서 유아사 씨는 정말 훌륭합니다. 저에게도 지금 내각이 이렇게 되어 있다고 메일을 보내 주고 있는데, 명함교환한 사람에게는 전원에게 보내고 있다고 씌어져 있었으니까요. 그렇게 해서 밑에서부터 열심히 들으려 하고 있는 것이지요.

여성들의 노조의 가입률은 어떤가요?

---

16) '자이돗카이'. 정식명칭은 '재일 특권을 용서하지 않는 시민의 모임'(在日特権を許さない市民の会)으로, 재일 조선인이나 외국인 등 일본에 사는 '재일' 외국인들이 특별대우를 받아 자신들의 세금을 낭비하게 하고 있다고 생각하여 집회나 데모를 열고, 때로는 재일 조선인이나 이주 노동자에게 테러를 하기도 하는 일본 배타주의의 온상이다. 일본의 우파 정권과 상관없이 시민들에 의해서 이른바 자발적으로 만들어진 우파적 시민단체이다.

이토 아, 그것은 정말이지 너무나 낮아요. 18% 정도. 최근에 조금 늘었던 것은 조직화율이 줄어서, 조직대상자 수가 줄어서 가입율이 늘었다는 것이 진상인데, 그래도 현재 19%가 안 돼요. 파트 파견, 파트의 경우는 결국 5% 남짓으로 10%가 안 돼요. 따라서 여성이 가장 낮은 게 현실이에요. 일본 노조의 경우 정말 안 되는 것은 여성과 비정규직이 조직화되어 있지 않다는 거예요. 지금도 조합원의 자격이 없는 그런 곳이 많으니까요. 즉 준사원은 조합원이지만 파트는 조합원이 아니라는 식의 규약을 갖고 있는 곳이 많고, 대기업의 경우는 대부분 그렇기 때문에 따라서 일본을 변화시키기 위해서는 매우 곤란한 조건이지요.

아까 제가 말했던 미국의 레이버 페미니즘 흐름에 속한 사람 중에 켄트 윙(Kent Wong)이라는 분이 있어요. 로스앤젤레스였던가, 노동센터의 아시아계 아메리카인이었던가, 중국계였나 그런데, 그 사람의 싸움이 크게 참고가 되었어요. 그는 케어 노동자를 조직화했는데, 13년 걸려서 했다고 해요. 지금은 7만 명의 조직인데, 처음 한 명은 자신의 어머니를 간호하던 사람이었다고 해요. 그런데 지금 7만의 조직이 된 거죠. 그는 7만 명의 한 명 한 명과, 13년간 모두와 이야기해 왔다고 해요.

엄청나네요.

이토 미국의 AFL-CIO가 변화하는 것도 그 정도 걸렸다고 해요. 그는 개개인의 트러블에 사로잡히면, 조직이 잘 안 된다고 생각해서, 그런 확신을 갖고 행동했다고 하는데, 그래서 AFL-CIO 안에서도 "당신 뭐 하는 거예요?"라는 비판을 엄청나게 받아 왔다고 합니다. 그렇지만 노동교육을 포함해서 열심히 활동하여 끝내 7만 명의 조직이 되자 주목을 받게 되었고, 그것이 새로이 주류가 되었다고 합니다. 하지만 AFL-CIO와 켄트 윙쪽은 선거 전에 결국 분리되었다고 해요. 그리고 UE는 1950년대에 레드 퍼지(Red Purge, 빨갱이 축출)를 하지 않았던 노조입니다. 그것이 지금도 살아남아 있어요. 즉 조직원을 한 명도 쫓아내지 않고 살아남은 조직입니다. 거기는, 마이클 무어의 「자본주의: 러브스토리」를 보면, 아직 40대인가 30대 후반인가 하는 젊은 사람이 그 조직의 중심 멤버로 나오던데요, 정말로 그렇게 교육에 힘을 기울이고 있다는 것을 잘 알 수 있어요. 그래서 그러한 곳의 눈에 보이지 않는 매우 착실한 노력들이 점차로 열매를 맺고 있다고 할까요, 그런 것들이 눈에 보이기 시작했다고 저는 실감하고 있어요.

따라서 아직 시간은 걸리겠지만 포기하고 싶지 않다고 생각해요. 단지 "일본인은 말이지……" 하는 부분은 있지만요(웃음). 일본인들은 격렬한 것을 싫어한다고 할까, 이심전심이랄까 그러한 점이 있어서, 인다이렉트예요. 한국인은 다이렉트로 방방방방 (웃음) 일본인은 "죄송합니다", "미안합니다만", "잘은 모르겠지만"이라고 하며, 확실히 말을 안 해요. 표면적으로는 사이좋게 보이지만 커뮤니케이션이 정말 어렵습니다. 느껴요? 한국사람이니까(폭소). 그런 점에서 저는 반대로 한국에 가면 살기 편하다는 느낌이 들어요. 확실히.

흔히들 여자 비정규직이 많은 이유는 결혼하고 나서 일하러 온 것이라서 그렇다고 생각해요. 따라서 그런 것은 가난한 게 아니라는 반론이 있어요. 그렇지만 통계를 보면 독신여성이어도 비정규직인 사람이 많습니다. 그래서 비정규직, 그리고 미혼, 기혼, 이런 걸 하나하나 전부 통계를 들이대지 않으면 모두 믿지를 않아요. 역시 직감, 실감 이런 것이 매우 중요하지만 학자들은 이런 통계를 제시하지 않으면 "안 된다"고 해요. 현장

활동가에게 물어보면 이런 건 바로 알아요.

현재 보여 주신 통계도 그렇듯이, 특히 여성들에게 비정규직이 많은데요, 그 중에서 가장 부각되고 있는 문제라고 할까, 문제가 가장 많은 노동형태는 무엇입니까?

<u>이토</u>　지금 국회가 시작되어, 파견법 개정이 가장 초점화되고 있는데요. '전문 사무 26업무'라는 게 있어요. 이건 약간 어려운 이야기가 될 거 같은데요, '전문 사무 26업무'라는 것은 사무기기 조작, 파일링, 재무처리, 비서, 접수[17] 등이에요. 과거 1998년 당시에는 정사원이 파견으로 바뀌지 않도록 하기 위해서, 고도의 통역이나 번역이라든가 전문 교사에 한정해서만 파견을 인정하는 법률이었습니다. 그런데 지금 이게 어떻게 되어 있냐면, 사무기기 조작이나 파일링이라든가 그러한 누구든지 가능한 일은 이번 정부안에서도 등록형 파견 금지가 결정되었습니다만, 단지 '전문 사무 26업무'의 경우는 등록형 파견 금지에서 제외되었어요. 그러니까 그게 무슨 말이냐면 여성 파견은 해도 괜찮다는 거죠(폭소).
　'연합'도 '전노련'도 '전노협'도 아무도 이에 대해 말하지 않았어요. 어느 날 국회 안에서 집회를 했어요. 파견법 개정을 둘러싸고 말이죠. 그때 어떤 노조 간부가, 엄청 센 노조의 간부가 인재 파견 앙케이트에 따르면 "여성은 [파견을] 원한다. 원하는 것은 여성뿐이다"라고 발언을 했어요. 모두들 앞에서 말이죠. 그래서 저희 멤버가 "여성도 [파견을] 원하지

---

17) 후생노동성이 2008년도에 파견노동자 수를 조사한 데 따르면, 약 399만 명 중 여성이 많은 26업종에, 약 100만 명이 있다. 사무기기 조작(5호, 448,798인), 파일링(8호, 31,777인), 재무처리(10호, 77,498인), 텔레마케팅(24호, 71,718명), 거래문서 작성(11호, 26,922명), 접수 안내 주차장 등 관리(35,518명).

않는다"고 말했죠(폭소). 경영자도 여성은 파견을 원한다고 말하고 있는데, 그래서 [반대] 캠페인을 했고 결국 최후의 최후에 가서 '연합'의 위원이 '26업종'도 문제라고, 지금 누구도 그것을 '전문직'이라고 말하지 않는다고 말하면서, 그것은 평범한 사무직 대신으로 사용되고 있으니까, 그것을 [등록형 파견 금지에서] 제외하는 것은 다시 검토해 주길 바란다고 하여, 노동 쪽의 의견으로 넣었습니다.

이렇듯 파견문제를 다룰 때조차 여성들의 문제는 빠져 버립니다. 그러한 것을 우리들이 일년 내내 말하고 있기에 저희들은 미움을 받아요(웃음). 전국 어디로부터도 말이죠. "너희들은 아무것도 모르는 주제에"라는 이야기를 들어요. 하지만 우리들은 "모르는 건 그쪽이지!"라고 답해요. 일용에 대해서도 마찬가지예요. 여성은 일용, 오케이입니다(웃음). 이번 일용 관련 법안 개정은 여성 일용이 많은 18업무를 [파견금지에서] 빼기로 되어 있어요. 그 18업무 중에서 사무기기 조작 등은 영향력이 크지 않다고 이야기되는데, 그렇다면 여성 파견은 일용이어도 괜찮은 건가요? 그런데 우리들만 와글와글 떠들고 있을 뿐이에요. 정말로.

그래도 매스컴은 이런 주제를 잘 다루어 주거나 해서, 『아사히신문』이나 『요미우리신문』이 다루어 주어서 스포트라이트를 받습니다. 그렇지만 신문에서 다루게 한 것은 여기입니다. 틀림없이 저희들입니다. 매스컴에게, "이러한 사안이 있다~!"라고 강하게 말해서 그렇게 한 거죠. 이와 관련해 여성 재판을 하거나 그런 여러 가지를 하기도 하죠. 그러니까 아까 전에 보여 드린 이 뉴스레터 안에 여성 파견노동 특집이 있으니까 읽어 보세요.[18]

---

18) 『AWC2 New's－女の派遣労働問題特集』 8号, 働く女性の全国センター, 2009. 12. 10.

파견 문제에서 여성들의 문제가 제외되어 있다는 것은, 3당안 그러니까 지금의 여당인 사민당, 국민신당, 민주당의 3당안에서도 다르지 않아요. 생각해 보면 여자는 남자에게 부양받는 존재라는 그런 관념이 정말이지 뿌리 깊어요. 지금의 여당조차도, 사민당도 공산당도 안 돼요. 공산당은 조금은 나은데, 얼마 전에 공산당의 중의원 의원이라는 사람에게 요청을 받아 갔었어요. 그는 "이토 씨, 공산당도 정말 안 되겠네요"라고 말하면서 가르쳐 달라고 해서 불려 갔었지요. 국회에 질문을 하려 하니까 문제가 무엇인지 가르쳐 달라고 해서 기쁘게 갔었죠. 그래서 공산당이 여성 문제를 꼭 국회에서 발언해 달라고 하면서, 데이터라든가 이곳 노동 상담 중 파견노동자의 것만을 모은 핫라인의 결과 등을 공산당원에게 건네주었습니다. 그러니까 여당에게 질문할 수 있는 것은 민주당과 공산당 밖에 없는 상태가 되었으니까, 공산당이건 뭐건 상관없고 어쨌든 발언을 해달라고 했습니다. 그런데 공산당 쪽에서 요청해 온 것은 정말 처음이었습니다.

파견법 개정에 대해서 쓰신 글을 보았는데요. 필요한 건 균형대우가 아니라 균등대우라고 말씀하셨지요? 양자는 어떻게 다른지 말씀해 주시고, 말이 나온 김에 일본 비정규직에서 남성과 여성의 격차에 대해 말씀해 주시겠습니까?

이토 정사원, 즉 일반 노동자를 볼 때 남성과 여성의 임금이 100대 60 정도죠. 그리고 비정규직 파트는 남자를 100으로 봤을 때 여성이 42 정도 되죠. 그리고 비정규직을 봤을 때 남성과 여성은 100대 45 정도입니다. 한국도 마찬가지일 거라고 생각하는데요. 균등대우라는 것은 정말 아직 먼 상태입니다. 1960년 이전에는 여성은 통상 전업 주부로 남아 있었고, 남

자는 밖에서, [기혼] 여성은 안을 맡아 살림을 했었는데, 1960년대 고도성
장기에 노동력이 부족했기에 여성을 파트타임으로 끌어들이면서 파트타
임이 점차로 확대되었던 것이지요. 당시에는 파트타임노동은 노동시간
도 말 그대로 일부에 불과했고, 아이를 돌보는 것과 양립할 수 있었기에,
따라서 아이를 키우며 돈도 벌 수 있으니까 모두들 기뻐하면서 시장에 나
섰던 거지요.

그렇지만 지금의 파트타이머라는 것은 노동시간도 자칫 잘못하면
파트가 아니게 되고——뭐 노동시간은 정사원보다는 짧다고 할 수 있지
만요——파트 점장, 아르바이트 점장, 파견 계장의 경우처럼 책임도 높고,
또 잔업도 있고, 유급 휴가도 없고, 월급의 승급은 없고, 노동시간은 길다
는 점에서 과거와 크게 다르죠. 즉 과거의 파트는 노동시간이 짧고 책임
도 가볍고 하니까 급료가 좀 낮아도 조금은 참았지만, 지금은 급료는 그
대로 낮은데 책임만 무거워지고 노동시간은 길고, 쉴 시간도 없고, 그래
서 밟힌 데 또 차이고 하는 상황으로 다들 매우 분노를 느끼고 있어요. 결
혼식, 장례식 등의 휴가는 물론이고, 부모님이 돌아가셨을 때의 특별 휴
가도 얻지 못하고, 관혼상제 같은 인간의 존엄의 지점까지 고용형태가 다
르다는 것으로 인해 차별 받고 있지요.

게다가 정사원은 회사 식당의 할인권을 받는데 파견은 없어요. 정사
원 쪽이 급료가 높으니까 더 많이 내야 되지 않느냐고 하고 싶은데 말예
요. 더군다나 자리도 나뉘어져 있어요, 식당에서 앉는 자리도요(웃음). 정
말이지 우스갯소리 같은 이야기예요(웃음). 그게 일본의 대기업이에요.
정말 대기업의 모럴이 의심스러워요. 그런 것들을 모아서 하나의 책으로
묶으면 재밌지 않을까, 패러디나 블랙유머라고나 할까 싶어요. 정말 엄청
많이 있어요. 그런 하찮은 것들마저요. 엘리베이터에는 부장이 타면 탈

수 없다든가 하는 그런 정말 하찮은, 정말 하찮은 것들이 잔뜩 있어요. 우리들은 그런 것들을 매우 모두들 재밌어하면서 여기저기에 쓰거나 합니다만(웃음).

그래서 균등대우라는 면에서 말하자면, 노동기준법은 일단 모든 종류의 노동형태에 대응하는 것으로 되어 있지만, 유기한 계약의 경우에는 정말로 난관이 많아요. 노동기준법에 따르면 고용형태가 어떻든 간에 모두 적용된다고 주장합니다만, "파트는 유급휴가 없나요?"라고 요구하면 기한 이후에 계약을 갱신하지 못하게 됩니다. 해고되는 거죠. "글쎄, 네가 하던 일이 축소되어서"라고 하지만, 실은 유급휴가를 신청한 것이 그 이유인 거죠. 따라서 점점 더 권리를 주장할 수 없는 악순환이 계속되고 있습니다.

지금 후생노동성에서는 '유기 노동 문제 연구회'를 하고 있는데요, "유기 계약 노동자임에도 무기 고용을 희망하지 않는 그러한 사람들이 많다"고 하면서, "여러 회사에서 조금씩 일하고 싶어하는 사람도 있으니까, 유기 정사원 제도 같은 걸 도입하면 어떨까요?"라고 주장하는 모 대학의 학자가 있었어요. 사실 지금의 후생노동성은 거의 대부분 자민당 때 자리를 차지한 사람들이라서, 그것에 대해 문제를 삼았는데요, 임기가 내년까지도 잔뜩 남아 있어서 그만두게 할 수가 없다고 하네요. 그런 이상한 전례를 만들면, ILO 조약 등등에서 멋대로 한다고 비난받을 것이라는 거지요. 따라서 사상이 이상한 사람들도 그냥 두고 볼 수밖에 없지 않나 싶은데요.

따라서 지금의 민주당에서는 새로운 연구회를 만들거나 하는데요, 그런데 정말이지 공익(公益)위원이라는 학자들은 말이죠, 뭐랄까, 일반 서민들은 모두들 정말로 먹고살 수 있을까 없을까로 고통받고 있는 거잖아요?(웃음) 그런데 이러는 거예요. "유기한 계약을 원하는 사람들도 있잖아요? "(폭소) 아! 정말로 방청하면서 화가 나서 가만히 있을 수가 없어서 "바보 아냐! (폭소) 당신 따위가 대학 선생이라니!"라고 말하고 싶을 만큼 정말 웃기는 공익 학자들이 있어요. 도쿄대를 포함해서 쟁쟁한 유명한 대학 선생님들이라는데요.

뭐……. 그래도 다 그런 건 아닌데요. 도쿄도 노동위원회의 공익위원인, 도쿄대 법학부의 아라키[19]라는 선생님이 있어요. 우리들이 그곳에 파트타임 문제를 갖고 갔을 때 담당이 아라키 선생님이었어요. 그런데 그분은 현실이 정말 이렇게 심각하냐고 하면서, 저희들의 사건에서 노조원을 지지하는 문서를 써 주었어요. 노동위원회를 하는 선생님들은 조금이나마 아직 현실과 만날 기회가 있는 셈이지요. 그때 우리들도 아라키 선생님에게, "선생님 덕분에 재판에서 이겼습니다"라고 말하러 가기도 했습니다. 그렇지만 그분도 예전에는 어용학자로 정말 어찌할 수 없는 상태였어요. 하지만 노동위원회의 위원이 되면서 조금씩 변화해 간 거죠. 정말이지 정부의 앞잡이 같은 그런 이상한 학자였는데, 현실은 이렇게 다른가 하면서 조금씩 나아진 거죠. 그 이외의 학자들은 이런 인터뷰도 하러 오지 않아요. 한국 사람들은 많이 옵니다. 프랑스도, 오스트리아도 오는데, 일본인은 오지 않아요. 그러니까 연구실에서만 연구합니다(웃음).

이런 문제를 연구하는 사람들도 오지 않나요?

---

19) 아라키 타카시(荒木尚志). 도쿄대학 대학원 법학정치학 연구과 교수. 저서로는 『ケ-スブック労働法』(第2版, 共編著, 有斐閣, 2008), 『詳説労働契約法』(共著, 弘文堂, 2008), 『労働法』(有斐閣, 2009) 등이 있다.

이토 안 와요.

설마, 정말이요? 좀 이상하네요.

이토 노동조합 연구를 하는 사람들도 기사록, 기안서만을 보고 이것저것 말해요. 기안서를 썼던 것은 어떤 배경인가, 기안서 그 자체가 정말 올바른가 아닌가 등에 대해 물으러 오지 않아요. 그러니까 일본 아카데미즘의 세계는 정말 바보 같아요. 정말이에요. 정말 바보라고 말할 정도로요. 진짜 화가 난다니까요. 정말 터무니없어서…… 파트타이머가 무기한 계약을 원하지 않는다는 연구를 몇 년간 하고 있는 거예요(폭소). 바보 아니에요? 이런 거야 현장 사람들 인터뷰하면 바로 알아요. 몇 명 정도에게만 물어봐도 바로 알 것들을 엄청난 시간을 들여서 '연구'하고 학회 발표 따위를 하는 것이지요(폭소). 그래서 정말이지 전 화가 나 있어요. 정말 도움이 안 되어요.

대학 선생들은 우리들과는 정말 완전히 다르다니까요. 노동 문제를 연구하는 대학교수조차도 그렇다니까요. 그런 감각이 정말 열 받아서요. 미국도 학자가 노동조합의 활동가와 함께 노동 센터를 하고 있어요. 일본에서도 물론 여성 노동 문제를 하는 사람들 중 몇 명이 현장에서 함께 특근하기도 하지만, 그건 정말 소수예요. 모두 책상 위의 논리라고 할까. 그런 사람들이 여태까지 자민당이 있을 때까지는 법안을 만드는 쪽에 앉았던 거예요. 그러니 뭐 어쩔 수가 없다고 할까요(웃음).

파트타임노동법이나 정사원 전환 제도라든가 하는 걸 말이죠, 정말 하찮은 "인재 활용 구조"와 같은, 이유를 도저히 납득할 수 없는 말을 꺼내서 사용하면서 주장하죠. 우리가 "대체 거기에 해당되는 파트노동자는 몇 명이나 있습니까?"라고 질문을 하면서, 그러한 파트노동법으로 구해지는 노동자라는 것은 1% 정도에 지나지 않음을 독자적으로 보여 주었죠. "그런 법률로 뭘 얼마나 개선할 수 있겠습니까?"라고, 그런 말들을 정말 실실거리면서 해요. 서로 선생님, 선생님 하고 불러가면서요. 정말 그걸 보고 있으면 제발 그만해 줬으면 싶은 생각이 들어요.

그런데 요즘은 겨우 그런 공익 학자들을 조금씩 배제하고 다른 분들을 참여시키고 있어요. 가령 홋카이도 대학의 스웨덴 연구자 미야모토 다로[20]라는 사람이 그런데요, 이 사람은 훌륭해요. 그는 공산당 서기장 미야모토 겐지[21]의 아들인데요, 그 사람은 아버지를 반면교사로 해서 스웨덴 연구를 했어요(웃음). 공산당을 반면교사로 해서 스웨덴 연구의 권위자가 되었어요. 미야모토 다로 씨와 그리고 모리나가 에쓰로 씨라고 최근 티브이에 자주 나오는 분인데요, 그들이 학자로서 들어와 "여기 계신 분들과 저희들은 의견이 좀 다른데요"라고 하면서, 그 연구회에서 외쳐서, 그래서 조금 변화하고 있어요. 학자들도 변화하기 시작하고 있는 거죠.

민주당 정부가 선 것이 적지 않은 영향을 미치는 것이라고도 할 수 있겠군요?

이토 그렇지요. 구 사회당 계열 사람과, 구 자민당 계열 사람이 하나가 되

---

20) 미야모토 다로(宮本太郎). 홋카이도 대학 교수. 저서로는 『生活保障—排除しない社会へ』(岩波新書, 2009), 『社会保障—セキュリティの構造転換へ』(自由への問い 第2巻, 岩波書店, 2010) 등이 있다.

21) 미야모토 겐지(宮本 顯治, 1908~2007). 일본의 정치가, 문예평론가. 전전 비합법 정당 시대부터 일본 공산당 활동을 해왔다. 제2차 공산당 말기에는 중앙위원으로서 당을 지도했고 전후에는 참의원 의원(2기)을 지내고 일본 공산당 서기장(3대), 일본 공산당 위원장(초대), 일본 공산당 의장(2대)을 역임했다.

어 있는 것이 지금의 민주당이에요. 즉 지금의 민주당 정부 가운데 가령 오자와 등 같은 구 자민당 출신은 신자유주의적이지만, 센고쿠 요시토(仙谷由人) 등은 도쿄대 학생운동가 출신이에요. 도쿄대의 전공투 때, 그 도쿄 투쟁 때 함께 싸웠던 멤버예요. 그리고 그들은 노조와 관계가 깊습니다. 따라서 성실한 인재가 머지않아 점차로 픽업될 거라고 생각해요. 그건 물론 우리들의 운동에 달린 일이지만요. 로비를 할 때에도, "이번에 배신하면 다신 민주당에 투표 안 해요!"라고 하고, "이거 안 들어주면 담에 투표 안 할 거예요"라고 하지요. 이런 것이 나름 효과가 있기에 그것을 통해 파고들 수단을 마련할 찬스 아닌가 싶어요. 그래서인지 적어도 지금은 민주당 측 위원인 사람들은 우리 얘기를 매우 열심히 들어줍니다. 따라서 그 지점은 찬스라고 생각하고 있어요.

그렇군요.

이토 그리고 현재 후생노동성 관할의 낮은 지위의 사람들은 아직 착실합니다. 물론 중요한 사안에 대한 제대로 된 의견이 빠져 있어서 문제지만요. 그런데 하토야마 씨는 별난 사람인데, 도쿄대인가, 아닌가 게이오였나? 그런데 그도 원래는 학생운동 세대예요. 정말 세상물정에 어두운 '도련님'이지만 예전부터 노조에 드나들던 사람 사람이에요. 그리고 바탕이 매우 좋은 사람이라서, 좌든 우든 간에 상관없이 매우 잘하려 하기에, 열심히 끌어오면 노조 쪽으로, 이쪽으로 올 사람이에요. 이쪽의 결정권이 없는 나가쓰마 아키라(長妻昭) 등의 후생노동성 관계의 민주당 사람들은 직접 하토야마 씨에게 말해서 끌어당기고 있는 느낌이에요. 오자와 씨에게 가면 안 되지요.

지금 좌우가 민주당 정권 안에서 줄다리기를 하는 상황인 셈인데요. 그런데 지금 일본의 고용 상황이 매우 나쁘기 때문에, 그 줄다리기에서 우리가 힘이 세요. 그래서 열심히 끌어오면 어쩌면 움직일지도 모른다고 생각해요. 이렇게까지 오자와가 시끄럽게 해도 오키나와의 나고(名護) 시장 선거에서 민주당이 이겼으니까요. 그런 점에서 아직은 일본에 찬스가 있다고 할까요. 이야기가 좀 벗어났네요.

아닙니다. 재미있는 이야기였습니다. 그런데 작년 '파견마을'에서도 그랬고, 오사카의 가마가사키에 갔을 때도 들은 것이지만, 남성 홈리스는 보이지만 여성들은 잘 보이지 않습니다. 이는 여성이 가진 특징으로 인한 것이겠지만, 그 결과 여성의 빈곤 문제는 더욱더 드러나기 힘든 게 되는 것 같습니다. 아이러니하게도 쉽게 홈리스가 되기도 힘든 조건이라고 해야 할지도 모르겠습니다. 그렇다면 파견, 파트 등에서 해고 당한 여성들은 어디로 가는 것인가요?

<u>이토</u> 물론 필사적으로 다시 취직해요. 그런데 역시나 파견은 정말 빈곤 비즈니스예요. 구인이 압도적으로 적기 때문에 결국 파견일용이 됩니다. 일용은 희망하지 않지만, 당면한 생활을 위해서 결국 그곳으로 도달하게 되지요. 지금 정부의 '고용대책 긴급급부금'(雇用対策緊急給付金)과 같은 직업 훈련이 있는데, 월 10만 엔 정도를 주면서 재취업 지원을 하고 있어요. 거기서 정말 겨우겨우 정사원 자리를 찾았다고 합시다. 실업해서 교육 급부금(教育給付金)을 받아서 직업 훈련을 하고 겨우 정사원 자리를 찾았는데, 예를 들면 월급날이 다음 주인 2월 25일이라고 하면, 그러니까 정사원이 되어서 받는 첫 월급날이요. 그렇다고 한다면 그때까지 생활할 돈이 없다. 그래서 채용되었지만 그 사이에는 어떻게 할까요? 25일까지는 기다릴 수가 없기 때문에 일용으로 갑니다. 그런데 만약 일용으로

가면 이쪽의 정사원 취직이 어려워질지도 모른다, 이 경우 어떻게 하면 좋습니까 하는 상담이 들어옵니다. 따라서 그러한 극히 세세한 취업 지원 서비스가 직업 안정소 등에서는 아직 제대로 제공된다고 할 수 없는 셈이지요. 유아사 씨가 열심히 노력해서 연말연시 파견마을을 했습니다만, 그 당사자들이 생활 곤궁으로 고생하고 있는 것을 충분히 보지 못하는 것이 현실입니다. 결국 파견으로 돌아갑니다. 겨우 정사원의 입구에 도달했는데, 다시 파견으로 돌아가 버립니다. 실업했던 사람들은, 재취업 지원이 있지만, 점차로 일용이 되어 가는 경향이 있습니다.

또 한 가지 길로 간호 노동자, 즉 헬퍼 자격을 얻는 사람도 엄청 늘고 있어요. 왜냐면 지금 일본에서 유일하게 일손, 즉 노동력이 부족한 것이 간호 분야거든요. 지금 그 분야에 이주 노동자들, 그러니까 인도네시아 등에서 오고 있는데요. 따라서 아직 육체 노동계는 구인이 있죠(웃음). 특히 간호는 사람을 구하는 곳이 많기 때문에 가령 외국회사 계열 등에서 영어 가르치는 일을 하던 사람이, 뭐 여기저기 찾아보았지만 전부 채용을 거절 당해 1년간 방치된 상태라서, 할 것이라고는 헬퍼밖에 없어서 그것을 하게 됩니다. 지금 막 대학을 나온 사람이건 누구건, 학력에 관계 없이 헬퍼 자격을 얻어요. 헬퍼 자격이라는 것은, 3개월 공부하면 실천과정을 쌓아서 헬퍼로 등록 가능하니까요. 따라서 제가 아는 사람으로, 연수입 400만 엔 정도를 받으면서 영업을 했던 커리어 우먼이 헬퍼가 된 경우가 있습니다.

그런데 그 헬퍼가, 이번에 민주당 정권이 들어선 이후에 9천 엔 정도 급료가 올랐다고 합니다만, 그래도 그 한달 급료가 방문 헬퍼의 경우 10만 엔 정도밖에 안 돼요. 그것으로는 방세를 내면서 그야말로 빠듯한 생활을 할 수 있습니다. 즉 생활보호자의 한 달 수당이 독신의 경우 13만 엔인데, 생활보호비보다도 3만 엔 정도 낮은 거지요(웃음). 그것이 지금의 헬퍼 노동자의 상황이에요. 따라서 일본인이 하고 싶어 하지 않아서, 이주 노동자에게 떠넘기게 된 거지요. 아무리 보람을 느끼는 일이라고 해도 생활이 불가능하기에, 낮에는 헬퍼 밤에는 술장사, 그런 느낌으로 헬퍼가 되는 사람들이 상당히 많습니다. 그리고 미혼모로서 실업한 사람들의 경우에는, 역시 압도적으로 갸바쿠라[22]나 밤의 술장사가 매우 많아요. 따라서 지금 술장사는요, 도쿄의 경우에는 전용 구인 잡지도 나오고 있는데요, 그리고 전에는 술장사라고 하면 여러 가지 편견도 있고 그랬었지만, 지금은 평범한 주부들이 일반적으로 갸바쿠라에서 일하고 있어요. 매우 일반적으로 일을 해요. 아이에게만은 비밀로 해두고요.

정말로 도쿄 근처는 여성의 경우 술장사, 성매매 부분이 늘어났습니다. 따라서 그 지점에서 성폭력이나 여러 가지 여러 가지 트러블이 일어나고 있고요. 그래서 아주 최근에 '프리타 전반노조'에서는 '갸바쿠라 유니온'을 결성했어요. 그리고 또 제가 자주 듣는 것은 도시락집과 같은 육체노동 계열이 많습니다. 낮엔 도시락집 밤에는 갸바쿠라, 낮에 헬퍼 밤엔 갸바쿠라, 그런 조합이에요. 남성의 경우 "이런 일은 바보 같아서 못해 먹겠어! 시급 700엔은 너무 싸잖아!"하면서 바로 그만두고 하는 일을 여성들은 원래도 임금이 낮았고 70년대부터 가난하게 살아 왔기 때문에 참고 하는 거예요. 하나로는 먹고 살 수 없으니까 두 개 세 개 일을 해요. 그러니까 노조에도 오지 못하는 것이지요. 노조 활동할 여유가 없는 거죠. 그렇지만 얼마 전에 '일하는 여성 전국센터'의 학습회에, 낮에는 도시락집 밤에는 술장사 하는 사람이 왔었어요. 연 1회 부모님에게 아이를 맡기

---

22) 갸바쿠라(キャバ・クラ, cabaret+club). 일본식 신조어의 하나로, 카바레식 클럽을 의미한다.

고 이 학습회에 오는 것이 엄청 즐겁다고, 자신의 처지를 열심히 말할 수 있으니까, 그런 기회가 너무나 기쁘다고 하더군요.

주된 업무가 상담이라고 하셨는데요. 전에 '여성과 빈곤 네트워크'[23]를 시작하실 때 갔었어요. 그때 인상적이었던 것이 파견, 파트, 일용 모두들 모여서, 자신의 빈곤 경험을 이야기했던 것이었는데요. 나중에는 빈곤해 보이지 않는 사람들도 이야기를 하기 시작하더군요. 따라서 자신의 이야기를 하는 것이 무척 중요하구나 하고 생각했었어요.

<u>이토</u> 정말 중요하죠. '여성과 빈곤 네트워크'도 계속 이야기를 하면서 해 나가는 것이지요. 그것은 어디에서도 말할 수 없었던 것들인 거죠. 그리고 누구도 들어주지 않았던 것이고, 들려줄 사람도 없었던 것이구요. 그런데 그 '이야기 연합'에서 우리들이 이야기를 들어 주잖아요? 그리고 그 얘기를 부정하지 않지요. 그것은 그녀들에게 힘이 됩니다. 겨우 인정을 받았다고 할까요. 자신들은 사회의 수치라거나 짐이라고 이야기되어 왔

---

23) '여성과 빈곤 네트워크'(女性と貧困ネットワーク, http://d.hatena.ne.jp/binbowwomen/). '여성과 빈곤 네트워크'는 2008년 9월 28일에 '가난해도 안심. 여성이어도 안심'(貧乏でも安心. 女性でも安心)이라는 모토 아래 만들어진 단체이다. 홈페이지를 통해 소개를 살펴보면, "여성의 인생은 혼자서는 불안정하고 불안해서 안심하고 살 수 없는 게 당연하다는 사회통념에 이의를 제기하는 여성들이 모여서, '여성이어도 안심'인 풍요로운 사회를 절실히 희망하는 네트워크를 2008년 9월 28일에 모여서 결성"한 단체이다. 특히 2008~2009년에 연말연시 '파견마을'에서 볼 수 있듯이 불안정 고용, 실업, 살 곳과 인간관계를 상실해 버린 가난의 문제가 일본 사회에서 대두되었지만, 여성의 빈곤 문제는 조명되지 못한 상황에 문제를 제기하면서 결성되었다. 예를 들어 "남편이 아내를 부양하는 것"이라거나 "여자는 남편에게 부양되는 존재"라는 통념이나 가치관에서 비롯된 여성의 저임금 문제, 고용조정판으로서의 파트노동이나 사무파견노동에 여성을 위치시키는 문제, 남편에게 부양되지 않는 싱글맘의 존재가 방치되어 버리는 문제 등을 가시화하면서, 남성의 빈곤 문제에 비해 전혀 가시화되지 못한 여성의 빈곤 문제를 제기하고 목소리를 높이기 위한 네트워크 여성단체이다.

는데……. 예를 들면 우울증으로 일할 수 없게 되었다거나 하는 여러 가지 것들 말예요. 그리고 파견해고가 되어서 정신병이 생기는 것을 받아들여 주는 사람이 있다는 것만으로도 안심이라는 그런 느낌인 것이죠. 그러니까 '일하는 여성 전국센터'도, '여성과 빈곤 네트워크'를 만드는 것도 아까 보여 드린 이 그림의 전략으로부터 시작한 것입니다만, 따라서 노동이란 생활을 통째로 함께 생각해 가지 않으면 그 ②의 저축이 생기지 않는다는 것입니다. 그래서 이 '여성과 빈곤 네트워크'라는 것을 만들게 된 결과가 되기도 한 것입니다만, '말한다는 것'은, 과거에 CR(Consiousness Raising의 약자)이라고 해서 일시적으로 일본에 매우 유행했던 적이 있었는데, 고도성장 속에서 사라졌다가, 지금 다시 그런 "말하고 싶다"는 사람들이 매우 늘어나고 있어요.

그렇군요. 아까 말씀하신 것 중에 이런 상담을 하면서 자신의 문제를 오히려 이야기할 수 있게 되고 그래서 노조 활동을 하게 되는 경우가 있다고 말씀하셨는데요. 그렇다면 상담을 하면서 '여성 유니온'을 운영하는 다른 노조와는 다른 형태의 활동방식이 있지 않을까 싶은데요.

<u>이토</u>　그래요. 이곳과 '빈곤 네트워크'가 연결되고 있는데요. 그러니까요 아까 간호 노동자를 조직했던 켄트 윙이라는 사람이 7만 명 한 명 한 명과 이야기했다는 것이 바로 그거예요. 일대일이라는 것은 정말 조직화의 기본입니다. 거기선 아메리카의 노동운동의 기본 중의 기본이 "일대일"이라고 엄청나게 강조하고 있어요. 그것은 개인을 존중한다는 것이지요. 당신이 노조에서 매우 중요한 사람이라는 것, "기타"이거나 여러 사람 중 하나가 아니라는 것이지요. 즉 노동조합은 당신의 힘을 필요로 한다는 거요, 그러니까 그런 관계에서부터 해나가야 하는 거죠. 그런데 일본 노조

의 오거나이저는 정말이지 그 점을 간과하고 있어요. 노조원을 장기말처럼 사용하고 있을 뿐이죠. 더욱이나 생활에 대한 것은 들어본 적도 없다는 거죠. 유아사 씨가 노력해서 파견마을을 하고 촌장을 하고 해나가면서, 일하는 것과 생활하는 것이 결코 떨어질 수 없다는 것을 매우 명확하게 했죠. 그리고 멘탈 헬스의 문제도 거기에 포함된다고 할 수 있어요. 어떤 사람의 백그라운드라고 할까, 그의 생활 전체라고 할까요, 그것과 연결되어 가는 것이 매우 중요하다는 겁니다. 따라서 역시 사회보장과 노동현장 양쪽을 함께 해나가야 해요.

그런데 일본의 경우는 모두들 기업 복지에 의지해 버렸어요. 따라서 회사의 사택이라든가, 이것도 저것도 모두 회사예요. 따라서 쓸데없이 기업 인간이 되어 버립니다. 회사에 달라붙어 요구하는 건 무엇이든지 듣는 그러한 인간이. 이런 점에서 주택이나 의식주 분야는 역시 사회 보장 분야가 담당해야 해요. 일본의 경우에는 본래 사회보장에서 해야 하는 일까지 기업이 해버렸습니다. 따라서 기업에 대한 절대적 충성심이 있고, 절대 불만을 말하지 않는 거죠. 즉 기업에 대해서 불만을 말하면 사택에서 쫓겨나는 그러한 상황 속에서 샤치쿠(社畜)[24]라는 말까지 생겼으니까요.

샤치쿠요?

이토 샤치쿠란, 그러니까 회사의 '사'(社)자에 가축의 '축'(畜)자를 붙여서 만든 말이죠.

---

24) 샤치쿠는 기업에서 키워지고 길들여져, 자신의 의사와 양심을 방기했던 샐러리맨의 상태를 지시하는 용어이다. 가축(家畜)에 비유해, '회사(会社) + 가축(家畜)'으로 만든 신조어다.

아, 회사 가축…….

이토 알겠지요? (웃음) 그러니까 회사에 묶인 짐승들 혹은 동물이라고 해야 하나? 회사에 묶인 돼지라고 말하는 편이 좋을 것 같네요(웃음). 그런 말이 나올 정도가 된 거죠. 사택이 있구, 뭐가 있구, 영어 배우는 교실까지도 모두 회사 안에 있어요. 그런데 이건 도시바에서 정말 있었던 이야기인데요. 오기(扇) 회라는 스파이 조직이 있었어요. 그래서 회사 밖의 서클이나 풍습을 갖고 있는 사람들은 전부 체크했어요.

예? 일본에도 그런 일이요?

이토 그러니까 신문은 『산케이신문』(産経新聞)만 봐야 하죠(폭소). 종교 조직도 금지. 좌파는 물론 안 되고, 빨간색도 금지. 독신 생활도 체크되고요. 따라서 회사의 사택에서 출근하는 사람은 자연히 감시당합니다. 회사의 상관이 사감이거나 하니까 사생활까지도 감시당했어요(웃음). 그러다가 어떤 사람이 그런 것을 인권 침해로 고소했을 때, 오기 회라는 인포멀한 스파이 조직이 있었다는 것이 폭로되었지요. 회사 밖의 서클에 다니는 사람, 종교 단체에 들어가 있는 사람, 정당에 가입한 사람, 신문은 『아사히신문』이나 그런 것을 읽는 사람(웃음). 그런 것들이 체크 목록에 있었어요. 우스갯소리 같지만 진짜예요. 대학 선생님이 이것을 책으로 낸 적이 있는데요. 정말 무서운 세계예요. 구마자와 마코토(熊沢誠)라는 사람인데, 『민주주의는 공장의 문앞에서 얼어붙는다』[25]라는 그런 책이었는데

---

25) 熊沢 誠, 『民主主義は工場の門前で立ちすくむ』, 田畑書店, 1983.

요. 이 사람은 공익 학자가 아니에요(웃음). 훌륭한 학자예요. 이게 도시바 후추공장(東芝府中工場)에서 정말 있었던 정말 무서운 이야기예요.

정말 무서운 이야기네요.

이토 그 외에 닛산도 그래요. 닛산은 제가 아는 사람이 작은 규모의 노조를 만들려고 움직이고 있었는데요, 폭력사건이 일어났어요. 닛산에 아오이 사토시라는 사람이 있었는데요, 그런데 닛산 노조는 거의 뭐 회사랑 똑같으니까요, 그 사람이 표적이 되어서 죽음에 가까운 공포 속에서 가짜 이름을 써서 한동안 행방불명이 되어야 했어요. 이것도 정말 있었던 이야기예요(웃음). 그렇게 해서 회사의 지배를 만들어 왔어요. 한국에선 박정희와 같은 군사정권의 지배가 있었잖아요. 일본은 닛산이나 도시바와 같은 바보 회사의 공포 지배가 있었어요. 그러니까 일본의 경영이 성장했던 것은 그러한 공포 지배, 즉 인간의 인간다움을 전부 말살해 버리는, 그러한 보이지 않는 채찍 때문이었던 거죠.

아까 도시바 후추공장을 폭로한 사람은 휴식시간에 잠시 눈을 붙이면 지금 자고 있었으니까 시말서를 쓰라고 했대요. 그런데 왜 그 사람이 표적이 되었는가 하면요, 당시 사회당 계열의, 회사 밖의 서클에 갔었다고 해요. 그걸 들켰던 거죠. 그때부터 조금 졸면 시말서 쓰라는 식으로 당하고 해요. 그래서 정신이 이상해져서 어느 날인가 이 상태로 공장에 계속 있으면 미쳐 버릴 것 같아서 뛰다가 공장에서 확 쓰러져서 구급차 불러서 갔다고 해요. 그런데 지금도, 30년간 정신과에 다니고 있어요. 곧 쉰 살이 된다고 하니까요. 그러한 사람이 폭로한 것이었죠. 도시바 후추공장(東芝府中工場)을 검색하면 바로 나올 걸요.

마지막으로 일하는 현장에서 세쿠하라나 '이지메' 등은 어떤가요? 비정규직의 경우 더 심하다고 할 수 있나요?

이토 세쿠하라는 정사원도 아까 말한 것처럼 많습니다. 그렇지만 비정규직이 입장이 약하니까 싫다고 말하는 것이 좀더 어렵다고 할 수 있겠지요. 따라서 처음부터 그런 사람들을 노린다고 할까 그럴 수도 있어요. 그렇지만 세쿠하라 통계를 보았는데, 저희들은 비정규직이 많으리라고 생각했었는데, 여성의 경우는 비정규직 여부와 특별한 관계가 없네요. 아마 비정규직 쪽이 말을 하기 어려우니까 나오지 않는 것일지도 모르겠지만, 앙케이트나 핫라인에서까지 대답 못할 건 아닐 것 같긴 해요. 어쨌든 통계상에서 보면, 오히려 정사원 쪽이 더 많아요. 그렇지만 아무래도 그것은 역시 말하거나 항의하기 쉽다는 것과 관련된 게 아닐까 생각해요.

정말 긴 시간 너무나 감사합니다.

PRECA
+
RIAT

4장 노동운동을 넘어선 노동운동을 위하여

야마구치 모토아키와의 인터뷰

야마구치 모토아키(山口素明)

'프리타 전반노동조합'(フリーター全般労働組合, http://freeter-union.org/union/index.html) 집행위원으로 주도적으로 활동하고 있다.

'프리타 전반노조'(PAFF)는 홈페이지의 설명을 참고하자면 프리타에 대한 여러 가지 문제의식을 다른 사회운동과 연결해 가려는 네트워크를 지향한다. 특히 프리타나 비정규직 문제가 당사자들의 책임이라고 보는 '자기책임론'에 대한 비판적인 시각을 공유한 사람들이 모여 구성한 노조로, '프리타 전반노조' 활동 자체가 사회운동이 되는 것을 지향하고 있다. 따라서 노동 상담이나 집회와 회합뿐 아니라 2명 이상의 찬성이 있을 경우에는 다양한 이벤트를 여는 것이 가능하다. 그 외에도 '자유와 생존의 집'(自由と生存の家)과 같이 공동주거의 방식을 모색하는 활동도 겸하여 비정규직이나 프리타의 생활 전반의 문제를 사회운동으로서 해결해 가려고 하는 운동체, 일종의 코뮨이다.

'프리타 전반노조'가 생긴 것은 2004년 8월로 이라크 전쟁 반대 사운드데모, 2004년의 프리타 데모와 같은 흐름 속에서, 기존의 논섹트 학생운동을 했던 사람들과 점차 증가하고 있었던 젊은 프리타층('다메렌', '아카네' 등의 단체를 포함)이 결합해서 탄생한다. 3명의 공동대표가 있으며 그들 자신이 프리타이기도 하다.

원래 인터뷰는 야마구치 모토아키와만 하기로 예정되어 있었지만, 사정이 있어서 야마구치가 늦게 오게 되었다. 그 사이에 야마구치의 친구이자 '프리타 전반노조'의 초기 활동가였고, 지금은 '관리직 유니온'에서 교섭위원으로 활동하고 있는 스즈키 다케시(鈴木剛), 그리고 '프리타 전반노조'의 공동위원장인 후세 에리코(布施えりこ)와 집행위원인 사부로(さぶろう) 등이 야마구치의 빈자리를 메워 주었다. 그게 역으로 '프리타 전반노조'나 일본의 비정규직 노동운동에 대한 여러 가지 이야기를 듣는 기회가 되었다. 그렇게 다른 이들에 의해 시작되었기에, 야먀구치가 온 이후에도 인터뷰는 그들 모두가 섞여 앉아 계속되었고, 덕분에 아주 생생한 분위기에서 인터뷰를 할 수 있었다. 안타까운 것은 녹음을 하며 얘기한 것은 야마구치가 온 이후라서, 그때부터의 얘기만 기록으로 남길 수 있었다는 점이다. 중간에 공간 사정에 의해 자리를 옮겨야 했는데, 그때 스즈키는 일이 있어 자리를 떠났고, 인터뷰는 야마구치와 주로 이루어졌다. 이 인터뷰는 이런 우발적인 요인에 의해 만들어진 조건이나 변화 등을 최대한 살려서 녹취했다.

4장┃노동운동을 넘어선 노동운동을 위하여
— 야마구치 모토아키와의 인터뷰

때 : 2009년 10월 10일

장소 : 프리타 전반노동조합

야마구치 씨가 오시기 전에 스즈키 씨나 다른 분들로부터 '프리타 전반노조'가 생길 무렵의 이야기를 들었습니다만, 어떠한 운동을 거쳐 현재 비정규직운동을 하게 되셨는지, 특별한 계기가 있으셨는지, '프리타 전반노조'에서 활동하시는 분들이 공유하는 어떤 일반적 운동 경로 같은 것이 있을지 보다 자세히 여쭤보고 싶어요. 원래는 야마구치 씨에 대한 질문만 준비했었습니다만, 모처럼 여러 분들과 만날 수 있게 되었으니까(웃음) 다른 분들로부터도 이야기를 들을 수 있다면 기쁘겠습니다.

야마구치 프리타노조는 제가 시작했다기보다는 나중에 가담했다고 할 수 있습니다. 프리타노조가 시작되었던 당시에는 제가 없었기 때문에, 프리타노조 '시작의 시작'은 다른 사람에게 물어봐야 할 겁니다. 일단 들은 이야기에 따르면 2004년부터지요?

스즈키 2003년에 준비모임이 있어서…….

야마구치 2003년부터 2004년에 걸쳐서 1년 정도 준비를 했습니다. 처음에는 호세(法政) 대학에 '노동 문제 연구회'라는 서클이 있었는데, 그곳에서 학생운동을 하려고 했습니다. 그런데 학생이면서도 아르바이트도 해야 했고, 기본적으로는 일하는 시간이 매우 길었습니다. 이런 상황에서는 학생들의 공부나 연구활동은 전혀 되지 않을 거라고 생각했는데, 이 문제를 어떻게 해결할까 생각해 보니, 결국 노동운동을 하는 수밖에 없었습니다(모두 웃음).

스즈키 아까 했던 이야기이지만, 당시 학생운동은 이미 무너져 버린 상태였던 거죠.

야마구치 무너져 버렸다기보다는 오히려 학생을 둘러싼 상황이 변화한 것이지요. 학생은 어떤 의미에서 생산활동에서 벗어나서 여러 연구나 조사활동을 하는 것이고 그것이 가능했던 시대가 일본에도 있었습니다만, 그것이 역시 감각적으로는 아무리 생각해 봐도 90년대까지네요. 90년대 이후에 학생은 많이 달라졌어요. 등록금도 사립대를 포함해서 매우 올랐습니다.

스즈키 제도가 바뀌었습니다……. 신자유주의 정책이라고 할까요? 그래서 자동적으로 매년 오르게 되었습니다.

그 이전까지는 그렇지 않았습니까?

야마구치 그렇지 않았습니다. 매우 쌌습니다.

생각해 보면 한국도 90년대 중반부터 학비가 갑자기 올랐습니다.

야마구치 그렇지요. 아마도 세계적인 현상이라고 생각합니다만.

혹시 그 제도가 어떤 명칭이었는지 기억하고 계세요?

야마구치 사립대의 경우에는 각각 학교마다 결정하는 것이어서…….

스즈키 와세다 대학의 경우에는 정액 슬라이드 제도(定額スライド制)라고, 그러니까 같은 학교인데도 등록금이 매년 올라서, 1학년으로 들어왔을 때의 등록금과 4학년으로 졸업할 때의 등록금 차이가 1백여 만 엔 정도 되는……(웃음).

야마구치 아니, 그러니까, 다시 말해 처음 들어올 때의 연도에 등록금이 정해지는데, 다시 새로운 해에 입학하는 사람, 즉 후배가 내는 등록금은 다시 오르고…….

스즈키 그래요, 그래요. 그러니까, 4년 후에 나가는 사람과 4년 후에 들어온 사람의 등록금이 그렇게 차이가 난다는 것이지요.

야마구치 그런데 이제 그렇게 오르는 건 멈추었죠? 그렇죠? 지금 어떻게 되어 가고 있나요?

스즈키 잘 모르겠네요(웃음).

야마구치 자세히는 잘 모르겠네요. 별로 변한 것은 없지만요. 그러니까 80년대 후반에서 90년대 초반에 사립대가 먼저 등록금을 올리는 제도를 여기저기에서 도입했죠. 그 뒤에 국공립 대학들도 시대 흐름에 맞추지 않으면 불평등하다든가, 그런 잘 알 수 없는 이야기를……(모두 대폭소).

스즈키 그런 식으로 비싼 데 맞추는, 말도 안 되는 일이 벌어진 거죠.

야마구치 대개는 반대이어야 하는데 말이죠(웃음). 국공립대에 맞춰야 하지 않나 하는데, 국공립대가 '시대에 맞춰서' 등록금을 올리게 되니, 전반적으로 등록금이 많이 올랐습니다. 특히 사립대 학생 같은 경우는……. 첫해에…….

스즈키 입학금과 1년간의 등록금으로 100만 엔 갖고는 다닐 수 있는 학교가 없다고 할 수 있죠?

야마구치 없네, 없어.

일동 그래, 정말 비싸다!!

야마구치 그래서 예를 들면 아르바이트를 해서, 연중 풀로 일해도 대개 12~13만 엔 정도밖에 벌지 못하니까, 예를 들어 맥도널드에서 일하면 시급 800엔, 하루에 6,500~6,600엔, 그리고 한 주에 40시간이면 3만 2천 엔. 4주에 12~13만 엔, 그러니까 연수입 150만 엔이죠, 풀로 일한다고 해도 아르바이트를 해서 150만 엔인데 등록금이 100만 엔을 넘고 있으니까 생활이 불가능한 것이지요. 그러니까 뭐, 부모로부터 돈을 받거나 혹은 장학금 같은 어떤 지원을 받거나 해서 다니는 건데, 그렇게 되면 그들은 장학금 채무 노예가 되어 버리는 것이지요(웃음).[1] 아무튼 장학금을 받거나 해서 어쨌든 공부를 하거나 하는 것인데, 학생이니까 공부나 연구를 하려고 해도, 실제로는 노동을 해도 자신의 생활을 제대로 하기가 불가능한 그런 상황이라는 겁니다. 이런 식으로 학생들이 생각하게 되었던 것이고, 따라서 자신들이 교육이나 연구활동을 하기 위해서라도 역시 노동운동을 하지 않으면 안 된다는 발상, 그것이 '프리타노조'를 만든 가장 최초의 동기였다고 들었습니다. 그게 2003년의 준비모임이었고, 2004년에는 준비모임인 상태로 2004년의 메이데이를 치르게 됩니다. 그리고 '프리타노조' 자체가 노조로 정식으로 결성된 것은 2004년 8월로, 그런 사람들이 모여서 결성되었다고 합니다.

그렇지만 저는 그들과 세대도 다르고 학생, 즉 대학교에 있었던 때가 86년부터 89년, 그리고 대학교를 그만두고 장애인 개호(介護)활동을 했고……. 아 그렇지만 그건 일이 아니구나……(웃음). 일이 아니네요. 돈을 버는 것은 학원에서 공부를 가르치는 걸로 했고, 지금까지도 그것으로 돈을 벌고 있어요. 따라서 학생 때부터 운동에 관련되어 왔었지만, 대학교를 그만둔 다음부터는 특별한 무언가를 별도로 하지 않았는데, 아무것도 하지 않았다고 하는 건 좀 그렇네요……(웃음). 야스쿠니 신사 문제와 관련된 일을 조금 했던 것 정도였습니다. 그 외에는 특별히 뭔가 하지 않았었는데요.

그러다가 2003년 이라크 전쟁 때, 이것은 정말 역시 무언가 크게 잘못되었다, 어떤 식으로든 밖으로 나가서 뭔가 말해야겠다고 생각해서, 여러 가지 반전운동의 회의 등에 나가게 되었고, 거기서 젊은 친구들과도 만나게 되었어요. 그러니까 저는 반전운동 관련으로 여러 가지 활동을 하

---

1) 일본의 학비 장학금은 무상원조를 해주는 것이 아니라, 학생 때 돈을 빌리고 졸업해서 일하게 되면 갚는 방식을 취한다. 따라서 장학금이라고는 해도 실제로는 융자금인 셈이고, 그 결과 학교를 마칠 때쯤이면 학비로 인해 빚쟁이가 된다.

면서 학생 노동운동을 하는 젊은 사람들과 만났고, 거기서 2005년에 메이데이를 함께하자고 이야기가 되었습니다. 메이데이라고 하면 프리타 메이데이는 우선 2004년에 있었고, 그 흐름에서 2005년에는 반전운동의 문맥의 사람들도 함께 실행위원회를 만들어서 메이데이 집회와 데모를 하게 되었고, 그때 '자유와 생존의 메이데이'가 시작하게 되었고 그게 2005년이었어요. 저는 그때 아직 조합원이 아니라 반전운동 쪽이었습니다. 그런데 그때 2004년 고다 쇼세이(香田証生)[2] 사건이 발생해서…….

스즈키 그렇네요. 2004년, 고다 쇼세이라는 젊은 사람이 이라크에 갔다가 납치되어서 살해된 사건인데요…….

야마구치 일본에도 자주 그러한 납치사건이 있었어요. 한국도 그런 일이 있었다고 알고 있는데요, 일본에선 여러 사람이……. 여섯 명인가?

스즈키 3+2다.

---

2) 고다 쇼세이(香田証生) 사건. 2004년 10월 일본은 자위대 병력 560명을 이라크 남부 사마와에 주둔시키고 있었다. 당시 이라크를 배낭여행하고 있던 후쿠오카 출신의 24세 청년 고다 쇼세이는 요르단 출신 국제 테러리스트인 아부 무사브 알 자르카위 계열 무장조직에게 납치된다. 그들은 고다를 인질로 일본 자위대의 철수를 요구한다. 고다의 영상은 카타르의 위성TV 알 자지라를 통해 보도되었는데 그는 "고이즈미 씨, 그들은 일본 정부에게 자위대 철수를 요구하고 있습니다. 그렇지 않을 경우 제 목을 날리겠다고 합니다. 다시 일본에 돌아가고 싶습니다"라고 말한다. 무장조직 중 한 명은 자위대 철수까지 48시간을 주겠다고 말한다. 그러나 이러한 인질사태에 대해서 여당인 자민당과 공명당은 정부가 가지 말라는 곳에 제멋대로 간 사람 책임이라는 자기책임론을 들어 자위대 파병문제와 결부시키지 않겠다는 뜻을 밝힌다. 그의 행동은 단지 철부지 20대, 히키코모리나 프리타 혹은 니트족의 경솔한 행동으로 치부되었기 때문이다.

야마구치 3+2는 5다. 그래그래. 그러니까 이라크에서 납치되어서……. 그때, 자위대의 철수를 요구하는 그런 목소리도 높아졌었지만, 정부가 완전히 본체만체해서, 일절 교섭을 하지 않았어요. 형식적으로만 일단 얼굴을 내밀었고……. 그런데 그때 일본 사회에서 물론 자위대의 철수를 요구하는 소리도 높아졌지만, 또 한 가지 소리가 높아졌던 것이 소위 '자기책임론'입니다.

일본에서 '자기책임'이라는 말은 정말이지 어떤 특성을 지닌 말인데요. '자기책임'이라는 건 말이죠, 자기가 한 것이니까 자신이 책임을 지겠다는 것으로, 자기가 자신에 대해서 말하는 것인데요.

스즈키 그건 당연한 말인 거죠(웃음).

야마구치 그런데 일본에서는 "너 그건 자기책임이다. 그건 네 책임이다. 난 관계없다" 이런 식으로.

스즈키 그러니까 상대를, 제3자를 억압하는 방식으로 사용되는 말이죠.

야마구치 그래요. 일본에서는 자신의 책임은 무마하고 상대방에게 책임을 떠넘길 때 자기책임이라는 말이 자주 사용되는데요, 그게 엄청 유행하게 되었습니다. 그런데 고다가 이라크에 가서, 그러니까 5명의 인질사건 뒤에 이라크에 무엇이 일어났는가를 보러 갔다가 잡혀서 살해 되었던 거지요.

그런데 그때 일본 안에서는 살해되었다는 것이 매우 충격적인 일이었지만, 그것을 철없는 프리타가 자기 찾기 여행을 가서 살해된 것이다.

스즈키 그러니까 그건 [살해당하는 것이] 당연하다는 그런……(웃음).

야마구치 그런 여론이 그게 『일간 현대』(日刊現代)에 씌어 있었다는 게 충격이었는데요.

스즈키 '이라크가 그렇게 심각한 상태인데 공부하지도 않고 그곳에 가다니 당연히 죽을 수밖에……'라는 의견도 있었습니다. 그게 정말 충격이었어요. 이게 무슨 말이야? 가면 안 된다는 거야?

야마구치 어디에 가든지 그건 자유죠. 본인 자신이 조심해야 한다는 것은 있을 수 있는 말이고 주변의 아는 사람이 그런 조언을 하는 것도 있을 수 있는 일이지만, [그런 사건이 일어났을 때] 사회 전체가 네가 멋대로 간 거니까 죽은 게 당연하다는 식으로 반응하는 그런 분위기라는 건, 아주 이상한 거죠. 그래서 이것은 뭔가 잘못되었다, 뭔가 저항하지 않으면 안 되겠다고 생각했던 사람들이 꽤 있었고, 그런 사람들이 2004년에서 2005년 정도에 메이데이를 함께하고 그 이후에 집회를 하게 됩니다. 그런데 그게, 전시…… 그게 뭐더라…….

스즈키 역시, '전사자'라는 말이 들어갔어요. '전시하의 야스쿠니·프리타·전사자를 묻는다'(戦時下の「靖国·フリ－ター·戦場死を問う)라는 집회였습니다.[3]

야마구치 그 집회를 8월 14일에 했습니다. 근데 일본에서는 15일이 중요하지만 세계사적으로는 14일이 일본이 패한 날이기에 중요합니다. 그곳에 김정미라는 재일 연구자분과 고이즈미 요시유키(小泉義之)라는 들뢰지안 철학자, 그 두 사람을 불러서 이야기를 듣는 이벤트를 '프리타노조'와 공동주최로 개최했는데 그게 저에게는 '프리타노조'가 큰 의미를 갖게 되었던 계기였습니다. 그리고 그런 맥락에서 2006년 메이데이를 함께했습니다. 그것이 제겐 직접적인 계기가 되는데요, 2006년 메이데이가 있었고 그때 제가 체포되어 버렸습니다(모두 함께 큰 웃음). 그때 했던 건 사운드데모라고 해서, 트럭 위에 DJ가 올라가서 음악을 틀어 주는 그런 식의 데모인데요, 그때 2006년 메이데이 때 DJ가 갑자기 체포당했고 거기에 말려들어서 '프리타노조'의 조합원이 체포당하고 그리고 제가 다시 체포당했습니다. 즉 세 명이 체포당했습니다.

어떻게 하다 그렇게 되었는지 잘 기억나지 않는데요. 일본의 경우에는 체포 이후에 경찰 앞에서 최대 23일 동안 심문을 당하는 기간이 있는데, 저는 12일 만에 끝났어요. 그 동안 일단 여러 가지를 생각하게 되어서

---

3) '전시하의 야스쿠니·프리타·전사자를 묻는다'(戰時下의「靖国·フリーター·戦場死を問う) 집회. 2006년 8월 14일과 15일 양일에 걸쳐 열렸다. 야마구치와 스즈키는 당시 이 집회에 실행위원으로 참여하고 있었다.
이 집회는 다음과 같은 상황에서 열렸다. 이라크에서 일본인 인질의 시체로 여겨져 일본에 운반되었다가 단지 일본인이 아니라는 이유로 반송되고 잊혀지는 '아시아인의 시체'를 둘러싼 상황, 이라크를 점령하고 있었던 상황에서 외교관의 죽음이 칭송되는 반면 일본 청년의 죽음은 그곳에 생각 없이 여행 간 프리타 청년의 책임이라는 식으로 비난받았다. 또한 패전 60년을 맞이했음에도 불구하고 일본의 전쟁책임을 인정하지 않는 상황을 비판하기 위해서였다.
14일에는 120명 정도가 분쿄구민센터(文京区民センタ)에 모였고, 김정미는 '아시아의 민중에 대한 비도덕적 침략 행위'에 대해 이야기했으며, 고이즈미 요시유키(小泉義之)는 반일, 반미, 반제라는 말에 숨어 있는 '집합적 책임성' 문제 및 테러를 둘러싼 문제를 이야기했다. 15일에는 야스쿠니 신사(靖国神社)에 대한 현지 조사를 통해 야스쿠니 신사가 역사와 전쟁 사상자에 대해 갖고 있는 의미를 비판적으로 파악한 뒤, 60명 가량이 저항행동에 참여하여 야스쿠니 신사 주변을 행진했다.

제가 체포당했다는 것으로 '프리타노조'가 악영향을 받아서 사라지면 어떻게 하나 생각하기도 했고, 그것 이상으로 뭐랄까요, 역시나 이것은 해야만 하는 일이 아닐까 하는 생각을 하게 되었습니다. 비정규직이라는 것은 남 얘기가 아니었는데요. 저도 학원에서 가르치는 걸로 돈을 버는 불안정한 상황에 있었고, 다른 사람들이나 친구들도 이후의 전망도 없고 급료도 높지 않은, 그런 불안정한 상황이어서, 자신들의 문제를 스스로 해결하지 않으면 안 되겠구나 하는 생각을 강하게 하게 되었지요. 그래서 불기소로 나오게 된 뒤에 노조에 참여하게 되었고 그때 스즈키 씨도 함께 들어오게 되었습니다. 그러나 그때 '프리타노조'는 매우 좋지 않은 상태로, 마음에 품은 의지는 강했지만, 2006년 메이데이 때에 '프리타노조'는 세 명뿐이었던가? (전원 폭소)

스즈키 네 명인가? 네 명이었네. 가와우치(河内), 가지(鍛冶), 후지모토(藤本), 또 거의 잘 안 나왔지만 마테쓰(マテツ)라는 남자. 별로 만나지 못했지만.

야마구치 대략 그런 상황이어서 거의 없어져 버릴 지경이었는데, 그렇게 없어지면 안 된다는 생각이 들어, 제가 들어가서 그때 이른바 강제적으로 스즈키 씨도 완전히……[참여하게 된 것이죠].

스즈키 그래요, 그래요. 야마구치 씨가 [불기소로] 나왔을 때의 축하파티 술자리에서였어요.

야마구치 [이것저것] 포기하고 참여하겠습니다!, 라고……(폭소).

<u>스즈키</u> 2초 정도 생각했었나? (폭소) "정말 엄청난 일이 되어 버릴 거야" 라고들 했는데, 정말 대단한 일이 되어 버렸습니다만.(모두 폭소)

스즈키 씨가 시작하신 게 그때였습니까?

<u>스즈키</u> 그래요. 저는 전혀 완전히 다른 유니온에, 공동조합에 있었지요. 비슷한 듯하지만 좀 다른 반전 조직에 있었고, 공동조합엔 들어가 있기는 했지만 10년 정도는 별 활동을 하지 않았고, [그것도] 일해서 먹고 살기 위한 방법이라는 측면이 강했지요. 역시 2003년, 그 전에 9·11 문제를 계기로 재결성하거나 시작하거나 했습니다. 메이데이 때도 반전 조직에 관련되었고요. 그렇지만 공통적으로 '자기책임론'에 대해서는 대결해야 한다고 생각했어요. 이건 정말 최악의 신자유주의적인 상황에 있는 것이라고 생각하여, 그에 대한 반대를 호소해야 한다고 생각해서, 그래서 집회와 데모를 반복했어요. 그래서 '프리타노조' '재결성'에, 술김에라고 할까요(웃음), 거기에 참여하게 된 거지요. 방금 말씀드렸던 그 자리에도 있었는데, 5명 정도 모였었지요?

<u>야마구치</u> 그렇지. 자네와 나와 우이스(ウイス) 씨와 셋츠(摂津) 씨, 그리고 오히라(大平) 군. 그래서 우선 함께하자고 참여해서, 대회를 하고 재결성……. 재결성이라고 해도 좋을지 모르겠지만 2006년 6월이네요. 그렇게 해서 지금에 이르게 되었습니다.

스즈키 씨도 그때 '프리타노조'에 들어가셨습니까?

<u>스즈키</u> 예, 그래서 2006년의 활동부터 조금씩 노동상담 일을 해왔어요.

그때 '화이트칼라 에그젬프션'이란 법률이 일본에 생겼어요. 고이즈미 정권에서 아베 정권에 걸쳐서. 이게 뭐냐 하면, 파견법과 함께 두 가지 문제가 되는 법안인데요. 파견법은 중간 착취를 하지 않는다는 것, 즉 전전 일본 파시즘에서의 건설현장에서의 취업 알선업자의 중간착취 문제가 있습니다. 또 하나가 노동시간을 최저한으로 정해 놓는 것을 없애는 것입니다. 일본의 경우는 기본 노동시간이 하루 8시간, 즉 주 40시간을 넘지 않게 되어 있는데, [화이트칼라 에그젬프션은] 이것을 무제한으로 하는 법이었습니다. 이게 뭐냐면 화이트칼라 노동자의 일은 창조적인 것이기 때문에 시간으로 잴 수 없다, 성과로 잰다는 그런 법이었는데, 그것에 반대하는 운동에 참여했습니다. 맥도날드 점장의 무임잔업 문제로 문제가 크게 부각된 적이 있는데, 화이트칼라의 경우 매우 중요한 문제이기 때문에 여러 가지 집회를 같이했지요. 그리고 메이데이 때 노동운동을 하던 사람들을 패널로 짰는데, 실은 여기저기서 거절당해서 이 사람들 아니곤 짤 수 없었던 거지만요(웃음), 기타지마 씨와 과거에 운동하면서 알았던 사람들도 있어서 그렇게 한 거죠. 2006년 12월경에 '프리타노조'는 사무실도 없이, 아, 있기는 있었지요. 그러니까, 아카네[4]에 사무실을 두었어요(모두 웃음). 사무실이라고 하기도 어렵지만. 아무튼 거기 의자가 있고 전화상담 정도를 했습니다.

아카네에서 전화상담을 했습니까?(웃음)

스즈키 아니, 사실 아카네에 있을 때는 전화상담도 하지 못했어요(웃음).

---

4) 아카네는 와세다 대학 근처에 있는, 운동권 사람들이 많이 가는 카페의 이름이다.

근데 거기에서 시작하면 어떨까 해서, 2006년에 프레임을 짜기 시작하여 모두들 교대로 노동상담도 하고, 교섭도 하고, 점차 그쪽으로 가담하게 되었다고 할까, 일이 재밌어졌다고 할까요. 점점 본직이 소홀해지고 여러 가지가 있어서 이쪽으로 오게 되었죠. 그게 바로 얼마전, 올해 3월이에요. 그래서 15년이나 해오던 일[노동]을 그만두었습니다.

아까부터 여러 가지 이야기를 들었습니다만, 일본에서 활동을 하는 비정규 노동조합이 몇 가지 있다고 들었습니다. 어떠한 조직이 있고, 그 조직 사이에 활동 방침이나 방식에 어떤 차이가 있는지 알고 싶습니다. 또한 그러한 조직 사이에 어떠한 관계들이 있는지요?(웃음) 물론 복잡한 관계가 있으리라 생각합니다만,

야마구치 우선 말입니다, 일본의 비정규직 노동자는 대략 2천만 명 정도라고 이야기되고 있습니다. 전체 노동자가 6천 6백만 명 정도, 그러니까 대략 전체 노동자 중 25~30% 정도가 비정규직 노동자라고 이야기되고 있습니다. 그 가운데 조합 조직률은, 지금 5%쯤 되나?

스즈키 글쎄……. 안 되지 않나? 1.8%에서 3% 정도? 5%에는 미치지 못하지요.

야마구치 그렇습니다. 사실 노동조합에 관여하고 있는 비정규직 노동자는 그 중에서도 극히 소수입니다. 대다수 비정규직 노동자는 우선 조합과 접하는 비율도 일반적으로 극히 낮다는 것이 현재의 상황입니다. 이것을 우선 기본적인 전제로, 겨우 2~3%정도, 그러니까 2천만의 2%이면, 60만 명 정도가 조직되어 있는 건데, 그 중 '젠센동맹'(ゼンセン同盟)이……

스즈키 그래요, '젠센동맹'이요, 즉 회사의 톱에 해당되는 경우가 대부분인데, 59만 5천 명 정도(폭소).

야마구치 네. 대부분이 '젠센동맹'이겠네요. 그리고 '젠센'이 모았던 파견법 개정 반대 서명이 50만이네요.

스즈키 그래요, 그거예요. 그러니까 현재의 파견법을 개정하면, 현재 원칙으로 된 일용노동을 금지하면 일할 곳이 사라져 버릴 것이라는 데마고기, 허위선전을 해서 서명을 받았던…… 그래서 그걸로 50만 정도 모았다나…….

아아……. 50만이나 모았습니까?

야마구치 그렇습니다. 그러니까, 경영 쪽이랑 확실히 대결하고 교섭하고 해서 노동자의 권리를 잘 확립해 가려고 하는 노조란 정말 적습니다. 정말 적어요. 정말이지 절망적이라고 할 정도로 적습니다(허탈한 웃음).

스즈키 뭐……. 의외로 원론은 통한다는 그런 설도 있습니다만, 적어도 활동가들 사이에서는 통한다는……(웃음). 뭐, 그렇지만, 정말 적습니다.

야마구치 압도적으로 적지요. 그래서 따라서 예를 들면, 그러한 활동을 하는 조합 동지들 중에서도 '젠센'과 서로 부딪치거나 하는 경우들이 여러 가지 방면에서[있을 수 있겠]지만, 실제로 우선 저희들의 경우는 그런 일이 별로 없었어요. 가령 '젠센'의 어두운 부분이 보인다거나 하는 그런 점은 있지만, 노조의 활동방식의 차이 때문에 심각한 문제가 되거나 하는 그런 경우는 현재 상황으로는 전혀 없습니다. 그리고 '젠센' 이외에 무엇이 있는가 하면, '전노련' 계열로 '청년 유니온'이 있습니다. 그렇지만 거기도 그렇게 크지 않네?

스즈키 그렇네요.

야마구치 '청년 유니온' 외에 여러 가지 있지 않나?

스즈키 '야마나시 청년 유니온' 등 여러 가지 지역 이름을 붙입니다만, 합쳐지지는 않은 듯한데…….

야마구치 고무 노동자가 들어가거나 하지 않아?

스즈키 독립된 조합이 아니라 고무 공업 일반의 노동자들의 비정규 청년 유니온으로 '청년 유니온'이 있습니다. 그런데 그러한 식의 여러 가지 [조직이] 있는데, 그곳이 신선합니다. 즉 그곳이 젊은 비정규직 노동자들을 참여시키고 있고……. 꽤 초기에 결성된 것으로 2000년에 결성되었습니다만 그렇다고 해도 500명밖에 안 되지 않나?

야마구치 '전노련'의 경우는 거기가 가장 크고, 거기밖에 없습니다, 큰 곳은. 그리고 '연합'에는 '젠센동맹'이 있고 그리고 '전국 유니온'이 있지요.

스즈키 '프리타 전반노조'는 '전국 유니온'에 들어가 있지 않습니다. 아까 말한 '파견 유니온', '관리직 유니온'이 '전국 유니온'에 속해 있습니다. '삿포로 지역유니온', '도쿄 유니온' 등등도 그렇고.

야마구치 '전국 유니온'은 비정규직 노조의 '중심'이라기보다는 혼자서도 가입할 수 있는 그런 조합으로, 지역에서 중간에 끼어들어 가입하는 게 가능한 그런 곳이고, 그런 점에서 그곳에 비정규직인 사람들이 들어가는 경우는 많지만······.

스즈키 반 이상이 비정규직이라고······.

야마구치 반 이상이나 돼?

스즈키 그래서 '전국 유니온'은 '비정규직 유니온'이라고 불리기는 합니다만······.

야마구치 이미 그런가······.

스즈키 그런데 그 '전국 유니온'이 '연합'에 가입했죠. '연합'에서 받은 문건에 이런 설명이 있죠. "'연합'에 가입되어 있는 '전국 유니온'은 비정규 노동자를 구성원으로 갖는다".

야마구치 응. "갖는다"네(모두 웃음).

스즈키 그렇지만 가입한 사람은 의외로 많다고 합니다.

야마구치 많기는 하지요. 혼자서 가입하니까요. 당연히 비정규직이 많아지는 것일 터입니다만, 그 속에는 아까 말씀드린 '파견 유니온'도 들어가 있지요. 그 외에는 우리들처럼 독립계열이라고 하면 좀 이상하지만, 어쨌든 상부 단체를 갖고 있지 않는 게 있고, 그리고 '유니온 보치보치'는 '전노협' 계열에 포함되어 있고……

스즈키 그렇네요. '전노련'에도 '연합'에도 가지 못했던 '전노협'이죠. 우리들과는 사이좋게 지내고 있는……

야마구치 그런데 그쪽은 '전노협' 가입은 아니지 않나?

스즈키 그런가? '보치보치'는 어쩌면 들어가 있지 않을 수도 있네요. 그렇네요. 복잡하네요.

야마구치 따라서 그러한 독립계열이라고 할까, 비교적 2000년에 들어와서 여기저기 불쑥불쑥 나타났던 것에는 우리들이 있고, 그 외에 교토의 '유니온 보치보치', 간사이의 '비정규직 노동조합', 그리고 30명 정도가 되는 '프리타 유니온 후쿠오카' 정도가 떠오르네요. 그 외에도 작게는 4~5명 정도가 모여 막 결성한 곳도 없지 않지만, 아직 본격적으로 비정규 노동운동이라는 그런 형태로 작동하고 있는 것은 아니기 때문에, 크게 봐서 사람들이 모였다는 곳은 그 세 가지가 독립계열이라고 할 수 있겠네요.

스즈키 아, 그리고 가텐 계열이 있습니다.

가텐(ガテン) 계열은 무엇을 의미하나요? 한자로 좀 써 주시면 좋겠는데……

스즈키 그건 한자가 없고 가타카나인데, 육체 노동자라고 할 수 있어요.

야마구치 그게 원래 의미가 뭐지?

스즈키 글쎄요. 건설 설비 등이죠?

야마구치 일본어로 명확히 가텐 계열이라고 말하면, 설비, 건설과 같은 것들, 그런 것을 의미하죠.

야마구치 그 외에 또 뭐가 있지?

스즈키 그 외엔 없지 않나? 정말 적네(모두 웃음).

야마구치 벌써 없나? 그렇다면 그건 운동이 전혀 확산되고 있지 않다는 의미가 되잖아?

'프리타 전반노조'는 독립적인 형태로 만들어졌다고 할 수 있는데, 다른 노조와 비교해서 어떤 고유한 문제의식이 있었을 것 같은데 어떤가요? '프리타노조'는 정해진 명확한 목적이 있고 그 목적에 따라 정책을 만들고 그것을 달성하는 그러한 단체가 아니라는 식의 얘기를 들었어요.

모두 함께 그래요, 아니에요. 그래요. 비전도 없어! (모두 대폭소)

스즈키 봐요. 저희들은 공동대표를 갖고 있고 의식적으로…….

야마구치 '프리타노조'의 특징이라고 하면 한 가지는, 비전을 갖고 있지 않다는 것은 이상하지만, 그리고 딱히 비전을 갖지 않으려고 하는 것은 아니지만, 비전을 확실하게 갖고 무언가를 향해서 나아가는 그런 스타일의 운동이 아니라는 것입니다. 고유한 특징이 몇 가지 있는데, 우선 조직 방식에서 다른 노조와 좀 다른데요, 대개의 노조는 특히 공동노조계가 그런데 대개는 전임 직원이 있어요. 가령 스즈키 씨는 '관리직 유니온'의 전임 직원, 즉 조직에서 급료를 받아서 일하는 유급 전임 직원입니다. 그렇지만 '프리타노조'는 유급 전임 직원이 없습니다.

일부러 두지 않으려고 하는 거냐고 물으면, 아직 그 정도까지는 이론이 정립되어 있다고는 할 수 없는데, 대략 '대충 하고 있다'는 말도 있지만(모두 폭소) 일단 제 의지로는, 그렇지만 사람에 따라 여러 가지 다른 의견이 있어서 어떨지 모르지만, 제 생각을 말씀드리자면, 직원을 두면 직원의 생활을 지탱해 주기 위한 운동이 됩니다. 여기는 그런 게 아니라 의지할 곳 없는 사람들이 모여서 서로가 서로를 돕고 지탱해 가는 것이 바람직하지 않을까 합니다. 좀 거칠게 말하자면 노조라는 것은 뭔가 문제해결을 해서 기업에서 돈을 받아 내는 활동을 하지요. 그럴 경우에, 예를 들면 1% 정도를 '프리타노조'에서 캄파(カンパ)[5] 조로 받는다고 하면, 대개의 노조가 그렇게 되어 있는데요, 누군가 유급 직원이 있으면 캄파로 그사람의 생활을 지원해 줘야 하니까, 이번 달은 이러이러한 정도의 수입이 필요하게 되고, 그걸 먼저 해서 생활을 유지시켜 주는 게 됩니다. 그렇다면 그건 좀 잘못된 것이 아닌가 싶어요.

어떤 문제이건 간에 자신이 자신의 존엄을 위해서 싸우고 싶어 하는 사람이 있기도 하고, 서로 간에 이 사람은 도와주어야 한다는 생각이 있

---

5) 캄파(カンパ, 러시아어로 kampanya), 캄파니아(カンパニア)의 준말. 원래는 대중에게 호소하여 정치 자금을 모으는 활동이나 그렇게 모은 자금을 뜻하지만, 일본에서는 어떤 일을 위한 자발적인 모금을 지칭하는 의미로 사용한다.

을 때 서로 도와주거나 지탱해 줄 수 있는 그런 관계로 노조가 만들어지는 편이 좋지 않은가 하는 생각도 있어서 지금까지는 유급 전임자를 두지 않기로 했었습니다. 근데 이게 금후 어떻게 될는지, 지금은 105명 정도 규모의 노조이기 때문에 유지가 됩니다만, 규모가 좀더 늘어나고 더 많은 것을 해야 하게 될 때 어디까지 유지할 수 있을까는 매우 어려운 문제가 될 거라고 생각합니다. 하지만 지금은 이런 식으로 하고 있습니다. 이런 식으로 하고 있는 노조는 별로 없다고 할 수 있습니다. 대개 어딘가에 사무실을 얻고 유급 전임자를 두는 그런 것을 지향하고 있지요. 그게 우선 한 가지입니다.

그리고 아까 비전을 갖고 있지 않다고 말씀드렸습니다만, 이미지로서는 이런 것을 갖고 있습니다. 노동조합의 운동이 노동조합의 운동에 머물러 버리면 안 된다고 생각합니다. 예를 들면 매스컴에서 말을 꺼내는 방식을 보면, 빈곤의 문제는 젊은이들의 노동 문제라고 해놓곤, "굶는다"라는 것에만 초점을 맞추고 있습니다. 그러나 거기서 "굶는다"라는 식으로 이야기되고 있는 사람들은 물론 밥을 먹을 수 없다는 것만을 의미하지 않는 것이 당연합니다. 예를 들면 전쟁이 있으면 전쟁을 막기 위해서 일어나고, 여러 가지 문화적인 것에 관심을 갖고 있고, 여러 가지로요. 안심 안전 조례 같은 게 만들어져서, 일본 각 지역에서 상호감시(相互監視)의 틀을 만들어 가려는 그런 움직임이 매우 강해지고 있어요. 11일에는 그것에 관련된 데모를 할 예정이기도 합니다.

이런 식으로 모두 여러 가지 형태로, 여러 가지 일들에 관심과 생각을 갖고 있습니다. 예를 들어 우리 '프리타노조'의 경우는 가령 파시즘에 어떻게 대항해 갈 것인가에 대해서 관심을 갖고 있는 사람들이 많아요. 또 나이키 공원 문제도 그래요. 여태까지 시부야의 미야시타(宮下) 공원은 공공시설로 사용되어 왔는데, 나이키 회사가 매수하여 이름을 나이키 공원으로 바꾸고, 일종의 종합 스포츠 어뮤즈먼트의 공간으로 변화시키려 하고 있습니다. 유료로 말이죠. 그래서 그곳의 노숙자는 배제되게 된 건데, 여태까지 목적 없이 자유롭게 사용되어 왔던 곳이 '건강을 위하여'라는 목적을 지니지 않으면 사용할 수 없고, 또한 스포츠를 즐기지 않으면 사용할 수 없는 그런 시설이 되어 버리는 겁니다. [우리 노조에는] 이에 대해서 반대하는 활동을 하는 사람도 있습니다. 또한 난민을 지원하는 사람들도 있고, 멘탈 헬스 케어를 하는 사람들도 있습니다. 이런 식으로 여러 가지 자신의 일, 타인의 일, 사회의 일을 생각하고 있어서, 모두들 '빈곤'이라는 공통점을 갖고 있지만, 빈곤이라고 해서 [경제적] 빈곤이라는 문제에만 관심을 갖고 그곳에 자신을 묶어 두려는 것이 아니라 여러 가지에 관심을 갖고 연결을 확장해 가려고 하고 있습니다. 노조운동에 만약 가능성이 있다고 한다면, 노조 자신들만의 과제에만 갇히는 것이 아니라, 그 넓은 사회운동 전체로 확장되어 가는 것이, 그 속에서 존재의미를 찾아가려고 하는 것이 가능할 때라고 생각합니다. 그런 것을 프리타노조는 지향해 가려고 하는데요, 제대로 하고 있는지 어떤지는 또 다른 문제입니다만.

기업 안에서 활동하는 것이 아니니까 노동자를 조직하는 것이 쉽지 않을 것 같은데 어떤 방식으로 노조원을 조직합니까? 또 제가 들은 바에 따르면 '프리타노조'에서는 비정규직뿐 아니라 실업자, 노숙자, 히키코모리까지 조직원으로서 받아들인다고 들었습니다만, 그러한 분들은 어느 정도 되고 얼마나 함께 활동하고 있습니까? 또한 시기에 따라 얼마나 다릅니까? 노조의 이미지도 기존의 노조와는 매우 다를 거라고 생각합니다만, 그런 점에서 특징이라고 할 만한 것은 무엇일까요? 어쩌면 좋은 점도 어려운 점도 있을 것이라고 생각합니다만⋯⋯.

야마구치 제대로 대답이 될 수 있을지 모르겠지만, 조직화라는 말에 어울리는 그런 적극적인 조직으로서의 대응을 하고 있는가 하면, 사실 하고 있지 않습니다(모두 웃음). 문제입니다만, 이것은 이후 노조 안에서 함께 이야기를 해야 할 것이고, 그 안에서 여러 가지 모순도 나타나고 있지만요, 앞서 이야기한 것처럼 대개 모두들 자원봉사하는 그런 형태로 하고 있는데요, 예를 들면 아는 사람의 아는 사람의 아는 사람을 통해 상담을 해서 그럼 그걸 해볼까 하는 경우가 많습니다. 좀 별나게 보일지도 모르지만, 작년 같은 경우는 반년 정도가 그랬습니다. '프리타노조'에 새롭게 가입하는 사람들의 절반 정도는 아는 사람입니다. 자신의 아는 사람의 아는 사람이 지금 노동 문제로 곤란한 상황에 있다. 어떻게 할까? 아, 그럼 '프리타노조'라는 곳이 있다. 그럼 상담하러 가볼까 해서 오는 것이 절반 정도입니다. 그래서 의식적인 [활동] 단계라기보다는, 아는 사람들이 들르는 식입니다.

금후에는 사람 수의 문제도 있기 때문에 변화될는지도 모르지만, 어쩌면 그게 노조의 기본이라고 생각합니다. 어려울 때 서로 도와주어야 한다는 생각이기 때문에요. 그것은 그것대로 괜찮다고 생각합니다. 그러나 조직화라는 형태로 의식적인 대처는 여태까지 별로 하지 않았던 점이 있습니다. 그래서 모여드는 사람들은 물론 고용되어 있는 사람들이 많긴 하지만, 실업자도, 생활보호대상자도 있고, (사부로를 가리키면서) 그가 그래요. 그리고 부모에게 부양받는 사람도 있고, 히키코모리가 있었나?

후세 뭐……. 있습니다. 아게하라든가 …… 있잖아요?

야마구치 아, 그렇구나…… (웃음)

후세 그렇지만 히키코모리 상태와 혹은 단기간 아르바이트를 왔다갔다 하는 그런 사람도 있어요.

야마구치 그러니까 그런 사람들이 아는 사람의 아는 사람의 아는 사람을 통해 들어오는 경우가 많습니다. 이게 큰 흐름이지요. 근데 노숙자는 없네요?

사부로 냥코(にゃんこ) 선생이 그랬습니다만, 집이 생긴 뒤부터 노조에 참여했습니다.

야마구치 그렇네. 노숙 노동자의 조직화를 하는 것이 아니기 때문에 집이 없어서 노숙상태가 된 사람에게는 사회보장제도를 사용해서 [생활보호대상으로] 신청하는 데 함께 가거나 한 뒤에 참여하는 그런 케이스가 많네요. 아, 그리고 보니 요즘 사회보장제도가 심사를 동반하는 경우가 꽤 늘었지요?

후세 네. 요즘 많이 늘었습니다.

사부로 노동운동뿐만 아니라 생존운동이라고 할까, 그러니까 생존운동 속에서 생활보호라든가 멘탈 헬스 지원 등을 함께 합니다. 노동운동, 고용문제도 그렇지만, 일본 국가의 비정규직 고용 문제라는 것은 실은 일해도 일해도 먹고 살 수가 없어서 쫓겨나거나 해서 노숙이 되어 가는 것이기 때문에, 그것 또한 노동 문제입니다. 따라서 생활보호를 받는 것도 함께 하지 않으면 안 됩니다. 실상 '노동 문제' 이외의 문제들로 많은 사람들이 고통받고 있기 때문에, 국가의 정책이 뭔가 잘못된 것이 아닐까 하는 의미도 포함해서 야마구치 씨가 아까 말씀하신 것처럼 노동운동을 점점 다른 곳으로 열어 가지 않으면 안 된다는 것이죠.

야마구치 그러니까, 미안합니다만 조직화라는 의식적이고 주체적인 대처라는 것이 지금의 상황에서 '프리타노조'에는 없어요! (모두 폭소)

후세 맞아요, 없어요.

야마구치 뭐, 없다는 건 좋은 것이기도 하고 나쁜 것이기도 하지요(폭소). 사실 정말로 2천만 비정규직 중에 저희가 관련된 것은 1만 명 정도이기 때문에, 1만도 안 되지요, 수천 명 정도밖에 안 되네요. 그러니까 그것을 어떻게 확산시켜 갈지를 생각해야 하지만, 아직은 어떻게 해나가야 할지 보이지 않네요.

물론 일종의, 어떤 종류의 이미지는 있습니다. 이건 노조의 [공식적인] 방침은 아닙니다만, 사람이 활발하게 의견을 서로 주고받으면서 그 속에서 활성화되는 자연적인 규모라는 것이 있다고 생각합니다. 30~40명이 한계이지 않을까 생각합니다. 30~40명이 모여서 함께 아이디어를 낸다든가, 이거 해보자, 도전해 보자 하는 건 이야기가 됩니다만, 300명은 그게 되지 않습니다. 따라서 30~40명 정도가 서로를 도울 수 있는 기술과 행동방법을 몸에 익히고 서로 도와 가면서 사는 그러한 틀이 좋을 거라고 생각합니다. 그런 식으로 하면 300명이면 10개[의 조직]가 생기는 것이고 3천 명이면 100개가 되는데, 그런 식으로 분산해 대처할 수 있는 그런 단위가 확 늘어 가면 좋겠다고 생각하고 있습니다. 물론 그게 정말로 가능할지는 모르지만(웃음). 잘 모르겠습니다만, [조직이 커지면] 그 안에 여러 가지 문제가 생기니까요. 사람은 역시 쉽사리 사람을 지배하려는 그러한 경향이 있습니다. 즉 30명이 있으면 인간관계 속에서 여러 가지 압력이 생기고 권위적으로 행동하는 사람들이 나타나거나 합니다. 여러 가지 문제가 생기겠지만, 30명 정도의 규모라면 어떻게든 해결 가능하지 않을까 하는 기대도 있습니다. 물론 간단히 잘 되리라고는 생각하지 않습니다만, 이미지로서는 '프리타노조'가 [전체 조합원 수가] 3만이 되건 30만이 되건, 30명 단위의 그룹이 많아지는 그러한 것을 생각하고 있습니다만, [실현할 구체적] 방법은 모르겠습니다(웃음).

큰 조직이 되기보다는 작은 규모의 조합을 잔뜩 만드는 거네요?

__야마구치__ 일본의 경우는요, 아, 그렇지, 한국은 식민지 지배의 경험이 있으니까, 파출소가 있지요?

네, 파출소 있습니다.

__야마구치__ 그건 일본 탓이니 죄송합니다만(웃음), 일본에도 파출소가 많이 있는데요. 그러한 파출소 숫자만큼 [30~40명 정도 규모의] 조합이 잔뜩 있었으면 좋겠다고 생각합니다. (모두 환호!)

야! 재밌네요. 그렇군요! 전에 메이데이 집회에 갔을 때 히로시마나 후쿠오카에서 조합원 사람들이 와서 발언을 하는 것을 보았는데요, 지금의 '프리타 전반노조'와 비슷한 것이라고 생각해도 되겠지요?

야마구치 그러니까 그런 식으로 어쨌든 여기저기에 [소규모 조합들이] 우글우글거리는 그런 상태를 어떻게 만들 수 있을까 하는 것인데요. 의식적으로 하더라도 잘 되지 않을 거란 느낌도 들고, 자연적으로 모여들어도 수십 명은 모여드니까 그게 좋지 않을까 하는 느낌도 듭니다.

지금의 '프리타 전반노조'는 도쿄를 중심으로 한 것이지요?

야마구치 네, 도쿄가 중심입니다.

그렇다면 다른 지역과의 관계는 어떻습니까? 어떤 네트워크 관계 등이 있습니까?

야마구치 글쎄, 아직 그 정도는 …… 다른 지역이라고 하더라도 센다이가 있고. 그리고 …… 어디가 있지?

후세 홋카이도도 있고…….

야마구치 홋카이도의 기타미라는 매우 먼 곳인데요. 그리고 또 관계가 있는 곳은 나가노 현 마츠노켄, 도야마, 나고야, 오사카, 교토, 히로시마…….

후세 아……. 히로시마도 그렇네요.

야마구치 후쿠오카, 구마모토 등은 일상적이라고 할까요? 점차 얼굴을 익혀 가고 생기가 있는 그런 단계이지요. 그 속에서 공통의 것을 만들어 간다거나 하는 것까지는 아직 가지 못하고 제각각의 지역들이……. 역시 일본의 경우는 도쿄의 중심성이 너무나 강하기 때문에 지역마다 상황이 아주 다릅니다.

즉 오호츠크(オホ−ツク, 홋카이도의 조합) 사람들의 이야기를 들어
보면, 그곳은 네 명의 여성이 조합을 시작했는데, 데모를 하는 과정 속에
서 점차 서로 모두 상태가 좋지 않게 되어 버렸습니다. 예를 들면 노동 문
제의 경우, 도쿄라면 "너, 경영자가 돼먹지 않았다"라고 하면서 교섭하고
쟁의하는 것이 비교적 가능하지만, 오호츠크에서는 자신을 고용하고 있
는 사람이 자기 부모와 동창이거나……(웃음). 그 마을 전체가 고정되어
있어서 아무래도 왕래가 없고, 그런 가운데 자신이 저임금을 받고, 그것
으로는 생활상 자립이 불가능하니까 그 문제를 교섭하려 하면 그게 어느
새 지역 전체의 문제가 되어 버리기 때문에 교섭이나 쟁의가 불가능하다
고 할까, 상태가 점점 나빠졌던 것이지요.

지방의 그러한 조합원들은 어느 정도 되나요?

야마구치 아까 나온 '유니온 보치보치'나 후쿠오카는 비교적 많지만, '유
니온 보치보치'가 약 100명 미만이지요?

스즈키 100명 미만……

야마구치 후쿠오카는 30명 정도. 그 외에는 5~6명 정도의 사람들이 모여
서, [조직을 만들거나 활동하는 것에 관해] 여러 가지를 생각하고 있는 그
런 상황입니다.

그들도 2005~2006년 정도에 만들어졌습니까?

야마구치 아마도 대략 그렇지 않은가?

스즈키 2006~2007년 이후네요.

도쿄의 '프리타노조'와 비슷한 흐름 속에서 만들어졌다고 생각해도 됩니까?

야마구치 음……. 어렵네요. '프리타노조'의 영향이라기보다는……. 2005~2006년 정도부터 빈부차, 빈곤이 크게 부상합니다. [그런 영향 이외에] 매스컴의 영향도 컸고, 그리고 '아마추어의 반란'(素人の乱)의 영향이 컸다고 생각되네요. 고엔지의…….[6]

스즈키 그렇지요. 그거 크지요.

야마구치 독자적으로 [조건이] 어쨌든 우선 뭔가 해도 된다, 자신이 운동을 시작하거나 참여할 때 어떤 방식이 있고, 일정한 순서로 이런 사람들과 함께 이런 양식으로 해야 한다고 하는 건 없다는 것을 보여 준 게 '아

---

6) '아마추어의 반란'(素人の乱, http://trio4.nobody.jp/keita/index.html). 도쿄 고엔지에 있는 재활용 상점들의 네트워크 마을이다. 1호점부터 14호점까지(이사를 하면 가게 호수가 바뀌므로 실제로는 8개)의 점포들이 모여 있고 대개는 헌 옷, 헌 가구, 헌 가전제품, 잡동사니 등을 취급하는 재활용 상점이 주축이 된다. 재활용 상점 외에도 12호점은 카페와 다목적 홀(아지트라고 부른다)로 활용되는데 이곳에서는 인터넷 라디오, 아마추어 대학, 각종 영화상영회나 축제가 열린다. 또한 9호점인 카페 세피아(セピア)에서는 매주 수요일 저녁에 채식식당이 열린다. '아마추어의 반란'을 처음 시작한 사람은 마쓰모토 하지메(松本哉)로 지금은 '아마추어의 반란' 5호점 점장이다. 그가 폐점 직전이던 고엔지 기타나카 거리의 점포를 싼 값에 얻어 시작한 재활용 상점이 '아마추어 반란 1호점'이다. 그는 재활용 상점은 버려진 물건을 맡아서 수리하고 재생해 필요한 사람에게 팔기 때문에 자본주의 경제와 다른 경제를 구성한다고 말했다. 더 자세한 내용은 한국에도 번역된 『가난뱅이의 역습』(마쓰모토 하지메, 김경원 옮김, 이루, 2009)을 참고할 수 있다.

마추어의 반란'이 해준 가장 좋은 역할이라고 생각하는데요, 역시 거기에 자극 받은 사람들이 많지 않을까요? 이렇게 말하면 항의가 들어올까? (모두 웃음)

스즈키 사실 여러 가지 사고방식이 있으니까요. 그렇지만 ['아마추어의 반란'의] 마쓰모토, 나카노[고엔지]의 마쓰모토는 그전부터 계속 활동을 해왔던 사람이고요.

후세 도야마 등도 그렇죠.

스즈키 그러니까 이전부터 계속 운동을 해왔던 사람이죠 그것은 뭐라고 할까요, 지역에서 식사 지원, 노숙자 지원, 장애인 지원 등을 하면서요.

메이데이 때 여러 지역에서 작은 규모의 단체들이 와서 자신들에 대한 이야기를 하는데, "밥을 만들어 놓을 테니까 놀러오세요!"라든가 하는 이야기들을 하던데요, 노동운동이나 지역의 문제, 생존문제를 해결하려는 합목적성뿐만 아니라 단체를 만들고 모이고 하는 데 대한 관심이 크지 않은가라고 생각했어요. 이런 단체들이 만들어지는 방식이 궁금한데요. '아마추어의 반란'이 준 영향이 그런 면에서도 컸다는 말씀인가요?

야마구치 그러니까……. [조직화방식의 모델로서] '아마추어의 반란'의 영향이 컸다기보다는, 아, 그냥 저렇게 해도 괜찮구나(모두 웃음). 한마디로 허들이 생각했던 것보다 낮다고 생각하게 된 사람들이 많아졌던 게 아닌가 생각해요. 물론 원래 노숙자운동이나 일용노동자운동이나, [빈곤 문제나 노동 문제 같은] 그러한 토대가 있어서 거기로부터 발생했다고 말할 수 있으니까 그냥 그것만은 아니지만요. 그러니까……. 한 가지는 분명해요. 그 점입니다. 그러니까 그게 운동인 것입니다. 사람들이 모여서 이야기를 하고 뭔가를 시작하겠다는 그런 것이, 일본에서는 좀처럼 금지되어 있었다고 할까, 모두들 그것을 [지나치게] 자제해 왔다고나 할까, 그런 것을 하는 것은 이상하다고들 생각해 왔던 거지요.

스즈키 그러니까 아까 소바집에서 말했던 것처럼 커뮤니티의 재출현이라고 할까, 관계성의 재구축이라고 할까 그것 자체가 큰 과제였다고 할 수 있지요.

커뮤니티적인 관계가 무언가를 하도록 활기를 불어넣어 주었다는 거지요? 아까 어떤 방식으로일지는 잘 모르겠지만, 커뮤니티 같은 작은 규모의 단체들이 많이 생기면 좋겠다는 얘기는 아주 흥미로운데요, 그 '단체'란 노동의 종류나 지역, 생존문제, 정신문제와 같은 것들에 의해 구별되는 면보다는, 소규모의 대면적 관계로 인해 활기가 생성되는 공동체 같은 것을 떠올리게 합니다. 이에 대해 어떠한 이미지를 갖고 계신지 좀더 들려주시겠습니까?

야마구치 그러니까 그런 이미지가 없어요(웃음). 그것은 시작할 수 있는 것일 뿐, 우리가 어떻게 일하고 어떻게 만들거나 하려는 계획대로 되는 것은 아니라는 생각이 듭니다. 여러 가지로 교류하는 과정 속에서 어떤 영향관계는 있으리라고 생각합니다만, 무언가 [새로] 시작된 것을 보러 가거나, 재밌어 보이니까 보러 가거나, 불러서 이야기를 듣거나 하지만, 그것을 [의도적으로] 만드는 것은 아니라고 생각합니다.

그럼 사람들의 교류나 이동은 메이데이 같은 이벤트를 중심으로 합니까, 아니면 보다 일상적으로 합니까?

__야마구치__ '프리타노조'에서는 올해는 여러 곳에 사람들이 가기로 정했지만 별로 잘 되고 있지는 않은데요(웃음). 그렇지만, 어쨌든 '프리타노조'에서는 자신이 관련된 일상적인 것들이 많고 커서, 조금 전에 교류를 확대해서 조합을 점차 확산시켜 가자는 그런 이야기를 하긴 했습니다만, 역시나 실제로는 [그 일상에] 갇혀 버립니다(웃음). 그래서 그건 의식적으로 열어 가지 않으면 안 되고, 그러기 위해서도 제대로 사람들이 여기저기에 일상적으로 오고 갈 수 있도록 하지 않으면 안 된다는 겁니다. 이건 '대회'에서도 결정한 것이기도 해요. 이런 것은 의식적으로 해가려고 합니다. 물론 메이데이나 큰 이벤트가 있으면 오고 가게 된다는 점에서 그런 계기는 중요하지만요. 이번에도 [도쿄로] 옵니다만……. 그렇네요, 와주네요. 그것은 저희들의 매력이라기보다는 도쿄의 문화적 매력이라고 생각하는데요(웃음). 우선은 지방에서 와 주는데요, 그들을 맞이하면서 함께하는 것으로 해나가려고 생각합니다만, 아직 제대로 되고 있지는 않습니다.

전국적으로 지역에 존재하는 그런 작은 비정규직 단체들은 몇 개나 될까요?

__스즈키__ 프레카리아트운동에 참가하고 있는 것은 10~15개 정도예요. 그 외에 관계를 맺을 수 있는 개인 가입 노조는 웬만큼 있네요. 자, 이거 보세요. 이것은 '커뮤니티 유니온 네트워크'입니다. 일단 '프리타노조'도 들어가 있지요? 이 정도 있습니다. 하지만 개점 휴업인 것도 많으니까, 우리들이 알고 있는 것으로 말하자면 여기 씌어진 것 중 절반 정도라고 할까요?

일본의 비정규직 노조 관련 책을 읽으니까 기업의 노동조합이 비정규직도 받아들이는 경우도 있던데요. '프리타노조'는 기업별 조직이 아니란 점에서 그런 조직에 대해서는 외부조직인 셈인데요, 그러한 기업별 조합과의 대립관계 같은 것은 없나요?

스즈키 아까 야마구치 씨가 말한 것처럼 만날 일이 별로 없습니다.

(여기서 잠시 방을 옮겼고, 스즈키 씨는 일이 생겨서 인터뷰 자리를 떠났다.)

기업주와 교섭을 할 때, '프리타노조'처럼 개인별로 가입되어 있는 경우에 기업별 노동조합보다는 어려운 점이 있지 않을까 싶은데요. 또한 그런 교섭을 할 때 '프리타노조'와 기업별 노조 사이의 어떤 긴장관계가 있지 않을까요?

야마구치 우선 중소기업이나 영세기업 안에 노동조합이 있는 예가 일본에서는 그리 많지 않습니다. 노조 조직률은 전체 노동자의 20% 미만인데, 거기에는 공무원도 포함됩니다.

옆에서 20%보다도 작습니다.

야마구치 일본의 경우 이중구조라서 대기업과 중소 및 영세기업으로 크게 나뉘어 있고, 중소 및 영세기업 안에 노조가 있는 경우가 적은데, 저희 조합의 경우는 그런 식으로 대기업에 속한 사람은 없습니다. 따라서 기업의 노조와 우리 노조 사이에 뭔가 문제가 일어날 일도 거의 없습니다.

그렇다면 좀더 구체적으로 말씀드리면, 교섭할 때 개인적으로 대처하게 될 텐데, 그 경우 큰 어려움이 있지 않을까 싶은데요. 가령 파업을 하겠다고 할 수도 없을 텐데, 교섭을 강제할 방법이 어떤 게 있나요? '프리타노조'가 함께 가서 어떤 방법으로 싸우거나 교섭하나요?

야마구치 먼저 전화상담을 합니다. '프리타노조'에 속하지 않은 사람일지라도 "지금 해고되었는데 어떻게 하죠?, 2개월 이상 급료를 받지 못했는데 어떻게 하죠"라는 식으로 상담을 청해 옵니다. 그런 경우에 몇 가지 방법이 있어요. 우선은 혼자서 가능한 것도 있습니다. 노동국에 가서 상담을 해서 기준감독소라는 곳에서 호소해서 문제를 해결하는 방식이 그거지요. 혹은 돈과 지식이 있는 경우에는 개별적으로 노동심판으로 가서 기업과 계쟁(係爭)하는 것도 물론 가능합니다. 그러니까 우리는 상담을 청해 온 사람에게 우선 그러한 방법이 있다는 것을 알려줍니다. 노조에 가입하기 전에, 현재의 법률로 볼 때 또 여태까지의 관례에서 볼 때 당신이 지금 놓여 있는 상황이 불평등하다고 할 수 있을까 아닌가에 대해서 조언을 합니다. 그리고 개인적으로 이용할 수 있는 교섭 서비스가 무엇이 있는지를 전달합니다. 물론 그것만으로는 해결불가능한 것도 있어서 그럴 때에는 노조에 가입하게 합니다. 그렇지만 조합에 가입한다는 것은 서로 도와주는 것이지, 조합이 단지 그 사람을 구제해 주는 것이 아니니까, 조합에 들어와서 다른 사람의 일을 당신이 돕는 동안에 당신 일도 다른 사람이 도와준다는 것을 말해 주고, 같이할 수 있는 교섭방법을 찾습니다.

보통 지원센터에서 하는 일반적인 노동상담과는 다른 건가요?

야마구치 다릅니다. 물론 법적 조언을 합니다만……. 물론 지금 말씀 드린 것은 일종의 원칙으로 여러 가지 상황에 따라서 차이가 있습니다. 뭐, 물론 큰 상처를 받은 사람도 있습니다. 노조에 와서 여러 가지로 상황을 들어 보면 자신을 고용하고 있는 기업 쪽 사람이 정말로 심한 짓을 하고 있는데도 전부 자신이 노력이 부족하기 때문이라거나, 자신이 지식이 없기 때문이라거나, 자신이 나빴다, 그때 이렇게 말하면 좋을 뻔했다거나, 그때 이렇게 안 했으면 좋을 뻔했다는 식으로 스스로를 책망하는 그러한 사람이 꽤 있습니다. 반면 망설임 없이 조합에 와서는 "나는 절대 잘못한 게 없다!"라고 하는 사람도 있지요(웃음). 그러면 "당신도 조금은 잘못한 게 아닐까……"라고 하기도 하고(모두 폭소). 그런 식으로 너무 힘이 빠져 있는 사람이라든가 큰 상처를 받은 사람이라든가, 그런 경우는 활기를 불어넣어 주려 합니다만, 그래도 충분하지 않은 경우가 있으니까, 그런 경우에는 이쪽이 주도하는 일도 없지 않습니다.

교섭할 때 기업과 공식적인 형태로 교섭합니까? 한국이라면 힘이 없는 조합은 무시되어 버립니다. 일본의 경우는 개인 가입 노조의 경우에도 교섭에 잘 응해 준다고 들었습니다. 그렇지만 기업이 노조가 아닌 '프리타노조'에 대해서도 입장을 충분히 존중해 주는 방식으로 교섭이 가능합니까?

야마구치 일본에는 일단 그러한 법률이 있습니다. 어떤 조합이든 직원이 가입한 노조라면 교섭에 성실하게 응해야만 하는 그런 법이 있어서, 만약 그걸 지키지 않으면 처벌을 받습니다. 그렇지만 처벌을 받기까지 굉장히 절차가 복잡하고 시간도 많이 걸립니다. 그래서 역시 교섭이라고 말하는 것은 사실상 겉모습일 뿐이고요. 요구를 받아들이게 하기 위해선 행동을 해야 합니다. 먼저, 그런 과정을 알 만한 기업은 교섭을 합니다. 즉 교섭에 응하지 않으면, 조합이 깃발을 들고, 그러니까 …… 확 하고 해대기 시작할 테니 그건 좀 곤란하다고 생각해서 교섭에 처음부터 응하거나 합니다.

그런데 그것을 알지 못하는 곳에 대해서는 우선 항의를 하거나 합니다. 성실하게 응하지 않거나 하면 그럴 땐 [우리 조합원들이 모여] 현장에 가서 소란을 피우고 일을 방해하고 하는 거죠. 그것이 기본적으로는 조합이 지닌 힘의 근원이기 때문에…… (모두 웃음) 교섭할 때 말이나 문서만으로 대등한 관계에서 교섭을 하거나 하는 것은 그리 쉬운 일이 아니지요.

파업 대신에 그런 방법이 있을 수 있겠군요. 예전에 「산야, 당했다면 되돌려주라」(山谷, やられたらやりかえせ)를 보고, 사토(佐藤) 씨랑 야마오카(山岡) 씨 얘기를 들은 적이 있습니다. 그 인연으로 외람되게도 몇 년전에 야마오카 씨를 기념하는 자리에서 강연을 한 적도 있는데요, 그 때 만났던 분들의 얘기를 들으면서 70~80년대에도 산야와 같은 요세바를 중심으로 한 일용노동자운동이 매우 중요했다는 걸 알게 되었습니다. 이 역시 비정규 노동자에서 노숙자로까지 이어지는 지금의 비정규 노동운동과 비슷한 운동이었던 것 같은데, 그때의 비정규 노동운동과 지금의 그것이 어떻게 다른지, 조직적 연속성 같은 것은 없는지 등에 대해 말씀해 주시겠습니까?

야마구치 우선 어디서부터 얘기할까나……. 산야의 경우 즉 요세바의 노동운동이 70~80년대에 전성기였던 때가 있었죠. 산야의 노동운동은 중개인이 산야에서 노동자를 모아서 어떤 기업으로 버스로 노동자를 데리고 가는, 즉 위법적인 직업 소개 사업과 관련된 것이었습니다. 중개인 그 자체가 위법이었지만, 위법은 묵인되었죠. 착취당하고 있던 요세바의 노동자들이 악덕 중개인에게 요구행동(追求行動)을 하거나 , 임금을 체불한 현장에 가서 임금을 받아오던 것이 산야의 '전협'(全協), 혹은 '전국 일용노동 전협'이었습니다.

그런데 1986년 '노동자 파견법'이라는 것이 생겨서, 87년 이후 즉 직업 소개에 대한 규제관리가 진행되어 중개인이 했던 일들이 합법화됩니다. 그래서 다양한 파견회사 등이 생기게 됩니다. 즉 파견노동자나 비정규직 노동이라는 것이 본격화된 것인데, 실은 그때까지 산야나 요세바에 제한되어 있었던 것이 전국적으로 확산되게 된 거죠. 그런 점에서 보자면, 그때나 지금이나 동질적인 문제를 상대하고 있는 것이라고 할 수 있지만, 이 동질성 안에는 [새로운] 곤란함도 동시에 포함하고 있습니다.

요세바의 노동자는 요세바라는 하나의 장소에 모여 있었어요. 그래서 예를 들어 산야 지역에 오토네(大利根)라는 술집이 있었는데, 거기에 산야의 운동가들이 모여서 술을 마신다든지 하는 식으로 지역의 커뮤니티가 형성되어 있었습니다. 그 술집은 산야의 오래된 활동가에게 물어보면 다 아는데요, 그 외에도 여러 가지 지역적 커뮤니티가 있었습니다. 그런데 87년 이후에 파견노동자를 비롯하여 전국이 비정규직화함에 따라서 하나의 지역에 한정되지 않게 되면서 동시에 지역[적 커뮤니티]도 보이지 않게 되었습니다.

사람들이 어딘가에 모이면 그곳에 공동성이 생겨서 서로 얼굴을 알게 되고, 저 현장은 어떤가 그곳은 어떤가 하는 이야기도 하기도 하고, 저기는 너무 심하다거나 하는 얘기가 나오게 되지요. 그리고 그곳 현장에서 심한 경우를 당한 사람이 있으면 거기로 한꺼번에 몰려간다든가 하지요. 가마가사키(釜ヶ崎)와 같은 곳은 여전히 그러한 것이 유지되고 있습니다. 즉 가마의 노동자가 작업장에서 맞았다 그러면, 그건 너무 심하다고 함께 가서 항의하는 그러한 지역이 아직 있긴 하죠. 사람들의 구체적인 커뮤니티가, 커뮤니티라고 말해도 좋을지 어떨지, 그러한 장소가 있는 겁니다. 그러나 상황은 같습니다만, 저희나 그 이후 세대는 그것이 없어요. 그러한 장소가 없습니다. 모일 장소가 없고, "거기 가면 이런 일을 알아줄 거야"라는 그런 장소가 없어요. 핸드폰이나 인터넷에서 보는 그러

한 개별화되어 있다는 곤란함이 그 시기와 지금의 시대가 다른 점입니다.

산야의 요세바 등은, 이렇게 말하면 화를 낼지도 모르지만, 지금은 노동운동이라기보다는 노동복지운동이 되어 있습니다. 생활보호 기금을 받고 있는 그런 형태가 되어 해나가고 있습니다. 이것이 또 하나의 다른 면일 겁니다. 물론 우리들도 닮은 상황에 처해 있긴 해요. 우리들도 지금은 사용될 수 있으니까 파견노동으로 사용되거나 아르바이트에 사용되거나 하지만, 저희들도 세대적으로 볼 때 [보호기금 받을 날이] 멀지 않습니다. 제가 어느새 마흔셋이거든요(웃음). 그러니까 이대로 가면 점차 기민(棄民)이 되어 가지 않을까(웃음), 즉, 점차 버려져 사회에서 쫓겨나지 않을까 하는 그런 위기감은 물론 있습니다. 이는 사회적으로 매우 큰 구성부분이 되어 버렸는데, 이런 기민화는 물론 일본 안의 문제만은 아니라고 생각합니다만, 산야에서 일어난 일이 바로 전국적인 규모로 확장되고 있다는…… 이러한 불안정한 상황에 처해서 사용되고 결국 버려지는 그러한 구조 속에 우리들이 있구나 하는 그런 감각은 갖고 있습니다.

또 우리가 산야 노동자와 다른 점은 정해진 장소를 갖고 있지 않고, 따라서 장소를 갖는 것을 중시한다면 중시하고 있습니다. 즉 장소를 갖고 있지 않은 것을 어떻게 하면 넘어설 수 있을까 하는 것들이 중요합니다. 예를 들면 이 장소가 가끔씩 노동조합 사무실이 되기도 하고, 이곳에 이런저런 사람들이 들르기도 하고, 혹은 '아마추어의 반란'처럼 그러한 가게에 들르기도 하고, 여기저기에 인포샵이 있어서 들르기도 하면서, 그런 장소를 통해서 구체적으로 사람이 사람과 만나게 될 거라고 생각합니다. 그리고 또한 '자유와 생존의 집'이라는 곳도 그러한 장소지요?

후세 으음……. 지금 조금 어려운데요…….

야마구치 어려워?(모두 폭소)

후세 안타깝지만 그렇네요. 어쨌든 사람들이 모여서……

야마구치 사람들이 모여서 여러 가지 이야기가 가능한 장소를 만드는 것이 필요하다는 점에서, 산야 시절의 사람들보다 훨씬 더 뒤에서부터 쫓아가야 하는 그런 상황이라고 할 수 있어요. 그리고 다음으로 조직적인 연결이라는 것은, 음…… 조직적으로는 거의 연결고리가 없어서, 없다기보다는…… 음…… 산야의 쟁의단운동과 같은 것은, 지금 어떻게 되어 있더라……. 쟁의단이라고 하면 일용쟁의단과 산야쟁의단 둘밖에 없네요(웃음). 학생 시절, 저는 86년에 학교에 들어갔는데, 그때는 사토 씨와 야마오카 씨가 죽은 바로 직후입니다만, 직후라서 산야에서 우익의 천황주의자와 노동운동이 대결할 때, 그곳을 보호하기 위해 공원에 가거나 했었기 때문에, 상당히 산야와 가까운 곳에 있었습니다.

장소가 아니라 인터넷이나 블로그, 핸드폰과 같은 새로운 기계나 기능을 통해서 모일 만한 가능성 같은 것은 없을까요?

야마구치 글쎄요? 그게 어떨까요? 역시 세대적인 차가 있다고 할까, 잘 모른다고 할까……(웃음). 그렇지만 어쨌든 사람들이 직접 만나서 이야기하지 않으면 뭐가 잘 안 된다는 그런 느낌을 갖고 있습니다. 오히려 인터넷 관계로 알거나 이야기를 하거나 하면 일이 꼬여 버리는 경우가 많지 않은가 생각합니다만…….

그렇지만 일과 관련해서는 핸드폰으로 한다고 말씀하셨잖아요? 핸드폰으로 정보를 받아서…….

야마구치 그렇습니다. 파견에 관련된 문제는 특히…….

그게 정말 사람들을 개별화시키는 그런 기능만 있는 것인지, 그렇지 않을 수도 있지 않을까 하는 생각이 들어서요. 정말 개별화시키는 것 외에 뭔가 다른 면도 있지 않을까요?

야마구치 글쎄 어떨까요? 핸드폰은…….

후세 그런 식으로 알게 된 사람들이 있잖아요?

야마구치 그런가? 그게 뭔가 커뮤니티를 형성할 수 있는 그런 것일지는……. 글쎄요, 저희들이 거기에 소속되어 있지 않을 뿐, 이미 있는 것인지도 모르겠습니다만…….

지금의 비정규직 노동자 중 젊은 사람들이 넷카페에 사는 사람들이 많다고 들었는데요. 그렇다면 늘 인터넷에 접속하고 있을 텐데요, 한국의 경우는 인터넷이, 데모나 특히 촛불집회의 경우에도 그렇지만 매우 중요한 역할을 하고 있습니다. 그뿐 아니라 지금의 비정규직 노동자들이 그런 식으로 지역에서 분산되어서 인터넷으로 접속하고 있는 상황이라면, 인터넷에서 그들과 접속해서 활동하는 것이 중요하지 않을까 생각됩니다만, 그렇게 활동하는 경우는 없습니까?

사부로 우선 일본과 한국의 상황이 다르니까요. 우선 한국의 경우는 서울에 집중된 인구가 매우 많지요. 인터넷으로 사람들이 잔뜩 모이는 것은 한국 서울 상황의 특성이기 때문에, 일본은 좀 다르지 않은가 생각해요.

야마구치 하지만 말이죠. 일본도 도쿄 주변 인구가 3천 5백만 정도 돼요.

사부로 그런가? 그렇네요(모두 웃음).

야마구치 전철로 30분 정도면 갈 수 있는 지역의 인구가 3천만을 넘지요. 일본도 도쿄 중심이고…….

한국에서는 집회만이 아니라 인터넷 안에서 만들어지는 '여론' 같은 것이 정치나 일상에 강한 영향을 주거나 합니다만, 일상적으로 인터넷에 접속하고 있는 비정규직 노동자가 많다면, 그들을 인터넷에서 조직하는 방식에 대해서는 어떻습니까?

야마구치 전혀 하고 있지 않아요. 오히려 우파 쪽이 그런 것을 하고 있죠.

개인적인 의견입니다만, 저는 지금의 경제를 '흐름의 경제'라는 개념으로 이해하고 있습니다. 흐름의 공간, 즉 인터넷과 핸드폰 같은 통신망이 흐름의 경제를 구성하는 조건일 텐데, 그런 공간이 고립되어 있는 개인을 대중이라는 흐름으로 만들어 내는 게 아닐까 생각합니다. 한국에서는 2002년 이후 흐름을 공간을 통해 형성되는 대중이 정치적으로 매우 중요한 위상을 차지하고 있습니다. 예전에 한미 FTA 반대투쟁을 할 때, 제가 속해 있는 '수유+너머'에서는 이런 인터넷 여론이 중요하다고 생각해서 그것을 구성하는 운동을 한 적이 있습니다. 지금 일본처럼 넷카페에서 접속하고 있는 젊은 비정규직 노동자가 많다면 네트에서 어떤 연결을 만들어서 네트 커뮤니티를 만드는 것이 가능하지 않을까 하는 생각을 했었는데, 어떻습니까?

사부로 그것은 좋은 점과 나쁜 점이 있다고 생각하는데요. 지금 현재 일본에서의 여론은 대개 매우 배타주의적이고 내셔널리즘적인 것이 대부분을 차지합니다. 따라서 좌파적인 여론이라는 것이 매우 적습니다. 마찬가지로 인터넷으로 연결되는 사람들이란 히키코모리를 포함해서 "천황 폐하 만세" 같은 말을 하는 게 당연하다고 생각하는 사람들이 대부분입니다. 따라서 인터넷을 통해서 비정규직 문제라든가, 반전 문제라든가 이러한 것들을 강조하는 사람들을 조직화하는 것은 현장의 상황에서는 매우 어렵습니다. 그 점은 좀 절망적이라고 할 수 있습니다.

그렇지만 희망적인 면도 있어서 작년의 반G8 때 해외에서 다양한 미디어 액티비스트가 와서 그들의 활동에 의해서 미디어 선에서 처리 가능한 것이 몇 가지 있었습니다. 이러한 운동을 하는 측이 좀더 진지하게 미디어 활동을 해나가야 한다고 생각하는 분들로서, '프리타 전반노조' 분과 중에서 '무비 유니온'이 있는데요, 비정규직 카메라맨, 미디어 액티비스트 등이 모여서 서로 기술을 교류해 가면서 스스로 발신하려고 하는 움직임이 시작되고 있는 참입니다. 그렇지만 지금 당장 해나가는 것은 좀 무리라고 생각합니다만.

물론 한국에도 인터넷에 좌파적인 사람들뿐 아니라 우파적인 사람들도 많이 있습니다. 2002년 말 노무현 씨가 대통령이 된 것은 인터넷 대중의 직접적인 힘이 드러난 일 중 하나였는데요, 그 이후에 한국의 대표적인 우파 신문인 『조선일보』가, 그 사건 이후 자신의 독자들에게 "인터넷을 하라, 인터넷을 사용해야만 한다"고 호소하고 촉구했다고 들었습니다. 그래서인지 2006년, 아마도 한미 FTA 반대투쟁을 할 때였던 것 같은데, 『조선일보』에서 인터넷을 하거나 댓글을 달거나 하는 사람들 가운데 50~70대의 사람들이 오히려 젊은 사람들보다 많다는 기사를 읽은 적이 있습니다. 인터넷이 좌파들에 의해 장악되는 것을 저지하려는 선전과 호소가 상당히 성공을 거둔 거지요.

이는 한미 FTA 반대운동 때 인터넷 활동을 하면서 쉽게 확인할 수 있었는데요, 우리나 진보적 성향의 글들에 대해서 "너, 간첩이지", "빨갱이 어쩌구……" 같은 우파적인 리플이 잔뜩 달렸습니다. '간첩'이나 '빨갱이'라는 말을 욕이라고 하는 사람들은 최소한 50세는 넘어야 하지요. 문제는 이런 분들은 이런 식의 욕 말고는 쓸 수 있는 게 그다지 많지 않다는 거지요. 즉 인터넷에는 좌파적인 사람과 우파적인 사람이 섞여 있습니다만, 한국의 경우 대개 우파적인 사람들은 다른 사람들에게 영향을 미칠 수 있는 그런 글을 쓰지는 못하고, 다만 비난하는 것 이상을 하기 어려운 것 같습니다. 반면 좌파들은 사람들에게 영향력을 미칠 수 있는 글을 쓸 수 있기에, 『조선일보』에서 조사한 수를 보면 우파적인 사람들이 더 많지만, 실제로 여론을 주도하는 것은 좌파적인 사람들입니다.

지금 인터넷 속의 일본은 우익적인 분위기라고 하셨습니다만, 좌파적인 사람들이 그것에 별다른 관심이 없었던 그런 거라고 생각할 순 없을까요? 역으로 적극적으로 들어가서 활동하면 좌파적인 논리가 힘을 갖게 될 수도 있지 않을까 싶기도 한데……. 특히 지금의 비정규직 노동자가 넷카페에서 그런 식으로 산다면, 인터넷을 통해서 연결해서, 예를 들어 어딘가에 모여라로 그치는 것이 아니라, 인터넷을 통해서 일상적인 연결망을 만들고 여러 가지 것을 이야기해 가면서 새로운 인간관계를 만들면 어떨까 생각했습니다.

제 말이 너무 길어졌습니다만, 비정규직의 경우 직장을 자주 옮기기 때문에 친화성을 갖는 인간관계를 만들기 어렵다고 들었습니다. 물론 인터넷만으로 그런 감정적 관계가 만들어지긴 어렵겠지만, 그런 관계가 만들어지는 매개나 연결고리 같은 것이 될 수도 있지 않을까 싶기도 합니다. 쉽진 않겠지만, 일본의 좌파는 대개 인터넷에 대해서 부정적인 입장을 갖고 있는 듯이 보여서, 그게 더 그렇게 만드는 건 아닌가 싶어 안타깝기도 하고요(모두 웃음).

<u>야마구치</u> 글쎄요……. 뭐라고 할까요. 그건 젊은 사람들에게……. 물론 네트를 통해서 연결되는 것은 일반적인 것이어서, 일본에서도 취미라든가 관심 등을 통해 관계가 이어져 있습니다. 그래서 일본의 인터넷 문화라는 것을 보면 블로그를 쓰는 사람들이 정말 많다고 해요. 전 세계의 블로그 서비스의 40%를 일본이 차지한다고 이야기될 정도예요. 그런데 대개 자

신의 친밀권에서 일어나는 여러 가지를 기록하고 토로하고 싶어하는 경우가 대부분입니다. 반대로 그런 것에다 공공권에 대한 것을 이야기하는 것은 이상하다고, 변태라고, 좀 뒤틀린 사람으로 간주되는 성향이 매우 커요. 그것에 대한 경계심이 정말 매우 강합니다.

그렇기 때문에 그 점을 어떻게 극복할 것인가가 쉽지 않은 문제예요. 그럴 수 있는 방법의 문제나 그로써 문화가 어떻게 변화하는가는 정말 어려운 문제인데, 어떤 의미에서 그러한 점을 우파가 확산시키는 면도 있는 것 같고요. 그런 곳에 들러붙어서 공공권, 정치나 제도의 문제 등에 대해서 제대로 된 담론을 접하거나 공유하게 될 찬스가 앞으로는 늘어날지 도 모르겠습니다만, 여태까지는 우파가 어떻게 해서라기보다는 각자가 모두 자신의 친밀권 속에 문제나 관심 영역이 머물고 있어 그 이외의 것에 대해서는 거의 관심을 갖지 않는 경향이 인터넷 문화 안에 있었던 게 아닌가 생각합니다. 예를 들어 유명한 '2채널'(2ちゃんねる)이라는 게시판[7]이 있지 않습니까? 그렇지만 그것은 기본적으로는 이론도 아니고 권유도 아니고 뭘까……, 추임새를 넣는 것 같은 그런 느낌? 뭐랄까요, 그건?

네타문화[8]네요. 네타예요, 네타. 네타에서 재밌는 이야기를 할 수 있으면 그만. 그러니까 거기서 조금도 벗어나면 안 된다는 것이 인터넷 놀이의 주류인 셈인데, 그 속에 섞여 드는 것이, 어떨까요……, 가능할까요?

---

7) '2채널'의 게시판 주소는 다음과 같다. http://www.2ch.net/
8) 네타(ネタ)는 원재료라는 뜻의 일본어로 글이나 영화, 만화 등의 핵심이 되는 생각이나 내용을 일컫는다. '스포일러'라는 의미로 쓰일 때도 있으며, 이 글에서는 만화나 영화의 스포일러나 게임 등의 일부분을 인터넷에 업로드함으로써 '재미'를 추구하는 일본의 인터넷 문화를 말한다.

한국에도 약간 다르지만 '싸이월드'의 미니홈피라는 것이 있어요. 한때 아주 인기가 높았는데 그것은 전부 자신의 개인적인 사적인 공간이고, 친밀한 관계를 맺는 것을 지향하지요. 언제 무엇을 먹었다거나 같은 정말 사사로운 것으로 자신의 미니 홈페이지를 만드는 거지요. 그런 게 매우 인기가 있었던 거지요. 사실 그게 아니어도 인터넷에 떠도는 것의 80~90%는 그런 개인적인 것이나 광고, 포르노 등, 그다지 좋다고 말하기 힘든 것들이 아닌가 싶어요. 그렇지만 그 와중에도 종종 그 안에서 생각하지 못했던 어떤 일이 솟아오르며 사건을 만들기도 했던 거지요. 그렇다면 지금의 인터넷 상황이 어떤가와는 다른 관점에서 볼 필요도 있지 않을까 싶었던 거죠. 사실 좌파는 대개 무척 바쁘게들 살기 때문에 그런 것을 할 시간이 없고 대개는 관심도 없는 경우가 많지요. 저도 실은 메일 체크나 연구실 홈페이지에 들어가 보는 것 이상은 잘 못합니다만. 죄송합니다. 이건 인터뷰를 하는 게 아니라 이상하게 되어 버렸네요(모두 웃음).

<u>야마구치</u> 물론 그것을 부정할 생각은 전혀 없습니다(웃음).

자, 그러면 한 가지만 마지막으로……. 작년인가 아마미야 가린 씨가 저희 연구실에 왔을 때, 일본의 비정규직운동에 대해서 처음 알게 되었는데요, 그때 그 옆에 있던 누군가에게서 일본의 비정규직운동으로 인해 이젠 끝나 버린 거 아닌가 싶던 일본의 사회운동에서 새로운 가능성을 보게 되었다고 하는 얘기를 들은 적이 있습니다. 일본의 사회운동이 살아나고 있는지 어떤지는 잘 모릅니다만, 비정규 노동조합이 매우 활기가 있다는 건 틀림없는 것 같습니다. 운동을 직접 하시는 분으로서, 일본의 사회운동에서 비정규 노동운동이 갖는 앞서와 같은 평가에 대해선 어떻게 생각하시는지, 혹은 현재 일본의 사회운동에서 지금의 비정규 노동운동이 갖는 의미는 어떻다고 생각하시는지 말씀해 주시겠습니까? 겸손하게 말씀하시지 말고 축소하지 마시고, 자랑하실 게 있다면 솔직하게……(모두 폭소).

<u>야마구치</u> 겸손한 말이나 그런 것이 아니라 진지하게 말해서, 일본 사회가

고조되고 있다고 한다면, 그것은 거짓말입니다. 대략 민주당이 승리하게 한 여론의 움직임이나 분위기의 변화 등은 있는 것 같습니다. 신자유주의화가 매우 심하게 진행되어서, 그에 대한 대책을 세워야 한다는 그런 밸런스 감각은 여론으로서는 작동하고 있는 것 같습니다만, 그것이 사회운동이 강력해져서 되돌린 그러한 상황은 전혀 아니라고 생각합니다. 이것은 겸손도 뭐도 아니고 그저 사실입니다.

그 속에서 비정규직운동이, 여러 가지 비정규직운동이 여러 곳에서 일어나고 있는 이런 상황이 저는 적어도 유일한 가능성이라고 생각하고 있습니다(모두 웃음). 대략적인 얘기지만, 왜냐하면, 우리들은 조직이나 활동을 조합운동에 갇히지 않고 가능하면 열어 가려고 하는 방식을 생각하고 있다고 말씀드렸습니다만, 거기에는 다양한 사람들이 사회를 구성하게 하는 힘을 갖고 있다고, 혹은 기존의 틀을 넘어서서 여러 사람들과 연결되려고 하는 그러한 힘이 있다고 생각합니다. 여태까지의 일본운동이 너무나 폭력적이었어요. 열린 방식을 갖지 못했다고는 할 수 없지만, 어쨌든 곧 갇히고 갇혀 버리는 방식이 되어 버렸습니다. 따라서 의식적으로 열어 가려고 하지 않는다면 운동에 전망은 없다고 생각합니다.

일본 사회운동에서 자주 취하는 방식이라고 하면, 어딘가 정당의 계열에 들어가서, 일본에서는 '정치'나 행정의 힘이라는 것이 큰데요, 그런 것과 관련해서 어떻게 영향력을 행사할 것인가에 빠져드는 경우가 많습니다. 반면 지금의 우리들은, 물론 우리는 유독 그렇지 않다는 식으로 말하고 싶진 않지만, 비교적 그런 식으로 하지 않고, 우리 나름의 자립권을 만들어 가려고 하고 있습니다. 그래서 정치과정에 개입하거나 행정에 개입하려 하지 않습니다. 예를 들면 관청에 가서 이렇게 하면 해결되지 않는가라고 한다거나 혹은 돈을 제대로 갖고 정치력을 갖는 것이 좋지 않겠는가 하는 식으로 생각하지 않는다는 거죠. 이는 어떤 점에서 비효율적이고 쓸데없어 보일지 모르겠습니다만, 저희들은 운동 속에서 효율성이 가장 중요한 것이 되는 것은 잘못된 것이라고, 그것보다는 스스로 힘을 갖게 되는 것이 중요하지 않을까 생각해요. 즉 교섭하는 힘, 연대하는 힘. 그리고 또 어떤 힘이 있을까요?

후세 저항 아닌가?

사부로 맞아요, 저항.

야마구치 응? 그래, 저항하는 힘. 그러한 것을 나누어 가고 모두가 그런 것이 가능해지는 것이 중요하지 않을까 생각합니다. 그 지점이야말로 가능성이 있는 곳이라고 보고 있습니다. 따라서 아까 "파출소의 수보다도 더 많은 조합을!"이라고 한 것은 그런 거죠. 그건 어떤 지도를 그리는 것인데, 지도라고 해도 거기에는 또 다른 지도가 있는 게 아닐까요? 별개의 세계의 지도라고 할까요? 어느 사이엔가 '크게 변했네'라고 생각하게 하는 그러한 것 말이에요. 그게 역시 자연스러운 것이겠죠? (모두 웃음)

스즈키 효율성을 추구해 온 운동이 망가진 것이 1990년대네요. 반전운동 때 우리들도 했었고…….

야마구치 물론 저는 제도권에 영향력을 갖게 되는 그러한 것도 의미 있는 일이라고 생각합니다만, 저는 가능하면 그곳에 가까이 가지 않고 가능하면 그것에 흡수되지 않으려는 그런 것이라고나 할까요?(웃음) 어렵네요

(모두 웃음). "어이! '전국 유니온', 들어와!"(웃음) 이런 권유가 있거나 합니다만. 비전으로서 구체화되어 있지 않은 점도 있어서 뭐라고 말하기 어렵지만, 일단 그런 방향성을 갖고 있습니다.

여쭤 보고 싶은 것은 아직도 많이 있습니다만, 시간도 너무나 길어져서 이만 줄여야 할 듯합니다. 아주 재미있었습니다. 긴 시간 너무나 감사합니다.

야마구치 늦게 와서 너무 죄송합니다.

아니요. 오히려 많은 분들이 같이하게 되어 더 재미있었습니다. 감사합니다.

PRECA
+
RIAT

5장 포기의 강을 건너서,
세대의 벽을 넘어서

후세 에리코, 다노 신이치와의 인터뷰

후세 에리코(布施えり子), 다노 신이치(田野新一)

후세 에리코와 다노 신이치는, 인터뷰에 참여하지 않았지만 액티비스트 편집자인 소노 료타(園良太)와 더불어 '프리타 전반노동조합'(フリ-タ-全般労働組合, http://freeter-union.org/union/index.html)* 공동 대표를 맡고 있다. 소노 료타도 함께 인터뷰를 할 예정이었으나 아쉽게도 사정이 생겨 참여하지 못했다. 다노 신이치는 와세다 대학에서 '프롤레타리아 문학'을 전공한 바 있는 학생이자 프리타이다. 후세 에리코는 '자유와 생존의 집'(自由と生存の家, http://freeter-jutaku.alt-server.org/)이라는 공동주거 공간에 살면서 그 공간과 '프리타 전반노조' 사무실의 운영을 맡고 있는 프리타이다.

'자유와 생존의 집'은 집세가 비싼 도쿄에서 살아가는 프리타들이 공동으로 방을 얻어 사용하는 주거 생활 공간이며, '프리타노조'를 방문하는 다른 나라나 지역의 활동가들의 숙소로 활용되기도 한다. 이 장소는 새로운 사람이 들어올 때마다 변화하는 곳으로, 우리가 방문하였을 때에는 집의 분위기를 바꾸기 위한 내부 수리와 개조가 진행되고 있었다. 최근 이 앞에서는 매달 '자유와 생존의 야채시장'(自由と生存の野菜市)이 열리기도 하는데, 여기서 판매되는 야채는 유기농·무농약·저농약 야채들이다.

야마구치 모토아키를 통해 '프리타 전반노조'에 관해 인터뷰를 했음에도 불구하고 후세 에리코와 다노 신이치의 인터뷰를 한 것은 그들을 통해 지금 프리타운동에 새로이 참여한 젊은 층의 생각을 듣고 그들의 감수성을 조금이나마 느껴 볼 수 있지 않을까 하는 생각에서였다. 그래서 인터뷰도 거기에 초점을 맞추어 진행하려고 했다.

---

* '프리타 전반노조'에 대해서는 야마구치 모토아키와의 인터뷰 참조.

5장 | 포기의 강을 건너서, 세대의 벽을 넘어서
— 후세 에리코, 다노 신이치와의 인터뷰

때 : 2009년 10월 20일

장소 : 프리타 전반노동조합

젊은 분들이라고 말해도 좋을지 모르겠습니다만(웃음), 시작해 볼까요? 일본에서는 사회운동이 침체되어 있고, 운동하시는 분들도 대개 나이 든 분이 많은데, 젊은 층이면서 비정규 노동운동 전면에서 적극적으로 하고 있는 것이 매우 인상적입니다. 장년층의 경우에는 스스로 해온 운동의 연속성 속에서 비정규직운동도 하게 되었을 것이라고 추측할 수 있겠지만, 젊은 분들은 어떻게 이 운동을 하게 되었을까 생각해 보면, 많이 다를 것 같네요. 두 분 모두 '프리타노조'의 공동대표라고 들었습니다. 이 운동을 이처럼 적극적으로 하게 된 과정에 대해 말씀해 주실 수 있으세요? 누구부터 할까요?

다노 (후세를 보면서) 왜 '프리타노조'를 시작했나요?

후세 시작된 계기는 메이데이의 집행위원회가 시작되었을 때, '프리타노조'가 있다는 것을 친구에게서 듣고 참여하게 되었던 것이었어요.

친구는 원래 활동을 하던 사람이었나요?

후세 원래 활동하던 사람인데, '헌법 연구회'나 '반전 문제' 등 여러 가지를 했었는데요, 메이데이라든가 '프리타노조'가 가장 마음에 확 다가와서……(웃음). 반전이나 헌법보다도 아르바이트의 상황을 개선하거나, 해고를 철회시킨다거나 하는 그런 것이 가장 자신에게 리얼리티가 있었다고 생각했다고 해요. 저도 계속 아르바이트를 해왔고 친구도 그랬지만, 실제로 [생활이] 곤란한 상황이어서 거의 포기하고 있는 상황이었는데, 포기하는 것이 아니라 우선 뭔가를 해볼 수 있다고 생각해서, 그래서 '프리타노조'에 관여하게 되었습니다.

아르바이트는 어떤 것을 하셨나요?

후세 뭐 여러 가지……(웃음).

하나는 아니었을 텐데…….

후세 그렇지요. 저는 학교도 제대로 다니지 않았어요. 중학교 때부터 등교거부를 했기 때문에, 사실상 정말로 최저임금의 아르바이트, 일당 6천 엔에 하루 13시간 7일간 쉬는 날 없이 한다든가 했고, 뭐랄까, 그 외에 편의점 아르바이트나 하루일당이사 아르바이트 등을 하고 있었어요. 심하게 일을 시켜도 당연하다고, 어쨌든 그럴 수밖에 없다고 계속 생각하고 있었습니다.

그런 것을 이야기하거나 해결하는 것이 가능한 공간이 있었다는 거네요.

후세 그래요.

근데 무엇을 하고 싶어서 들어오게 된 건가요?

후세 근데 그게요, 정말로 하고 싶은 것이 없고, 하고 싶은 마음이 없었다고 할까요? 우선 포기하는 것의 연속으로 살아왔으니까요. 그러니까 미래에 이것을 하고 싶다거나 하는 모티베이션이 전혀 없었고요. 그날그날 즐거운 것이 있으면 된다며 살아가는 그런 느낌이었기 때문에 일에도 목표가 없었지요.

학교는 재미없었어요?

후세 정말 재미없었어요(모두 웃음). 어쨌든 매일매일 화가 나는 것을 참는 것의 연속일 뿐이었고, 결국엔 참을 수 없게 되었어요. 아르바이트야 급료가 나오니까 참지만요. 그렇지만 아르바이트도 급료가 나온다고 해도 너무 한다는 생각이 계속 들었고, 평생 계속해서 아르바이트만 할 것 같은 기분이 들었기 때문에, 그렇다면 뭔가 좀더 제대로 급료를 받을 수 있는 일을 하고 싶었어요. 주변 사람들을 봐도, 관계없는 사람들을 봐도, 그들 나름대로 목표가 있건 없건, 꿈이 있건 없건, 최소한의 생활을 할 수 있으면 좋지 않을까라고 생각했어요. 최소한 일할 수 있는 그런 상황을 만들고 싶다고 생각해요. 그렇기 때문에 별로 깊은 의미는 없습니다.

깊은 의미가 있네요(모두 웃음).

다노 그럼 제 차례인가요? 저는 일용파견노동자였어요. 물론 대학에 다니면서 했지만요. 근데 대학에 들어가기 전부터 일본의 사회운동은 침체되어 있었고 담당하고 있는 사람들도 주로 나이가 든 사람들이었고요. 대학

들어가기 전에, 일본에는 예비고등학교라는 게 있습니다. 예비고라는 것은 고등학교 졸업하고 대학에 들어가지 못한 학생들이 가는 학교입니다. 그곳에는 꽤 많은 예전 활동가들이, 그러니까 대학에는 남지 못하고 예비학교의 교사를 하는 활동가들이 꽤 많아요. 저를 비롯해 제 세대 중 사회활동에 관심을 갖게 되는 것은, 예비학교의 선생님에게 배운 경우가 많습니다. 예비학교에서 술을 하는 경우도 많고요. 저는 예비학교의 선생님을 통해 반전데모에 가게 되었습니다. 그 사람이 했던 것은 '우리 죄의 회'(わがつみの会)라는 것이었는데요, 전쟁에서 죽은 학생들, 이른바 15년전쟁에 끌려들어가 참전하고 죽은 학생의 유족들의 모임입니다. 즉 평화운동회의였는데, 그 데모에 함께 데려가서 반전운동에 참여하게 되었습니다. 그게 열여덟 살부터였어요.

젊었네요(모두 웃음).

다노 그렇네요. 젊었네요, 그때는요(웃음). 그런데 대학에 들어가니까 오히려 대학 내의 학생운동이 아무것도 없었기 때문에 뭘 해야 할지 알 수가 없었는데, 그때에도 역시 선생님을 알게 됩니다. 대학 선생님 중에 원래도 좌파 활동가였던 사람이 있었는데, 문예비평가였는데요 이 책을 쓴 사람인데요. '고지라'라고.

후세 씨, 봤어요?

후세 네 봤어요. 인기가 있는……

다노 그래요. 이 책에선 괴수 고지라가 나타난 것은 인간사회의 변혁을

독촉하기 위해서라고 봐요. 즉 괴물이 나타나면 괴물을 죽여야 한다고 생각할 게 아니라, 인간을 변화시켜야 한다고 씌어 있었어요. 그런 생각을 하는 재미있는 사람이었고, 이 책처럼 고지라, 그러니까 문예평론뿐 아니라 넓게 영화도 문화평론도 하는 그런 사람의 세미나에 들어가서 공부를 해야겠다고 생각했어요. 그러니까 대학 학부생 때에는 사회운동을 하고 싶었지만 어디에 운동이 있는지 알 수 없어서, 공부를 해서 뭔가 사회를 위한 것을 할 수 있을 것이라고, 사회를 변화시킬 수 있는 그런 힘이 될 수 있지 않을까 생각했습니다. 그래서 이 선생님을 지도교수로 대학원에 가야겠다고 생각해서 들어갔어요.

그런데 그때부터 집이 매우 가난해져서 일하면서 대학원에 다니게 되었어요. 그래서 매일 심야에 아르바이트를 하고 낮에는 학교에 가는 생활을 반복했기 때문에, 또 주변 학생들 중에는 학생운동을 생각하는 사람이 없었고, 대개 모두 부잣집이고 여유가 있었는데 저는 학교가 끝나면 바로 일하러 가고 했기 때문에, 학생들 속에서 좀 소외감을 느꼈어요. 나는 늘 혼자서만 뭔가 일을 해야 했고, 따라서 주변 친구들과는 동료가 아니라는 생각이 들었고, 오히려 일하는 직장에 친구가 있었습니다. 그때는 인쇄 회사에서 심야 아르바이트를 했었는데요. 그런데 잠시 아르바이트를 쉬지 않으면 석사 논문을 쓰지 못하니까 잠시 아르바이트를 그만두고 논문을 썼어요. 그러자 돈이 없어져서 집에 있는 쌀을 다 먹어 버리고 내일 먹을 쌀이 없다는 것을 깨달았던 때가 있었어요(웃음). '이를 어쩌나' 해서 그때 급히 시작했던 것이, 발을 들여 놓은 것이 일용파견노동의 세계였습니다. 일용파견노동은 그날 일하면 바로 돈을 받을 수 있으니까, 자, 이것을 하면 매일 먹고 살 수 있겠다고 생각했지요(한숨).

그런데 일용파견노동은 한 번 들어가면 빠져나오기가 힘듭니다. 즉 왜냐면 매일 일해 받은 돈으로 생활을 하기 때문에 돈이 모이지 않습니다. 그래서 일단은……. 2년 정도 일용파견노동으로 일했는데요. 그래도 저는 학생이라서 목표를 갖고 그것을 위해서 일하고 있는 느낌이어서 정신적으로는 여유가 있었던 셈이지요. 주변의 사람들은 이른바 취직 빙하기(就職氷河期) 세대로 저보다 다섯 살 정도 위인데요, 대략 2004~2005년에 서른 살 정도였던 사람들이 주변에 정말 잔뜩 있었어요. 육체 노동 현장에서 오래 일했기 때문에 매우 일을 잘하게 되어서 실제로 직업적 장인 정도의 기술을 익히고 있었고 실제로 매우 멋집니다. 일용 아르바이트라서 신분은 낮지만 기술이 있어서 매우 멋지거든요. 그런데 그렇다곤 해도 일용파견일은 이른바 중간 착취 등을 당해서 돈을 털리고 급료가 낮고 그래서요, 그 사람들이 평균적인 생활을 하기 위해서는, 제대로 된 생활을 하려면, 낮에 한 현장에 가서 일하고, 저녁에 또 다른 현장에 가서 일하고, 그렇게 하루에 두 현장에서 일하고 거의 잠을 잘 시간도 없을 정도로 일해야 해요. 그렇게 하지 않으면 생활이 불가능해요. 그런 사람들이 주변에 잔뜩 있었어요. 그들은 매우 기술이 좋아서 멋진 사람들인데 그들이 점점 피폐해지고 지쳐 가고 부상을 입고(침묵).

그런 생활 속에서 사람들이 점점 쓰러져 가고 있는 것이 눈에 보였어요. 그때야 아직 30대니까 괜찮지만 이 사람들이 나이가 들면 어떻게 될까, 언젠가는 먹고 살 수 없지 않을까라고 생각하게 되었습니다. 저는 좌파 선생님에게 배웠기 때문에 노동조합이라는 것은 알고 있었지만, 프리타이면서 노동조합을 만드는 것은 불가능하지 않을까라고 현장을 보면서 생각했습니다. 모두 뿔뿔이 있었고 노동조합을 만들려는 생각을 가진 사람도 없을 뿐 아니라 저 같은 사람이 그런 것을 하자고 해도, 뭐랄까요, 모두 장인 기질을 갖고 있어서 모두들 "잘난 체하네, 바보"라고 하면서 상대해 주지 않을 게 뻔하니까. 그렇네요. 그러니까 지금 '프리타노조'를 하면서도 그때의 동료들에 대한 기억이 매우 강합니다. 저는 처음에는 이상한 학생이 왔네, 분명 금방 그만둘 사람이 왔네라는 식으로 생각되었을지모르지만, 일하면서 점차 다노짱이라고 이름을 알아주고 점차 동료로서인정해 주는 느낌이 들었어요.

모두 **뿔뿔**이이기는 했어도 그 안에 있는 사람들 사이의 동료의식이라는 것은 있었네요.

다노 그렇네요. 그래서 프리타노동조합은 무리인가라고 생각했었는데, 찾아보니까 있었고, '그렇다면……' 하고 생각하고 "저도 들어가고 싶습니다"해서 참여하게 된 게 처음입니다.

그렇게 들어온 것이 언제인가요?

다노 그게 2007년인가?

후세 에?

다노 아닌가?

후세 아주 다른 거 같은데(웃음)

다노 아니야, 내가 들어온 것은 2007년 맞아.

후세 그래, 2년 전이네.

다노 지금 2009년이니까. 2007년 4월인가 그랬어. 2004년부터 그때까지는 일용파견일을 했고, 그리고 잠시 그만두고…….

스스로 '프리타노조'를 찾아보고 들어온 겁니까?

다노 네, 그렇습니다.

찾아보고 들어오니까 이런 활동을 하고 있었던 것이네요?

다노 네 그렇습니다. 물론 지금보다는 사람 수가 적었어요. 절반 정도나 될까. 이렇게 바쁘지도 않았습니다.

후세 씨는 이와 관련해 좀더 말씀하고 싶으신 게 있는 듯하네요.

후세 어쩌면 전혀 관계가 없을지도 모르지만요, 지금의 젊은 세대라는 것은 버블 때의 드라마라든가, 지금 25세에서 35세 정도의 세대의 경우 초중고생 때에 이른바 트렌디 드라마 같은 것에 ……, 매우 호화로워요. 생활이. 맨션이라든가 그런 건 정말 대단해, [거기 등장하는 건] 모두 좋은 것뿐이에요. 모두가 말이죠(모두 폭소). 더구나 일하는 것은 정말 너무나 간단해요. 일하는 장면 등은 정말 잠시만 나오고, 모두들 정시에 퇴근하는 것 같은 그런 느낌이잖아요, 더구나 매우 좋은 급료를 받고요. 그러니까 버블 때에는 취직도 되었고 모두 정사원이 되는 게 당연한 것이었고 그것을 봐 왔기 때문에 저는 나이가 들면 제대로 된 생활이, 좋은 생활이 가능할 거라고 생각했었는데요. 도중에 갑자기 취직표가 턱 제시되고 학력 차 등을 느끼면서 "이런, 이게 뭐지?" 싶었어요. "야, 이거 얘기가 다르잖아!" (모두 웃음)

어릴 때부터 드라마 등을 티브이에서 엄청 많이 봤기 때문에 어른이 되면 저런 생활이 기다린다고 생각했는데, 그런 드라마에 나오는 맨션에 사는 게 가능한 20대란 정말이지 극소수의 비율이구나 하는 것을 알게 되었고…….

다노 전혀 다르지요.

후세 더구나 일하는 것은 꿈이나 목표를 갖고 노력하면 모두 이룰 수 있다는 식으로 나오지요. 저도 그렇게 생각했기 때문에, 그것에 도전하자 어릴 때 생각했던 것과 현실이 너무나도 달라서 그것도 충격의 하나였습니다. 그런데도 모두들 의외로 불만은 말하지 않고……. 푸념은 할지라도.

다노 어른이 되면 나도 자동적으로 저렇게 될 거라고 생각했어!

후세 응. 나도 정말 그렇게 생각했어! 그런데 사실은 방세 3만이나 4만 엔 정도를 내지 못해서 쫓겨나거나 하면서, '저렇게 사는 사람이 정말 있나!' 라고 생각했어!

다노 속았던 거네요. 트렌디 드라마에(웃음).

두 분 모두 지금 대표를 맡고 있는데, 일주일에 며칠 정도 근무하세요? 그리고 '프리타 전반노조'는 활동가에게 급료나 활동비를 주지 않는다고 들었어요. 그렇다면 생계문제는 어떻게 해결하세요? 일주일에 얼마 정도의 시간이 (돈 버는) 일을 하는 데 소요됩니까? 늘 고민하게 되는 것이긴 합니다만. 공동대표가 세 명이라고 하셨는데요, 일이 잔뜩 있을 때 일 분담 등으로 서로 간에 갈등도 있지 않을까 싶기도 하고 구체적인 이야기도 듣고 싶어요. 처음 뵙고 이런 것을 묻는 게 좀 그렇지만, 그래도 어떤 단체에나 있는 것이니까(웃음), 말씀해 주시겠어요?

후세 그건 세 명 모두 심각해요(웃음). 소노 군 이야기를 하면 그는 실업자예요. 원래는 정사원으로 일했었기 때문에 지금 실업 보험을 받고 있어요. 그래서 현재 취직 활동 없이, 거의 모든 돈을 활동에 (웃음) 소비하고 있어요. 소노 군에게는 지금이 파라다이스예요. 일하지 않고(웃음) 국가로부터 실업수당을 받고 있으니까 그런데 곧 끊겨요. 거의 곧 끊길 상황이에요.

얼마 동안 그것을 받아요?

후세 회사가 망한 것이었기 때문에 6개월 정도라고 생각합니다만,

한 달에 얼마 정도 받습니까?

후세 그것까지는 잘 모르겠어요. 그렇지만 정사원으로 풀타임으로 매일 일했으니까······.

다노 몇 개월 나오더라······. 소노가 얼마나 일했지?

후세 3년인가? 풀타임으로 했어.

다노 3년 일했나? 그렇게까지 일했던가? 그렇다면 3개월……. 소노는 자기 부모 집에 살고 집이 여기서 매우 가깝고, 밥은 집에서 부모가 챙겨 주니까, 돈은 그다지 들지 않거든요.

후세 더구나 먹는 데엔 전혀 관심이 없어서 무지하게 싼 크림빵 같은 걸 사서 그걸 계속 먹고 있거나 해요. 따라서 돈은 거의 쓰지 않는 것 같아요. 소노 군은 정말로…….

실례지만 몇 살 정도입니까?

후세 모두 동갑으로 28세입니다. 소노 군은 2000년부터 8년 정도 계속 활동하고 있어요. 그리고 일했던 곳도 일자리 활성화를 하는 NPO 같은 곳으로, 스즈키 씨에게 소개받은 편집일을 했어요.

괜찮은 일이었네요.

후세 그래요. 도산해 버렸지만요(웃음). 소노 군은 그런 상황이고요.

소노 씨는 학교에 다니지는 않으시고요?

후세 네. 그래요. 그리고 일도 없는 상황입니다. 그리고 저는 지금 아르바이트하는 곳이 절인데요, 한 달 급료가 10만 엔이 좀 안 되요. 시급 1000엔이라서 8만 엔 정도. 그리고 집세가 한 달에 3만 엔 정도이고 나머지는 쓰지 않으면서 어떻게든 합니다. 그리고 저도 집이 가나가와(神奈川)인데요. 자주 왔다갔다하기 때문에 음식을 조달하거나 돈을 받거나 하는 것도 되고요, 또 그전에는 좀더 일을 많이 했는데, 그때는 일 이외에는 아무 것도 하지 않았고 돈도 쓰지 않았기 때문에 저축해 놓은 게 좀 있어서, 만약 뭔가 일이 생기면 거기서 빼서 씁니다. 하지만 또 하나의 아르바이트를 찾고 있는 중입니다. 또한 가끔 아는 사람 통해서 일주일 정도 단기간의 일이 들어오거나 하는데, 그럴 경우에는 한 달에 20일 정도 계속 일하는 경우도 있어요. 메이데이 때에 일하지 않기에, 다른 때에는 잔뜩 일을 하여 밸런스를 맞추고 있습니다.

메이데이 때에는 일하지 않는군요. 그런데 일상적으로 여기에서도 일하고 있지 않습니까?

후세 물론 그렇지만, 별로 일이라고 생각하지는 않아요. 하지만 한 달에 두 번 정도는 일을 한다고 생각하기도 합니다(웃음). 이곳에 와서 장시간 서류를 만들 때에는 왜 급료가 나오지 않나 하는 생각이 듭니다만, 상담을 하러 사람이 오거나, 함께 항의를 하러 가거나 할 때에는 일이라고 생각하지 않습니다. 혼자서 일을 하지 않는 한 그렇게 생각하지 않습니다.

다노 제가 '프리타노조'에 들어왔을 때, 일용파견 등을 해서 정말로 아슬아슬한 생활을 하던 때에는 이런 활동을 전혀 할 수 없었고, 대학원의 박사과정에 들어간 뒤부터는, 그전에도 장학금을 빌리고 있었지만, 박사과정에 들어가면 빌릴 수 있는 돈이 많아지고 학비는 조금 줄어듭니다. 따라서 그전까지는 장학금이 학비로 전부 나가서 생활은 전부 제가 벌어서해야 했던 데 비해, 박사과정부터는 학비를 내고도 돈이 남게 되어 일을 줄일 수 있었고 그래서 그만큼 사회운동을 하자고 생각해서 왔습니다.

그러나 생각해 보면 돈을 빌려 사회운동을 하는 것임을 깨달아서, 그게 무척 곤란하다는 생각을 합니다. 그래서, 그리고 학위를 받고 난 이후에도 학교에 남을 생각도 있기 때문에 가능한 한 장학금은 남겨 두고, 거기에 손대지 않으려고 합니다. 일주일에 22시간 일하고 있고……

후세 좋겠다아.

다노 그러면 한 달에 16만 엔 정도를 받습니다.

후세 좋겠다아.

다노 지금 학원 강사를 하고 있는데, 꽤 돈을 많이 받을 수 있는 아르바이트입니다.

후세 좋겠다아(웃음).

다노 그래서 꽤 도움을 받고 있습니다만, 집세가 4만 5천 엔 정도이고, 그리고 뭐라고 할까요? 그런데도 이런 활동을 하러 밖에 나오면 돈을 쓸 일이 많고.

후세 술값(웃음).

다노 맞아요, 맞아요. 또 점심도 밖에서 먹고…… 16만 엔 정도로는 좀 부족한 기분이 들 때가 많습니다. 그럴 때는 장학금에서 빼 쓰거나 합니다.

후세 나는 16만 엔까지는 쓰지 않는데 …… 어째서일까요?

다노 16만 엔 정도 …… 술값인가?

후세 혹시 입는 옷이 비싼 거 아냐? 아니면 밤에 택시?(탄성!)

다노 아니야, 아니야. 글쎄 …… 아무튼 주 22시간 일을 하기 때문에 그렇게 바쁘거나 하지는 않습니다. 그렇지만 아직 학생이라서 수업도 있기 때문에 주 몇 시간씩 일하는 그런 것은 불가능하고요. 여기 일이 많아지면 꽤나 바쁩니다. 대학원생은 늘 조금이라도 뭔가 원고를 쓰게 되는 경우가 있으니까, 그럴 땐 밤에 잘 수 없죠. 뭐, 그건 당연한 일일지 모르지만, 바쁠 때는 정말 죽을 만큼 바빠요.

후세 정말이지 바쁠 때에는 사무실이나 집이나 학원 등 밖에서 아무데서나 잠시 자고, 그리고 정말 죽을 것처럼 되어서는요, 회의가 많은 때는 저 바닥에 누워서 자고 그런 경우가 다반사입니다. 종종 누가 빨리 죽나 누가 빨리 쓰러지나 내기하자고들 해요(웃음). 그러니까 일반적으로 생각해도 심한 생활이라고 할 수 있어요. 생각하자면 그렇습니다.

상담이라든가 하는 일들이 있으니까, 사무실에 무슨 요일 몇 시간 와 있는 것이 결정되어 있거나, 아님 출근해서 전화를 받거나 팩스를 받거나 하는 그런 것도 있을 듯한데요……. 그런 시간은 얼마나 되지요?

다노 그런 시간도 있지만요, 매우 적어요. 월, 금, 토요일에 각각 3~4시간 정도 전화담당을 하지만, 그래도 주 3회 정도로 열 몇 명이 나누어서 그

시간만 하기 때문에 구속된 시간은 적습니다. 그렇지만 그 가운데 사무실에 와서 면담을 해야 하거나, 단체교섭을 하게 되면 단체교섭을 위한 서류를 만들거나 실제로 그 사람과 인터뷰를 해서 구체적인 상황을 듣고 자료를 만들거나 해야 하고, 단체교섭이 잘 안 될 때에는 모두에게 호소해서 직접 행동을 해야 하는데, 다시 교섭으로 이어지기도 하는 이런 일들이 많아질 때에는 바빠집니다. 즉 바쁠 때에는 정말 한없이 바빠집니다.

후세 철야를 할 때도 있고요.

그렇지만 그것은 예측 불가능한 것이네요. 자신이 앞으로 어떻게 하면 될지. 갑자기 일이 생기는 것일 테니까 말이죠.

후세 그래요, 그래서 그게 곤란합니다. 확실히 교섭 같은 것도 저쪽의 일정도 있기 때문에 그 이후의 일정을 잡는 것이 힘들어요. 그렇기 때문에 절대로 쉴 수 없는 그런 아르바이트를 하는 사람일 경우에는 힘들 거라고 생각합니다.

교섭이 잘 안 되어서 항의행동을 하려고 사람들을 모을 때에는 전화로 갑자기 와 달라고 요청하거나 합니까? 그러면 잘 모입니까?

후세 아 …… 그러니까 어떻더라? (웅성웅성 웃음)

다노 그렇죠, 갑자기 오죠.

후세 혹은요, 만났을 때, "올 거지? 올 거지? 올 거지? 약속했다 약속했다!"(폭소) 하거나 해요. 혹은 일을 하는 집행위원이 열여덟 명 정도 있지만, 회원들의 경우 자신의 일에 사람들을 불러서 도움을 받았으니까, 다른 사람들 일이 있을 때 자신도 해주지 않을까 하는 생각도 있고요.

다노 그것을 거절하면 자신이 할 때 와 주지 않으니까.

그러니까 신뢰관계가 아니라 서로 강제하는 그런 관계?(웃음)

후세 맞아요, 맞아요.

역시나 동료들 사이의 신뢰관계가 매우 중요하겠네요?

후세, 다노 그렇죠.

홈페이지에서 본 것이기도 한데요, 거기에는 동료 만들기가 매우 중요하다고, 자신이 하고 싶은 게 있으면 동료를 모아야 하고, 그래서 신뢰관계가 중요하다고 씌어 있더군요. 그런 생각이 이 안에서 조직을 구성하거나 하는 데 어떻게 작용할까 궁금했었는데요, 그건 방금 말씀하신 그런 식인가 보네요.

후세 그리고 '프리타노조'는 움직일 수 있는 사람들이 꽤 많습니다. 그래서 누군가를 찾아서 함께하는 게 가능합니다.

다노 노조에서 돈이 나오지 않기 때문에 돈 때문에 오는 사람들은 오지 않아요. 대부분 뭔가 사회운동을 하고 싶어서 오는 사람들이죠. 돈과는 관계없이 자신이 살고 있는 사회를 위해서 무언가 하고 싶어하는 사람들이 많기 때문에, 이야기를 하면 와 주는 사람이 많습니다.

단체 안의 활동과 아르바이트 이외에는 어떤 것을 합니까? 가령 저의 경우에는 공부나 학습이 운동을 시작하는 데 큰 영향을 미쳤고, 운동을 하면서도, 혹은 운동을 좀 더 잘하기 위해서도 '학습'이나 '공부'를 하는 게 중요했는데요, 다른 활동가들과 같이 세미나나 독서회 같은 것을 하지는 않나요? 또한 노동법이나 노동조합법 등 교섭하는 것이나 활동하는 데 필요한 지식들도 있을 것 같은데…….

다노 별로 학생 중심으로 모인 그룹이 아니라서 함께 공부하는 경우는 별로 없지 않은가 싶어요. 오히려 공부로 모이면, 할 수 있는 사람과 못하는 사람이 나뉘어져서, 그룹 안에서 권력관계가 생겨 버리는 것 같다는 느낌이 저는 듭니다. 그래서 모여서 문화적인 활동을 할 때에도 책을 읽거나 하는 연구에 가까운 공부가 아니라 조금 가벼운, 누구든지 의견을 낼 수 있는 토크 이벤트 등을 하거나 해요. 일주일 내내 매일 일을 하는 사람들이라 공부할 시간이 없으니까, 그러니까 자신이 자유롭게 쓸 수 있는 시간도 없으니까요.

시간만이 아니라, 저희들이 책을 읽고 지식을 익혀 그것을 통해 말하면, 그런 말은 매일 매일 일하는 사람들을 억압하는 것이 되지 않을까 하는 생각도 해요. 공부와 관계없이 매일 일하는 사람들은 자신들이 하는 일을 자신의 말로 표현하면 좋다고 생각하는데요, 말로 하는 것도 매우 힘들지요. 그것은 기술이면서도 권력이기 때문에 그 자체가 어려운 것이지요. 그렇지만 주변 사람들의 말을 열심히 듣는다는 그런 마음을 갖는다면 어디에서든 대화가 가능하다고 생각하고요. 저는 그런 식으로 활동 속에서 느끼고 있습니다. 그렇지만 저 개인으로서는 선생님처럼 공부해서 말의 힘으로 세계를 살기 좋게 하고 싶기 때문에 저는 활동과 공부도 함께 하고 싶습니다.

원래도 와세다 대학에서 공부했고 이른바 사상투쟁을 하고 싶다고 생각했었기 때문에요. 그렇지만 사상투쟁을 하고 싶다고 생각하던 중에도 저는 연구자들의 모임은 아무래도 정말 싫었습니다. 그런 곳에 가본 적도 있는데, 학회 등은 말입니다. 뭐라고 할까요? (웃음) 사회운동은 하지 않으면서도 사회는 이렇게 되어야 한다는 식으로 멋대로 말하는 경향이 강해서, 더군다나 자신들은 노동자도, 아무것도 아니고, 부모가 부자라서 공부를 할 수 있어서 지식을 닦아 교수가 되거나 하고, 교수가 되면 다시 많은 돈을 받고 사고 싶은 만큼 책을 사서 공부하거나 하지요. 그러한 사람들이 자신이 좌파라고 잘난 체하는 것이 참을 수 없었어요, 그래서 이러한 현장 투쟁에 들어온 것도 있어요. 뭐라고 할까요……. 물론 공부도 사상투쟁이라는 형태로, 이 시대의 사람들과 함께 살아가는 가운데 말을 엮어 가면서 사회에 호소해 가는 그러한 사상투쟁이 있다고 생각하지만, 그렇지만 그것은 우선 사회운동의 현장 속에서 획득된 것이어야 한다고 생각해요. 공부도 하고 있지만 지금은 너무나 바빠서 너무 지쳐서 집에 돌아가면 바로 자 버리고 해서 실패하고 있어요. 자신이 여태까지 해온 공부가 여기서 멈추어 버렸어요. 정말 좋지 않아요. 정말로 좋지 않다고 생각합니다.

후세 저는 공부 안 합니다(웃음). 음, 저는 모르는 것이 있으면 상대가 "이제 제발 봐 주세요"라고 할 때까지 계속해서 질문합니다(웃음). 단체교섭 등은 처음에는 견학을 가서 조용히 쭉 구석에서 있는 것에서 시작해서 몇 개 정도를 보고, 그리고 사람들이 자료를 만들거나, 아, 그러니까 교섭이라든가 그런 것들을 사람들이 하는 걸 모두 봐 둡니다. 그리고 원래 저는 중학교도 제대로 안 다녀서 모르는 것투성이라서 모두 인터넷에서 찾아보는 편이고, 책은 읽어도 잘 모르니까 별로 안 읽고요, 잘 모르는 게 있으면 그것을 외워 두었다가 머리 좋아 보이는 사람이 있으면 묻습니다. 또한 사람들에게 권유받아서 연구회나 집회나 이런 데 가면 레주메[요약문]나 작은 신문 등이 있잖아요? 그것은 그다지 내용이 무겁지 않으니까 가방에 넣어 두었다가 통근 시간에 읽습니다. 그렇지만 기본적으로 모르는 게 많기 때문에, 그런 것이 있으면 우선 세 번 정도 읽습니다, 그래도 모르면 외워 두었다가, 뭐…… 사람들에게 묻습니다(웃음).

다노 그리고 단체교섭에 필요한 지식은 그다지 없네. 그다지 없는 거지?

후세 없어, 없어.

다노 단체교섭은 획득해야 할 목표가 정해져 있으니까. 대개 체불 임금을 받거나 해고를 철회하거나.

후세 공부라기보다는 상의나 협의가 많지. 저 사람은 어떻게 하고 싶은가, 회사는 어떻게 말하나? 앞으로 어떻게 해결을 해 나가야 할까? 즉, 작전이란 느낌?

다노 하지만 뭐든 해도 되긴 하지만 이것만은 하지 말아야 한다는 금지사항은 공부해야 해요.

후세 아, 맞아! 맞아!(모두 폭소)

다노 교섭하는 동안 책상을 세게 치거나 하면 안 된다거나(웃음).

후세 맞아. 그 정도네!

다노 상대에게 "바보!"라거나 "죽어 버려!"라거나 그렇게 매도하는 말을 해선 안 된다거나 (폭소) 하는 금지사항은 몇 가지 외우고 그 외의 것들은 목표를 획득하기 위해서는 뭐든 말하고.

후세 뭐든 말해요.

다노 받아야 할 것을 받기 위해서는 "무슨 말을 하는 거야!"라거나 (웃음) 그러니까…… (웃음) "당연한 거 아니야!"라거나…… 결국 이쪽의 주장을 관철시키는 것뿐이니까요.

후세 그거 해도 되는 건가?

다노 음…… 그래도 안 되면 직접 행동으로 괴롭게 하거나 하는 것뿐이니까, 그다지 공부할 필요가 없다는 느낌……. 법률 등은 사용할 수 있다면 사용한다는 정도…….

후세 또한 일단 노조에서 입문강좌 같은 것을 해서, 4~5매 정도의 종이에 단체교섭 방식, 노동 3권, 그리고 언제 노조가 되었는가 등을 간단히 정리해서 매우 알기 쉽게 설명하는 그러한 모임 같은 것은 있었습니다. 그것을 들으면 단체교섭이 가능합니다. 아……. 그런데 들어도 가능하지 않다는 그런 이야기도 지금…….(웃음).

이런 식으로 젊은 사람들이 노동운동에 적극적으로 가담하는 경우가 도쿄의 독특한 점입니까? 아니면 다른 지역이나 도시에서도 일반적이라고 할 수 있습니까? 도쿄 외에 젊은 사람들이 적극적으로 활동한다고 할 수 있는 곳이라면 어디가 있을까요?

다노 오사카, 후쿠오카 정도?

후세 생겼다가 망하거나 혹은 정말 잘 되지 않아서 다운되어 버렸다는 이야기를 최근 조금씩 듣습니다. 역시 사람이 모이지 않는다거나, 이미 만들어진 모임에 참여하는 것은 좋지만 자신이 스스로 만들어 참여하는 것은 별로 좋아하지 않는 경향이 젊은 사람들에게 있어서, 한두 사람 하고 싶은 사람이 있어도 그것만으로는 충분히 진행되지 않아서 모두 고민하거나 하고 있어요. 도쿄는 그런 사람들이 모이기 쉽기 때문에

다노 그런 사람들이 많은 것 같네요.

후세 따라서 진행되기 쉽다는 그런 느낌이 있네요. 구마모토에 노동조합을 만들고 싶다는 애가 있는데, 그 애는 메이데이도 데모도 하는데 데모라든가 기간이 정해진 것은 괜찮은데, 언제 끝날지 모르는 것이면 정말 움직이기 힘들다고 해요. 뭐랄까, 지방 쪽은 주변 마을 사람들의 눈길이 역시 강해서 이상한 짓을 한다는 느낌으로 보고, 비정규직이 그런 것을 하면, 더구나 자기책임론이 강해서 "누구누구네 집 딸내미 그런 거 하던데"라고 말하거나(웃음), 그러면 부모와의 관계가……. 역시 도쿄는 혼자인 사람 즉 1k[1]에 혼자 사는 사람들이 많은데, 그와 달리 부모랑 같이 살

---

1) 1k. 일본의 방 크기를 부르는 용어 중 하나로 대략 부엌 하나에 방 하나가 있는 다다미 5~7조 정도의 가장 작은 기본 사이즈의 방을 의미한다. 1조는 일본의 전통적인 방 크기 단위로 지역

거나 친척들이 주변에 많이 살거나 할 경우 [이런 운동을 하면] 역시 여러 가지 이야기를 듣거나 한다고 합니다. 홋카이도도 최근에는 상황을 자세히 듣지 못했지만, 자이돗카이(在特会)에게 매우 괴롭힘을 당했다는 이야기도 들었습니다. 여러 가지 경우가 있는 것 같습니다.

외국인이 아니라 일본인인데도 그러나요?

후세 역시 좌파는 싫다는 감정이 있고, 또 어쨌든 자기책임이니까 불만을 말하지 말라는 생각인 거죠. 그리고 좀 '유별난 것'을 하거나 뭔가를 새로 시작하려는 것에 대해서 비난이 많고, 반대로 격려해 주거나 하는 사람은 너무 적다고 해요.

도쿄 외에 나고야나 후쿠오카라든가 여러 지역에 이런 조직이 있는데, 그곳도 젊은 사람들이 주도적입니까?

후세 약간 미묘한데요, 30대가 많지 않은가요? (웃음) 그렇지만 후쿠오카는 20대가 꽤 많지 않나?

다노 그렇지만 아저씨도 있고 …… 연령은 별로 관계없지 않나요?

후세 그러니까 꽤나 각양각색이에요. 조금 젊은 사람들도 있고…….

그래도 젊은 사람은 보통 있는 편인가요?

에 따라 차이는 있지만 도쿄의 경우 대략 0.8m x 1.8m정도를 의미한다.

다노 있기는 있지요.

후세 그런데 얼마 전에 전국 집회 때문에 홋카이도에 갔었는데, 평균연령이 거의 50~60세였어요. 거기서 매우 많이 들었던 이야기가, 젊은 사람이 힘내야 한다거나, 젊은 사람이 모이지 않는다라는 그런 말이었습니다. 또한 몇십 년 길게 지속해 온 노조의 경우도 청년부 같은 젊은 사람들이 모일 곳을 만들거나 해도 잘 모이지 않는다고 합니다.

정말 모이지 않는 거라고 생각합니까? 아니면 나이 든 사람이 여태까지 자신의 경험에 비추어 그렇게 이야기하는 측면도 있을 수 있을 거 같은데…….

후세 정말 모이지 않는다고 생각되는 점도 있고, 또 보통 모이지 않는다는 생각이 드네요(폭소). 보통 노동조합 같은 데 들어가려고는 절대 생각하지 않아요. 더구나 큰 조합에서는 혼자 온 상담자는 받지 않는 경우도 있고, 액수가 적은 상담은 하지 않거나…… 오래 지속되어 온 노조의 경우에는 그런 점도 있어서, 시급 700~800엔에 1개월 정도의 잔업수당을 받는 것과 같은 일은 정말로 상담을 받아 주지 않고, 함께 가 줄 거라고는 생각되기도 힘들지 않을까요?

오사카는 어떤가요? 전에 오사카에 갔을 때 어떤 젊은 여자 분과 만났는데, 그분은 홋카이도 출신으로 홋카이도에서 비정규직이 되어 비정규직운동을 하고 싶다고 생각했고, 그래서 아마도 일을 배우려는 거였겠지만, 도쿄를 경유해서 오사카에 왔다고 하더군요. 그녀는 가마가사키에서 노숙도 했고 넷카페에서 지내기도 했다고 하는데, 무엇을 하고 싶냐고 하니까, '프리타 전반노조'처럼 젊은 사람들 사이의 '프리타운동'을 하고 싶은데 오사카에는 이런 조직이 없다고 말했습니다. 오사카에 비정규직운동은 있다고 알고 있었는데, 그렇지 않았나요? 젊은 사람들이 참여하는 게 아니었다는 의미였을까요? 저는 주로 도쿄에서 보고 들어서인지, 비정규직 노동운동은 보통 젊은 사람들이 하지 않나 생각했었는데, 오사카는 그렇지 않았나 하는 점이 다시 궁금해졌어요. 어떤가요?

다노 그렇지만 오사카의 경우는 가마가사키에도 젊은 사람들의 운동이 있고, '가마가사키 패트롤회'라든가……글쎄요…….

그럼 있네요?

다노 글쎄요……역시 연결은 되어 있지 않을까 싶은데…….

후세 그런데 그 여자분, 아리카와 씨 아닌가요?

기억이 나지 않지만, 아시는 분일지도 몰라요. 도쿄에서 '프리타 전반노조'에도 갔었다고 했어요. 홋카이도 출신인데, 거기는 주변의 시선이 너무 강해서 프리타노조 같은 거 만들기 어렵고, 도쿄와 오사카를 보고 지방과 중심이 된 도쿄를 연결시켜서, 그러니까 절반은 도쿄에 살고 절반은 오사카에 살면서 도쿄와 지방이 연결되는 젊은 사람들의 프리타노조를 만들고 싶다고 했어요. 특히 여성들의 문제를 다루고 싶다고 했는데, 그때 저는 그 얘기를 듣고 지방의 상황이 도쿄와 크게 다를 수 있다는 것을 비로소 실감하게 되었어요. 그분, 여기에도 왔었나요?

후세 왔었습니다.

다노 두 번 왔었어요.

후세 메이데이 때 만났습니다. 아마도 홋카이도에서 프리타노조를 만들었고, 그게 망했다는 그런 느낌이었어요. 그렇지?

다노 그렇지만 그녀만 있었던 건 아니었어.

후세 응, 다른 여자 분들도 있었어요. 일단 다시 홋카이도로 돌아갔는데요, 그렇지만 정말이지 잘 안 되는 느낌이어서, 잠시 중지라고 할까, 쉬고 있는 그런 상황이라고 할까? 어려운가 봐요. 오사카도 그런가?

다노 오사카에도 '유니온 보치보치' 등이 있지 않나?

후세 그러나 아마 힘들지도 몰라요. 나고야도 제대로 안 되고 있어서요, 상담을 하러 와도 "함께 해요"라는 그런 느낌이 들 만하면 사라진다거나, 카운슬링이나 인생상담으로 끝나버리는 경우도 많다고 했어요.

오사카의 경우 가마가사키는 산야와 달리 젊은 사람들도 함께한다고 했는데, 오사카의 비정규직운동도 나이 든 사람과 젊은 사람들이 함께 활동하고 있다고 할 수 있나요?

다노 확실히 모르지만 그렇지 않겠습니까?

오사카는 비정규직운동이 활발한 곳입니까?

다노 글쎄……. 일본 안에서 보자면 그렇지 않을까요?

후세 많은 사람이 모이는 곳이네요. 오사카는……. 음.

특별히 연락을 하는 게 아니라 메이데이에 만나는, 그런 것입니까?

후세 그렇지만 노동조합 이외에도 여러 가지 부분에서 모두들 운동을 하고 있어서, 그러한 곳들에서 연결되거나 해요. 또 이런저런 집회에서 서로 왔다갔다하기 때문에 꽤나 왕래가 빈번한 편이에요. 또 어딘가에서 데모를 한다고 하면 여기서도 1박 2일 정도라도 가거나 해요.

젊은 세대의 관점과 감각으로 볼 때, 상대적으로 나이가 든 분들이 하고 있는 운동에 대해 어떤 거리감이나 비판적 문제의식을 갖고 있지는 않나요? 그런 게 있다면 어떤 건가요? 같은 운동을 하는 데도 감각이나 스타일이나 사용하는 말이 다르다든가……. 예를 들어 한국에서는 사회운동의 경우에는 대개 80년대부터 하던, 즉 나이가 있는 사람들이 주도하고 있는데, 가령 그분들이 주도하는 집회 등의 방식에 젊은 사람들은 거리감을 갖고 있지 않은가 하는 느낌인데요. 2008년 촛불집회 때엔 아주 확연했는데, 노동조합에서 조직한 노동자들이 참가한 이후에도 그들과 다른 대중들이 서로 따로따로 움직이는 경우가 굉장히 자주 눈에 보였어요. 이곳에 와서 집회 등에 참석해서 봤을 때는 별로 그런 게 없는 것처럼 보이긴 해요.

후세 사실 가장 다른 것은 겉모습이에요. 겉모습 이상으로는 그다지 열려 있지 않은, 뭐라고 할까요? 데모할 때 보면 이른바 모모타로(桃太郎旗)라고요. 아마 찾아봐도 단어 뜻이 안 나올거 같은데, 그런 깃발, 그러니까 길고 좁은 깃발 같은 거 들고 모두 깔끔하게 줄을 서서 "[헌법] 9조를 지키자, 9조를 지키자" 하는 것과, 젊은 사람들이 여러 가지 멋대로 만든 플래카드를 들고 마음대로 하는 것은, 겉모습이 매우 다르기 때문에 그 겉모습을 보고 서로 거리감을 느끼지 않나 싶어요. 그렇지만 말해 보면 의외로, 오히려 젊은 쪽이 좀더 조심하거나 하는 편이고, 나이 든 분들은 "더 해봐라, 더 힘내라"라고 말해 주거나 합니다. 물론 너무 멋대로라거나, 장난치는 것 같다고 말하기도 하지만, 젊은 쪽이 걱정하는 것과는 달리 오히려 의외로 그렇지 않은 느낌입니다.

다노 반감 같은 것은 없어요. 나이가 들어서까지 그만큼 오랜 시간 사회운동을 해왔다는 것은 대단한 것이기 때문에, 더구나 사회운동을 한다고 해서 돈이 나오는 것도 아니고, 설사 돈이 나온다고 해도 그렇게 많은 돈이 나오는 것도 아니니까. 그럼에도 불구하고 계속 해왔다는 것에 대해서는 존경심을 느낍니다. 그렇지만 젊은 사람과 나이 든 사람 사이의 싸움 같은 것은 어디에서나 있는 것이어서, 뭐랄까요, 제대로 설명하긴 어렵지만, 자신보다 나이 많은 사람에겐 전부 좀 열 받는다거나(폭소) 저기……. (폭소) 왜 그러냐고 하면 잘 모르겠지만, 나이가 든 만큼 분명 강한 발언권이 있지요. 발언권이 있다는 것이 그렇다고 권력을 휘두른다는 것이라기보다 나이가 든 만큼 여러 가지를 생각해 왔기 때문에 말을 잘 하고 발언권도 있는 것이긴 하지만, 그런데도 그런 것은 좀 열 받아요(웃음).

후세 그렇지만 다노는 젊은 사람들에게도 자주 열 받는 편이니까, 자기 외의 사람들에 대해서는 전부 열 받는…….(웃음)

다노 제 자신이 주역이 되고 싶어 그런 거겠죠? 그런데 이 '프리타노조' 안에서도 열 살 정도 위의 사람과 저희가 함께하고 있는데요, 그들이 매우 사이좋게 [활동]하고 있는……것처럼 보이는(폭소) 것이지만(웃음), 역시 나이 든 사람들이 있는 건 좀 답답하지요. 물론 저는 그들을 매우 좋아하고 존경하고 여러 가지가 가능한 사람들이라고 생각합니다. 그들이 현재까지 쌓아 온 것들은 무조건적으로 우리에게 가르쳐주면 좋겠고, 쓸 수 있는 건 쓸 수 있게 하고 힘도 전부 다 빌리고 싶지만, 그렇다고 해서 그들에게 조금이라도 복종하는 건 싫습니다. 전부 스스로 하고 싶은 대로 하고, 그들이 가진 것은 전부 빌려 쓰고 싶다, 이런 생각을 저는 기본적으로는 갖고 있습니다. 이런 식이라고 굳이 말해 보는 그런 느낌입니다만 (웃음) 그러한 면도 있습니다. 젊은 사람은 갖고 있어도 좋다고 생각합니다. 자연적으로 봐도 그들이 저희보다 먼저 죽는 것이니까(웃음), 그들이 사라진 뒤에도 자신이 스스로 해나갈 수 있게 해야 한다고 저는 생각해요. 그들이 언제 죽어도 좋을 수 있도록(웃음) 자신이 어딘가에서 주역이 되도록 해야 한다고 생각해요. 그들로부터 배울 수 있는 모든 것은 배우고 싶고, 동시에 그들과 대등한 입장에서 이야기를 하고 싶기도 합니다.

일본의 메이데이 등의 경우 '프리타노조'가 주도하는 것일 텐데, 그 데모를 보면 대개가 사운드데모입니다. 한국에서 하는 데모, 대개는 나이 든 분들이 주도하는 집회와 분위기가 많이 다릅니다. 한국에서도 젊은 사람들이 하는 집회라면 통상적인 집회나 데모의 스타일이나 분위기와는 거리감이 있을 거 같지만, 그렇다고 사운드데모 같은 것은 아직 한국에서는 나타나지 않고 있습니다. 사운드데모 같은 일본의 새로운 데모는 새로운 세대의 감각과 결부되어 있을 것 같은데, 한국의 보통 운동가라면 그러한 스타일에 대해서 그다지 친숙하지 않을 것 같아요. 한국의 젊은 세대가 그런 것에 익숙할지는 잘 모르겠지만, 적어도 감각의 차이는 있는 게 분명한데, 그러한 감각의 차이가 사실 한국에서 젊은 사람들이 운동에 참여하는 데 일종의 벽이 되고 있는 게 아닐까 싶습니다. 그러한 감각이나 느낌의 차원에서 세대 차이에 대해선 어떻게 생각하세요?

다노 데모의 방식 등은 정말이지 다릅니다. 한텐렌(反天連)[2]의 데모 등과는 정말 다릅니다. 정말 재미가 없어! (폭소)

후세 저는 한텐렌 정말 좋아요! 나는 춤추거나 하는 거 싫어!(폭소) 모두 너무나 즐거워 보이잖아……. 왜 그래야 하지? 좀더 화내도 좋을 것 같은데 왜 기동대에게 둘러싸여서 불만을 말하지 않지?

다노 아니, 그러니까 화내는 건 좋지만, 한텐렌 데모는 습관 같잖아. "… 반대에~", "… 반대에~".

후세 아…….

역시 차이가 있네요.

후세 그렇네요. 근데 뭐랄까, 세대 간의 차이뿐만 아니라 같은 세대 내의 차이도 있네요.

다노 그거야 당연하죠. 꽤 있을 거예요.

후세 슈프레히코르(Sprechchor)[3] 같은 거는 절대 하고 싶지 않다는 젊은 사람도 있어요. "단결!"이라거나 "힘내라!" 등의 구호는 절대로 외치고 싶지 않다(웃음). 아주 부끄럽다, 그래서 절대 그런 거 하지 않겠다는 사람도 정말로 있고요. 50대들은 대개 '단결'이라든가 '힘내라' 등을 하지 않겠다니 대체 무슨 소리냐, 왜 하지 않느냐 (웃음) 그런 말을 하는 사람들도

---

2) 한텐렌(反天連). 일본 신좌익 분파 중 하나. 반천황제운동연합회(反天制運動連絡会)의 준말이다.

3) 슈프레히코르(Sprechchor). 모인 사람들이 어떤 구호나 요구사항 등을 동시에 외치는 데모방식이다.

있는데 그런 점에서는 차이가 꽤나 있을 것 같아요. 젊은 사람들 중에는 그런 거 못하겠다거나, 그리고 "'~ 반대!'라고 말하는 것도 부끄럽다거나, 한 명이 그런 말을 하고 다들 같은 말을 따라서 하는 것은 하고 싶지 않다, 그런 거 아무도 듣지도 않는다"고 하는 사람들도 있는 것 같아요.

지금의 여기서 하는 데모는 대개 사운드데모와 같은 거라고 할 수 있을까요?

다노 저기요, 사운드데모는 이제 슬슬 그만할까 생각하고 있는데요. 좀 더 자신의 생각을 말하거나 그러한 데모를……

후세 그러게.

다노 사람 수의 문제도 있을 테지만요, 후쿠오카에 가면 "사운드데모는 이젠 그만!"이라고 해요. 자신의 표현이 불가능하니까, 모두 같은 음악에 춤추는 게 아니라 한 명 한 명이 모두 자신의 생각을 표현하는 방식이 있지 않을까 해서, 춤출 사람은 춤추고 악기를 가져오는 사람은 가져오고, 변장을 할 사람은 변장을 하고 또 말하고 싶은 사람은 마이크에 대고 말하고…….

후세 아! 도야마(富山)에서 얼마 전에 데모가 있었어요. 거기는 정말 60대, 70대가 활동을 하고 있는데요, 거기 서른 몇 살 정도의 사람이 들어가서 데모하자, 데모하자고 해서 겨우 같이 하게 되었다고 하는데, 사운드데모를 했다고 해요. 물론 누구도 춤추거나 하지 않았는데, 그런데 나이든 선생님들이 매우 많아서, 자신들이 작사작곡해서 "영원히 사회에 대해서 불만을 말한다"고 노래하거나 갑자기 "무능한 바보 같은 정치가는 떠나라! 사라져라!" 같은 구호들이 한데 뒤섞여서 나왔고, 또 갑자기 펑크 밴드 음악이 나온다든가, 그런 것들이 뒤섞여 있었다고 해요.

그 30대는, 처음엔 데모하자고 해도 다른 사람들이 "에이……" 하는 그런 분위기였고 반대에 부딪치기도 하고 했던 것 같아요. 그런데 여러 가지 활동을 같이하던 중에 데모도 슬슬 함께할까 이렇게 되어서, 도쿄의 데모영상을 보는 연구회 등을 해서(모두 탄성, 폭소), 그런 것들을 많이 해서 감각의 차이가 줄어들기 시작했다고 해요. 그리고 50대나 60대 사람들이 퍼펫[시위할 때 사용하는 큰 인형] 등을 만들기도 했다는데요, 어딘가 도쿄의 집회에서 아소 다로의 얼굴 가면 등이 나온 걸 인터넷에서 보고, 도야마 시장이 무지 나쁜 사람인데 그 얼굴을 완벽하게 재현해서 더욱 훌륭한 것을 만들어 데모에 사용했다고 해요.

정말 재미있는 얘기네요! 작년 촛불집회의 경우는 사운드데모 같은 건 없었지만 사람들이 모여서 자신이 말하고 싶은 것을 사람들 앞에서 발언하는 집회가 많이 만들어졌어요. 물론 이전 집회에서도 사람들이 발언을 했습니다만, 대개는 단체 대표가 차례로 나와 발언을 하는 식이었거든요. 근데 이번에는 대표가 아니라 누군가 "제가 말하고 싶은 게 있어요" 하면서 발언을 하는 게 가장 흔히 발견되는 방식이었어요. 물론 발언 사이에 함께 노래를 부르거나 하기도 하고, 구호를 외치기도 하는 여러 가지 형식이 섞여서 진행되었습니다만……. 발언이 중심이 된 집회에서도 이처럼 조직의 대표들이 발언하는 집회와 개인들이 자유롭게 발언하는 집회 간에는 큰 차이가 있다는 생각입니다. 결국 세대의 감각 변화에 따라 집회나 운동의 스타일을 새롭게 만드는 게 중요하다고 생각했습니다.

그런 점에서 두 분이 경험한 운동 속에서 재미있었다고 생각했던 것이나 지금부터 하고 싶은 것이라든가, 교섭하는 것뿐만 아니라 이러한 방식으로 새로이 해나가고 싶다거나, 여태까지 했던 방식 중엔 이런 게 재미있었다든가 하는 게 있다면 듣고 싶은데요.

다노 여러 가지로 아주 많이 있었는데요. 갸바쿠라 안에 돌입하거나 한 적이 있는데, 그게 재밌었어요.

후세 그러니까 젊은 여자들이 비싼 돈 내고 술마시는 아저씨들 접대하는 그런 클럽 있잖아요? 지명해서 같은 테이블에 앉는 그런…….

다노 글쎄, 뭐라고 하면 좋을까요? 회사 등에 직접 들어가는 것도 재미있었어요. 그곳의 사장들과 우리들은, 그러니까 대개 아르바이트나 비정규직들은 사장과 이야기하는 경우가 별로 없잖아요. 그런데 교섭을 하면 그곳에 가서 사장과 대등하게 이야기할 수 있고, 또 쟁의를 하게 되면 회사에 직접 가서 자신의 생각을 직접 말하게 되고……. 더구나 좀더 재미있는 방식으로 거기다 카메라를 들이대거나 하는 것도……. 한번은 단체교섭 이의 신청서를 입간판만 한 판에 써서 "이게 이의신청이다~"라고 하면서 내밀었어요(폭소). 또 뭐랄까요, 보통은 권력을 가진 사람들을 철저하게 비판하는 것을 통해서, 자신들이 사회의 주역이라는 것을 확인할 수 있다고 할까, 또 누군가에게, 예를 들어 회사에 종속되어 사는 것이 아니라 자신은 자신만으로 여기에 존재한다는 것을, 행동을 통해 직접 회사가 확인하게 할 수 있습니다. 그래서 저는 직접행동을 좋아하는데, 재밌고요. 생활 속에서도 실천하고 싶습니다.

후세 가게 앞에서 어필하기 위해서 메가폰을 들고 "시끄럽게 해서 죄송합니다"라고 말하는 것부터 시작해서 지나가는 사람들에게 삐라를 나누어 주거나 하면 사람들이 점점 모여듭니다. 한가한 사람들이 "뭐야, 뭐야"하면서 모여들어서 듣거나, "그거 해고한 쪽이 나쁜 거 아니야"라고 말해 주는 사람이 있기도 한데, 그러한 반응을 보는 것이 재밌어요. 그리고 그것이 동네 한가운데서 자주 일어나거나 해서 "아, 또 하는구나"라는 정도의 분위기가 된다면 젊은 사람들도, '아, 우리들도 일반적으로 할 수 있는 것이고 하는 게 당연하다'고 느끼는 정도가 되면 좋겠어요. 정말 심한 회사, 예를 들면 '마크'처럼 엄청 잔업 시키는 편의점이 있으면 그 앞에 여러 사람들이 메가폰을 갖고 가서 자주 불만을 말하게 되면 좋겠다고 생각해요. 그 회사에서 일하는 거 그만두자거나 그 가게에서 물건 사는 거 그만두자라든가. 어려울 거라고는 생각하지만요. 그리고 삐라는 좀더 제대로 돌리고 싶어요. 역시 밖으로 나가서 불특정 다수의 사람들에게 데모 이외의 형태로 좀더 여러 가지 일들을 해야 하지 않나 생각해요.

그러니까 데모를 하면 "아, 또 데모하는구나" 정도의 그런 이미지가 되어 버린다고 할까, 별로 자신과 관계 없는 것을 한다는 식의 이미지가 되어 버리기 때문에, 여기저기서 작은 행동들이 일어나고, '마크'나 '세븐일레븐' 앞과 같은 자신과 관계가 있는 곳에 가서 다발적으로 일어나면 좋겠고, 또한 인터넷에 올려서 눈으로 보는 기회가 많아졌으면 좋겠다고 생각해요. 그런 것들이 이루어지는 것이 재밌습니다.

다노 그러고 보면, 재미있는 것이란 매우 소박한 것이라는 느낌이 듭니다. 상담을 하러 온 사람과 이야기하는 것이 즐겁고, 함께하는 것이 즐겁고, 이것을 하지 않았으면 만날 사람과 만나게 되고, 함께 교섭을 해서 문제를 해결해 가고, 해결되면 무척 감사를 받고…….

후세 [사람이] 엄청 변해요. 처음 상담을 하러 왔을 때랑, 회사에 갔을 때랑, 의견을 좁히고 왔을 때랑, 해결되었을 때랑, 뭐, 엄청 재미있어요. 처음에 축 처져 있던 사람이 "웃기지 마, 웃기지 마!"라고 말하니까요(폭소). 그리고 처음에는 우리가 "그건 잘못된 거예요"라고 말하면 "아, 그렇지만……"이라고 하던 사람이, 다른 사람의 행동 등을 보면서 점점 텐션이 올라가고 변하는 느낌이 들게 되는데, 그런 게 굉장히 재밌어요. "당신, 누구야?"(웃음, 탄성) 싶은 그런…….

운동에 젊은 사람들이 적극적으로 참여하고 있다는 게 매우 희망적이라고 생각하는데, 이런 현상이 특히 지금의 비정규직운동에 특별한 것이라고 생각합니까? 만약 그렇다면 그 이유는 뭘까요? 일본의 다른 운동과 달리 비정규직운동에는 젊은 사람들이 눈에 띄게 늘어났다고들 하는데, 이런 것이 비정규직운동에만 고유한 것인지 궁금합니다. 우선, 자신이 젊은 사람이라고 생각하세요? (폭소)

후세 [비정규직운동에 젊은 사람들이] 계속 있었는지 어땠는지는 잘 모르겠어요. 잘 알려지지 않은 상태로 계속 있었다고 생각하는데요. 일용파견 역시 그렇네요, 그렇게 된 건 일용파견의 수가 늘어났기 때문 아닐까요? 사실 계속 있어 왔지만 최근 더 심해졌어요.

'프리타'라는 말을 한국에서 자주 듣게 된 건 최근이에요. 그런데 처음 일본에서 프리타라는 말을 쓸 때에는 "프리"라는 말이 강조되었다지요? 그러나 지금은 노동의 불안정성을 강조하는 말로 사용되는 느낌인데, 예전과는 상반되는 뉘앙스로 바뀐 것 같네요.

후세 그렇네요. 예전에 쓰는 말하고 전혀 다르네요. 예전엔 좋아하는 것을 한다거나 프리타가 마치 프리한 자유인 같은 어감이었는데……, 실은 저도 그런 것일 거라고 생각했었어요(웃음).

다노 그렇지만 현재 노인들이 젊었을 때는 그때야말로 모두 학생운동을 해서, 데모를 하면 3만 명 정도가 모였다고 하던데, 그때와 비교해 보면 현재의 경우는 미미한 셈이죠. 그 과거의 사회운동의 실패라는 것이 있은 뒤에 여기에 이르게 된 것이니까, 젊은 사람들이 나왔다고 해도 쇠퇴 중에 일부가 나온 것이란 느낌임을 말해 둬야 할 것 같아요. 실패 속에서 왜 지금 나왔는가는 역시 파견직 일용노동 등으로 힘들어서 나타났다는 느낌이지만, 그것만이 원인이라고 하면 역시 별로 재미없는 얘기가 되어 버리네요. 힘들어서 나타났다는 것뿐이니까요.

후세 아, 그리고 모이는 것이 매우 좋아요. 우리 세대는 '모이는 경험'이 매우 적었다는 생각이 드네요. 대학의 서클이나 부 활동이라든가 하는 관계성이 잘게 잘게 토막 나 있기 때문에, 거꾸로 누구와 만나서 뭔가를 만드는 것이 재밌다는 것을 처음으로 체험하는 사람들이 20대, 30대에 많은 것 같습니다. 그러니까 추측이고, 그저 막연한 어떤 이미지입니다만, 대학에도 기숙사 같은 것이 없고, 가 보지 않았으니까 잘 모르지만요, 서클 같은 것이 있거나 지금은 그나마 부 활동도 몇 시까지라고 정해져 있고, 선생님이 관리하는 경우가 많고 동네의 모임도 별로 없고 하니까요. 그래서 조금 해보면 재미있다고 느끼게 되는 거 같아요. "뭐야 이야기해 보니까 재밌는 사람들이 많잖아!"라는 그런 신선한 경험이랄까? 또 젊은 사람들은 아무것도 생각하고 있지 않다고 이야기되는데 그런 것에 대해서 젊은이들도 좀 생각하게 된 점도 있는 거 같고요. 그리고 금지되었던 것이 많네요. 풀이나 강에서 수영하는 것은 금지되어 있다든지, 그리고 깡그리

소독되고 결정되어 있는 것이 대부분인 상황에서, 자신들이 결정해서 시작하는 것이 여태까지 없었던 정말 좋은 경험인 것 같습니다.

젊은 비정규직 세대들에는 넷카페 난민이 많다고 들었는데 도쿄의 경우 야마노테선 근처의 넷카페에 산다고 들었어요. 다른 지방은 어떻습니까? 다른 지방에도 있다면 규모는 어느 정도 됩니까?

후세 잘 모르겠네요. 넷카페 난민이 도쿄에 많은 것은 여러 사람들이 고향을 떠나 우선 도쿄에 왔다가 돌아가지 못하게 된 패턴이 많아서. 사람들이 일단 도시에 오게 되는데, 규슈 등은 후쿠오카로 가고……. 그래도 역시 도쿄가 많은데요. 따라서 넷카페 난민도 도쿄만큼 많은 곳은 별로 없는 거 같아요.

도쿄 이외에는 별로 없습니까?

후세 글쎄……. 나고야 정도인가?

다노 잘 모르겠어.

후세 그렇지만 넷카페는 지금 어떤 역에 가든지 다 있어요.

다노 제 고향에는 없는데요.

아, 없어요? 젊은 사람이 없어서인가요?

다노 주변 친구들은 어디에 있을까나? 부모 집에 있나?

후세 부모 집에 있으면 뭐…….

다노 도쿄에 가 버렸을까?

후세 계속 고향에 있으면 [묵을 수 있는] 이런저런 친구 집도 꽤나 있지만, 도쿄에 오면 친구 집이 없어요. 그런데 1~2주 정도라도 묵을 수 있다면 전혀 달라요. 일해서 조금이나마 저축할 수 있고 모을 수 있어요. 그런데 그 초기에 잠시 묵을 곳이 없으면 넷카페에 가야 하고, 그렇게 되면 돈을 써야 하니 그나마 번 돈도 점점 사라져 가죠. 도쿄에 넷카페 난민이 많은 것은 이런 이유도 있는 것 같아요.

한국에도 젊은 실업자, 니트 등이 정말 많지만, 넷카페 난민 같은 사람이나 젊은 노숙자는 별로 없습니다. 아마도 대개 부모 집에서 살고 있기 때문인 듯한데요, 일본에서는 넷카페에서 산다거나 청년 노숙자가 되는 경우가 많은 걸 보면, 부모와 같이 사는 경우가 적지 않나 싶네요. 일본에서는 부모와 함께 사는 것이 한국보다 어렵습니까? 그 차이가 무엇인지 궁금해요.

후세 이야기를 들어 보면, 자기가 처한 곤경이나 어려움을 부모에게 말하지 못한다, 일도 없고 있을 곳도 없고, 1천 엔밖에 없어도 부모에게 연락하기는 어렵다, 이미지가 있으니까, 부모가 자신을 어떻게 볼까 싶어서 정사원에서 해고당했는데도 부모에게 말할 수 없었다든가 하는 경우가 많아요. 부모나 친척에게는 부끄러운, 혹은 볼품없는 모습은 보일 수 없다는 그런 생각…….

몇 살 정도가 되면 독립해야 한다든가 하는 관습이 있습니까?

후세 뭐, 대학에 입학하면요. 근데 그게 남녀차가 상당히 커서, 여자들은 꽤 오래 부모 집에 있어도 괜찮다고 여겨지는 반면, 남자의 경우에는 부모도 빨리 나가기를 바라거나, 그게 아니어도 "저 집 아들은 계속 부모 집에 있다"고 이야기되거나 하는 경우가 있습니다. 남녀차가 있어요.

한국은 결혼하기 전에는 보통 부모와 함께 사는 경우가 많은데요. 일본은 결혼하기 전에 독립하는군요.

후세 네, 그렇네요.

어디선가 읽은 것인데, 일본의 젊은이들이 부모 집에서 살기 어려운 이유에 대해서 이렇게 말하더군요. 부모 세대는 "일억총중산층"의 고도성장기 세대라서 자신이 일하고 싶다면 어디서든 일할 수 있었다면, 지금 젊은 사람은 전혀 그렇지 않아서 일하고 싶어도 일하기 힘든 상황인데, 부모세대는 자식들이 일하지 않는 것에 대해서 너희들이 좀더 열심히 일할 곳을 찾지 않아서 그렇다고 생각할 뿐, 일할 수 없는 상황임을 이해해 주지 않는다고요. 그 점에서 세대 간의 차이가 이런 갈등의 이유가 되는 면이 있다고 하던데, 어떤가요?

후세 그런 차이가 엄청나게 크지요.

일하고 싶다면 어디서든 일할 수 있었던 세대와 일하고 싶어도 일할 곳이 없는 세대의 차이?

후세 정말로 예전 세대로부터 "일자리라면 찾아보면 있다. 그저 고르고 있는 것 아니야?"라는 말을 자주 듣습니다. "일할 곳이 없다니 믿을 수 없다. 네가 하고 싶거나 견딜 수 있는 그런 일이 없을 뿐인 거지?"라고 하는 거죠. 아무리 설명해도, "요즘 사람들은 정말 열 몇 시간씩 일해도 그래요"라고 말해도, "그건 고르기 때문이지"라는 식으로 생각해요. 정말 무서울 정도로 일이 없다는 것을 몰라요. 어찌됐건 일을 할 수 있다고 생각해요. 그리고 참을성이 없어서, 지적을 받거나 급료를 깎인다거나 하는 경우를 견디지 못해서 일을 그만둔다는 식이에요(웃음).

난감하네요, 자기책임론…….

다노 네, 자기책임의 논리가 엄청나게 강해요. 그리고 "부끄럽다. 내 아이가 [제대로 된] 일을 하지 못하고 아르바이트를 하다니 부끄럽다"거나 "주변 사람들에게 창피하다"는 식의 태도를 보이는 사람들이 정말 무지하게 많습니다.

비정규직 노동자가 90년대 후반 이후 많이 늘었다고 들었는데, 비정규직 문제의 장기적인 해결방법으로, 한국에서는 "불안정 노동 철폐", "비정규 노동을 정규 노동으로" 해야 한다는 식의 주장을 하는 경우가 일반적입니다. 물론 비정규직 노동자도 비정규직으로 살아도 좋지 않은가, 역으로 비정규직으로 살아가는 방법을 찾는 것이 중요하다고 생각해서 예를 들면 베이직 인컴(기본소득)과 같은 것을 제안하는 사람도 있습니다만 아직은 극히 소수예요. 지금 일본의 비정규직 노동운동은 어느 방향으로 나아가야 한다고 생각하시는지요?

다노 음……. 글쎄요. 비정규직이라고 해도 그것으로 살아갈 수 있으면 문제가 없지요. 그렇지만 비정규직이라는 것이 정규직의 아래에 놓여서, 거의 신분차별처럼 비정규직이면 급료가 적고 직장에서도 차별받는 것은 안 된다고 생각해요. 모든 사람들이 생활 가능한 사회가 되어야 하고 따라서 노동이라는 것을 넘어서서 베이직 인컴이 주어져야 해요. 다시 말해 노동해서 사는 것만이 아니라 노동을 하지 못하는 사람도 평등하게 살 수 있는 그런 사회가 되어야 한다고 생각합니다. '비정규 노동 철폐'라는 것은 [노동하지 않는 자가 배제된] '노동자'라는 좁은 시야에서, 위계화된 힘의 관계 속에서 비정규 노동을 어딘가에 귀속시키려는 사고방식이라고 생각해요.

물론 '비정규 노동 철폐'라고 말하는 사람도, 그것을 인간 전체의 권리로 연결하기 위한 한 단계라고 생각하고 있을 거라고 보지만, 그렇지만 먼저 봐야 하는 것, 먼저 고려해야 하는 것은 '모든' 사람들이 먹고 살아가는 평등한 관계를 만들어 가는 것이란 거죠. 그 중 하나가 베이직 인컴이라고 생각해요. 그렇지만 생산하지 않으면 베이직 인컴도 없는 것이니까 베이직 인컴을 주장한다고 해서 인간 사회에서 노동이, 노동자가 사라져 버리는 것을 뜻하는 건 아니라고 생각해요. 베이직 인컴이 제도적으로 실현되더라도 노동은 사회 속에 남는다고 생각해요. 문제는 그때 생산과 노동을 어떻게 생각할 것인가, 그것을 어떻게 할 것인가를 생각해 보는 것인데, 지금은 정규고용 노동으로 먹고사는 것이 이미 붕괴된 사회이기 때문에, 비정규직이 압도적이고 전체적인 사회가 될 거라고 생각해요. 고용이 불안정해도 먹고살 수 있는 사회가 되어야 한다면, 고용이야 안정이건 불안정이건 상관없이 생활이 안정되어야만 한다고 생각해요. 고용의 불안정성이 생명이나 관계, 정신의 불안정성으로 연결되지 않는 그런 사회가 되면 좋겠다고 생각해요. 고용이 불안정해도 차별을 받지 않는 것이 필요하다고…….

후세 생활보호를 받는다면 죽는 편이 낫다거나, 일하지 않는다면 죽는 게 당연하다든가, 그러한 말을 의외로 주변에서 자주 듣습니다. "일하지 않으면 먹지도 말라"는 게 정말 일반적인 사고방식인 것처럼 보여요. 그런 말이 일하지 않는 사람에 대한 차별로 이어지고, 그리고 태연하게 사람을 공격하게 되는 그런 의식의 원인이 되지요. 그러니까 어린애들이라도 일하고 노동해서 생산하는 것만이 전부가 아니라는 것이죠. "일하지 않으면 먹지도 말라"는 식의 의식을 변화시켜 가고 싶어요. 그런 걸 변화시켜 가지 않으면 아무리 베이직 인컴이나 생활보호의 수준이 올라도, 그런 보호마저도 계속 고통받는 것을 피할 수 없고 영원히 시간을 소비해 버리고 있다고 할까요. 일이 없으면 살아갈 수 없다는 것은 정말이지 잘못된 것이에요. 어찌한들 [일이] 없기는 마찬가지인데, 일이 없어도 그때 이런저런 것을 하면서 살아갈 수 있다면 좋지 않을까 생각해요.

사실 일을 만들어 내는 것도 한계가 있죠. 주유소도 점차 셀프가 되어서 일이 점차 사라지기 때문에 옛날에 열 명이 하던 것을 지금은 한 명이 하게 되는 식으로 일이 줄어들고 있으니까요. 정규직으로 일해서 살아간다는 것을 다시금 생각해 봐야 하는 시기가 오고 있는 것 같아요. 어린이도 일본의 경우는 적어지고 있고요, 그런 틀이 다 일그러져 가고 있으니까요. 따라서…… 음…… 노동조건이라든가 하나의 면에서만 봐도 이미 어쩔 수 없이 어려워진 시기가 아닌가 하는 생각을 합니다.

최근에 민주당 정권이 아동 보호 급여를 주겠다고 했는데, 충분히 많은 돈이 필요할 테지만, 그것이 가능해지고 돈의 양이 더 늘어나면 그게 베이직 인컴과 같은 게 되는 게 아닐까 하는 생각도 들던데…….

다노 뭐, 주는 것은 얼마든지 좋고 더 많이 주면 좋겠지요.

후세 근데 급여라는 게, 일단 가져간 것을 다시 주니까, 처음부터 무료로 해주면 좋겠는데 말이죠. 병원이든 학교든 말이에요. 그러니까 한 번 가져간 것을 다시 급여 형태로 나누어 주니까 계속 독신으로 사는 사람들이 불공평하다는 생각을 하게 되는 거 아니겠어요? 그러니까 처음부터 안 가져가면 좋을 텐데, 그럼 신경 쓰지 않을 테니까. 그리고 수당이나 급여 이야기를 하면 좀 열이 받아요!(웃음) "처음부터 안 가져가면 되잖아!" 싶은 거죠. 물론 받을 수 있는 거라면 뭐든 받아야 합니다만.

앞서 나온 이야기이긴 합니다만, 처음 만났을 때 서로 간의 신뢰감이 있었습니까? '프리타노조'의 경우는 동료들 사이의 신뢰감이 무척 중요한 것 같은 생각이 듭니다. 물론 사람에 따라서 다르겠지만 그런 관계를 만들어 가는 '프리타노조'의 방법이 있다면 뭘까요? 그리고 조직 안의 문제, 조직을 어떻게 만들어 가고 일을 함께하게 되는가 하는 것을 좀 듣고 싶어요.

다노 기본적으로 신뢰관계로 해나갈 수밖에 없죠.

후세 그렇지만 처음엔 전혀 없었어(웃음). 누구라도 그럴 거라고 생각하지만요. 놀람의 연속이었습니다. 그러니까, 글쎄, 곤란하면 도와주고 물어보면 알려주고, 해나간다기보다는 어느새 정신을 차려 보니까 어느 사이엔가…….

다노 음……. 그러한 신뢰가 가장 중요하다는 것을 가장 잘 아는 사람들이 모여서 하기 때문이지 않을까.

자연스럽게 됩니까?

다노 지금은 친구의 친구가 오거나 소개로 오거나 하는 사람이 많습니다만, 역시나 모인 사람들이 상대를 신뢰하고 신뢰받는 것이 가장 중요하다는 것을 알고 있지요. 신뢰관계로 조직을 만들어서 그것으로 무언가를 한다기보다, 오히려 여기에서 신뢰관계를 만드는 것 그 자체가 자신들의 목적이라고 생각하고 있지 않을까요? 그 관계를 이용해서 무언가를 한다거나 하는 사람은 제대로 잘해 나가지 못할 거라고 생각해요. 사회를 바꾸어 간다는 것은 역시나 관계를 만드는 것이니까요. 끝나지 않는 것이니까요. 눈앞에 있는 관계를 중요하게 생각하는 것만은 변하지 않는다고 생각해요. 어쨌든 이곳에 와서 이용된다거나 하는 것은 솔직히 생각해 본 적이 없어요.

후세 아니, 저는 생각해 본 적 있어요!(웃음)

다노 혹시 이용되었다고 해도, 이용해서 얻는 이익이라는 것이, 사실 저를 이용해서 얻을 게 없고 제가 돈이나 권력을 낳는 것도 아니니까요. 저에게 친절하게 해주셔도 그것을 담보로 뭔가를 기대하는 것은 아니지요. 나이가 위인 사람들이 밥을 사 주거나 하지만 그렇게 해주어서 저를 순종하게 만들려고 한다든가 그런 식으로는 느껴지지 않으니까요.

그런 이야기를 들으면 보통의 조합이 아니라 코뮌이나 공동체 같다는 그런 느낌이 듭니다.

다노 아……. 그래요, 다들 그렇게 생각하고 있다고 생각해요. 조합이라는 것은 모이기 위한 구실이라고 할까, 그걸 구실로 삼아 모인 것이니까요.

정말 이곳은 그런 느낌이 들어요. 서로 친구이고 그게 중요하고 서로 지탱하고 도와 주는 그런 느낌입니다.

(후세가 찐 옥수수가 나왔다.)

후세 씨가 찐 겁니까?

후세 홋카이도에서 받아 왔어요. 제가.

사람들이 그런 것을 많이 가져다주고 합니까?

후세 네, 자주 가져다줍니다.

그것도 저희들의 연구실과 비슷한 느낌입니다. 여러 곳에서 음식을 받거나 하는 것이요. 그리고 야마구치 씨가 파출소만큼 많은 작은 조합들의 네트워크를 지향한다고 말씀하셨는데요. 저희들도 단체 하나가 너무 커지면 문제가 생기기 때문에 작은 단체로 나누고 그것을 네트워크로 연결하는 것이 중요하다고 생각했는데, 그런 생각도 매우 비슷한 점이 많습니다. 그런 점에서 정말 친화성이 있다고 느껴집니다. 함께 먹고 돈을 안 받고 신뢰관계로 움직이고 활동을 통해 새로운 신뢰를 만들어 내는 그러한 공동체적인 분위기. 이야기를 들으면서 여러 가지를 생각할 수 있었고, 무엇보다 정말 재미있었습니다. 감사합니다.

PRECA
+
RIAT

6장 프레카리아트는
무엇으로 무장하는가?

아마미야 가린과의 인터뷰

아마미야 가린(雨宮処凜)

1975년 1월 27일생. 홋카이도 다키가와 시 출신. 어렸을 때부터 아토피 피부염을 앓았고, 그것이 원인이 되어 사춘기 때에는 이지메를 당했다. 등교 거부, 가출, 자살 미수를 반복했고, 이후 대학 입시에 실패하여 프리타로서 생활했으나 잦은 해고로 자포자기 상태가 되어 자살을 시도한다. 22세 때 초국가주의 우익단체 '민족의 의사'(民族の意思)동맹에 가입한다. 우익 펑크 밴드인 '아가씨 가린'(姫処凜)과 '유신적성숙'(維新赤誠塾), '대일본테러'(大日本テロル) 등을 결성하고 보컬리스트로 활동했다. 그녀의 펑크 패션 때문에 '미니스커트 우익'(ミニスカ右翼)으로 화제가 되기도 했다.

1999년 우익단체 활동을 그만둔다. 2000년에 자신의 경험을 쓴 데뷔작 『삶 지옥 천국』(生き地獄天国)이 주목을 받는다. 이후 주로 자살, 이지메를 테마로 한 작품을 발표했고 다큐멘터리 영화 「새로운 신」(新しい神様, 쓰치야 유타카土屋豊 감독)에 주연으로 출연한다.

이후 프레카리아트 문제를 다루면서, 취재, 집필 활동을 하고 있다. 대표작으로는 『生きさせろ! 難民化する若者たち』(太田出版, 2007), 『プレカリアート─デジタル日雇い世代の不安な生き方』(洋泉社新書y, 2007), 『バンギャル ア ゴ─ゴ─ 1~3』(講談社, 2009), 『雨宮処凜の闘争ダイアリ─』(集英社, 2008), 『怒りのソウル─日本以上の'格差社会'を生きる韓国』(金曜日, 2008), 『プレカリアートの憂鬱』(講談社, 2009), 『排除の空気に唾を吐け』(講談社現代新書, 2009) 등이 있고, 이 외에도 소설, 대담, 취재집 등 다양한 장르의 저서가 있다.

한편 『논좌』(論座), 『주간 금요일』(週刊金曜日), 『신문 아카하타』(しんぶん赤旗), 『사상운동』(思想運動)과 같은 좌파 계열의 매체 및 사회민주당 기관지인 『사회신보』(社会新報)에 기고하고 있다. 매년 메이데이가 오면 『자유와 생존의 메이데이』를 기획해 활동하고 있으며, '반빈곤 네트워크'(反貧困ネットワーク) 부대표, 『주간 금요일』 편집위원, '프리타 전반노동조합'(フリ─タ─全般労組) 찬조 회원, 일본 후생노동성 내셔널 미니멈(日本厚生労働省ナショナルミニマム) 연구회 위원, '소설 아카데미'(小説アカデミ─) 고문 등 여러 단체에서 활약하고 있다.

6장 | 프레카리아트는 무엇으로 무장하는가?
― 아마미야 가린과의 인터뷰

때 : 2010년 2월 2일

장소 : 메구로 가조엔 호텔의 카페라운지 '판도라'

유아사 마코토 씨와 함께 정부에서 일을 하게 되었다고 들었습니다. 그런 식의 활동은 처음이실 텐데 어떠세요?

아마미야 처음이라서 잘 모르겠어요. 갑자기 불려가게 되었으니까요. 굉장히 전문적인 사람들과 함께하는데, 현장에서 일 하는 것은 우리들이라는 그런 느낌을 갖고 하고 있어요. 그러니까 우리들이 할 수 있는 것은 유아사 씨와 제가 할 수 있는 것은 현장의 상황을 연구하는 사람들에게 전달하는 것이겠지요. [주도하는 것은] 나카지마 씨의 연구회이기에, 나카지마 씨를 납득시켜야 합니다.

거기에선 주로 어떤 일을 하고 계신가요?

아마미야 저희는 일단 '넓은 의미의' 홈리스에 대한 조사를 하면 좋지 않을까 하는 제안을 하고 있어요. 일본의 경우 홈리스가 1만 5천 명인데 대개는 노숙을 합니다. 영국은 홈리스가 3만 명인데 노숙하는 사람들은 2천 명 정도일 뿐입니다. 영국의 경우 홈리스와 노숙생활 사이에는 차이가 있어서 홈리스 중에서 노숙생활을 하는 사람들은 아주 일부에 불과합니다. 즉 영국이나 유럽에서는 친구 집에서 살거나 셸터(shelter) 같은 보호시설에서 살거나, 일본 식으로 말하자면 돈을 모아서 함께 살거나 노동형 주택(노동현장과 숙소가 일체화된 곳)에서 사는 사람들을 모두 합쳐서 '홈리스'로 세고 있는 것이지요. 반면 일본의 경우는 정말 노상에서 사는 사람들만을 홈리스로 세고 있어요. '파견마을'의 경우 도쿄에서만 500명 이상이 모였는데요, 그들을 모두 홈리스로는 세지 않았지요. 그처럼 홈리스로 간주되지 않았던 유동적인 사람들을 모두 조사해서 세어 본다면 어떤 문제가 드러날까 하는 제안을 1월 말에 나카지마 씨에게 했고, 현재는 그 조사를 할지 검토 중입니다. 이런 식으로 현장의 상황 속에서 몇 가지 제안을 하고 있습니다.

아마미야 씨는 늘 코스프레를 하고 계신 것 같은데요, 그렇다면 정부 쪽 일에 참여하실 때에는 어떻게 하고 가시나요? 거기에도 지금처럼 코스프레 복장으로 가십니까?

아마미야 그럼요, 지금과 똑같습니다. 늘 이러한 복장으로 갑니다. '제복'인걸요(웃음).

한국에 유시민이란 분이 있는데 노무현 정부 때에 장관을 했던 사람입니다. 국회의원 시절, 국회에 양복이 아니라 티셔츠만 입고 들어간 적이 있는데, 그때 다른 국회의원들이 그에게 비난을 하면서 나가라고 소리를 친 적이 있습니다. 그래서 그때 "아, 국회에서는 복장도 문제가 되는구나. 중고등학교 같네"(웃음)라고 생각했는데, 정부 기관에 들어간 아마미야 씨라면 어떨까 궁금했습니다.

아마미야 전혀 아무런 문제가 없어요. 유아사 씨도 늘 티셔츠를 입고 다니는 걸요. 처음 들어갈 때 양복은 절대 입지 않는다는 조건으로 채용되었다고 하더군요. 모두들 그런 부분에 신경을 쓰는군요(웃음).

현재 파견법 개정이 진행되고 있다고 들었는데 어떻게 되었나요? 아마미야 씨는 한국에 대해서도 잘 알고 계시리라고 생각합니다만, 사실 한국은 더 심하지 않습니까? 일본의 민주당이나 일본 정치인에 대해서는 그다지 잘 알지 못합니다만, 후텐마(普天間) 기지 문제 논의, 비정규직 문제 등에 대한 개정 등을 하려는 걸 보면, 적어도 그 시도라는 측면에서는 좋은 방향으로 나아가는 것 같은데요. 물론 거기 도달할지는 잘 모르겠습니다만. 그런데 제 주변에서 만나는 지식인들의 경우, 민주당의 시도에 대해서 상당히 비판적인 입장을 갖고 있는 것 같았습니다. 과연 민주당 이후에 뭔가 바뀔 것이라고 기대하시는지요?

아마미야 현재는 새로 구성된 국회가 막 시작한 상황이고, 아직 그렇게 시간이 지나지 않았으니까, 지금부터일 거예요. 빈곤 문제라면 어린이 수당의 신설, 생활법 중 모자가산(母子加算) 제도가 부활되는 게 일단 큰 변화일 거예요. 자민당 정권에서는 매년 사회 보장 복지비가 2,200억 원씩 줄어들어 왔는데 이번 국회에서는 하토야마가 말한 것처럼 복지 예산이 10% 정도 인상되었으니까요. 정권 교체 전에는 정책이 가난한 사람들을 점차 버리면서 진행되었는데 이번 정권이 방향을 바꾸었다는 것은 사실입니다.

그러나 원래 상황이 너무나 심각한 상태였기 때문에 시간은 무척 많이 걸릴 것이라고 생각합니다. 정권이 바뀌어서 이제 겨우 이제부터 조절하자는 느낌이니까 시간이 많이 걸리겠지요. 이렇게 점차 실업자가 늘어가는 상황 속에서 정권 교체를 했다고 해도 일자리가 늘어나는 것은 절대 아니니까요. 이런 상황 속에서 어떻게든 해달라고 하거나 경기대책 같은 것을 내놓으라는 그런 목소리가 점차 커지면 정권에 대해서도 꽤 폭발력이 있지 않을까 생각해요.

이제부터 본격적으로 질문을 드릴게요. 아마미야 씨는 자살 시도를 반복하던 10대를 보낸 뒤, 우익 밴드 보컬을 했지만, 지금 저에게는 좌익으로 보입니다. 스스로는 어떻게 생각하실지 모르겠지만, 일단 프리타운동에 주도적으로 참가하고 계시죠. 삶의 여정에 대해서는 여기저기서 읽어서 대강은 알고 있지만, 직접 이야기를 듣고 싶습니다. 죽음을 생각하던 삶에서 우익이 된 이유나 문제의식, 그리고 우익에서 다시 프리타운동으로 방향을 바꾸게 된 이유 내지 문제의식은 무엇이었나요?

아마미야 자살을 시도하던 상황에서 우익에 가게 되었어요. 그때가 스무 살 정도였는데 자살 시도를 반복하고 있었지요. 1995년경이었는데 옴진리교 사건, 한신 대지진 등이 일어났던 시기로, 일본의 가치관이 크게 변화하던 때였습니다. 특히 옴진리교에 대해서는 전후 일본교육이 뭔가 잘못되었기 때문에 젊은이들이 그런 종교에 빠졌던 게 아닌가 하는 이야기가 나오고 있었죠. 버블 붕괴 직후라서 경제는 점차 나빠지고 있기도 했고요. 여태까지의 상식이 통용되지 않는 사회가 되어 가고 있었어요. 그때 저는 프리타를 하고 있었어요. 학교에서는 열심히 하면 뭔가 보답을 받는다고 했지만 취직 평가 등이 있어서 아무리 애를 써도 보답을 받지 못하는 사회가 되었다는 데 대한 일종의 직감 같은 것이 있었습니다.

그때 옴진리교 사람들이 지하철 안에 사린가스를 살포해 많은 사람들을 죽였고, 그러한 사람들의 존재 자체가 전후 일본의 뒤틀림 같은 것이라고 이야기되었어요. 전후 일본이 뭔가 잘못되었기 때문이라는 거죠. 마음의 문제를 방치하고서 물질주의나 발전주의와 같은 물질과 돈만 중시하는 경제성장을 해왔던 게 뭔가 잘못된 게 아닐까라는 반성이 일본 사회에서도 이야기되기 시작했어요. 그처럼 일본의 전후 가치관이 완전히 무너지는 느낌이 있었고 그 바로 한 달 전에는 한신 대지진이 있어서 전후 일본의 붕괴를 직접 보게 되었습니다. 그 뒤에도 점차 버블 경제 붕괴 이후 상황은 어려워지고 있었어요.

이처럼 여태까지의 것들이 전혀 통하지 않는 상태라면, 자신이 아마도 가장 잘못된 교육을 받아 왔던 건 아닐까 하는 생각을 하게 되었고, 그렇다면 그것과 다른 가치관은 무엇일까, 대체 무엇일까라고 생각하던 그때에, 우파와 좌파의 책들을 읽게 되었어요. 그때는 좌파와 우파 어느 쪽이 옳고 그른지 전혀 알 수 없었는데, 때때로 우익 집회에 권유를 받아서 가면 "전후 일본은 틀렸다. 전후 민주주의가 나빴기 때문이다 지금 젊은 사람들이 살기 어려운 것은 모두 전후 민주주의와 아메리카가 나빠서다"라는 이야기를 들었어요. 그 이야기 중에서 "살기 어렵게 된 것은 젊은이들의 잘못이 아니다"는 이야기에 마음에 끌렸던 것 같습니다. 그래서 좌파와 우파의 차이가 무엇인지, 우익이 무엇인지조차 모르는 상태로 참여해 버렸습니다. 그때가 스물두 살 때였어요.

그때 저는 스스로가 아무런 가치가 없다거나 세상에 필요 없는 존재라고 줄곧 생각하고 있었어요. 프리타였고 쉽게 잘리곤 했으니까요. 그런 상태로 있다가 우익단체에 들어갔는데, 그러자 스스로가 매우 필요한 존재처럼 느껴졌어요. 단지 일본인이라는 것만으로도 스스로를 긍정하게 하는 부분이 있었습니다. 그것은 필사적인 자기 찾기였던 셈인데, 스스로를 부정하던 기분이 우익단체 속에서 긍정되고 구출된다는 생각이 들었어요. 그러나 저는 원래부터 우익이었던 것은 아니었기 때문에, 2~3년 정도 있으면서 점차 단체가 말하는 것에 대해서 의문을 품게 되었어요. 그래서 그만두었다고 할까요.

정치적인 것에 대해서는 완전히 백지 상태였지만, 우익단체에 들어가서 우익은 이렇게 생각하고 좌파는 이렇게 생각한다는 것 등을 여러 가지 시사 문제를 통해 매우 구체적으로 배울 수 있었던 것은 저로서는 매우 좋은 경험이었습니다. 우익단체는 스물네 살 때 그만두었는데, 우익단체를 그만두기 반년 정도 전에 「새로운 신」(新しい神様)이라는 다큐멘터리 영화에 출연하게 되었고, 그게 계기가 되어 책을 낸 것이 스물다섯 살 때였어요. 그때부터 5년간은 계속 자살이라든가 살기 어려움이라든가, 이지메라든가, 구조조정이라든가 그러한 마음의 문제들에 대해서 썼어요. 우익단체도 이미 그만둔 상태였으니까요. 2003년에 이라크 전쟁이 일어났지요. 그 직후에 이라크에 가거나 반전데모를 하거나 한 적은 있지만, 직접 반전운동과 관련되지 않았습니다.

　　2005년, 서른 살이 되었을 때에도 주변 사람들은 모두 다 프리타였어요. 서른 살인데도 프리타이니 앞으로도 이대로라면 어찌될까 생각했어요. 그때 남동생이 야마다 전기라는 전기회사의 정사원으로 일했습니다. 평범하게 대학을 졸업했는데, 겨울학기 동안 잠시 프리타를 했고, 그 뒤에 야마다 전기에 취직이 결정되어서 일하기 시작했어요. 그런데 하루에 17시간씩 일해야 했고 정말 과로사하는 게 아닐까 싶을 정도로 너무 심하게 부림을 당하고 있었어요. 자신이 프리타일 때, 프리타는 불안정하고 빈곤하며 쉽게 해고당하는 등 힘든 일이 많다고 생각했지만, 정사원도 그렇게 힘들 줄은 몰랐기 때문에 매우 놀랐습니다. 단지 평범하게 일하고 살아가는 것조차 왜 이렇게 어려운가라고 생각했습니다. 이때 제 주변에 구조조정을 당할 것 같다거나, 죽을 것 같다거나, 자살을 생각하는 사람들이 많았습니다. 따라서 이렇게 살기 어려운 것과 그런 마음의 문제들이 아마도 연결되어 있을 것이라는 문제의식은 갖고 있었던 것 같습니다.

그런데 2006년경이었어요. 넷카페에서 체포되는 사람들이 점차 등장하기 시작했죠. 돈이 없으면서 넷카페에 들어가서, 물론 사람에 따라 다르기는 하지만, 한 달 동안 머물다가 무일푼이라는 것이 들통 나 사기죄로 체포되거나 하는 사건들이 전국에서 일어나고 있다는 것을 뉴스 등을 보고 알게 되었어요. 체포되는 사람들은 대개 20대나 30대였고, 갖고있는 돈은 30엔 50엔 100엔 정도였어요. 이 사람들은 대체 뭔가 하고 매우 놀랐고, 프리타의 홈리스화가 이미 시작되었다는 생각이 들었습니다. 제가 프리타일 때에도 어쩌면 이대로 홈리스가 될지도 모른다고 생각했던 적이 있었는데 그게 정말 눈앞의 현실로 드러난 것이 2006년 경이었습니다.

2006년의 메이데이는 프레카리아트[1) 메이데이였어요. 그곳에 가서 이야기를 들으면서 모든 것이 정리가 된 것 같은 기분이 들었습니다. 그

---

1) 프레카리아트(英:precariat, 伊:precariato). '프레카리아트'란 영어로 불안정성(precarious)이라는 말과 프롤레타리아트(Proletariat)를 합친 용어이다. 이 용어는 정보, 커뮤니케이션, 지적 생산이 우위를 차지하는 포스트 포디즘 사회에서 신자유주의 시장원리가 확산되면서, 불안정한 고용상황에 놓이게 된 사람들을 총칭한다. 대표적으로 비정규직 노동자를 들 수 있고, 사쿠라다 가즈야(櫻田和也)는 고학력이면서도 불안정한 상황에 놓인 비정규직 강사 등을 프레카리아트에 포함시켜서 브레인 워커(brain worker)로 지칭하기도 했다.
이토 기미오(伊藤公雄)의 설명에 따르면 프레카리아트라는 용어는 2003년 이탈리아에서 등장한 것으로, 순식간에 스페인을 통해 유럽으로 번진다. 특히 2004년 2월 29일에 이탈리아 각지에서 일어났던 불안정한 노동자와 그 생활의 수호성인인 '성 프레카리오'를 상징으로 한 운동이 프레카리아트의 존재를 널리 알렸다고 한다. 이 운동은 일상을 탈일상화시키는 효과를 발휘하기도 하고 코믹한 퍼포먼스를 보여 주면서 미디어를 사용하여 세계화와 신자유주의에 반대하는 국제적 연대를 호소했다고 한다. 특히 체인점 노동자(chain worker)라고 불리는 서비스 산업에 종사하는 프리타들의 권리 요구, 일회용 시간강사 같은 불안정한 지적 정보 분야 노동자의 권리 요구, 외국인 차별에 대한 비판, 환경운동, 페미니즘이나 퀴어운동, 반전 평화운동 등을 벌였다. 『임팩션 151호:특집, 만국의 프레카리아트! 공모하라』(インパクション151―特集·万国のプレカリアート!'共謀'せよ), インパクト出版会, 2006. 4 참고(이토 기미오의 이 글은 이 책의 부록에 번역 수록했다).

때 이리에 기미야스[2] 씨라는 사회학자가, 당시 그 사람은 대학 강사를 하고 있었는데요, 신자유주의와 프리타, 자살 같은 것들에 대해 매우 알기 쉽게 강연해 주었어요. 그리고 일본에서 1995년에 '일경련'(日経連)[3]이 「새로운 시대의 일본식 경영」(新時代の日本的経営)이라는 리포트를 내서, 장기축적능력이라든가 고도전문능력, 고용유연형 등 노동자를 세 개의 카테고리로 구분했다[4]고 들었고 매우 놀랐습니다. 제가 모르는 사이에 일본이 이렇게 변했다고 할까요. 여태까지는 최소한 일본에서 굶을 걱정은 없다거나 일본에서 버려지진 않을 것이라거나, 취직을 하건 못하건 여러 직업을 전전하면서 살 수는 있을 거라고 생각했어요. 적어도 제가 고등학교 때까지는 사회에 대한 그러한 신뢰감이 있었죠. 그게 10년 사이에 점점 사라진 거죠. 신뢰감을 완전히 잃어버렸고, 사회는 정말 살벌해졌어요. 90년대 후반부터는 성과주의가 도입된다거나, 경기가 점점 나빠져서 자살자가 3만 명을 넘어선다든가, 기업에서도 바로 일에 투입해서 일할 수 있는 인력(即戰力)만 뽑는다든가 하는, 그런 여유 없는 사회가 되었다는 것을 알게 되었습니다. 제가 전혀 모르는 사이에 일어난 일이어서 너무나 놀랐어요. 제 주변 사람들이 그렇게 마음고생을 하거나 제 남동생

---

2) 이리에 기미야스(入江公康). 1967년 출생. 와세다대학 대학원 인간과학연구과 박사과정 후 단위취득 퇴학. 현재 강사. 전공은 사회학, 노동운동사, 사회정치. 저서로 『잠들 수 없는 노동자들』(『眠られぬ労働者たち─新しきサンディカの思考』, 青土社, 2008)이 있음.

3) '사단법인 일본 경제단체연합회'(社団法人日本経済団体連合会). '일본상공회의소', '경제동우회'와 함께 경제 3단체의 하나.

4) 1995년 5월 일본의 경제단체연합회가 발표한 리포트로, 종래의 연공서열적 고용형태를 변화시켜 노동력의 탄력화(弾力化), 유동화(流動化)를 추진하여 총 인건비를 절약하고 저코스트화하려는 계획을 담고 있다. 이 계획은 노동자를 장기축적능력활용형 그룹(長期蓄積能力活用型グループ), 고도전문능력활용형 그룹(高度專門能力活用型グループ), 고용유연형 그룹(雇用柔軟型グループ) 세 부류로 나누어 비정규직을 활성화하려는 고용정책을 담고 있다.

이 그렇게 열악한 조건에서 일하는 것은 이런 상황과 관련된다고 생각했습니다. 그때 처음으로 신자유주의 문제를 생각하게 되었죠.

더구나 그날 메이데이 사운드데모에 갔더니, 모두들 "살게 해달라"(生きさせる)라고 소리를 지르고 있어서 다시 깜짝 놀랐습니다. 정말이지 2006년에 일본에서 생존을 요구하는 데모를 하게 될 줄은 몰랐기 때문에 너무나 놀라고 있었는데, 경찰이 매우 폭력적으로 대응해 3명이 체포당했습니다. 아……. 이러한 문제가 있고 그래서 저와 제 주변의 사람들이 살기 어려운 것이구나, 그 원인이 이런 것이구나 하고 알게 되었는데, 그로 인해 체포당한다는 것이 쇼크였습니다. 그날 완전히 눈을 떴다고 할까요. 여러 가지 산재되어 있던 문제가 하나의 선으로 연결되어서 그때부터 완전히 참여하기 시작했어요.

아마미야 씨는 그렇다면 지금 자신이 좌파라고 생각하고 계십니까?

<u>아마미야</u> 음……. 좌파라고 하면……. 좌파라고 생각했었어요. 그렇지만 『자본론』과 같은 것도 읽지 않았으면서 어떻게 좌파라고 말하냐는 이야기를 들었어요. 어떤 아저씨로부터(웃음). 맑스도 읽지 않은 주제에 좌파라고 말할 자격 같은 건 없다고. 그분은 적군파에 단카이 세대였어요. 그래서 좌파운동을 하기 위해서 『자본론』을 읽어야 한다는 자격조건이 필요하다면, 절대 좌파 같은 건 하지 않겠다고 결심했습니다. 그때부터는 좌파라고 말하지 않습니다만……(웃음).

그렇군요. 적군파……. 기존의 좌파들과 거리가 있는 거 같군요. 한국도 그렇듯이 일본에서도 좌파는 신좌파와 구좌파가 있어서, 신좌파의 경우는 새로운 이론과 스타일을 갖고 있다고 들었습니다. 그들은 진보적인 입장을 갖고 있다면 굳이 맑스주의

적인 입장을 갖고 있지 않더라도 스스로 좌파라고 말하니까, 아마미야 씨도 스스로를 좌파라고 생각해도 괜찮지 않을까요?

아마미야 그건 그렇네요(웃음). 그렇지만, 제가 다른 사람으로부터 좌파라고 불리는 것은 괜찮습니다만, 스스로를 좌파로 칭하면 프레카리아트운동이 좌파운동으로 여겨지기 때문에, 그렇게 보이는 게 과연 괜찮을까라고 생각하는 면이 있습니다. 왜냐하면 현재 일본의 젊은이들 중에는 우익적으로 보이는 생각을 지닌 사람들이 많은데 그들 중에도 매우 가난한 사람들이 많아요. 프리타 등 말이죠. 그러한 비틀림이 무엇인지 제 자신도 어떤 의미에서 매우 잘 알고 있습니다. 스스로를 긍정할 요소가 자신이 일본인이라는 것밖에 없는 그러한 상태인데, 외국인 노동자과 경쟁해야 하니까, 그런 이유에서 국가에 매달리듯이 애국을 말하는 경우가 많다고 생각합니다. 저는 프레카리아트운동에 그런 사람도 동참해 주길 바랍니다. 실제로 오고 있고요. 또한 프레카리아트운동의 가장 중요한 슬로건은 "무조건적인 생존에 대한 긍정"입니다. 정말로 생존을 요구하는 운동이고 생존을 찾는 데에는 좌파도 우파도 없는 것이죠. 이건 사상 이전의 문제라고 생각합니다. 따라서 스스로는 제 자신의 좌파적인 측면을 강조하지 않으려고 합니다.

밴드에 있을 때, 그 밴드는 어떤 스타일의 밴드였습니까?

아마미야 펑크 밴드였습니다.

우익적 펑크 밴드가 일본에 많습니까?

아마미야 아니요, 제가 했을 때가 98년도였는데, 제가 했던 것 외에는 아마 없었던 것 같습니다.

펑크 밴드는 원래 아나키즘적인 면이 많다고 알고 있습니다만...

아마미야 군복 입고, 히노마루 걸고, 마지막에는 「기미가요」 노래하고 그렇게 라이브를 했었어요(웃음). 라이브하우스 출입금지를 당했습니다. 라이브 할 때마다요. 들여보내 주지 않았고요. 관객은 전혀 오지 않고요. 이라크에서도 라이브를 했었어요. 99년이었는데 이라크에서는 굉장히 인기가 있었습니다. 반미에 대한 공연을 했기 때문에 반미 펑크 밴드로 여겨졌습니다. 일본과 아랍이 함께 연대하자라고 하면서 아랍어와 영어로 아메리카에 대한 욕을 노래했더니 사람들이 1천 명 정도 모여들어서, 스타디움에서 라이브를 하고 전국방송도 되었습니다. 그때 우다인 후세인과도 만났습니다. 사담 후세인 아들인 우다인 씨가 대통령 궁전에 초대해서 만났습니다.

어, 이라크에서는 그 정도였단 말이죠? 스타디움 공연에다 대통령궁까지!(웃음) 재미있네요. 그런데 그 이후엔 노래를 하거나 밴드를 하거나 그런 활동은 하지 않으셨나요?

아마미야 우익밴드를 그만둔 뒤에 말이죠? 하지 않았어요.

아마미야 씨는 보컬리스트였으니까 노래를 매우 잘하실 것 같은데 그런 재능이 아깝지 않으세요? 사운드데모에서도 노래를 한다거나 하면 어떨까요?

아마미야 사운드데모에서는 전혀 노래하지 않았어요. 거기서 하는 건 계속 소리를 지르는 것이니까요(웃음). 하지만 그때[펑크 밴드 시절]에도 지금의 사운드데모와 별로 다를 게 없었어요.

일본의 프리타운동에 대해 처음 알게 되었을 것은 2008년 아마미야 씨가 우리 연구실('연구공간 수유+너머')에 오셨을 때였어요. 그때 대략이나마 알고 여러 가지 의미로 매우 놀랐는데요, 무엇보다 인상적이었던 것은 일본의 프리타운동에는 비정규직 노동자뿐 아니라 실업자, 노숙자에 히키코모리나 멘헤라[5], 장애인과 마이너리티, 정사원이나 농민, 그리고 젊은이뿐 아니라 나이 든 사람까지, 아마미야 씨가 『국가의 빈곤』에서 말씀하신 것처럼 '전 인종'이 참가하며 하나로 '합류'하고 있다는 사실이었습니다. 이는 기존 노동운동이 노동자, 그것도 조합원이라는 동질적인 집단을 조직하여 조합원의 이익을 위한 운동이 된 것과 아주 대조적입니다. 이처럼 이질적인 사람들을 하나의 운동으로 묶어 주는 것은 무엇이라고 생각하시나요?

아마미야 음……. '프레카리아트'라는 말이 아닐까 생각합니다. 불안문제나 빈곤 문제 등은 사회적으로 배제된 사람들의 문제입니다. 따라서 운동 속에서 20대 등 젊은 사람, 조합원, 노동자 등을 구분하면 반드시 누군가를 배제하게 되어 버립니다. 운동에 참여하는 사람들이 자신은 대체 어떤 존재인가를 생각할 때, 프리타는 자신은 프리타라서 힘들다고 생각하고, 정사원은 자신이 정사원이라서, 아니 정사원인데 이렇게 힘들다니 하고 생각합니다. 이런 식의 구별을 그대로 받아들이면 반드시 어떤 부분에서 서로 간의 대립구도가 형성되고 말지요. 빈곤 문제 등으로 시달리는 사람을 묶어서 하나로 부를 만한 좋은 말이 없을까 고민하던 때에 프레카

---

5) 멘헤라(メンヘラ). 멘탈 헬스(mental health)의 줄임말. 정신적 장애를 갖고 있는 사람들을 의미한다. 멘헤루(メンヘル)라고도 한다.

리아트라는 말을 발견한 것입니다. 2006년 메이데이 때였어요. 그전에도
『임팩션』이라는 잡지에서 가끔 '프레카리아트'를 특집으로 꾸몄던 적이
있던 것 같은데요,[6] 이 말이라면 프리타건 정사원이건 무직이건 히키코
모리이건 간에 스스로를 지칭하여 프레카리아트라고 말할 수 있지 않을
까 생각했어요. 더구나 그 말 안에 힘차고 강한 이미지가 있어요. 우리 자
신이 세계의 주체라는 것 같은 느낌 말입니다. 자신이 불쌍하고 구제되어
야 할 가난뱅이가 아니라 세계를 변화시킬 주체라는 의미를 담아서 프레
카리아트라는 말을 사용하기 시작했습니다. 프레카리아트운동이라고 하
면 젊은 사람들의 비정규운동으로 생각되기 쉽지만, 잘 보면 고령화된
사람들 또한 빈부격차가 심하고, 거기에 해고까지 당해 버리면 정말 힘든
상황에 빠지게 되지요. 그들 역시 프레카리아트인 거죠. 일이 없는 사람
은 일을 하지 않는 채로 힘들고, 멘헤라도 장애인도 그렇습니다. 이런 점
에서 그 말은 여러 사람들이 갖고 있는 어려움을 이해할 수 있게 해주는
것 같아요. 그게 이질적인 사람들을 하나로 묶어 주는 것이니, 완전히 그
말의 힘이라고 할 수 있겠네요.

그 경우 프레카리아트라는 말에는 기존의 프롤레타리아트나 노동자계급이라는 개
념과는 아주 다른 부분이 있네요.

아마미야 그렇지요. 프레카리아트 속에는 일하지 않는 사람들이 많으니까
요. 프리타노조 안에서도 일하지 않는 조합원이 많고요(웃음).

---

6) 『임팩션 151호: 특집, 만국의 프레카리아트! 공모하라』(インパクション151 ─ 特集·万国のプレ
    カリアート!'共謀'せよ), インパクト出版会, 2006. 4. 이 책의 '부록' 참조.

또 한가지 인상적이었던 것은 '자유와 생존의 메이데이'가 잘 보여 주었듯이 데모가 놀이 내지 축제적인 성격을 갖고 있다는 것이었습니다. 전에 도미야마 이치로 선생의 초대로 오사카 대학에 발표하러 갔던 적이 있었는데, 거기서 '오사카 유니온 후쿠오카'(大阪ユニオン福岡)의 오노(小野) 씨를 만났어요. 그에게 어떻게 프레카리아트운동에 참여하게 되었냐고 물었더니 2003년 이라크 반전 사운드데모에 참여했는데, 그 데모가 재밌어서 다니던 대학원도 접고 운동에 참가하게 되었다고 하더군요. 아…… 그런 게 가능하구나 싶어서 매우 놀라웠습니다. 또한 전에 '프리타 전반노조'의 후세 씨와 다노 씨를 만나·인터뷰를 할 때에도 사운드데모가 재미있다는 얘기를 들었어요. 그런 재미가 젊은이들이 데모에 많이 참여하게 되는 계기가 된다고 들었습니다.

아마미야 씨가 쓰신 책인 『생존혁명일기』(『生存革命日記』, 集英社, 2009)를 보면, 엑스 재팬의 공연을 보려고 모인 사람들과 사운드데모에 참여한 사람들 사이에 거의 차이가 없다고 씌어져 있었습니다. 또 『배제의 공기에 침을 뱉어라』(『排除の空気に唾を吐け』, 講談社現代新書, 2009)에서 읽은 것인데, 여러 지역의 사람들이 아마미야 씨의 강연을 듣고, 아, 우리 지역에서도 이런 것을 하고 싶다고 하며 프리타노동조합을 조직했다고 하더군요. 이에 대해 말하면서 아마미야 씨는 프리타노동조합들이 '바이러스처럼 증식'하고 있는 것이라고 말씀하셨습니다. 그런데 그렇다고 한다면, 프리타 조직이 있고 그것이 메이데이 같은 이벤트를 만든다기보다는 메이데이 같은 이벤트가 프리타 조직을 만든다고 해야 하는 게 아닌가 하는 생각이 들었어요(웃음).

아마미야 그렇군요! (웃음) 목적과 수단이 반대네요. 목적을 위해서는 수단을 가리지 않는다고 모두들 말하고 있는데요(웃음). 어떤 의미에서는 소리 지르고 싶다, 축제를 하고 싶다는 마음에서 노동운동을 하고 있는 분들도 있을 것입니다.

그러한 재미가 매우 중요한 것이라고 생각했습니다. 아시다시피 한국은 사회운동이 강합니다만, 전체적으로는 무겁고 심각한 분위기가 지배적입니다. 그 대신 재미로 집회를 하진 않습니다. 80년대 학생운동에서 시작했던 저로서도, 사실 집회에 앉아 있으면서 재미있다는 느낌을 받기는 어렵습니다. 90년대 후반에 성년이 된 젊은 사람들은 말할 것도 없겠지요. 저 같은 사람은 집회란 재미로 하는 게 아니라고 생각하기에 앉아 있을 수 있습니다만, 젊은 사람들이 그러리라고는 생각하기 어렵습니다. 이런 간극이 크게 존재한다면, 젊은 사람들이 집회에 참여하는 게 가능할까라는 의문을 지니게 되었습니다. 그래서 일본에선 집회가 재밌어서 운동에 참여한 사람이 많았다는 것이 더욱더 인상적이었습니다. 그런 점들이 새로운 운동을 만들기 위해서 중요하지 않을까 생각하게 되었습니다. 이념이라든가 이슈, 요구사항 못지 않게 재미를 느끼게 하는 집회의 스타일, 혹은 대중의 감수성과 어울리는 것이 중요하지 않을까라는 거지요. 어떻습니까?

아마미야 한국과 일본의 차이가 생기는 이유는, 한국에 아직 노동운동이 살아 있기 때문이겠지요. 일본의 경우는 완전히 멸종했다고 할 수 있어요. 인디 계열 이외의 노동운동은 정말로 힘을 갖고 있지 않습니다. 그래서 역으로 한국의 경우는 아직 기존의 노동운동이 힘을 갖고 있기 때문에 새로운 것이 좀처럼 나타나지 못하는 부분도 있겠지요. 기존 노동운동의 비장미가 강하니까, 아…… 노동운동은 그런 것이라고 모두가 공유하고 있는 게 아닐까요? 그렇지만 일본의 경우는 특히 젊은 세대들은 노동운동이라는 것에 대해서 거의 어떤 이미지도 갖고 있지 않습니다. 일본의 노동조합이 해온 윗세대의 운동들도 전혀 전할 말을 갖고 있지 않았고 그저 일년에 한 번 메이데이가 오면 별로 할 마음도 없는 운동을 하는 것 정도로 인식되어 왔습니다. 즉 일본에서는 운동이 완전히 끝나 버린 지점에서 새로운 것이 전개되었다고 생각합니다. 따라서 데모에 대해서 특정한 이미지도 없고 따라서 나쁜 이미지도 없습니다. 윗세대로부터는 노동조합이 무섭지 않은가, 처음에 저항감은 없었는가라고 이야기를 듣습니다만, 무서움이라든가 저항감을 왜 느끼는 건지에 대해서 전혀 알지 못하고 있습니다. 그저 이런 운동을 하는 것은, 죽을 것 같기 때문인 거죠. 그런 상황이었기 때문에 오히려 노동조합에서 운동을 하는 것은 어떤 의미에서 멋져 보인다고 할까, 노동조합을 사용하면 뭐든 가능하고 이런 집회도 가능하다고 할까요, 그런 색깔이 부여되지 않은 상황 속에서 오히려 새로운 것이 시작되었다고 생각해요. 더구나 그게 일리가 있었다고 할까요. 여태까지의 노동조합은 정사원만을 지켜주었던 게 아닐까, 스스로를 지키기 위해서 만들어진 것이 인디 계열의 노동조합이기 때문에, 그처럼 이념적인 것도 젊은 사람들에게는 매우 직관적으로 와닿는 게 아닐까 생각합니다. 또한 그런 문제를 어필하는 수단으로 사운드데모가 있는 거지요. 모두가 춤추거나 술을 마시거나 하면서 데모하는 것을 좋아하니까요. 춤추고 술 마시고 소리 지르고 음악을 쾅쾅 틀면서 DJ가 음악을 돌리고 하는 스타일은 모두가 좋아하는 것이지요. 더군다나 그런 것을 위해 돈 내고 클럽에 가는 것이 아니라, 거리에서 무료로 댄스파티를 하는 것 같은 거지요. 이러한 점이 운동이 쉽게 받아들여진 이유였다고 생각합니다.

베를린에 '러브퍼레이드'[7]라는 게 있었고, 영국에서는 '거리 되찾기 운동'[8]이 1990년대부터, 그러니까 대처 정권 때에 일어났다는 이야기를 들었습니다. 갑자기 확산되기 시작한 신자유주의하에서 젊은 사람들이 유럽의 그러한 거리 사운드데모를 찍은 영상들을 들여 와서 상영하는 일들이 90년대 무렵부터 있었습니다. 그것을 보고 유럽에서는 신자유주의나 빈부차가 심각해졌을 때, 이런 식으로 가난을 마치 치켜들듯이 내세우면서 춤추기 시작하지 않는가라고 생각했어요. 이런 영향 속에서 2003년 이라크 반전데모가 시작되었고, 그것이 지금의 프레카리아트운동까지

계속 이어지고 있는 것이란 생각이 듭니다. 그런 점에서 해외의 운동으로
부터도 꽤 많은 영향을 받은 것이지요.

95~96년 경에 1년 정도 베를린에 살았고, 그때 러브퍼레이드를 '구경'한 적이 있었
어요. 그렇지만 당시 저로선 테크노 뮤직이나 레이브의 분위기와는 별로 친숙하지
않아서, 저런 음악에 저토록 많은 사람들이 모이는 게 가능하다니 하고 놀라며 의아
해 했던 기억이 있습니다. 그때 독일에는 테크노 클럽이 많다고 하는 얘기를 들었고,
그래서 이런 일도 가능한 거구나 생각했어요(웃음). 일본에는 테크노 클럽이나 레이
브 파티 같은 게 많은지 모르겠지만, 한국에는 별로 없다고 알고 있습니다. 한국에
사운드데모 같은 것들이 없었던 건 그래서인지도 모르겠어요. 또한 앞으로도 가능
할까 하고 생각하게 되는 부분도 있습니다. 젊은 사람들도 그러한 레이브 문화에 익
숙하지 않기 때문일 거라고 생각합니다만, 일본은 어떤가요? 젊은 사람들이 테크노
클럽이나 레이브 문화에 익숙한 편인가요?

아마미야 익숙해져 있습니다. 아마 가장 친숙함을 느끼는 것이 그런 문화

---

7) 베를린 러브퍼레이드(Berlin Love Parade). 러브퍼레이드의 모토는 'Friede, Freude,
Eierkuchen'(평화, 환희, 계란케이크)이다. 계란케이크가 들어간 것은 그것이 2차 세계대전 이
후 미국으로부터 배급받은 설탕, 소량의 밀가루, 계란으로 가난한 사람들이 만들어 함께 나
눌 수 있는 최소한의 음식이었기 때문이다. 이 운동은 1989년 여름 독일 최고의 테크노 DJ 마
티아스 로잉(Matthias Roeingh, 예명 '닥터 모테'Dr. Motte)의 생일파티에서 비롯되었고 원래 이
름은 '테크노 퍼레이드'이다. DJ 닥터 모테를 중심으로 몇몇 테크노 DJ와 약 100여 명의 테크
노 마니아들이 모여 동서독 통일 전부터 여름만 되면 베를린 장벽 앞을 지나다니며 대형트럭
위에서 테크노 파티를 열던 것에서 유래했다. 이들의 슬로건이 대변하듯이 테크노 파티가 동
서 화해와 평화를 염원하는 정치적 이슈로 부각되길 바랐다. 그때부터 현재까지 베를린뿐 아
니라 라틴아메리카의 멕시코시티와 리우데자네이루, 그리고 아테네와 런던에서 국제 러브퍼
레이드를 진행하고 있다. 레이브 문화, 즉 테크노 파티를 통해서 저항적 운동으로서 자리잡고
있다.
8) 거리 되찾기 운동. 1990년대 후반 영국에서 일어난 해학적 운동이다. 고속도로 건설로 나무가
잘려 나가고 지역사회가 파괴되는 것을 막기 위해 고가도로에서 떠들썩한 레이브 음악을 틀
고 거리파티를 열고, 콘크리트에 구멍을 뚫고 나무를 심는 등, 직접 저항행동을 했다.

이지 않을까 싶은데요.사람에 따라서는 레이브 파티나 클럽에 전혀 가지 않는 사람들도 있을 테지만……. 그런데 한국에 그런 클럽이나 문화 같은 게 전혀 없습니까?

솔직히 잘 모르겠습니다만, 클럽에 간다거나 하는 경우가 있기는 해도, 대개 록 밴드들이 나오는 곳이지요. 그런 라이브 클럽이라면 홍대 주변에 꽤 있다고 알고 있지만, 레이브 '바'나 테크노 클럽은 별로 없다고 알고 있어요. 일본은 꽤 많은가 보지요?

아마미야 음……. 일본에서도 레이브 '바'에 가는 사람들은 대부분 일부의 최첨단 같은 느낌이 있어요. 그런 '바'나 클럽의 정보 자체가 그렇게 쉽게 얻을 수 있는 게 아니니까요. 클럽에 자주 가는 사람들은 프리타노조에서도 그렇게 많지는 않아요. 라이브 하우스에는 자주 간다고 들었습니다만……. 그렇지만 젊은 사람들은 음악 전반을 좋아하지 않습니까? (웃음) 따라서 클럽 음악에 한정된 것이 아니라, 밴드가 직접 음악을 연주해 준다거나 큰 소리로 음악을 틀고 하면 모두가 우선 즐거워할 거라고 생각해요. 사운드데모에서 트는 음악도 클럽 음악에 한정된 것이 아니라 엔카를 틀기도 하고, 일부러 제이팝을 틀기도 하고 합니다.

그렇다면 음악의 종류나 스타일보다 음악을 직접 연주하고 크게 튼다는 것이 더 중요하다는 것이네요?

아마미야 그렇죠. 그렇습니다.

사운드데모에 참여해 보고 느낀 것인데요, 젊은 사람들이 사운드데모에 참여하는 것은 물론 재미있다는 이유도 있겠지만, 스스로가 문제를 제기하고 외치는 당사자가 된다는 것, 그리고 그런 문제를 느끼는 사람들과 '함께 외친다'는 공통의 감각을 사운드데모가 좀더 증폭시키고 고양시키는 측면도 있을 것 같아요. 함께 외치는 동안에 "난 대체 뭘까"라고 생각했던 것이 해결되기도 하고 말입니다. 그리고 음악을 함께하게 하는 힘, 함께 축제를 하게 하는 힘을 좀더 구체적으로 말해 볼 수 있을 텐데요. 그것은 자신이 스스로가 겪는 문제의 중심에 있다는 그런 느낌이지 않을까, 그런 주체적인 느낌을 사운드데모를 통해서 얻게 되는 게 아닐까라고 생각하는데 어떤가요?

아마미야 그렇습니다. 떠들썩하게 소리를 지를 뿐이라거나 소동을 일으킬 뿐이라고 자주 이야기되기도 합니다만, 저는 어떤 의미에서는 바로 그렇다고 생각합니다(웃음). 집회를 하기 전에 1월 말부터 준비를 시작합니다. 그때 처음으로 이야기 모임이 열리고 매 주말에 준비회의를 합니다. 5개월 전부터 무엇을 하느냐 하면, 물론 메이데이에 무엇을 할까 이야기합니다만, 단지 그것만은 아닙니다. 오히려 지금 자신이 이 세상에서 어떤 입장에 처해 있고, 이 사회에 대해서 프레카리아트는 어떤 이야기를 할 것인가에서부터 이야기가 시작됩니다. 가령 지금은 '기민'(棄民)이라는 것이 하나의 테마입니다. 버려진 사람들이라는 뜻인데요. 이번 메이데이는 '기민 메이데이'가 될지도 모르겠습니다. 이러한 이야기를 집회 5개월 전부터 하면서 메이데이를 준비해 갑니다.

또한 데모가 끝난 뒤의 교류회나 애프터 파티 등에서 데모와 관련된 사람들과 다시 이벤트를 한다거나 하는데요. 그때 이야기되는 것은 정말 자신이 일하는 현장의 문제라든가 자신이 얼마나 살기 어려운가 같은 것입니다. 거기서, 태어나 처음으로 [그런] 이야기를 하게 되었다고 말하는 사람들도 많습니다. 일이 힘들다거나 그런 이야기를 하면 친구들이나 부모들로부터는 "그건 네가 잘못해서 그런 거 아니냐"라고 오히려 설교를 들거나 하는 경우가 많습니다. 프리타로 일주일에 6일 이상 일하고 있는데도 네가 제구실을 못해서다, 틀린 거다라는 이야기를 듣는 거죠. 따라서 나는 이렇게 열심히 일하고 있는데 왜 이런 이야기를 들어야 하는가라고 생각하게 되었던 것을 그곳에서 처음으로 이야기 하게 되었다는 거지요. 집회 준비 회의 및 이후의 교류회는 그런 이야기장이 되고 있습니다.

그런 이야기를 하면서, 자, 그렇다면 자신들은 어떻게 살아가야 할 것인가, 무엇을 사회에 호소해야 하는가, 어떻게 하면 이것을 해결할 수 있을까? 등을 이야기합니다. 실제로 노동 문제가 발생하면, 예를 들어 성추행을 당했다거나 해고당했다거나 하는 경우에는 직접 프리타노조에 가입해서 단체교섭을 한다거나 하는 것을 통해서 직접 해결이 가능합니다. 그런 해결 과정과 이야기 과정 속에서 모두의 의식이 크게 변화하기 시작합니다. 여태까지 불만이 있어도 참고 넘겨 버렸던 사람들도 단체교섭을 통해 문제를 해결했다는 것을 듣고 의식이 바뀌고 점점 더 그러한 이야기들을 와글와글 말하기 시작하는 것이죠. 그러면서 아, 나에게도 이러한 권리가 있었던 거구나…… 하는 것을 알기 시작합니다. 또한 같은 프리타 가운데에서도 이렇게 싸우는 사람들이 있다는 것에 자극을 받는다든가 합니다. 정말이지 어떤 의미에서는 축제를 기회로 해서 사람과 만난다는 것이 하나의 방법이자 목적이기도 합니다.

아마미야 씨가 앞서 잠깐 말씀하신 것이기도 합니다만, 코스프레 복장을 계속 하고 다닌다는 것은 정치적인 의미를 갖고 있는 게 아닐까 생각합니다. 통상적인 의미의 정치가 아니라 젊은 사람들의 문화적 저항 같은 게 아닐까 생각합니다. 그렇지만 한국에서는 코스프레 문화가 거의 없습니다. 혹시 있다고 해도 정치적 성격은 없는 듯 하고, 더구나 일상적으로 코스프레를 하는 사람들은 거의 없어서, 이번 기회에 꼭 묻고 싶었던 것인데요……. 특히나 한국의 좌파운동에서 코스프레 문화는 매우 생소

합니다. 따라서 코스프레를 하는 사람들의 감수성이나 문화가 어떤 것인지를 알고 싶습니다. 표면적으로 보면 장난스럽고 즐겁고 유쾌해 보여서 재미있습니다. 그러나 『성난 서울』의 도판 설명(91쪽)을 보면, 그것이 일본 젊은이들의 '공허, 방황, 고통'을 표현하고 있다고 쓰여져 있어서 약간 당황했어요. 제가 겉모습을 보고 생각했던 것과 완전히 다른 설명이어서 더욱 알 수 없게 되었습니다. 아마미야 씨는 집회 등에서도 그렇고 늘 코스프레를 하고 계신데요, 어떤 생각에서 이런 스타일을 선택하신 것인지 듣고 싶습니다.

아마미야 정확하게 말하자면 코스프레가 아닙니다. 고딕 앤드 로리타[9]라는 종류의 복장으로, 비주류계 밴드 예를 들면 '나이트메어'를 비롯한 여러 가지 밴드들이 있는데요, 그러한 밴드를 좋아하는 여자애들이 하는 복장입니다. 이 복장에는 세상에 대한 위화감의 표명이라는 측면이 있습니다. 이런 복장을 하면 완전히 뭔가 다른 종류의 인종이라고 보이기 때문에 어떤 의미에서 그 편이 정신적으로 편하다고 할까, 어떤 의미에서 세상과 차단되는 것이 가능하다고 할 수도 있는 그러한 복장이지요. 이런 코스프레 하는 애들 중에는 리스트컷을 시도한 적이 있는 애들이나 멘헤라 계열의 문제를 지닌 사람들도 일부 있습니다. 아니, 꽤 많습니다. 저는 이러한 세상과는 영합하지 않는다거나 이런 세상을 인정할 수 없다는 그러한 의지를, 말 아닌 다른 방법으로 표명하려는 그러한 의지를 담고 있는 것입니다. 매우 즐겁고 귀엽게 보일지 모르겠지만, 저항하는 것이고 무장하고 있는 것입니다. 세상에 대해서 무장하고 있는 느낌이죠. 일종의 전투복입니다. 싸우고 있는 겁니다.

---

9) 고딕 앤드 로리타(Gothic and Lolita). 고딕풍과 로리타 패션의 요소를 묶은 일본의 패션 스타일 또는 그러한 하위 문화를 말한다. 흔히 고스로리(ゴスロリ, Goth+Loli)라고 줄여 부른다.

아 그렇습니까? 무잣! 대단하네요. 세계와 단절된 종류의 복장을 통해서 이 세계와 다른 또 하나의 세계를 만드는 것이라는 거지요. 작년 메이데이 때 데모 대열 옆에서 여성 경찰옷을 입은 사람을 보았는데요, 처음에는 경찰이라고 생각했어요. 근데 스타킹이 유난히 화려해서 일본 경찰은 저런 복장을 해도 되는구나라고 생각했습니다. 그런데 행진이 끝난 뒤에 보니 그 사람이 경찰 쪽이 아니라 우리들 쪽에서 춤을 추며 놀고 있어서 매우 놀랐습니다.

아마미야 하하하! 여성 경찰 코스프레도 있었지만 남성 중에서는 정말 완전히 구별하기 어려울 정도로 경찰하고 똑같이 하고 있는 사람들도 있었어요. 함께 교통정리도 하고 "(교통에 방해가 되지 않게) 안으로 들어가세요"라고 하기도 하고요. 이건 경찰에 대한 장난 같은 것인데요, 사실 우리는 체포되거나 하는 경우가 많기 때문에 경찰을 정말 싫어해요. 그래서 그렇다면 '자, 우리 쪽에서도 되갚아 주겠다'는 마음인 거죠. 그들은 정말로 진지하게 행동해서, 전혀 웃지도 않아요. 오히려 데모대에게 주의도 주고 하면서 행진했습니다. 그렇지만 그는 데모하는 우리 편이었죠. 경찰 쪽도 그러한 코스프레에 속아 넘어가곤 했습니다.

그런 것들이 운동에 어떤 효과를 줄까요?

아마미야 한 명 한 명이 경찰 코스프레를 하거나 자기가 하고 싶은 모습을 함으로써, 정말로 자기가 하고 싶은 대로, 자기 멋대로 하려는 것입니다. 사실 평범하게 살아가면 자신을 표현할 기회라는 게 거의 없잖아요, 여러 사람들 앞에서 말예요. 그런 의미에서는 매우 자유롭게 표현 가능한 것이 사운드데모의 매력이라고 생각합니다. 또한 혼자서뿐 아니라 이번에서는 무엇을 할까 하고 여럿이 함께 생각하고 계획을 꾸미고 하면서,

즐겁게 참여하게 되는 거지요. 거기에는 그 모든 표현이 허락된다는 그러한 자유로움이 있습니다. 일반적인 노동조합의 데모에 참여할 경우에는 술을 마시면 혼나거나 하는 경우도 있고, 멋대로 경찰 코스프레를 한다면 어쩌면 혼내거나 하는 사람이 있을지도 모르겠습니다만, 자유와 생존의 메이데이에서는 뭘 해도 좋다는 자유가 있습니다.

일본의 구좌파라면 어떻습니까? 그런 행위를 좋아하나요?

아마미야 구좌파의 사람들도 참여하면 매우 즐거워합니다. 이런 데모는 처음이라고 하면서요. 자신들도 젊었을 때는 데모를 엄청 많이 해왔는데도 말이죠. 물론 어째서 요즘 젊은 사람들은 예전과 같은 데모를 하지 않냐고 싫어하는 사람들도 있을 테지만, 아, 요즘 젊은 사람들은 이런 데모를 한다 하면서 매우 신선해하기도 합니다. 이런 식의 데모가 이미 습관이 되었다고 하면서 자주 오는 사람들도 있습니다. 그렇지만 왜 스크럼을 짜지 않는가라고 하는 사람도 있고, 옛날의 집회에서 했던 것과 다른 것을 하면 혼을 내는 사람도 있습니다.

『탈'빈곤'에의 정치』라는 심포지움 책자에서, 아키하바라 사건의 가토 씨가 범행에 사용한 칼을 사기 위해 왕복 2만 5천 엔 이상 교통비를 써 가면서 후쿠이까지 사러 간 이유가, 친절한 점원과 만나고 싶어서였다고 하는 얘기를 읽었습니다. 아마미야 씨도 파견노동자로 일한다는 것은 걸핏하면 자리를 이동하고 해고되고 하기에 친구를 만들기가 무척 어렵다고 하셨지요. 이런 현상은 파견노동자의 감응이라든가 감수성이라는 것이 여태까지의 노동자와 완전히 다름을 의미하는 것처럼 보입니다. 비정규직이 일반화되어 있는 젊은 사람들의 감응이나 감수성에 대해서 어떻게 생각하고 계십니까?

아마미야 확실히 고독하지요. 작업장이 쉽게 변하고, 작업장에서 동료를 만들어도 바로 이동해 버리거나 해고당하거나 합니다. 또한 정사원은 비정규직과 계급이 다르다라는 느낌을 갖고 있어서 정사원과도 친하게 되기 어렵습니다. 정사원들이 차별을 하거나, 이 사람은 어차피 금방 나갈 거라고 생각해서 인간관계도 만들지 않으려고 한다고들 말합니다. 본인은 본인대로 일이 결정될 때마다 이 공장에 있다가 다시 기간이 끝나거나 해고를 당하거나 하면 다른 공장으로 옮겨 가는 것을 반복하는 사람이 많습니다. 그러한 상황 속에서 살 장소도 직장도 전전하다 보면 그 지역에 아는 사람이 없을 뿐 아니라, 직장을 3개월마다 옮겨 다니면 친구가 생기기도 어렵고 생겼다고 하더라도 만날 수 없게 됩니다. 그런 상황 속에서 비정규직들은 심각하게 분단되어 있고, 비정규직뿐 아니라 정규직도 그렇습니다만 서로가 라이벌인 것이지요. 저 사람이 잘리면 자신은 앞으로 한 달 정도 목이 붙어 있을 수 있다고 생각하는 그런 상태에서 일하고 있으니까요. 그래서 다른 사람의 불행을 기뻐하게 되어 버린다고 한다고 할까……. 그러한 아슬아슬한 상태에 기반해 있기 때문에 신뢰관계도 생기기 어렵고, 혼자서 홈리스가 되었다는 사람도 많구요, 정말로 인간관계를 만들기 어려운 상황에 있는 것입니다.

보통 어른이 돼서 평범하게 산다고 하면 대개 일과 관련된 인간관계가 중심이 되잖아요? 물론 학생 시절의 친구가 있을 테지만, 역시 일이 다르면 점차 소원해지게 마련이지요. 따라서 일에 관련된 인간관계가 중심이 되게 마련이고, 그 안에서 제대로 된 한 사람으로서 일하는 사람으로 인정받는 것이 중요하게 되지요. 그 안에서 결혼하고 아이를 낳고, 집을 갖고 그러한 것들을 통해서 점차 자리를 잡아 가는 것이죠. 그런데 그것이 전혀 불가능한 상황이니 정말 힘들지요. 더구나 모두가 비정규직으로 전전하고 있는 것이 아니라, 동시대에 일부는 정사원이고 결혼도 하고 아이도 낳고 집도 사고 합니다. 그러한 동년배를 보고 있으면, 자신을 부정하는 느낌이 점점 커지는 그러한 상태가 되지 않을까요?

전에 일본 드라마 「파견의 품격」을 본 적이 있는데요. 그 드라마에서도 주인공이 정사원에 대한 감정적 거리를 계속 갖고 있습니다. 그러나 나중에 보니까 친해진 이후 해고당해 직장에서 나갈 때의 감정적인 고통, 친한 친구와 이별할 때 느꼈던 고통의 경험 때문에 일부러 거리를 두게 되었던 것이었습니다. 이런 느낌일까요?

아마미야 그렇겠지요. 그것과 같은 것이지만, 그렇지만 역시 직장의 정사원들이 비정규직을 인간적으로 대우해 주지 않는다는 이야기를 자주 들어요. 그러니까 오히려 이쪽이 친해지려고 해도 저쪽에서 친해지려고 하지 않는 경우가 많은 것 같습니다.

아미미야 씨의 책에서 읽은 것인데요 직장에서 비정규직에게는 일을 가르쳐 주지 않는다는 이야기가 있었습니다. 정사원으로서 일하고 싶다고 생각해도 아무도 일을 가르쳐 주지 않으니까, 나이를 들수록 더욱 더 가난하고 심한 상황에 처하게 된다는 것이죠. 일하는 현장에서 비정규직들의 감수성이라는 것을 생각해 볼 때, 쉽게 잘리거나 이동을 해야 한다거나 하는 것뿐 아니라 일을 잘 가르쳐 주지 않는다거나 하는 보다 복잡하고 구체적인 여러 가지 문제들이 있다고 생각하는데 어떠세요?

아마미야 물론 파견사원도 정사원보다 훨씬 더 일을 잘하는 사람들도 있습니다만, 그럼에도 늘 급료는 너무나 적고 대우도 낮죠. 제가 아는 사람으로, 트럭에서 일을 하는 사람이 있는데, 누구나 일을 하면 좀더 일을 잘할 수 있게 되기를 바라는 게 당연한 거잖아요. 오래 있으면 뭐든 잘할 수 있게 되니까, 자, 다음에는 저것을 하고 싶다고 하게 되지요. 그런데 그가 어느 정도까지는 배웠지만 그 이상을 배우고 싶다고 하자, 파견사원은 여기까지라고 했다고 합니다. 어떤 의미에서 정사원의 일까지 알려주면 자신들의 일자리를 빼앗긴다라거나, 자신의 자리가 위험하다거나 하는 의식도 있는 것 같습니다.

요시오 쓰토무라는 분이 마쓰시타 플라스마(松下プラズマ)에서 일하고 있었는데요. 위장청부(偽装請負)였기 때문에 재판을 걸었습니다.[10] 고소를 하자, 혼자 텐트에 격리되었어요. 공장 안에 텐트를 쳐서 격리한 거죠. 원래는 정밀기계를 만드는 공장인데도, 텐트 안에 가둬 놓고 주걱이라든가 이쑤시개 등을 만들라는 이상한 일들을 시키곤 했다고 합니다. 얼마 전에 대법원에서 패소하긴 했습니다만, 그 사람에게서 작업장의 이야기를 들었는데, 왜 건강진단이란 게 있지 않습니까? 그 공장에서는 납이라든가 하는 인체에 나쁜 영향을 주는 금속을 다루고 있었기 때문에, 정사원에게는 정기적으로 건강진단을 실시했다고 합니다. 혈중의 납 농도가 높아지면 금속으로부터 떨어져 있게 조치를 했던 것이죠. 그렇지만 그의 작업장에서는 정사원들만이 건강진단을 받았고, 같은 일을 하고 있음에도 비정규직 사원들은 받지 못했다고 합니다. 정사원이 혈중의 납 농도가 높아져서 다른 작업장으로 이동할 경우에는, '이런 일은 파견들에게 시키면 된다'고 이야기했다고 해요. 이건 정말 빈부 간에 존재하는 생명의 격차지요. 이런 것 때문에 고소를 했던 것입니다.

---

10) 마쓰시타 플라스마 디스플레이 위장청부사건. 요시오 쓰토무(吉岡力, 33세)는 2004년부터 오사카의 '마쓰시타 플라스마 디스플레이' 공장에서 청부노동자로서 일하고 있었다. 그러나 실태는 마쓰시타 사원으로부터 직접 지시를 받는 '파견'이었으며 이것은 위법인 위장청부에 해당한다고 판단하여 회사에 직접고용을 요구했다.

'여성 유니온 도쿄'에서 이토 미도리 씨와 인터뷰를 한 적이 있었어요. 그때 이토 씨 말에 따르면 지금은 비정규직뿐 아니라 정사원의 경우에도 정신적인 문제가 엄청 늘었다고 하더군요. 그래서 정규직이든 비정규직이든, 상담을 받거나 치료를 하는 사람들도 늘었다고 들었습니다. 그런데 아마미야 씨가 쓴 『배제의 공기에 침을 뱉어라』를 보면, 멘헤라들이 프리타운동을 하게 되면서, 자신의 정신적인 문제가 사라지게 되었다는 얘기가 씌어 있었습니다. '구마모토의 약한 자들'[11]의 경우인데요, 그렇다면 프리타운동이야말로 정신적 문제에 대한 정치적인 치료방법이 아닐까 생각했습니다(웃음).

아마미야 아! 맞아요. 그녀들은 그 활동을 통해 매우 건강해져서 최근 구마모토에 '노동생존조합'을 꾸려서 매우 활발하게 활동하고 있어요. 원래 히키코모리였거나 리스트컷을 하거나, 니트를 하거나, 등교거부를 하거나 했던 사람들이 그런 형태로 거의 건강해진 것이지요. 자신의 상황에 대해서 자신만을 책망해 왔는데 사실은 외부에서 그렇게 살기 어렵게 만드는 상황 때문이었다는 것을 알게 되면서 건강해졌던 것입니다.

그렇지만 이러한 치료법이 모든 이에게 통하는 것은 아닙니다. 이는 멘탈 헬스 노동운동을 하는 곳에서는 꽤나 논쟁적인 이야기가 되고 있습니다. 서툴게 섣불리 '당신들이 아니라 사회가 나쁜 것이다'라고 상태가 좋지 않은 사람들에게 말하는 것은 위험하지 않은가라고 전문가들은 말하곤 합니다. 예를 들어 알코올 의존이 있는 사람들의 경우, 분노를 품지

---

11) '구마모토의 약한 자들'(熊本KY, くまもと よわいもの). 2008년 지방에서의 메이데이를 지지, 지원하기 위해서 순회 메이데이가 이루어졌다. 이때 구마모토에서 멘헤라로서 고통을 당하고 있던 여성 프리타들이 '구마모토의 약한 자들'의 메이데이를 기획했다. 아마미야 씨는 이곳의 메이데이를 지원하러 방문했고, 이후 노동조합이 만들어져 활발히 활동하고 있으며 매년 메이데이에 참여하고 있다. 자세한 사항은 『排除の空気に唾を吐け』(講談社現代新書, 2009), pp.63~65 참고.

않도록 컨트롤해야 합니다. 그렇지 않으면 알코올 의존이 재발해서 술을 먹거나 하기 때문이지요. 그런데 '사회가 나쁘다'고 하면 화가 나서 '일어서자!' 이렇게 되지 않겠습니까? 그러면 다시금 정신적으로 매우 불안정한 상태가 되기 때문에, 손을 대기 무척 어렵고 위험하다는 것이죠. 또한 자신의 문제만으로도 이미 머리가 꽉 차 있는 사람들에게 거기에 더해서 사회 문제가 이만큼 있다고 들이밀면, 어떤 의미에서 강제적으로 요구하는 것인데요, 그러면 대혼란을 겪게 되지 않을까 하는 의견도 있어서, 매우 손대기 어려운 문제입니다.

구마모토 KY들은 어떤 의미에서 기적적으로 그러한 활동을 통해 건강해져서 활동하고 있습니다만, 그건 아마도 여러 명이어서 가능했다고 생각해요. 아마 한 사람이 그런 것을 하려고 했었다면, 주변으로부터 정신병자 취급을 받아서 끝날 수도 있었고, 위험한 인물로 여겨지거나 했을 테지요. 즉 공감할 수 있는 사람들이 있어야 한다거나 하는 어떤 조건이나 전제가 없으면 어렵겠지요. 더구나 멘헤라 계열의 사람들은 고립되어 있는 경우가 많으니까요. 사실 이러한 데모나 조합을 만드는 과정을 통해 마음의 문제도 해결된다면 가장 좋다고 생각합니다. 그렇지만, 사회적인 것은 생각도 못할 정도로 힘들고, 사회적인 것을 생각할 여유 따위는 없다고 말하는 사람들이 많습니다. 운동도 할 수 없을 정도로 약해져 있는 사람들도 많고요. 역시 그러한 사람들에게 "일어서라"라고 말하는 것은 어떤 의미에서 매우 부담이 되는 것입니다. 따라서 아직 여력이 있고 아직 거기까지는 가지 않은 사람들이 운동을 해서, 그러한 사람들이 살아갈 수 있도록 하자는 그런 자세 정도가 좋지 않을까 생각합니다.

구마모토 KY 같은 케이스가 많지 않은가 보죠?

아마미야 음……. 그래도 꽤 있어요. 메이데이에 오거나 프리타노조에 관련된 사람들은 원래 마음의 문제나 멘헤라 문제를 갖고 있었던 사람이 많다고 들었습니다. 후세 씨 경우도 등교거부를 하는 아이였다고 들었구요.

『배제의 공기에 침을 뱉어라』를 읽으면 자신과 같은 나이의 사람들을 죽음으로 몰고 간 사회에 대한 매우 큰 분노감이 명확하게 보이는데요, 그러한 분노가 프리타운동을 지속시키는 다이나믹이라고 생각합니다. 그것과 비교해 볼 때 프리타운동의 스타일은 분노나 비장과는 거리가 있어서 밝고 즐겁고 유쾌한 분위기입니다. 그렇기 때문에 일본의 노동운동은 한국과 비교해서 어떤 점이 다릅니까라는 질문을 받으면 저는 일본의 비정규직운동의 밝은 분위기를 말하게 될 듯합니다. 그렇지만 아까 말씀하신 것처럼 그 밑에는 분노가 있지 않을까 하는데요, 분노의 비장한 감응과 춤추면서 행진하는 유쾌한 감응 사이에 있는 큰 간격은 어떻게 설명되면 좋을까요?

아마미야 메이데이 데모 같은 것은 즐겁고 떠들썩하게 어필하는 것이 중요한 것입니다. 자신들이 아직 살아 있음을 축하하자는 그러한 축제의 공간으로 만든 것이니까요. 그렇지만 운동에 데모만 있는 것은 아니어서, 예를 들면 쟁의를 하는 장소라든가 노동상담을 받는 장소에서는 매우 큰 분노를 스트레이트로 드러내는 경우도 많습니다. 음……. 또한 역시나 모두들 분노가 있지만 그것을 …… 뭐라고 할까요, 어필하는 장소에서 직접 표현하면 매우 이상한 사람 취급을 받습니다. 화를 내면서 하는 어필하는 것은 일종의 자유이기도 한데요, 특히 일본의 경우가 그런 건지도 모르겠지만 어쨌든 화내는 사람은 'KY다'[12]라거나 무서운 사람이라는 식으로

---

12) KY(분위기를 못 읽는다. 空気を読めない). KY는 사람들과 함께 있을 때 분위기를 읽지 못하고 별난 행동이나 말을 하는 사람들을 비하하듯이 일컫는 신조어이다.

간주되어, 이해받지 못하고 끝나 버립니다. 분노를 어떻게 컨트롤할 것인가도 매우 큰 문제라고 생각합니다. 분노가 있지만 그 분노를 계속 자신을 향해서 쏟아 온 것이지요. 그래서 리스트컷을 하거나 자살을 하거나 했기 때문에 분노를 밖을 향해서 표현하는 것조차 억눌려 왔습니다. 늘 '네가 잘못한 거다'라거나 '자기책임인 거 아닌가'라는 식으로 이야기를 들어 와서 화내는 것조차 불가능했기 때문이지요. 그렇지만 회의 현장에서나 평범하게 이야기할 때에는 역시 매우 자신들이 받아 온 심한 대우에 대해서 화를 내거나 합니다. 데모를 만들거나 하는 과정 속에서는 분노가 평가를 받거나 건설적인 방향으로 이끌어진다거나 하는 경우도 있습니다. 즉, 자신이 그렇게 참혹한 상황에 처했었다는 것에 대해서 화를 냄으로써 그것이 좋은 방향으로 가는 경우도 꽤 있기 때문에 분노를 나타내는 것은 굉장히 필요한 일이라고 생각합니다.

그렇다면 일본 프리타운동은 가벼운 분위기를 지니고 있다고 한국에서 이야기해도 괜찮겠습니까?

아마미야 그렇습니다. 인상은 밝으니까요. 모두 춤추고…….

『국가의 빈곤』에서 모리타 씨와의 대담을 보면 아마미야 씨는 세대론에 대해 위화감을 표시하면서 세대를 넘어서, 그리고 정사원과 비정규사원의 경계를 넘어서 함께 나아갈 수 있는 어떤 합치점에 대해 말하고 있습니다.[13] 동시에 아카기 씨에 대해 언급하는 부분을 보면 '희망은 전쟁'이라는 극단적인 발언에 대해서도 공감을 갖고 있는 듯하고, 젊은이들에 대한 비난에 좌우익이 결탁했다고 말하고 있습니다. 이는

---

13) 森田実·雨宮処凛, 『国家の貧困』, 日本文芸社, 2009, p.177.

세대론적 입장이라고 할 수 있지요. 이 두 가지 발언이 제게는 상반되는 입장으로 보입니다. 한편 모리 요시타카(毛利嘉孝)의 『스트리트의 사상』(『ストリトの思想』, 日本放送出版協会, 2009)을 보면 '로스트 제네레이션'(잃어버린 세대)에 대해 언급하면서, 아카기 같은 우파가 『로스제네』 편집장 같은 좌파와 공통점을 갖고 있다고 지적하고 있습니다. 즉 "세대 간의 대립에서 출발하는 것, 그리고 무언가를 말할 때에 자신의 고통스러운 과거에서 모든 것을 말하기 시작한다는 것, 분노에 의해 사유를 추동하고 있다는 점이 그것"(p. 236)이라고 지적합니다. 이러한 지적에 대해 어떻게 생각하는지요? 한편으로는 세대론에 대해서 위화감을 느끼고 그 세대론의 경계선을 넘어서서 뭔가를 해야 한다고 말하면서도 다른 한편으로는 지금의 일본의 잘못을 낳은 것이 기성세대의 잘못에 기본적으로는 기초하고 있다라는 발언도 있어서 두 입장이 상반되어 보이는데, 이 점에 대해서 아마미야 씨의 얘기를 듣고 싶습니다.

아마미야 그렇네요. 음 …… 기본적으로는 저희들의 세대만의 문제라고는 말할 수 없다고 생각합니다. 빈곤에 대해서도 그래요. 그건 '로스제네'의 문제만도 아니지요. 우리들의 아랫세대는 더욱 더 심해진 상태라고 생각해요. 그리고 일견 안락하게 보이는 사람들도 고령이 될수록 더 빈곤해지는 사람이 있고, 해고당하거나 하면 더욱 심각한 일이 되어 버리니까요. 젊은 사람들만이 힘들다고 어필하는 방식은, 다른 사람들을 버리게 되기 때문에, 취하지 않으려고 하고는 있습니다. 하지만 다른 한편으로 젊은이에 대한 비난, 즉 좌우가 결탁해서 '젊은이들은 일할 생각이 없다'거나 하면서 공격했던 것에 대해서는 제대로 저항하고 싶다고 생각합니다. 즉, 저도 머리로는 세대를 넘어서서 운동을 해야 한다고 생각하고 있음에도 때때로 단카이 세대가 나쁜 게 아닐까라거나 하는 개인적인 원망이 튀어나와 버리니까요. 지금에 와서는 좀 이해를 합니다만, 90년대까지만 해도 계속해서 젊은이들을 공격해 오지 않았는가 하는 느낌이에요. 하지만 역시 '로스제네'의 문제는 사회에서 쉽게 이해되는 측면이 있어요. 그래서 여러 가지 요청을 받아서 말할 때가 많습니다. 예를 들자면, 잡지나 텔레비전의 기획에서도 "로스제네의 빈곤을 생각하자"라는 식으로 다루어지기 때문에 그럴 때에는 로스제네의 이야기만 하게 됩니다. 그런 식으로 기획에 의해 요청받아 말할 때에는 다소 세대론적 원망들이 때때로 나타나 버린다고 할까요.

운동 현장에서도, 단카이 세대의 고용이 유지되어야 했기에 자신은 취직이 안 되었다고 계속해서 원망하는 사람도 있어요. 따라서 사람에 따라 제각각이지요. 고령자도 힘들다, 단카이 세대도 일부는 홈리스가 되지 않았는가라고 말하는 사람이 있는 반면, 아니다, 자신은 절대로 단카이 세대만은, 정사원만은 용서할 수 없다고 하는 사람들도 있고, 각자의 위치에 따라 제각각입니다. 그렇지만 그런 입장을 통일할 필요는 없으며, 그때마다의 조건에 따라서 다를 것이라고 생각해요. 예를 들어 전에 단카이 세대에게 심한 말을 들었다거나 하는 그런 개인적 경험에 따라서도 또한 다르기 때문이지요. 그래서 기본적으로는 세대 간 대립을 넘어서서, 정사원과 비정규직 사원의 경계를 넘어서라고 말하지만, 경우에 따라서는 젊은이들의 원망을 말하는 것이 좋은 점도 있지 않을까 생각합니다.

좀 다른 이야기인데 전부 뿔뿔이 흩어져서 들고나거나 이동과 해고가 많은데, 메이데이를 할 때 그렇게 뿔뿔이 흩어진 사람들을 어떻게 연결합니까?

아마미야 그것이 가장 어려운 일이에요. 메이데이의 중심이 되는 것은, 실업자도 많지만, 역시 유아사 씨가 말하듯이 모아놓은 돈(溜め, 저축)이 많다거나 활동을 할 수 있는 여유가 있다든가 예를 들어 부모님집에 살고

있다든가, 일에 비교적 융통성이 있는 그러한 사람들이 주로 옵니다. 정말로 넷카페 난민이라든가 멘헤라로 움직이지 못하는 사람들은 회의에도 오지 못합니다. 그렇기 때문에 우리들도 그들을 연결하는 방법이 매우 어렵다고 생각하고 있습니다. 그렇지만 재밌는 것은 메이데이에 많게는 1천 명 정도가 오기도 했었는데요. 근데 오는 사람들이, 대체 누구인지 전혀 모르는 사람들뿐인 거예요. 다시 말해 찌라시나 인터넷에서 보고 "메이데이니까"라며 오는 사람들이 많은 거지요.

이런 것이 이 몇 년 사이에 정착되었다는 것이 매우 중요합니다. 메이데이에 간다라는 그런 발상 자체가 10년 전의 일본이라면 생각할 수 없는 것이었기 때문이죠. 특히 젊은 사람들은 전혀 상관없는 일이라고 생각했고 조합에 들어가지 있지 않은 사람들에겐 전혀 관계도 없는 일처럼 여겨졌지만, 3~4년 사이에, 아, 올해 메이데이는 언제인가 하고 찾아보고 오는 그러한 숫자가 늘었죠. 도쿄에서만 아직 1천 명 정도이지만 그것만으로도 꽤 큰 풍습을 변화시켰다고 할까요. '골든위크' 기간 중에 메이데이가 있다는 것을 의식하고 있는 것이 매우 중요한 것입니다.

그러니까 뭔가 적극적으로 연결하려고 하기보다 매년 정기적으로 하게 되면 모두 오기 시작하지 않을까 생각합니다. 오히려 그 연결방법에서 신경이 쓰이는 것은 운동이 도시 중심이 되는 경향입니다. 지방에는 젊은이가 없고, 그런 일을 하지 않더라도 위험한 인물이나 범죄자로 간주되거나 합니다. 젊은이도 없는 지역에서 고립되어 사는 것이 가장 힘들텐데 그러한 젊은이들과 어떻게 연결할까 하는 그런 전국적인 연결방식에 신경을 쓰고 있어요. 그래서 한 명이라도 자신이 있는 지역에서 메이데이를 하고 싶다고 하는 사람이 있으면 그곳에 도와주러 가는 그런 느낌으로 모두가 함께 전국 투어를 한다든가 합니다. 실제로 2년 전에 기후(岐

阜)에서 메이데이를 했었는데요. 단지 10명이 모여서 벌이는 술자리였고 전혀 모르는 사람들이었지만, 그럼에도 '기후에서도 리틀 메이데이를 한다'라는 것만으로 저도 그곳에 메이데이를 하러 갔습니다. 그런 식으로 작지만 전국적인 연결을 만들어서 인디 계열의 메이데이가 있다는 것을 알리고, 여러 지방에서 힘내서 말을 건네 온 사람들에게 찾아가서 응원해 주는 것이 중요하지 않을까 생각합니다.

그 이후 그 지역에 정착하면 사람들이 멋대로 와 주지 않을까 하는 것이지요. 따라서 데모나 집회에 동원한다거나 모이게 한다거나 하는 그런 것들은 전혀 하지 않고 있습니다. 찌라시를 돌리고, 날짜와 시간을 정해서 고지하고 한가한 사람들 모여라, 그런 느낌으로 하고 있는 것인데, 그것만으로 그만큼 많이 모이고 계속되고 있다는 것은 흥미로운 일이라고 생각해요. 단지 무서운 것은 점점 생활이 힘들어지면서 메이데이에도 오기도 힘들어지는 것이죠. 돈이 없어서 못 간다거나, 메이데이 가려면 오늘은 일을 해야 한다거나 하는 그런 사람들이 늘어나고 있음을 현재 4년 정도 지나면서 느낍니다. 일 때문에 못 온다거나 돈이 없어서 못 온다거나 하는 경우가 주변에서도 늘어나고 있습니다.

마지막으로 지금 일본 프리타운동을 계속 진행하기 위해서 가장 중요한 게 무어라고 생각하시나요?

아마미야 글쎄, 어떨까요……. 어떤 의미에서 지금 운동은 생존권을 요구하는 운동이지 않습니까? '반빈곤 네트워크'라든가 하는 것도 반빈곤운동인데, 사실 이런 운동이 있다는 것 자체가 이상하다고 생각합니다. 운동의 목적이란 이 운동을 계속하는 것이 아니라 어떻게 하면 이러한 운동을 하지 않아도 좋은 사회가 될까 하는 것이라고 생각해요. 때문에, 한 가지 목표는 이 운동을 끝내는 것이죠. 이런 운동을 하지 않고서도 살 수 있게 되게 되는 것이 첫번째 목표이기 때문입니다. 또한 두번째로는 이런 상황에 대해서 이해를 요구하는 것입니다. 그런데 그 점은 여태까지 3년 정도 해오면서 점점 사태가 심각해져서 '파견마을'을 통해서, 혹은 젊은 홈리스들이 늘어나는 그런 상황 속에서 어느 정도 알려지고 이해되어 왔다고 할 수 있어요. 그렇다곤 해도, 자, 그럼 지금부터 어떻게 하면 좋을까는 아직 이야기되지 않고 있습니다.

워킹 푸어(working poor) 문제도 그렇지만요, 기업이 이제 더 이상 사람들을 먹여살릴 수 없다고, 아무리 일을 한다고 해도 결혼은 불가능하고 어린아이도 낳을 수 없고 자립생활은 불가능하다는 식의 대우밖에 할 수 없다는 식의 사실을 대대적으로 공개적으로 말하고 있지요. 그럼에도 워킹 푸어들에게는 너희가 잘못이다라는 식으로 책망하고 있는 셈인데, 비정규직의 비율이 40% 이상에 가까워진 상황 속에서 그런 말은 이미 통하지 않습니다. 임금노동을 해도 전혀 살아갈 수 없는 사람들이 절반 가까운 사회입니다. 지금 상황에서는 일을 해서 임금을 받지 않으면 살아갈 수 없는 그런 상황이죠. 물론 생활보호 등이 있지만, 일하는 방식이나 살아가는 방식 등을 근본에서 다시금 파악하는 노력이 필요해요. 베이직 인컴 논의도 그럴 테지만요.

제대로 먹고 살 수가 없으니까 그런 자신들이 어떻게 살아갈까를 생각할 때, 일부에서는 스스로 뭔가 자신들에게 일을 달라고 하는 사람도 있고, 정사원과 대등하게 해달라, 차별대우를 하지 말라는 그러한 말도 가능하겠지요. 또 자신들을 위해서 일하지 않는 정권을 비판하는 것도 가능할 겁니다. 활동이 너무나 바빠서 [돈 버는] 일을 할 여유가 없다는 활동가도 있습니다. 그 사람들은 사회에서 너무나 중요한 자원봉사로서 활동하고 있음에도 불구하고, 거꾸로 한 명의 사람으로서 인정받지 못하고 세상에서는 불필요한 인간인 것처럼 이야기되어 버립니다. 사실 그런 사람들은 실제로 집세를 내지 못하게 되고 말 겁니다. 그러한 사람들을 어떻게 하면 한데 묶어서 갈 것인가, 그러한 것들까지 생각해야 합니다.

작년에 한국에서 메이데이를 했었습니다만, 이탈리아, 스페인, 그리스 등 여러 국가에서도 비슷한 것들이 일어나고 있기 때문에 국제 연대를 하는 것도 중요하다고 생각해요. 프리타노조 안에서는 이미 그런 국제 연대를 만들어 가고 있는데요, 그렇게 해외와 연결된다는 것은 매우 중요한 것입니다. 그런 게 즐겁다고 할까요, 그러한 꿍꿍이를 함께 꾸리는 게 재밌기 때문이지요. 그렇지만 역시 정말 심각한 상태에 도달한 경우들도 있고, 아키하바라 사건도 그런 경우입니다만, 역시 그러한 사람들에게 다가갈 수 있는 언어를 저희들이 갖지 못했다고 할까 그런 면도 있습니다. 또한 그런 사람을 공격(bashing)하는 프리타 층도 많이 있습니다. 빈곤 상태이면서 반빈곤운동에 불만을 말하는 것 같은, 그러한 내재하는 자기 책임론 같은 것을, 특히나 매우 가까운 사람들도 말하고 하기 때문에 그러한 것들을 넘어서는 것도 필요하다고 생각합니다.

지금 프리타운동의 약점과 강점은 무엇일까요?

아마미야 강점은 무엇보다 당사자가 날뛰기 시작했다는 점입니다. 역시 당사자가 가장 강렬하니까요. 당사자들이 여러 가지 것들을 요구해 가면서 소란을 떨기 시작한다는 것이 가장 중요하고, 따라서 그것이 강점이라고 할 수 있습니다. 또한 생존이라는 누구도 부정할 수 없는 것을 요구하고 있다는 것도 또 하나의 강함이겠네요.

약점은 뭘까……. 음, 역시 아슬아슬한, 너무나 힘든 상황에서 간신히 회사에 붙어 있는 정사원들이 꽤나 단단합니다. 또한 저희의 메시지가 정말 힘든 상황에 놓여 있는 사람들에게까지는 도달하지 않았을 가능성도 크고요. 운동으로 일어서지 않는 프레카리아트가 역시나 수적으로 다수이기 때문에, 그러한 사람들과 어떻게 연결될 수 있을까 하는 것이 약점이라고 할 수 있겠네요.

긴 시간, 감사합니다.

PRECA
+
RIAT

7장 왜 노동조합은
노동조합에서
탈영토화되어야 하는가?

유아사 마코토와의 인터뷰

유아사 마코토(湯浅誠)

1969년생. 도쿄대 대학원 법학정치학 연구과 박사 과정 재학 중 반빈곤운동에 참여한다. 1995년부터 야숙자(野宿者)* 지원 활동을 한다. 현재 '반빈곤 네트워크'(反貧困ネットワーク) 사무국장, NPO법인 자립생활 서포터센터 '모야이'(もやい) 사무국장 등으로 활동하면서 반빈곤 지원활동을 네트워크로 연결하는 활동을 전개해 나가고 있다. 2010년에는 새로 집권한 민주당 하토야마 내각의 정책 참모로 활동하기도 했다. 그의 활동 중 특히 화제가 되었던 것은 2008년 말부터 2009년 초까지 행해졌던 '연말연시 파견마을'(年越し派遣村)이다. '파견마을'은 여러 NPO 및 노동조합, 자원 봉사자에 의해서 구성된 실행위원회가 2008년 12월 31일부터 2009년 1월 5일까지 도쿄 지요다(千代田) 구의 히비야(日比谷) 공원에 개설한 일종의 피난 마을이다. 추운 데다 '급식'마저 끊겨져 야숙자로선 가장 살기 힘든 연말연시에 생활이 곤란한 사람들의 의식주를 해결할 곳을 마련하는 동시에 이후의 생활을 해나갈 수 있는 상담 등의 다양한 지원활동이 이루어졌다. 소문을 듣고 예상보다 훨씬 더 많은 500명 이상의 '촌민'들이 모여들었고, 이를 위해 2000명 이상의 다양한 활동가와 자원봉사자가 자발적으로 모여들어 거대한 공동체적 장이 만들어졌다. 또한 파견자 해고나 경제 위기 등으로 인해 언론의 집중적인 주목을 받았는데, 이로 인해 여태까지 존재하고 있었음에도 보이지 않던 빈곤 문제를 가시화하는 성과를 얻었다(宇都宮健児·湯浅誠,『派遣村―何か問われているのか』, 岩波書店, 2009). 이후 전국 각지에서 비슷한 형태의 파견마을이 개최되는 등, 빈곤 문제에 대해 사회적 관심을 이끌어 내고 대응책을 확산시키는 데 기여했다. 2009년 말에서 2010년으로 넘어가는 연말연시에는 도쿄도가 주최하는 '파견마을'이 기획되어 실행되었는데, 800여 명이 참여했다.

대표작인『반빈곤―미끄럼틀 사회로부터의 탈출』(『反貧困―'すべり台社会'からの脱出』, 岩波書店, 2008)은 2009년『빈곤에 맞서다』(이성재 옮김, 검둥소)라는 제목으로 번역되었다. 그 외에도『정말로 곤란한 사람을 위한 생활보호 신청 매뉴얼』(『本当に困った人のための生活保護申請マニュアル』, 同文舘出版, 2005),『빈곤 내습』(『貧困襲来』, 山吹書店, 2007),『암반을 뚫다』(『岩盤を穿つ』, 文藝春秋, 2009),『덤벼라 빈곤』(『どんとこい 貧困』, 理論社, 2009) 등을 썼다.『반빈곤―미끄럼틀 사회로부터의 탈출』로 2008년 제14회 평화·협동 저널리스트 기금상 대상, 2008년 오사라기 지로(大仏次郎) 논단상을 받았다.

---

* 야숙자(野宿者). 홈리스 지원을 하는 활동가들 사이에서 부정적인 뉘앙스를 지니게 된 노숙자나 홈리스라는 말 대신에 사용되는 용어.

7장 | 왜 노동조합은 노동조합에서 탈영토화해야 하는가?
─ 유아사 마코토와의 인터뷰

때 : 2010년 2월 13일

장소 : 도쿄 이이다바시 역 근처 '엑셀시오르 카페'

반갑습니다. 한국도 그렇지만, 일본도 언젠가부터 비정규직이 점차 늘어나 지금은 전체 노동자의 35% 정도가 비정규직이라고 하더군요. 그에 따라 노숙자 문제를 비롯한 여러 가지 빈곤 문제가 심각해지고 있다고 알고 있습니다. 문제의 양상은 좀 다르지만, 일본은 한국보다 먼저 다양한 비정규직 관련한 노조나 단체가 활동하고 있는 것 같습니다. 어떤 점에서 보면 한국의 비정규직 문제가 일본보다 더 심각하다고 할 수 있을 것 같은데요, 가령 한국은 비정규직 노동자의 비율이 전체 노동자의 50% 정도라고들 하거든요. 그런데도 한국의 비정규직 노동운동은 아직 그 형태라든가 조직, 방식이 대개 기존의 정규직 노동운동을 모델로 하고 있다고 봅니다. 오랜 투쟁으로 잘 알려진 사례도 많지만, 그 '오램'은 투쟁하는 분들의 고통의 길이나 크기를 뜻하는데, 그 결과가 좋다고는 할 수 없는 경우가 많습니다.

유아사 그런 점은 일본도 마찬가지라고 할 수 있습니다.

그렇습니까? 그렇지만 일본 비정규직운동은 기업별 단위의 노조와 달리, 그와 다른 차원에서 노조가 만들어져 활동하고 있지 않나요?

유아사 아……. 그렇죠. 노조에 개인 가입이 가능하니까요.

한국은 비정규직 노조도 대부분이 기업별로 되어 있고 개인 가입 노조는 거의 없습니다. 더구나 기업은 파견 노동자나 간접고용의 경우, 자신이 고용한 것이 아니라고 무시하고 교섭 상대로 인정해 주지 않는 경우도 다반사예요. 그로 인해 파업이 500일 이상, 심지어 1천 일까지 계속되는 경우도 있습니다. 투쟁의 강도나 형태는 강하지만, 과정이나 결과가 너무 고통스런 경우가 많지요. 이는 물론 한국의 자본가들의 노동자에 대한 태도 탓이 크겠지만, 정규직을 모델로 하고 있는 비정규직운동방식과 관련된 건 아닌가 싶기도 합니다. 일본은 노조의 조직형태부터 크게 다른데, 그게 운동방식의 차이와도 무관하지 않을 것 같은데요.

유아사 일본은 노동기준법에 의해서 혼자서도 가입할 수 있고 가입하면 회사와 교섭권을 갖게 됩니다. 한국의 경우 노동기준법이 그렇지 않은 모양이군요? 확실히 개인 가입이 가능한 것은 일본 노동기준법의 특수한 점이라고 생각하긴 하는데요.

여성노조처럼 개인 가입 노조가 있으니 법적으로 금지되었다곤 할 수 없지만, 사실상 예외에 속한다고 해야죠. 게다가 기업별로 조직된 비정규 노조에 대해서조차 사용자가 제대로 교섭 상대로 대해 주지 않는 경우도 많고요. 그런 점에서 개인 가입 노조가 사용자와 교섭능력을 갖는다는 것이 한국과 일본의 노동운동을 다르게 만드는 요인 중 하나겠지요. 그게 역으로 흥미로운 점이기도 하구요.

유아사 그렇습니까? 일본의 노동조합은요, '연합'이건 '전노련'이건 비정규직 노동자를 조직해야 한다고 생각해서 최근 10~15년간 활동을 시작해 왔구요, '연합' 쪽에서는 작년(2009년) 10월 이후 고가 노부아키(古賀伸明)라는 사람이 새롭게 회장이 되었습니다. 그때 취임 연설에서 '연합'은 [비정규직을 포함해] 모든 노동자를 위해서 싸운다고 말했는데요, 그것이 '연합'으로서는 비정규직 조직화 문제를 본격적으로 처음 언급한 것이라고 할 수 있습니다. 그러니까 획기적인 일이었지요. 또 어떤 의미에서는 그만큼 늦었다고도 할 수 있고요.

그렇지만 아까 말씀하셨던 것처럼 정규직 노동자를 조직했던 그런 방식으로 비정규직 노동자를 조직화하려고 하지요. 그래서 저는 그렇게는 제대로 해나갈 수 없을 거라고 말하곤 합니다. 왜냐면 아마미야 씨와의 인터뷰에서도 들었을 거라고 생각하는데, 현재는 노동 문제와 생존 문제가 거의 구별 불가능해지고 있기 때문이에요. 말하자면, 노동조합에 상담하러 가는 것이나 저희와 같은 생활지원단체에 상담하러 가는 것이 거의 비슷한 문제가 되었습니다. 노동 상담을 하러 가는 사람들도 대개는 생활이 불가능한 상황에 처해 있기 때문이죠. 예를 들어 살 곳이 없고, 생활비가 없고, 빚이 있고, 정신적인 병이 있고, 가족 트러블이 있고, 그런 여러 가지 트러블이 있어요. 또한 생활 상담을 하러 오는 사람들도 노동 트러블을 겪고 있지요. 따라서 상담하러 오는 사람들의 트러블은 매우 복합적이고 다면적인 것이 되어 있습니다.

반면 정사원을 조직하는 것은 대개 회사에서 임금이 지급되지 않았다거나, 잔업수당을 받지 못했다거나, 파워하라가 있다거나 하는 경우, 그런 직장의 트러블을 해결하기 위한 것이지요. 그것이 노동조합이 하는 일이고요. 즉 그 방식이 좋건 나쁘건 간에 '노동' 문제 이외에는 다루지 않는 곳이고 따라서 노동 문제라면 해결이 가능한 노동 전문기관인 것이지요.

그렇지만 저는 비정규직을 정말로 조직하려고 한다면, 노동 전문기관을 넘어서야 한다고 생각합니다. 왜냐면 상담하러 오는 사람들은 대개 다른 트러블과도 관련되어 있으니까요. 그때 대처방식은 기본적으로 두 가지 종류가 있다고 생각해요. 하나는 노동운동 이외의 여러 단체와 네트워크를 맺어서 그 이외의 문제들을, 예를 들면 정신적 문제가 있으면 이

클리닉이 있다고 소개해 줄 수 있는 네트워크나 빚 문제라면 이 변호사가 상담을 해준다고 소개해 줄 수 있는 그러한 네트워크를 가져야 합니다. 아니면 자기 자신이 원 스톱 서비스처럼 여러 가지 트러블을 갖고 오더라도 어떤 것이든지 대응이 가능한 그런 노하우를 갖고 있거나 해야 합니다. 그 두 가지 중 한 쪽이어야 한다고 생각합니다.

또한 이러한 필요성과 함께 요구되는 것이 한 가지 더 있습니다. 여태까지의 노동운동은 기본적으로 '싸우는 사람'을 전제로 했습니다. 예를 들면 회사를 단숨에 해치워 버리자거나 스스로 참을 수 없다는 사람을 지원해 주고 여러 가지 노하우를 가르쳐 가면서 함께 교섭을 해가자는 것이 노동조합이 했던 일이었지요. 그렇지만 예를 들어 우리가 했던 '파견마을'에 왔던 사람들의 경우를 보면, 직장은 물론 살 곳도 없고 병에 걸리고 돈도 없는 사람들의 경우는 먼저 생활을 다시 가능하게 하지 않으면 노동 교섭을 하려고 해도 불가능해요. 회사와의 교섭은 대개 1개월, 2개월, 혹은 반년 이상 걸리는 것이기 때문에, 그 교섭 동안의 생활을 할 방도가 마련되지 않으면 싸울 방법이 없는 셈이죠. 그렇기 때문에 싸울 준비가 된 사람만을 대상으로 하면 비정규직은 조직화가 되지 않습니다.

싸울 준비가 되지 않은 사람들의 생활이나 주거 등 그러한 하드웨어적인 것뿐 아니라 정신적인 문제들을 해결할 때까지, 즉 자신이 회사와 뭔가 해볼 수 있는 정도로 건강이 회복될 때까지, 대개 몇 개월 이상 걸리는데요, 그때까지 옆에서 함께해 주고 도와주고 함께 걸어가 주는 식으로, 즉 싸우지 않는 사람을 싸울 수 있도록 해주는 부분까지 과제로서 설정해 두지 않으면 안됩니다. 그것을 하지 않으면 결과적으로 어떤 일이 일어나냐 하면요, 상담하러 와서 상담은 하지만 노동 문제만 대응해 주니까 점차 오지 않게 되거나, 혹은 자신의 문제가 해결되면 사라져 버리거나, 상담에는 오지만 회사와 싸울 수는 없는 조건이니까 그대로 그만두어 버린다거나, 그런 일들이 일어나서 결국은 조직화가 불가능해져 버리는 게 아닐까 생각합니다.

그런 점에서 비정규직을 조직화하기 위해서는 여태까지의 노동운동의 스타일과 다른 스타일이 필요합니다. 그것을 한마디로 하면 노동운동 협회에서 이야기되고 있는 사회운동적인 것이라고 할 수 있을 텐데요, 즉 사회운동으로서 노동운동을 하지 않으면, 또한 여러 가지 장애인운동이나 빈곤 문제 등과 네트워크를 만들지 않으면, 비정규직 조직화의 루트는 불가능하다고 생각하고 지금은 그러한 상황에 봉착했다고 생각하고 있습니다.

전에 '여성 유니온 도쿄'(女性ユニオン東京)의 이토 미도리 씨와 만났습니다만,[1] 그분도 여성 유니온만으로는 조직화하기가 어려워서 '일하는 여성 전국센터'를 만들었다고 했습니다.

<u>유아사</u> 그렇습니다. 그런 이미지인 것입니다. 그곳에서 여성들은 예를 들어 워크숍을 하거나 해서 여성들의 임파워먼트(empowerment)를 목표로 하고 있습니다. 그런 임파워먼트를 하는 프로세스를 두지 않으면 이미 싸울 준비가 다 된 사람들만 상대하게 되는 거죠. 실상 비정규직인 사람들의 상황은 그보다 훨씬 더 어려운데 말이죠. 그러한 지점을 연결해 갈 프로세스를 스스로 그려 가지 않으면 제대로 되기 어렵다고 생각합니다.

---

1) 이 책의 3장에 수록된 이토 미도리와의 인터뷰 참고.

한국에서는 그런 식의 조직이 별로 없는 것 같습니다. 투쟁이 강하게 진행되어서 그런 것인지도 모르지만, 적어도 표면적으로는 그렇게 생활 자체가 어려운 사람이나 싸울 의지가 없는 사람이 중요하게 고려되지는 않는 듯합니다. 반면 싸우는 사람은 좋든 싫든 일단 파업이나 투쟁을 하면 격렬하게 시작하여 5백 일 이상 계속 싸우는 경우가 적지 않습니다. 그런데 바로 그 때문에 많은 경우 싸우는 사람들과 싸우지 않는 사람들이 분리되어 있는 느낌입니다. 싸우겠다고 생각하려면 5백 일, 1천 일씩 싸울 각오와 결단을 해야 하니까요. 반면 일본은 그런 식의 연결을 통해서 함께 해가는 게 중요하군요.

유아사 글쎄요, 썩 잘되고 있는 것은 아니지만요, 적어도 그 지점에 포인트가 있다는 그런 인식은 조금씩 확산되어 가고 있습니다. 결국 그렇게 하지 않으면 노동조합의 조직률은 점차 낮아질 것이기 때문에, 그 지점에 브릿지를 하지 않을 수 없는 거죠.

그렇기 때문에 네트워크 스타일의 조직들이, 즉 노동조합 이외에 아까 말한 '일하는 여성 전국센터'와 같은 그런 조직이 많이 만들어진 것이군요?

유아사 그래요, 그렇습니다. 그런 활동을 사회운동의 일환으로서 하는 것이 가장 바람직하다고 생각하는데요, '파견마을'은 그런 의미에서 우리와 같은 생활 지원 단체와 노동조합이 함께했기 때문에 해낼 수 있었던 측면이 있습니다.

유아사 씨는 현재 일본 반빈곤운동의 대표적 인물이라고 생각합니다만, 무엇이 계기가 되어서 홈리스운동이나 반빈곤운동을 하게 되었고 현재까지 지속하고 계신 것인지, 그리고 반빈곤운동을 하기 전의 이력이나 이런 운동을 하게 된 계기라든가 등을 듣고 싶습니다. 듣기에는 원래 대학원에서 공부를 하고 계셨다고 들었습니다. 또한 홈리스 지원운동을 하기 시작하여 '모야이', '반빈곤 네트워크', '파견마을'의 촌장을 거쳐 지금은 정부기관 연구회에서도 활동을 하고 계시다고 들었습니다만, 어떤 과정을 거쳐 오셨나요?

유아사 그것만 해도 꽤 길어지겠는데요?(웃음) 홈리스 문제에 관여하기 시작했던 때는 1995년이었습니다. 그때 저는 대학원에 막 들어간 상태였습니다. 그전에도 여러 가지 활동을 했었지만, 그 중에서도 '아동양육시설'[2], 즉 부모와 함께 살지 못하는 어린아이들을 지원하고 양육하는 시설에서 했던 학부시절 자원활동이 처음이었구요. 그때가 바로 이라크 전쟁이 일어난 때였는데요, 그래서 반전운동을 하거나 했지만, 학교를 다니면서 열심히 학생운동을 하거나 하진 않았습니다. 홈리스운동에 관여하게 되었던 것은 친구가 그것을 했기 때문이었어요. 친구가 하는 활동이니까 그걸 보러 갔던 게 첫 계기였으니, 특별히 대단한 동기가 있었던 것은 아니었습니다. 그런데 하다 보니까 재미있어서 계속해서 하고 있는 것인데요. 처음에는, 1995년부터 2000년까지는 도쿄 시부야에서 했었습니다. 주로 시부야에서의 활동에 달라붙어서 해왔기 때문에 다른 운동에 대해서는 별로 손을 대진 못했습니다. 1995~2000년 사이는 일본에서 홈리스가 엄청나게 늘어나던 시기였는데, 그 5년 동안 시부야에서 홈리스 수는 대략 6배로 늘어났습니다. 한국은 97년 IMF 때 확 늘었다고 들었는데요, 일본의 경우는 매년 1.5~2배 정도 계속해서 늘어났습니다. 한국은 IMF 위기가 있고 반년 정도 지난 뒤인 98년 여름 경에는 서울 시내에 셀터가

---

2) 아동양육시설(児童養護施設). 가정환경이 나쁘거나 가정에서 생활하는 게 곤란하여 돌봐 줄 필요가 있다고 아동 상담소장이 판단한 아동을 양육하는 아동복지 시설을 의미한다. 줄여서 양육시설(養護施設)이라고도 한다.

100개 정도 생겼다고 들었고, 영등포 같은 곳에서는 홈리스를 지원하는 큰 셸터가 생겼습니다만, 일본의 경우에 처음으로 셸터가 생긴 것이 2001년입니다. 계속 방치되어 왔던 것입니다.

그렇게 늦었습니까? 굉장히 긴 기간이네요!

<u>유아사</u> 그렇습니다. 대략 6~7년……. 그렇기 때문에 일본의 경우는 모두들 그때부터 야숙 생활에 눈뜨기 시작했고요, 따라서 셸터가 생겨도 모두들 가려고 하지 않습니다. 한국은 서울에 100개의 셸터가 만들어질 때 동시에 공원에서 자는 것을 금지했기 때문에, 사람들이 야숙 생활에 정착하기 전에 조치가 취해졌던 것입니다만, 일본은 그냥 방치해 두었던 것이지요. 그런 차이가 있습니다. 결국 그 5년 동안 6배가 늘어난 것입니다.

야숙 생활을 하게 되는 사람은 그야말로 상당히 심각한 상태입니다. 평범하게 실업자가 되더라도 바로 야숙을 하진 않으니까요. 야숙을 하기 전에 가족으로부터 돈을 빌린다거나, 직업을 찾거나 친구들의 집을 여기저기 전전하는 등 여러 가지를 해보다가, 그렇게 해보아도 안 되니까 야숙하러 오는 것이니까요. 그러니까 이렇게 갑자기 야숙자가 잔뜩 늘어났다는 것은, 먹고 살 수 없을 정도로 가난해진 사람들이 엄청나게 잔뜩 늘었다는 것을 의미합니다. 그래서 생활 곤궁자 문제를 가시화할 필요가 있다고 생각했습니다. 그리고 단지 야숙자뿐 아니라, DV(Domestic Violence), 즉 가정폭력 피해 문제라든가, 정신 장애인, 외국인 노동자 문제라든가 그런 것들을 다루기 위해서 '모야이'(モヤイ)를 시작했습니다.

일본에서는 집을 얻거나 아파트에 들어가기 위해서는 연대 보증인이 필요한데, '모야이'는 그 연대 보증인이 되어 주는 것을 활동의 한 가지 축으로 하고 있습니다. 연대 보증인은 아시죠? 한국에서 집을 임대하는 것과는 다르게 일본인의 경우는 사람이 해주는 보증이 필요한데, 돈이 없는 빈곤한 사람에게는 그렇게 보증해 줄 사람이 없지요. 그리고 DV인 사람이나 외국인 노동자들 또한 보증해 줄 사람이 없어 힘들어 하니까 보증을 해주면서 보증인들끼리 연대하기 위한 것입니다. 그래서 '모아이'를 시작했어요.

그런데 상담을 하러 오는 사람들이 원래는 홈리스 상태의 사람들이 대부분이었는데, 점점 집이 있는 사람이라든가 혹은 넷카페에서 사는 사람들이 늘어났어요. 그래서 이건 홈리스 문제로만 말할 수 없는 것이라고 생각하게 되었습니다. 그래서 2006년부터 [그것을 포괄하여] 빈곤 문제라고, 즉 집이 있는 사람이건 없는 사람이건 모두 그러한 빈곤한 상태에 빠져 있다고 말하기 시작하게 되었습니다. 그리고 2007년에 '반빈곤 네트워크'(反貧困ネットワーク)를 만들었습니다. '반빈곤 네트워크'는 노동조합, 장애인 단체, 싱글맘 단체, 그리고 다중 사채채무(多重債務)를 다루는 법률 단체 등, 그러한 여러 사람들의 빈곤 문제를 사회적으로 호소하기 위한 네트워크로, 그 속에서 노동조합과의 관계가 점차 가능하게 되어서 작년의 '파견마을' 활동으로 연결되는 그러한 흐름이 형성된 것이라고 할 수 있겠네요.

역시 유아사 씨의 활동의 중심은 홈리스운동입니다만, 책에서 '미끄럼틀 사회'라고 말씀하셨듯이 일본에서는 파견노동자가 잘렸을 때 바로 홈리스가 된다고 읽었습니다. 그렇다면 홈리스 문제와 프리타 문제가 매우 강하게 연결되어 있다는 것인데, 그렇지만 프리타운동과 홈리스운동은 활동내용도, 활동방식도, 분위기도 많이 다를 것 같습니다. 두 운동의 이러한 차이에 대해, 그리고 그것을 넘어서 두 운동이 어떻게 연결되고 있는지에 대해서 듣고 싶습니다.

<u>유아사</u> 어려운 질문이네요. 음……. 그것은 제 세대[에 고유한 것이]라고
할 수 있을 텐데요. 일단 1970년대부터 유럽의 학생운동, 일본의 전공투[3]
운동이 있었고, 그 이후 각각 아이덴티티과 밀접하게 관련한 운동들이 많
이 나타나기 시작하죠. 대표적으로는 우먼리브(Women's Liberation)[4]를
들 수 있고, 장애인운동은 물론, 일본에서 좀 크게 일어났던 것으로는 [피
차별]부락 해방운동을 들 수 있을 겁니다. 그런 운동들이 나타나는데, 그
제각각 운동의 스타일은 제각각 지닌 아이덴티티에 집착한 것이었어요.
그 운동들은 이전의 이른바 맑스주의적인 운동에 대해 수정을 가해서, 그
것[맑스주의적 운동]들이 자본주의 사회의 타도와 혁명을 이야기하지만,
그러나 그 혁명운동 안에서도 여성은 억압되어 왔다, 그것은 문제가 있는
거 아닌가 하는 이야기를 했던 거였죠. 그래서 개개인의 제각각의 아이덴
티티에 밀착해서 운동을 하려는 노력이 있었습니다. 그러한 운동이 길게

---

3) 전학공투회의(全学共鬪会議). 1968년경 대학 투쟁, 대학분쟁 시기에 일본 각지 대학에서 만들
   어졌던 운동체이다. 그들은 각목, 쇠파이프를 사용하고 폭력적인 운동방식을 취했다. 통상적
   으로는 약칭인 전공투(全共鬪)라고 불린다. 1960년대 이 조직에서 했던 학생운동은 대략 전
   공투운동으로 총칭되었다. 점차 분파별 싸움과 폭력성이 심해져 동료 간 살해하고 싸우는 우
   치게바(内ゲバ)가 발생했고, 이로 인해 100명 이상이 살해되거나 폭행당했다고 하는데, 이는
   이후 학생운동이나 변혁운동 전반이 침강하게 되는 결정적인 계기가 되었다.
4) 우먼 리브(Women's Liberation). 1960년대 후반 미국에서 일어나 그 후 세계적으로 확산되었
   던 여성해방운동을 일컫는다. 페미니즘 및 젠더적 관점의 기원을 이룬다고 할 수 있는데 19
   세기 전반에 걸쳐 일어났던 여성 참정권 운동을 제1기 페미니즘, 우먼 리브를 제2기 페미니
   즘이라고도 말한다. 이 운동의 발단이 되었던 것은 성에 의한 역할분담에 불만을 가진 고학력
   주부나 여학생을 중심으로 "남녀는 사회적으로 대등하고 평등하며, 선천적인 피부색이나 성
   별에 의한 차별이나 구별의 벽을 부숴버려야 한다"라는 생각이었다. 이는 베트남 반전운동이
   나 공민권 운동에 연동하는 형태이기도 했다. 1979년 국제연합(UN) 총회에서 '여성차별철폐
   조약'이 채택되는 등, 그 후 여성의 인권에 큰 공헌을 한다. 일본에서는 1970년 11월 14일, 제
   1회 우먼 리브 대회가 도쿄도 시부야 구에서 개최되어 '남녀고용기회균등법'의 제정에 큰 역
   할을 하는 등, 여성 인권을 높이기 위해 여러 역할을 했다.

봐서 30년 정도, [운동의] 패러다임으로서 계속되어 왔다고 생각합니다.

제가 시작했던 노숙자운동도 기본은 그러한 운동이었습니다. 즉 노숙자로서의 아이덴티티에 집착하는 운동이었습니다. 그러한 [아이덴티티에 기반한] 운동이 각각의 분야에서 쟁취한 것은 매우 많다고 생각합니다만, 그렇지만 연대나 연결이라는 의미를 생각해 볼 때에는 제각각의 아이덴티티에 집착해서는 좀처럼 연결되기 어렵기 때문에 그 지점이 좀 약했다고 할 수 있습니다. 당시 그 각각을 연결하는 말은 일본의 경우에는 '반차별'이었는데요, 2000년부터 상황이 변해서 지금은 '반빈곤'을 키워드로 연결되고 있습니다. 여러 가지 아이덴티티, 즉 여성이면 여성, 장애인이면 장애인, 그러한 사람들 안에서도 점차 생활이 어려워져서 빈곤 문제에 봉착하게 되는 사람들이 많아지면서 각각이 지닌 아이덴티티를 중심으로 하는 것이 아니라 다시 한 번 '테마'로 돌아가 보자, 빈곤 문제로 돌아가 보자는 것이 되었습니다. 이른바 프리타운동의 예를 들면 프리타노조 등은 이러한 문맥 속에서 나타난 운동이기 때문에 여태까지처럼 프리타의 프리타성에 집착하기보다는 좀더 사회운동으로서 연계해 가는 운동 스타일을 취할 필요가 생긴 것이죠. 한 명 한 명의 노동 문제에도 대응해 가면서, 프리타에 집착하기보다는 사회적 연계 속의 운동으로서 성립되어 왔다는 것, 그 점이 지금까지의 홈리스운동과 확연한 차이가 되지 않을까 싶습니다. 이것은 홈리스운동과 프리타운동의 차이라고 보기보다는 시대적인 차이, 즉 2000년 이전과 이후의 차이가 되지 않을까 생각합니다. 조금 도식적입니다만, 대략이나마 말하면 이렇게 되지 않을까 싶네요.

지금은 홈리스운동도 단지 아이덴티티에 기반한 운동이라고 하긴 어렵지요?

<u>유아사</u> 글쎄요, 양쪽 측면이 다 있다고 할 수 있습니다. 예전부터 해온 운동이기 때문에 그러한 아이덴티티를 강조하는 면이 강하게 남아 있는 단체도 있고, 사회운동으로서 넓혀 가려고 하는 면이 강한 운동이기도 하고요, 양면이 다 있지요.

홈리스운동이나 비정규직운동이 서로 겹쳐져 있었던 것으로서, 예전의 운동을 예로 들자면, 산야(山谷)에서의 운동을 들어 볼 수 있지 않을까요. 물론 지금은 산야에서의 운동은 홈리스운동에 가깝다고 들었는데요. 그렇다면 지금의 반빈곤운동이나 유아사 씨가 하고 있는 홈리스운동과 산야에서 하는 운동 사이의 관계라고 할까 차이라고 할까, 그것은 무엇일까요?

<u>유아사</u> 그것 역시 어려운 질문이네요(웃음). 처음 말했던 것처럼 사람들의 생활 전체에 대응해야 한다는 것, 즉 노동 문제, 생활 문제라고 [양자를] 나누는 것이 아니라 사람들이 직면하고 있는 문제 전체에 대응해야 한다는 발상에서 그러한 산야나 일용노동자운동과 만났습니다. 그런데 그게 그러니까 요세바(寄せ場)가 더 이상 기능하지 않게 되고, 점차 일용노동을 할 수 있는 일이 사라져 감에 따라서 '산야'도 홈리스운동이 되어 가는 것인데요, 홈리스가 된 뒤에도 운동 속에 그러한 것이 남아 있고 우리들도 그 흐름을 이어받고 있는 활동이기 때문에 생활 전체에 대응한다는 연속성은 확실히 있지 않을까 싶습니다. 그러니까 산야 일용노동자운동은 노동운동으로 성립되면서도 노동운동으로만 그치는 운동이 아니었기 때문에 지금의 비정규직 노동자의 조직화라는 점에서도 배울 점이 많이 있다고 생각합니다. 이것이 같은 점이랄까 근접해 있는 점이랄까요.

　다른 점은요, 음……. 글쎄요, 뭐가 다를까요?(웃음) 역시 객관적인 상황의 차이가 아닐까요? 산야의 노동운동은 산야라는 다소 좁은, 한정

된 공간에 둘러싸여서 그곳에서 일어나고 있는 문제인 반면에, 지금은 일본의 전체가 요세바가 되어 가고 있는 상황이라고 생각합니다. 저는 "일본 전체의 요세바화"라고 말하고 있는데요, 그러한 상태이기 때문에 같은 문제를 호소할 때에도 역시 사회적으로 여러 사람들을 우리 편으로 생각해 가면서 싸운다는 것이 다를까요?(웃음) 그다지 잘 모르겠네요.

저는 한국의 80년대에 운동을 했고, 특히 80년대 중반 이후 한국의 사회운동은 맑스주의적 관점이 강했기 때문에, 아마도 그 때문이라고 생각하는데요, 운동이라고 할 때에 누군가를 지원의 '대상'으로 설정하기보다는 그들 자신이 '주체'가 되는 그런 긍정적 전망을 찾게 됩니다. 저도 전에 산야에 대해서 약간 듣고 읽은 적이 있었는데, 80년대의 산야 같은 요세바운동은 노동운동이 체제에 안주한 이후 새로운 운동의 가능성을 찾고자 하는 사람들에겐 일종의 희망 같은 것이 되었다고 들었습니다. 지금 비정규 노동자의 운동의 경우에도 그러한 가능성이 강하다고 생각하는데요, 그런 관점에서 보면 지금 홈리스운동이나 반빈곤운동에서 그러한 가능성, 좀 낡은 말들이지만, 그들이 주체가 되는 새로운 전망이라든가 그러한 것들을 보았는지? 있다면 그것은 어떤 것인지 말씀해 주세요.

<u>유아사</u> 우리들은 그런 걸 '당사자운동'이라고 말하는데요, 당사자운동은 역시 아직 만들어지지 않고 있습니다. 장애인운동은 30년간에 걸쳐서 당사자운동을 매우 잘, 강하게 만들어 왔지만요, 그 외의 영역에서는 전혀 그렇지 못해서, 그런 점에서 눈에 띄는 전망은 솔직히 말해서 아직 별로 없는 게 아닌가 생각합니다. 그것은 이후의 과제겠지요. 그렇지만 반빈곤운동이 당사자운동으로 변화해 가는 과정 속에서 빈곤 문제를 다루는 틀이 변형되고 변해 갈 거라고 생각하는데요, 아직은 나타나지 않고 있네요. 어느 쪽인가 하면, 저와 같은 지원자 쪽이 사회의 이해를 쌓아 가면서

조금씩 조금씩 변화시켜 가는 것이 현 상황입니다. 따라서 당사자 쪽이 한 번 확 나타나는 것으로서 한 지점을 돌파한 것처럼 보여도, 사회가 반빈곤 문제를 보는 방식이나 패러다임을 변화시킬 만한 그러한 운동은 아직 되고 있지 않습니다. 이후의 과제라고 생각합니다.

그렇지만 전에 아마미야 씨와 만났을 때 들었던 것이기도 하고, 저도 일본에 와서 집회에 참여하면서 느낀 것인데요, 운동에 참여해서 자신의 목소리로 자신의 문제를 말할 때, 즉 자신이 무언가 자신의 문제를 직접 말할 수 있는 사람으로서 존재한다는 그런 당사자로서의 느낌 같은 것이 있지 않을까요? '반빈곤 네트워크'도 반빈곤 활동을 하는 동시에 여러 사람들이 연결될 수 있는 여러 행사나 축제를 함께 열고 있다고 들었습니다. 그런 것들을 통해서 함께 만들어 가는 과정에서 느껴지는 것이 있지 않을까 싶습니다. 물론 그것이 반드시 아이덴티티라든가 주체성이 확보된 것을 뜻하는 건 아니라고 생각하고, 따라서 목적이라든가 그런 것들이 제대로 설정되었다곤 말하기 어렵겠지요. 그렇지만 조금씩 조금씩 보이기 시작하는, 여태까지와는 다른 형태의 주체성이 성립되고 있다고도 말할 수 있지 않을까요?

유아사 개인이나 개별적인 현상에서는 그런 점이 있습니다. 그러니까, 아마미야 씨가 말했던 것처럼 자신이 소리를 내는 것을 통해서 변해 간다든가, 다시금 생활을 할 수 있게 되는 과정 속에서 변화해 가는 것이라든가 그러한 요소들은 개별적으로는 많이 보이고 있습니다만, 그것이 운동에, 그러니까 새로운 전망을 운동 안에 들여오는 그러한 지점까지는 아직 가지 못하고 있다고 생각합니다. 그것은 아마도 운동의 방식 문제이기도 하겠지만, 운동 그 자체의 힘이 약하기 때문이기도 합니다. 그런 점에서 주체성을 지닌 운동은 아마도 역시 아직 성립되지 않았다고 말할 수밖에 없겠네요.

작년[2008년 말~2009년 초]의 '파견마을'은 일본 사회 전체에 강력한 충격을 주었다고 들었어요. 이와나미쇼텐에서 나온 『파견마을』의 서문에서 유아사 씨는 "있어도 보이지 않는 빈곤을 보이게 하는 것"[5]이 중요했다고 말씀하셨는데요, 그 점에 많이 공감했습니다. 그렇다면 그 관점에서 볼 때에는 작년의 '파견마을'은 대단히 성공적이었다고 생각했습니다. 그런데 그 책을 읽으면서 '보이지 않던 것을 보이게 한 것이 또 있지 않은가 생각했습니다. 즉 보이지 않아서 없다고 생각했던 거대한 공동체가 존재한다는 것을 보여 주었던 것은 아닐까 하는 것입니다. 유아사 씨도 말씀하셨듯이 500여 명의 촌민 이외에도 순식간에 모여든 엄청난 수의 자원활동가와 물자, 모금된 돈이 그것을 보여 준다는 생각이 듭니다. 즉, '파견마을'은 빈곤이라는 문제를 가시화했을 뿐 아니라, 그것을 해결할 출구를 보여 주었고, 또한 '출구의 가시화'이기도 했다고 생각합니다.

유아사 매우 훌륭한 해석입니다. [한국말로] 감사합니다! (웃음)

그런 의미에서, 일본에는 공동체 같은 것은 이미 존재하지 않는다고 이야기하는 것을 자주 들었지만 오히려 일본에는 보이지 않지만 공동체가 있는 게 아닐까, 또한 그런 점에서 빈곤 문제나 비정규 노동자 등의 문제를 해결할 출구가 있는 게 아닐까 하고 생각했습니다. 저는 외국인이라 그것이 정말인지 어떤지 잘 알 수 없으니까, 이런 식으로 생각하는 게 사실인지, 그것을 출구라고 할 수 있을지, 그리고 어떻게 하면 현실화할 수 있을지를 여쭤 보고 싶습니다

유아사 음……. 글쎄요, 해결의 출구라고까지는 말할 수 없을 거라고 생각하지만요. 그런 해결책의 맹아라고 할까요, 그것이 약간 보였다고 할 수 있겠지요. 그것을 한마디로 하자면요. 서로 돕는 것이라고 할까요, 사회 연대라고 할까요? 아니면 사회 연대의 저력(底力)이라고 할까요? 그것

---

5) 宇都宮健児·湯浅誠, 『派遣村 ─ 何が問われているのか』, 岩波書店, 2009, v쪽.

이 보였다고 할 수 있습니다. 그렇지만 사회 연대라고 말하기에는 프랑스의 사회 연대 세금(社会連帶税)처럼 역시 사회의 큰 구조 속에서 예를 들면 부자와 빈곤한 사람이 연대해서 한다거나 하는 그러한 세금의 재분배 같은 것까지 포함해서 세상의 큰 구조를 바꾸는 지점까지 가야만 한다고 생각하지만요, 그렇게까지 이야기할 수 있는 정도는 아니라고 생각해요. 그렇지만 아까도 말씀하셨던 것처럼 공동체라든가 커뮤니티가 무너져서 힘을 잃어 가고 있는 상황 속에서 그 당시 ['파견마을' 때를 의미] "세상을 아직 포기할 건 아니다"와 같은 그러한 말을 자주 들었어요. 즉 아직은 그런 빈곤한 상황에 공감해서 서포트해 줄 수 있는 사람들이 잔뜩 있다는 것, 그러한 부분이 일단 좀 보였던 점은 사실이라고 생각했습니다. 정말 엄청난 수의 사람들이 모였으니까요, 즉 당사자들만 왔던 것도 아니었고요. 그 점에서 사회적인 임팩트가 있었던 것은 확실합니다만……. 그것이, 자, 그럼 1년이 지나 지금 뭔가 결실을 맺고 있는가? 그것이 뭔가 제도로서 무언가를 낳았는가 하면 아직 대단한 효과는 없는 것 같습니다.

그런데 '파견마을'이 끝난 뒤 그 영향을 받아서 어떤 변화들은 있지 않았나요? 예를 들면 자원봉사자가 늘어났다든가…….

<u>유아사</u> 그런 일은 많이 있었습니다. 예를 들면 전국에서 '파견마을' 같은 시도가 200곳 정도에서 벌어지거나 혹은 정책적으로도 '제2안전망'이라는 것이 생겨났어요. 그것은 고용보험과 생활보호 사이에서 작동하는 제도인데요, 그런 제도가 만들어지거나 했습니다. 그러한 여러 가지 변화를 초래하기는 했습니다만, 아까 말씀하신 것처럼 사회적인 연대의 차원에서 볼 때, 사회적인 제도를 크게 바꿀 만한 큰 전환이 일어났는가 하

면……, 물론 정권교체의 큰 계기가 되었다고도 생각합니다만, 큰 구조 속에서 무언가 생겨나고 큰 제도적 차원에서 무엇이 남겨졌는가를 생각해 보면 그 정도는 아니지 않을까 싶습니다.

저는 '파견마을'의 '마을'이 전통적인 공동체의 의미를 담고 있다고 들었는데요, '모야이'의 의미도 공동으로 노동을 하는 것, 혹은 공동의 소유 같은 것을 뜻한다고 들었기 때문에 그러한 공동체적인 생각을 갖고 계신 게 아닐까라고 생각했었습니다 (웃음).

<u>유아사</u> 네. 그런 점은 있습니다. 그런 점은 있지요. 가족, 기업, 지역과 같은 전통적인 커뮤니티가 망가져서 우리들의 관계를 새롭게 엮지 않을 수 없게 되었습니다. 빈곤 당사자 동지들끼리 그러한 관계를 새롭게 엮는 것, 그것이 '모야이 엮기'(モヤイ結び)[6], 즉 '모야이'라는 단체명의 유래이고요. '파견마을'도 그런 식으로 기업에서, 그리고 정치에서 내버리고 방치된 사람들이 모여 뭔가 서로의 생명을 뒷받침해 가면서 연말연시를 보내자는 것이었으니까 그러한 측면은 확실히 있습니다. 그렇지만 그러한 운동 속에서 그런 연대가 일어나고 있는 것이지 사회 전체에서 큰 구조를 바꿀 만한 무언가가 만들어져서 뭔가 결실을 맺었는가 하면 아직 거기까지는 이르지 못했다고 생각합니다.

그렇군요. 『파견마을』이라는 책을 보니, 노동운동을 하고 있는 어떤 분이 '파견마을' 덕에 노동운동이 움직이게 되었다고 말씀하시더군요. 즉 '파견마을'에 의해 노동운

---

6) '모야이' 내지 '모야이 엮기'는 여러 척의 배를 흩어지지 않도록 하나의 밧줄로 붙들어 매는 것을 뜻한다. 또한 모야이는 공동으로 일을 하는 것, 혹은 공동으로 소유하는 것을 지칭하기도 한다.

동이 노동자 이외에도 사회 전체 사람들이 직면한 문제를 다루어야 한다는 것을 알게 되었다고 말했는데요. '파견마을'이나 반빈곤운동이 현재의 일본 노동운동에 큰 영향을 주었다고 말할 수 있을까요? 즉 그것이 계기가 되어서 노동운동에 어떤 변화가 있었다고 할 수 있을까요? 혹은 어떻게 변화할까요? (웃음)

유아사　아까 말한 것처럼 노동운동도 변화해 가지 않으면 안 된다는 것을 '연합'이나 '전노련'과 같은 큰 노동조합들도 생각하고 있는데요. 그러한 지점에 탄력을 주었다고 말할 수 있겠네요. 그렇지만 역시 '파견마을'을 함께 한 노동조합들은 '프리타 전반노조'라든가 '파견 유니온'처럼 작은 노동조합이었지요. 그러니까 '연합'이나 '전노련'과 같은 큰, 원래 노동조합의 주된 단체는 아닙니다. 이러한 움직임이 '연합'이라는 본체, '전노련' 같은 본체의 존재방식에 어떤 영향을 줄 것인가에 대해서는 아직……글쎄요……. '파견마을'이 한 일이 있었기 때문에 뭔가 크게 변화한다는 그런 이야기는 [쉽게 할 수 있는 게] 아니겠지요. 그보다는 노동조합 역시 여태까지의 방식으로는 안 된다는 생각이 '파견마을'을 계기로 점차 확산되어서, 조금씩 조금씩 변화해 가는 그런 흐름이 형성되지 않을까 싶습니다. 그런 것을 통해서 '연합' 역시 여러 가지를 생각하게 되었던 것도 사실이지요. 이런 흐름이 몇 년 후에는 본격적으로 무언가를 낳을 수 있지 않을까 생각합니다.

'파견마을'이 사회운동에 야기한 자극과 촉발 역시 대단했다고 생각하지만요. 파견마을에 여성과 외국인 노동자는 거의 오지 않았다는 지적도 있었다고 들었습니다. 물론 여성이 홈리스가 되기 어려운 조건, 외국인 노동자가 회사에서 이탈하기 어려운 상황 등을 고려해야 하겠지만요, 어제 인터뷰했던 '전통일'(全統一)의 도리이 씨는 그것이 역시나 반빈곤운동과 외국인 노동운동의 연대가 제대로 이루어지지 않고 있음을 보여 주는 것이라고 말씀하시더군요. 따라서 그러한 연대의 문제를 어떻게 해야 할 것인지 고민 중이라고 했습니다. 역시 여성이나 외국인 노동자들은 다른 비정규직 노동자들보다도 더욱 더 어려운 조건에 처해 있을 텐데요, 그러한 사람들과의 연대에 대해, 그것의 현실적 조건과 이후의 가능성에 대해 어떻게 생각하는지 듣고 싶습니다.

<u>유아사</u> 별로 대단한 방법은 없기 때문에 하나하나 쌓아 갈 수밖에 없다고 생각하는데요. 중요한 것은 역시 공통점을 찾아가는 것이라고 생각합니다. 여성의 문제와 외국인 노동자의 문제는 다르다고 생각하지만, 빈곤 상태에 있는 여성들을 좀더 상담의 베이스에 두거나 혹은 구체적인 연계를 만들어 가려고 한다면 '파견마을'과 같은 스타일로는 무리라고 생각합니다. 왜냐면 홈리스 상태에 있는 여성들은 원래 적을 뿐 아니라, 역시 여성에게는 홈리스 생활이 너무나 힘겹기 때문에 일본 전체로 봐도 2% 정도밖에 안 됩니다. 그런데 일본에서 여성과 남성 중 어느 쪽이 빈곤에 직면해 있는가 하면 확실히 여성이 더 빈곤합니다. 그렇지만 여성은 야숙 생활 바로 전에 멈추는 것이지요. 그런 것을 생각해 보면 그 지점을 고려한 몇 가지 장치를 만들지 않으면 그 지점과의 접점은 잘 보이지 않을 거라고 봅니다.

다른 한편 외국인의 경우를 생각해 보면 외국인 노동자는 연수생이나 기능실습생 등이 있는데, 남성이 많지요. 물론 재봉 등의 일을 하러 와 있는 연수생 여성들도 많이 있지만요. 그러한 여성들과 연결되기 위해서도 임금을 연체하거나 쓰고 버리는 식의 고용 등, 여러 가지 현장 활동 속에서 부딪치는 지점에서 접점을 만들어 갈 수밖에 없다고 생각합니다. 따라서 '반빈곤 네트워크'에는 '이주 노동자와 연대하는 전국 네트워크'('이

주련')에 속해 있는 사람들도 있습니다. 그러니까 아까 말씀하셨던 도리이 잇페이(鳥井一平) 씨도 '이주련'의 사무국장인데요, '반빈곤 네트워크'의 가지야 다이스케(梶谷大輔) 씨나 이나바 나나코(稲葉奈々子) 씨 등이 '이주련'에 소속되어 있어서, '반빈곤 네트워크'의 집회에서 외국인 노동자의 상황에 대해서 호소하기도 하고 당사자에게 부탁해서 직접 발언을 듣거나 했던 적도 있어요. 그런 식으로 하나씩 하나씩 쌓아 가는 것이 중요하다고 생각합니다.

올해의 '파견마을'은 도쿄도에서 주최한 것으로 알고 있습니다. 이는 작년에 반빈곤 운동단체들이 주도했던 것과 꽤 달랐을 것 같습니다. 국가기관이 주최한 것이란 점에서요. 저에게는 작년의 자발적 공동체가 매우 인상적이었기 때문에, 그것이 국가기관 주도로 대체되면서 어떤 변화가 있었을지 알고 싶습니다. 작년에 운동 단체가 했던 것은 사회운동이었지만 올해에는 생활보호 '정책'의 하나로 추진되었으니까 좀 차이가 있을 것 같습니다. 그와 더불어 올해 '파견마을'의 진행과정과 그 성과에 대해서 먼저 얘기해 주시면 좋겠습니다. 실은 이것저것 찾아보았는데 올해의 '파견마을'에 대해서는 찾아보기기 어려웠거든요.

<u>유아사</u> 아, 그렇군요. 큰 프로세스를 말씀드리면, 작년에 '파견마을' 활동을 하고 나서 우리들은 이러한 것은 정부가 책임지고 해야 한다고 말했습니다. 그 파견마을이 정권교체로까지 이어졌고, [그 결과] 올해는 정부가 책임지고 하는 것이 되었습니다. 따라서 정부 쪽에서 도와달라는 요청이 있었고, 그래서 제가 정부에 들어갔던 것이었습니다. 이번 '파견마을'은 도쿄에서 주최하고 돈도 정부가 댔습니다. 그래서 2009년 12월 28일부터 2010년 1월 4일까지 시부야의 올림픽 센터(渋谷区の国立オリンピック記念青少年総合センター)라는 곳에서 했고 860명이 모였습니다. 작년에 오

신 분들이 500명이었으니까 그것보다 많은 분들이 오셨습니다. 그리고 1월 5일부터는 나기사 기숙사라는 다른 곳으로 옮겨서 그곳에서 1월 18일까지 계속했습니다. 그동안 거주 문제라든가 생활보호라든가 그러한 이유를 붙여서 지금은 모든 분들이 각각 아파트[7] 등에서 생활을 시작하고 계십니다.

이것이 대체적인 내용입니다만, 음…… 사람이 최소한의 생활, 즉 [제대로 된] 잠자리에서 자는 것 등이 불가능해진 상황을 정부가 그대로 방치해 두는 건 문제라는 점에서 정부가 책임을 지고 '파견마을'을 했다는 것은 작년에 비하면 정부로서는 한발 전진한 것이라고 생각합니다. 작년에는 그렇게 심한 상황인데도 정부가 아무것도 하지 않았으니까요. 우리들이 하니까 정부도 마지못해 후생노동성의 강당을 열어 주었다고 할까 그런 측면은 있었지만요. 그런데 그 지점은 일보 전진입니다만, 역시 행정 측이 하게 되면서 아까 말씀하신 것처럼 사회운동적인 측면은 사라져 버리게 되었고, 거기에는 거기대로 여러 가지 문제가 있었습니다. 예를 들면 올해 '파견마을'을 했던 '올림픽 센터'는 하드웨어적으로는, 즉 인프라적으로는 작년에 비해 매우 훌륭한 장소였습니다만, 그렇지만 운영 면에서는 작년보다는 제대로 되지 못했던 점들이 많았습니다. 예를 들어 한마디로 말하자면 당사자들에게 별로 친절하게 대응해 주지 않았다는 것 등입니다. 행정이 하게 되면 어떻게 해도 그런 식이 되어 버리지요. 그렇다고 해도 그렇기 때문에 역시 행정 쪽이 하지 않았어야 했다고 말할 수는 없습니다. 오히려 행정 쪽에서 하면서도 그러한 면을 개선해 가야 한다고 생각합니다.

---

7) 일본의 '아파트'는 한국의 '아파트'와 달리 통상 2층 규모의 다세대 주택을 말한다.

운동 측에서 보자면 그러한 것을 행정 쪽에서 하도록 했던 것이 하나의 성과라고 생각합니다만, 올해의 경우 작년의 '파견마을' 대신에 거론할 수 있는 운동의 축을 별달리 만들어 내지 못했던 점이 문제라고 생각합니다. 그러니까 …… 작년과는 상황이 많이 달라서 올해는 작년처럼 짧은 기간에 많은 사람들이 갑자기 공장으로부터 '파견 실직'(派遣きり)을 당해 홈리스가 되는 그런 일은 일어나지 않았습니다. 그 대신 실업이 장기화하는 가운데 생활이 점점 조금씩 조금씩 망가져 가는 그런 일이 진행되었습니다. 그런 현상을 눈에 잘 보이는 형태로 [가시화하면서] 사회운동으로 추진해 갈 수 있었는가 하면, 그것이 잘 되지 않았다고 생각합니다. 그 점에 문제가 있지 않았나 생각합니다.

제 자신은 올해에는 정부에 들어가서 행정 쪽에서 하는 '파견마을'의 플랜과 운영을 만들어 가는 그런 입장이 되었기에, 운동을 만들어 가는 쪽에서는 활동하지 못했어요. 거기에는 플러스, 마이너스가 있을 겁니다. 이번에 그것이 어떠했는가에 대해서는 저도 잘 모르는 부분도 있습니다. 즉 플러스가 많았는지 마이너스가 많았는지에 대해서요. 그렇지만 우선 저희들로서는 저희들이 추구했던 것을 정부가 하게 했고, "자, 그럼 도와달라"고 요청 받았을 때 "싫다. 우리들이 그것을 추구하기는 했지만 돕지는 않겠다"라고 말하기는 좀처럼 쉽지 않았고, 그렇게 하여 정부와 관련되게 되었습니다. 지금은 일이 일단락되었기 때문에 내각에 참여하는 것을 그만두고 다시 운동을 하려고 합니다. 또한 여러 가지 큰 과제들이 보이기 시작했기 때문에 그것을 다시 이번에 운동의 편에서 해보게 될 것 같습니다.

올해 '파견마을'에는 여러 운동단체는 참여하지 않았습니까?

<u>유아사</u> 올해는 행정 측이 했기 때문에 운동단체가 참여할 수 없었습니다. 행정 측은 그런 의미에서 매우 딱딱합니다. 도쿄도는 더구나 여러 자원봉사자들도 접수해 주지 않았습니다.

자원봉사자들도 받아들이지 않았습니까? 그렇다면 도의 행정직원들이 했습니까?

<u>유아사</u> 도의 행정직원과 도가 위탁한 사회 복지 법인이 했습니다. 따라서 여러 가지 트러블이 일어났습니다. 저도 여러 가지를 제안했습니다만……. 예를 들면 [작년] '파견마을' 때에는 여러 자원봉사자들이 와서 여러 가지 일들을 해주었으니까요. 음악을 틀어 주는 사람도 있고, 아메자이쿠[8]를 만들어 주는 사람도 있었고, 그런 것들이 어쩐지 축제 같은 분위기를 만들어서 모두의 스트레스를 누그러뜨려 주었는데요, 올해는 설에 떡치기를 하자고 했지만 하지 않았고, 그런 식의 이벤트가 하나도 없어서 모두 스트레스가 쌓여 힘들어 했습니다. 역시 행정 쪽은 그런 것을 보지 못합니다. 행정은 보지 못하지요.

유아사 씨는 지금 민주당 정부기구에 들어가 활동하고 있는데, 활동의 내용과 방향이 무엇인가요? 제 주변에서 김대중이나 노무현 정권 때 정권에 들어간 사람들이 꽤 있었어요. 어떤 사람들은 개인적인 전망을 갖고 들어가기도 했을 거고, 어떤 사람들은 사회의 변화라는 적극적인 전망을 갖고 들어가기도 했을 겁니다. 유아사 씨가 지금 민주당 정권에 들어가서 활동하시면서는 어떤 관점을 갖고 계신지 듣고 싶었습니다.

---

8) 아메자이쿠(あめざいく). 일본에서 축제 때 먹는 전통 먹거리 중 하나. 색색의 설탕을 녹여 뜨거울 때 인형이나 사람 등 다양한 모양으로 굳혀서 먹는 것으로 일종의 사탕 공예이다.

<u>유아사</u> 여러 가지로 망설였는데요, 결과부터 말하자면, '파견마을'을 했던 경험에서 추구하고 있었던 것들, 예를 들면, 종합상담창구 설치나 행정 쪽에서의 연말연시 정책으로서 '파견마을' 같은 것들을 하게 하기 위해서 정부에 들어간 것입니다. 어쨌든 대략 한번 해보려고 했던 게 일단락되었기 때문에 이젠 그만두려고 합니다. 정부의 입장에 서는 것을요. 저는 [애초부터] 계속해서 정부 입장에서 일을 해나갈 생각은 하지 않았고, [지금도] 과제별로 관련을 맺는 것이 좋으리라고 생각하고 있습니다. 예를 들면 다시 밖으로 나아가 여러 가지 활동과 운동을 하면서 어떤 제안을 하고 그것을 정부가 받아들여서 다시금 도와주었으면 좋겠다고 한다면, 그런 단계에서는 정부에 들어가는 그런 식으로 하게 될지도 모르겠습니다. 반면 빈손으로 정부에 들어가는 것은 정부 쪽으로부터 지시가 내려지고 그 지시가 내려진 것을 하게 될 것이기 때문에 역시 좋지 않다고 생각합니다. 활동의 주체성이라는 면에서 생각해 볼 때 말이죠.

사회적·운동적으로 과제를 세팅해서 정부가 그것을 하지 않을 수 없도록 만들어 가고, 그래서 정부가 그것을 하게 되었을 때에 실제로 그것을 수행하기 위해서 들어가는 그런 식이라면 [정부에 참여하는 일은] 있을 수 있다고 생각합니다만, 이 역시 정부와의 거리를 두는 방식이 매우 어렵다고 생각하고요. 저는 불과 3개월이었습니다만……. 역시 한국이라면 그런 의미에서는 이명박 정권 전까지 10년 정도의 경험이 있지요? 386세대가 했던 것에 대한 좋은 평가가 있다면 비판도 있겠지요. 그렇기 때문에 그러한 한국의 경험에서 배울 점이 많으리라고 생각합니다. 그 10년을 어떻게 볼까 하는 것도, 운동을 하던 사람이 정부에 들어가서 한 것이 어떤 결과를 초래했는가에 대해서도 꼭 의견을 교환하고 싶습니다.

그럼 정부에서 활동하는 것은 이미 그만두신 겁니까?

<u>유아사</u> 네, 뭐어……. 사직서를 이미 제출했고요. 해임 통지를 받지 않으면 정식으로 그만둘 수 없기 때문에, 통지를 기다리고 있습니다.

노무현 정권의 경우에, 저는 물론 그 당시에도 물론 노무현보다는 당시의 민주노동당을 지지했습니다만, 그렇다곤 해도 노무현 정부에 대한 기대는 매우 높았습니다. 노무현도 정권 초기에는, 가령 당시 노동운동의 비정규 노동자에 대한 대응방식에 문제가 있다고까지 말했기 때문에, 그러한 면에 대해서 적지 않은 기대가 있었음이 사실입니다. 그렇지만 결국 후반이 되어서는 노무현 정권에 반대하는 투쟁을 해야 했습니다.

<u>유아사</u> 그렇군요. 그 지점이네요. 결국 노무현 정권이 여러 가지 힘 관계, 관료들과의 갈등, 외국과의 관계, 재벌과의 관계 등에서 충분히 의지를 관철시킬 수 없었다고 말할 수도 있겠지요. 또한 운동이 그것을 잘 뒷받침해 주지 못했다고도 말할 수 있겠네요. 하토야마 정권도 지금 같은 문제가 있습니다. 운동에 대해서 비판적으로 관련을 맺어 갈 것인가. 아니면 어느 정도 응원하고 지원해 가면서 관련을 맺어 갈 것인가 하는 그러한 태도를 취하는 방식 말입니다. 즉 운동체들은 자민당이 집권했던 오랜 기간 동안 야당이었기 때문에, 정부에 대해서 그러한 태도를 취하는 방식이 익숙지 않습니다. 따라서 정부로서도 새로운 경험인 동시에 운동으로서도 새로운 경험입니다. 따라서 이 지점에서 어떻게 대응해 갈 것인가는 정부에게 주어진 과제가 아니라 우리들 자신의 과제라는 생각이 듭니다.

오바마 정권도 마찬가지지요. COP[기후변화 당사국 총회]에 참여하기 위해 코펜하

겐에 갔던 일본 친구에게 들은 것인데요. 그에 따르면 FAO라는 조직이 있는데 그들은 오마바의 사진을 찍어서 그걸 [지지의 표시로] 들고 데모를 했다고 들었습니다. 그 시간에 오마바는 노벨 평화상을 받았고, 노벨 평화상을 받으면서도 "국제사회에서 악을 물리치기 위해선 전쟁은 때때로 필요"하다고까지 이야기했다고 하더군요 (웃음). 그렇지만 오바마 정권에 대해서 단지 비판만 하는 것도 쉽진 않을 것 같아요. 아니, 비판하는 건 쉽겠지만, 현실적인 상황에서 어떻게 할 것인가를 묻지 않으면 안 되겠지요. 사실 아주 어려운 문제라고 생각합니다.

유아사 그래요 정말 어려운 문제지요. 결국 하토야마 정권이 안 된다면 자민당 정권이 되는 것인데, 그건 훨씬 나빠지게 되는 것이겠지요(웃음). 하지만 그렇다고 해도 하토야마 정권에도 여러 가지 문제가 있어서 '만만세'라고는 말할 수 없고요. 그 지점에서 거리를 두는 방식이 필요할 텐데요, 매우 어려울 거라고 생각하지만 그런 것을 해야 한다고 생각해요.

저도 잘은 모르겠습니다만, 하토야마 정권 공약을 텔레비전에서 보았는데 오키나와 후텐마 기지 이전이나 얀바 댐 건설 중지 등의 정책을 보면서 "어, 상당히 괜찮은 거 아닌가?"라고 생각했습니다. 물론 이루어진다는 보장은 없지만, 하려는 시도 자체는 긍정적이잖아요. 그런 점에서 단지 민주당 정권도 자민당과 다를 게 없다고 한다면, 너무 쉽게 평가하는 것이고, 너무 단순화하는 게 되고 말겠지요. 하지만 역시나 현실적으로는 그것을 실현하는 것이 쉽진 않을 거고, 그래서 지지하는 것도 쉽지 않지요.

유아사 정말 어렵지요. 그렇지만 한 가지 확실한 것은 운동의 힘이 약해지지 않게 하는 것이 중요한 포인트라고 생각합니다. 어떤 식으로 관련되든 사회운동이 여론을 만들어 가고 그것이 정부에 압력을 행사하도록 하지 않으면 안 됩니다. 정권이 바뀌었으니까 나머지는 그들에게 맡겨 버린다는 태도로는 아무것도 되지 않겠지요.

제 나름의 생각입니다만, '진보적' 성향의 정부라도, 원하는 것을 정부가 하도록 하게 하기 위해선, 아니, 그러기 위해서라도, 그들과 일종의 비판적 거리를 유지하고 투쟁을 해야 하는 게 아닌가 싶어요. 이것을 하라고 계속해서 압력을 가하지 않고 그들의 정책을 지지하거나 비슷한 입장을 취해 버리면, 그것이 오히려 정부가 하고자 하는 것도 제대로 할 수 없게 만드는 게 아닌가 싶어요. 운동이 정부보다 더 왼쪽에서 비판하며 투쟁할 때, 정부의 정책은 '운동권'의 주장과 구별되게 되고, 정부 또한 그런 주장 가운데 일부만이라도 타협적 형태로 관철시킬 수 있게 될테니까요. 그런 점에서 사회운동이 '진보적' 정부와 맺는 관계는 비판이라는 형태로만 지지조차 가능하다는 역설적인 면이 있는 게 아닌가 싶어요.

유아사 네, 네, 정말 그렇습니다. 대치하면서 응원하고, 부딪치면서 지지해 가는 그러한 관계가 필요하지 않을까 싶습니다. 그것은 하나하나의 과제를 수행해 가는 데 있어서는 매우 어려운 것일 테지요. 지금은 말의 차원에서도 서로 대립하면서 그러한 싸움을 해 나가지 않으면 안된다고 생각합니다. 즉 사회운동의 정치성 같은 것을 시험받고 있다고 생각합니다.

현재 일본에서 새로운 실험이 그런 의미에서 시작되고 있는 것이네요? (웃음)

유아사 그렇네요. 하지만(웃음), 이미 한국에서 실험했던 것이지 않나요?

한국에서는 실패했지만 일본에서는 꼭……(웃음).

유아사 아니, 실패했습니까? (웃음) 386세대의 경험은 이미 실패라고 한국 안에서 평가되고 있습니까?

평가는 여러 가지입니다만. 노무현……, 역시나 노무현 자신도 시작할 때의 입장과 그 이후의 입장이 변했다고 생각됩니다. 결국 관료들과 자본과 보수 언론의 벽을 넘지 못했던 게 아닌가 싶습니다. 저는 지금도 노무현이 개인으로서는 사심 없는, 그의 말대로 '도덕적으로' 깨끗한 사람이라고 생각하고 있습니다. 그렇지만 정치라는 것은 도덕이나 의도에 의해서 이루어지는 게 아니라, 좋든 싫든 어떤 '결과'를 만들어야 하는 것이니까, 그게 어려운 거 같습니다. 거기서 일을 실질적으로 장악하고 있는 관료들을 원하는 방향으로 움직일 수 있어야 할 텐데, 그게 쉽지 않지요. 초기에는 주로 그들과 대결하려는 생각이 강하지 않았나 싶어요. 그런데 결국 그들 없이는 어떤 것도 이루어질 수 없었을 테고, 그래서인지 나중엔 관료들의 얘기를 그대로 받아들이게 되었던 게 아닌가 싶습니다. 그러면서도 자신은 선한 의도, 좋은 뜻을 갖고 있었기에, '나는 이러한 의도를 갖고 있으니까 나를 이해해 주세요'라고 반복해서 말했습니다만, 그 의도가 무어든 그가 실질적으로 추진했던 것은, 한미FTA 등을 비롯한 신자유주의적인 정책들이었기 때문에, 많은 사람들이 갈피를 잡을 수 없었습니다. 그 자신도 아마 갈피를 잡을 수 없었다고 생각합니다만, 결국 그는 자신의 마음을 이해받지 못했다는 느낌을 가졌고, 급기야 자살해 버리고 말았지요. 그런 점에서 정말로 안타깝습니다. 그러나 실제 실행된 정책을 본다면, 실질적으로는 이른바 '신자유주의적인' 정책이 아니었던가 싶고, 그런 점에서 그는 실패한 것이 아닌가 생각해요. 노무현 정부도 실패했고, 그 정부와의 관계를 긍정적으로 만들어 가는 데는 거기 참여했던 과거 '운동권' 사람들도 실패한 것이 아닌가 합니다.

유아사 그렇습니까. 그럴지 모르겠네요.

간단한 질문입니다만, '반빈곤 네트워크'처럼 네트워크 조직으로 활동할 때 가장 중요하게 생각하시는 것, 네트워크 방식의 활동에서 중요하다고 생각하시는 것은 무엇입니까?

유아사 제가 한 가지 주의를 기울이는 것은, 공통점을 찾아내는 것입니다.

운동이라는 것은 곧잘 상대방과의 차이점을 찾아내는 것을 통해서 에너지를 얻곤 합니다. 너와 나는 이 점이 다르다거나 하는 식으로 해서 차이점을 드러내는 데 에너지를 사용하기 쉽습니다. 저는 일본의 좌파운동이 잘 이루어지지 못했던 것은 바로 그런 점에도 하나의 원인이 있지 않을까 생각합니다. 차이가 있는 것은 당연하지요. 가능하다면 오히려 같은 점들을 노력해서 발견하는 것이 역시 네트워크를 만들 때에는 필요하다고 생각합니다. 우리들의 사회운동, 운동이라는 것이 무엇인가 하면 사적인 움직임을 공적인 움직임으로 바꾸는 것이라고 생각합니다. 어떤 것에 대해서 말할 때 자신뿐 아니라 여러 사람들을 설득해 가면서 여론을 형성해 가는 것이라고 할까요? 이처럼 사적인 의견을 공적인 의견으로 만들어 나가는 것이 운동이라고 생각합니다. 이를 위해서는 네트워크, 즉 운동체 안에서도 그렇지만 사회에 대해서도 공통점을 찾아가는 설득의 방식이나 기법이 필요하지 않을까 생각합니다. 그것은 정부에 대해서도 그렇다고 생각합니다. 그렇지만 또한 무한회귀가 되지 않도록 하는 것이 중요하지요. 공통된 지점을 찾기 위해서 자신들의 입장을 점점 수그러뜨린다거나 입장을 점점 바꾸어 간다거나 하면 의미가 없다고 생각하기 때문에 역시 한 발은 현장에 두면서 다른 한쪽 발로 공통점을 찾아가는 그러한 행동이 필요하지 않은가 생각합니다.

대단히 바쁘시다고 들어서 인터뷰를 할 수 있을까 싶었는데, 긴 시간 인터뷰에 응해 주셔서 감사드립니다.

PRECA
+
RIAT

8장 '3·11' 이후,
   일본 비정규직 노동자와
   비정규 노동운동

불안에서 대중−지성으로, 불안정에서 텐트−코뮌으로
_신지영

8장 | '3·11' 이후, 일본 비정규직 노동자와 비정규 노동운동
― 불안에서 대중-지성으로, 불안정에서 텐트-코뮨으로

신지영

1. '생활'이 된 노동 불안정과 '바람구멍'

흔히 "자연재해 앞에서 만인은 평등하다"고들 말한다. 그러나 3월 11일
의 재해는 모든 사람에게 평등하지 않았다. 가난한 어촌, 고령자, 방사능
의 위험에서 피난할 경제적 여유가 없는 빈곤층에게 더 심각한 타격을 주
었다. 비정규직 노동자의 상황도 악화되었고 새로운 빈곤층과 불안정한
노동형태들이 드러났다. 그러나 매스컴은 "피해지"라는 모호한 말로 일
관했고 구체적인 피해상황은 이 말들에 가려졌다.

3월 11일 이후 비정규 노동자 및 빈곤층의 상황을 파악할 수 있는 자
료는 많지 않았다. 따라서 비정규 노동관련 노조활동가에게 보충질문을
보내 서면으로 대답을 받았다. 서면대답은 당초 예상과는 다소 다른 것
이었다. 물론 비정규직 노동자의 상황은 훨씬 악화되었다. 그러나 그것은
정도차일 뿐이었다. '3월 11일 재난' 이전에도 이후에도 비정규직 노동자
나 빈곤층의 상황은 꾸준히 악화되어 왔기 때문이다. '프리타 전반노조'
의 야마구치 모토아키와 '수도권 청년 유니온'의 가와조에 마코토(河添
誠)는 이렇게 말한다.

현재로서는 비정규 노동자의 노동환경 전반에 대해서 종합적으로 말할 수는 없습니다. 종합적으로 보여 주는 정보가 없기 때문입니다. 총무성이 발표한 「노동력조사」(勞働力調査)를 보면 전 노동자의 취업률은 재난 이후 일관되게 저하되고 있습니다. 후생노동성이 발표한 「근로통계조사」(勤勞統計調査)에서도 비정규직 노동자뿐 아니라 총 노동 시간 및 임금이 함께 감소하고 있습니다. 그러나 이 현상은 작년부터 지속되어 온 경향이며 재난에 직접적인 영향을 받았다고 보기는 어렵습니다."[1]

[재해 이후 재해에] 편승한 해고 상담이 많습니다. 그러나 정확히 말하자면, 일본에는 여태까지도 엄청나게 다양한 타입의 해고가 많이 있었습니다. 이번 재해(편승해고를 의미─인용자)는 그 중 한 가지이며 [해고의] 새로운 버전이 나타난 것일 뿐입니다.[2]

'파견 유니온'의 서기장 세키네 슈이치로는 이번 재해가 없었더라도 3월 말이나 6월 말경에 대대적인 파견해고가 일어나리라고 예상하고 있었다고 말한다. 작년 가을 이후 2011년 3월까지 에코 포인트[3]의 막바지 신청, 2011년 7월의 지상파 디지털화에 동반한 텔레비전 교환 등의 업무로 제조파견 시장이 크게 팽창했다. "파견구인의 양은 리먼 쇼크 직전 무

---

1) 야마구치 모토아키의 보충질문 답변(2011년 12월 3일). 이후 이 책에서 인터뷰한 인터뷰이들에게 보낸 보충질문에 대한 서면 답변은 괄호 안에 이름과 서면 인터뷰 날짜만 표시한다.
2) 川村遼平, 「被災が露呈したブラック企業―'災難だから'が正当化する非正規雇用の'便乗解雇'」, 『POSSE―3·11が揺るがした労働』11号, 新灯印刷株式会社, 2011년 5月, 98쪽 재인용.
3) 일정 기준 이상의 절전 가전제품을 구입한 사람에게 정부가 제공하는 포인트 제도로 일정 포인트 이상 적립 시 상품권 등을 증정했다.

렵과 비슷한 상황"이었다는 것이다.[4] 리먼 쇼크에 이어 제2차 파견해고
가 올 거라고 생각했고, 시기는 에코 포인트가 종료될 3월 말이나 지상
파 디지털화가 종료될 6월 말 무렵으로 예측했다고 한다. 그런데 바로 직
전에 대재난이 일어났다. 이처럼 재해 이후 '파견해고'가 심각하게 늘어
난 원인은, '재해'만이 아니라 '파견제도' 그 자체에 있었다. '파견해고'란,
"파견을 언제든 버릴 수 있는 노동력으로 활용하고 있는 이상, 몇 번이든
반복될 것"[5]이 분명한 항시적인 문제이다. 이에 더해 최근엔 자본의 위기
에 자연환경의 위기가 겹쳐 비정규 노동자 및 빈곤층의 불안정성은 심화
되고 있다. 비정규 노동자들은 재해와 함께 다시 불어 닥친 파견해고 및
해고, 임금삭감, 무급휴가, 계약파기 앞에서 2년 전 리먼 쇼크의 악몽을 떠
올린다.

(사이타마, 40세, 여성) 남편은 제조 파견일을 하는데 자택대기를 하라고
했고 급여에 대한 보장은 없다. …… 자택대기가 언제까지 계속될지 알
수 없다. 나는 파트로 시간을 단축당해 수입이 대폭 줄어들었다. 2년 전
의 악몽이 되살아난다. 리먼 쇼크 때도 남편이 파견해고를 당해 말도 못
할 만큼 고통스러웠다. 어린애가 있어서 생활이 어렵다. 일가 집단 자살
도 생각하게 된다.[6]

---

4) 関根修一郎, 「災難便乗解雇, 派遣切りの現状と課題」, 『労働法律旬報 ─大震災にともなう
   労働問題』1744号(2011年 5月 下旬号), 旬報社, 25쪽.
5) 関根修一郎, 「災難便乗解雇, 派遣切りの現状と課題」, 26쪽.
6) 「地震に伴う無給休業, 派遣切り・解雇が続々 ─無給では生活できない! 全国ユニオンに寄
   せられた293件の悲鳴」, 『雇用を守る地震ホットライン報告』, 2011年 3月 26日・全国ユニ
   オン主催, 4쪽.

재해 직후 비정규직 노조 '전국 유니온'은 '고용을 지키는 재난 핫라인'(雇用を守るホットライン)을 개설했다. 293건의 상담이 왔다. 하루 동안의 상담 건수로서는 리먼 쇼크 직후의 '파견해고 핫라인'을 넘는 수치였다고 한다.[7] 3월에는 자택 대기로 인한 무급 휴가 상담이 많았지만, 시간이 지날수록 파견해고와 해고 상담이 늘었다고 한다. 2008년 리먼 쇼크 때에는 '파견마을'이 만들어져, 비정규 노동 및 빈곤의 심각성을 알리고, 갑작스런 해고로 일자리와 잠자리를 동시에 잃은 사람들의 베이스캠프가 되었다. 그때와 비슷한 수준의 해고율이지만 이번에는 비정규 노동자에 대한 해고 및 부당대우 문제가 충분히 가시화되지 않고 있다. 재해 이후 비정규직이나 빈곤층의 문제가 피해지(동북 지방 및 후쿠시마) vs 도쿄라는 구도를 취하고 있다는 점이 부각되긴 했지만, 실상 비정규 노동자나 빈곤층은 어디에나 있다. 재해로 인해 수도권에 있는 비정규 노동자들의 상황은 악화되고 있고, 도쿄로 피난 온 피해민이 파견노동을 전전하며 제 2, 제3의 고통을 당하는 경우(아마미야 가린, 2011년 11월 27일)도 있다.

그런 점에서 3월 11일 재난 이후 피해지의 상황을 단절된 "사건"이 아니라 시공간을 넘어 지속되는 "생활"로 파악해야 한다는 유아사 마코토의 말[8]은 힘을 갖는다. 특히 피해를 입은 수재민에 초점을 맞추어서 빈곤과 비정규 노동을 생각했을 때 이 말이 갖는 의미는 크다. 피해지의 고통은 3월 11일로 끝난 것이 아니라 매일매일 생활 속에서 지속되며, 피난을 하더라도 그곳에서 다시 불안정한 생활이 시작된다. 그러나 3월 11일

---

7) 関根修一郎, 「災難便乗解雇, 派遣切りの現状と課題」, 24쪽.
8) 湯浅誠, 「被災地には生活が続いている―'復興'への視点」, 『大震災のなかで' 私たちは何をすべきか』, 岩波親書, 2011, 213~214쪽.

의 재난을 한신·아와지 지진이나 리먼브러더스와 연결시켜 '사건화'하는 것이 의미가 전혀 없는 것은 아니다. 재해와 위기의 순간, 드러나지 않았던 비정규직 노동자의 상황이 드러나며, 새로운 형태의 빈곤층과 불안정 노동이 발생하기 때문이다. 또한 이렇게 새롭게 등장한 비정규 노동자, 빈곤층 들은 그 반복적인 상황에서 벗어나기 위해 각 운동 간의 새로운 접점과 운동을 만들어 내고 있다.

"3월 11일", "동일본 대지진" 혹은 가타카나 "후쿠시마"(フクシマ), "피해지"와 같은 명명법은, 이러한 위기와 재해를 기민(棄民)들이 어떻게 경험해 왔고 대처해 왔는가를 감추는 명명법이다.[9] 그러나 주목해야 할 것은 '고통의 반복'이나 '잠재적 빈곤'이 아니다. 오히려 이러한 명명법을 벗어나 주목해야 할 것은 잠재적이고 반복적인 빈곤 속에서도 비정규 노동자, 빈곤층, 피해자 들이 표현해 내는 불안, 분노, 정부에 대한 의심 등 다양한 벡터를 지닌 감정이며, 그들이 만들어 내는 새로운 운동이다. 일본의 비정규직 노동운동은 불안정 노동의 심화 속에서 새로운 형태의 노조와 운동 형태를 만들어 왔다. 3월 11일 이후 일본의 모든 거리가 매주 데모에 참여하는 사람들로 가득 찰 수 있었던 것은 불안정한 상황 속에서 살았고 재해 이후 새롭게 불안정한 상황에 놓이게 된 각양각색의 프레카리아트들의 활동과 에너지에 기반해 있었다.

3월 11일의 재난은 광범위하고 다양한 불안정 노동상황이 존재하고 있음을 드러냈다. 동시에 그 프레카리아트들의 활동이 새로운 삶의 가능성을 열어젖히는 에너지가 되고 있음을 드러냈다. 그 시발점은 4월 10일

---

9) 鵜飼哲,「符牒とタブ―に抗して, アナクロニ―·過誤·不可能な正義」,『現代思想』 2011年 7月号, 青土社, 39~41쪽.

의 고엔지, '아마추어의 반란'이 주도한 데모였다.

일본의 프레카리아트들이 중심이 되어서 매년 준비해 왔던 '자유와 생존의 메이데이'의 방식을 연상케 하는 이 반원전 데모에는 1만 5천 명이 참여했다. 특정 노조나 단체에 가입하지 않은 자발적인 참여가 대부분으로 아이들을 데리고 나온 사람들도 많았다. 구호나 플래카드도 각양각색, 제각각 말하고 싶은 것을 써서 들고 있었다. 노래가 직업인 사람은 노래를 불렀고, 글을 쓰는 사람은 글로, 말을 잘하는 사람은 말로 참여했다. 이날에는 일본 국내의 8개 도시, 해외에서는 6개국 12개 도시에서 동시에 반원전 집회가 열렸다. 이후 5월의 시부야, 6월에는 일본 국내 140군데에서 데모가 일어났고 이러한 흐름은 재해 일주기였던 2012년 3월 11일을 비롯하여 현재까지도 꾸준히 이어지고 있다. 최근엔 '탈원전, 반원전'과 함께 '재가동 금지'라는 모토 아래, 원전 재가동이나 새로운 원전 건설, 원전 해외 수출을 저지하는 활동을 벌이고 있다.

이러한 현상에 대해서 자민당 이시하라 노부테루(石原伸晃) 간사장은 "집단 히스테리"라고 말해 대중의 비난을 샀다. 이시하라의 망언에 대해서 '아마추어의 반란'의 마쓰모토 하지메는 이렇게 말했다. "집단 히스테리가 아니라, 이제야 겨우 제정신이 든 것입니다. 서서히 바람구멍이 뚫려 갈 거라고 생각합니다."[10] 그의 말처럼 불안한 대중들, 불안정한 노동자들, 우리들은 거리로 나와 이야기를 나누면서 거리 속 코뮨을 만들어 가고 있다. 이러한 현상은 주류 매스컴에게는 불안정한 세력들의 불안한 모임으로 보일 수도 있을 것이다. 그러나 우리가 품고 있는 불안은 안전

---

10) 松本哉, 「オピニオン」, 『朝日新聞』 2011年 6月 16日.

한 일상으로 돌아가기 위한 불안이 아니라, 언제든 다시 닥쳐올 수 있는 자본과 자연의 위기에 대한 민감함이고, 삶에 대해 거는 생존 이상의 기대다. 우리를 거리로 나서게 한 것은 불안한 감정과 불안정한 삶이지만, 거리에서 만난 우리들은 서로를 전염시키면서 직업, 연령, 계층, 성별, 지역을 넘어 '움직이는 코뮨'을 만들고 있다.

거리에서 우리들은 '소리쳐도 된다, 말해도 된다. 말하고 싶은 것을 말한다'는 것을 서로 배워 가고 있다. 재해 속에서 정부는 거짓말쟁이이고 기존의 질서는 믿을 수 없다는 것을 알게 된 대중들은, 임시적 의사결정기관이라고 할 만한 모임, 텐트, 데모, 여러 연결고리 들을 만들고 있는 것이다. 이러한 활동들을 주도하고 있는 것이 불안정한 위치에 놓이게 된 피해지의 주민들과, 항상적인 불안 속에서 살아 왔던 빈곤층과 비정규직 노동자, 감정노동자 등 국가의 기민(棄民)들, 우리들이다. 따라서 이것은 재해 속에서만 일시적으로 드러나는 "재해 속 유토피아"[11]라기보다, 가난한 대중들의 삶과 비정규직 노동자들의 삶 속에서 만들어져 온, 오랜 역사와 풍부한 에너지를 지닌 유토피아적 요소의 발현/발명이라고 할 수 있을 것이다. 이처럼 3월 11일 이후 불안정한 상황에 놓이게 된 사람들, 그리고 원래 불안정한 상황에 있었던 비정규직 노동자 및 빈곤층의 활동은 "휘말림의 사건"[12]이자 새로운 프레카리아트운동을 예고하고 있다.

---

11) レベッカ ソルニット, 高月園子 訳, 『災害ユ—トピア』, 亜紀書房, 2010.
12) 이진경, 「정치적 사건화와 대중의 흐름: 매혹과 휘말림, 혹은 센세이션의 정치학에 관하여」, 미발표, 10쪽.

2. 반복되는 비정규 노동자의 기민(棄民)화

1) 심화된 비정규직의 고통 : 특별조치에서의 배제, 재해편승 해고, 예방 해고

3월 11일 재해 이후 비정규직의 상황에는 지역 간 빈부차와 계급 간 빈부차가 중층적으로 나타났다. 3월 11일의 재난은 도쿄가 동북 지방과 후쿠시마에서 전기, 노동력, 농산물을 가져다 써 왔음을 드러냈다. 빈부차는 도쿄 vs 동북·후쿠시마라는 지역차로도 존재하고 있었던 것이다. 동시에 재난으로 인한 비정규 노동자들의 피해상담은 피해지가 아니라 수도권 지역에서 들어온 것이 대다수였다. 비정규직의 상황은 피해지가 아닌 곳에서도 악화됐다.

피해지에서는 여러 가지 특별조례들이 실시되고 있으나 비정규직과 빈곤층에 대한 고려가 부족해 보인다. 피해지의 조치 중 신청이 많은 것이 '고용보험의 실업부금'이다. 이것은 일시적으로 사업이 정지되거나 휴업(이직)한 경우, 사업주와 연락을 할 수 없을 경우에도 실업부금을 받을 수 있도록 하는 조치다. 그러나 일했다는 기록이 유실되거나 회사와 연락이 닿지 않는 사람이 많아 '이직표나 휴업표'를 작성하는 데 어려움이 많고 시간이 오래 걸린다고 한다.[13] 그나마도 피해지의 비정규 노동자, 채용 내정자, 자영업자 들은 이 특별조례에서 제외되었다. 직접적인 피해지역에 포함되지 않는 수도권 비정규 노동자들도 이번 재해로 해고나 임시 휴업 등 어려움에 처해 있음에도 마찬가지로 대상에서 제외되었다.[14] 각

---

13) 河村直樹,「労働行政および労働施策の現現状」,『労働法律旬報—大震災にともなう労働問題』1744号, 2011年 5月 下旬号, 旬報社, 29~32쪽. 특별조례의 상세는 이 글을 참고.
14) 河村直樹,「労働行政および労働施策の現現状」, 32쪽. 이 부분의 예를 재구성한 것이다.

노조에 들어온 상담이 수도권에서 일하는 비정규 노동자에 집중되었던 것은 행정이 '비정규 노동자'라는 시각을 결여한 채 단순히 '피해자'로 모든 것을 뭉뚱그려 조치했기 때문이었다.

'전국 유니온'의 가모 모모요는 피해지의 고용정책으로 인해 노동의 질 전반이 악화되어 비정규직에게 재차 타격을 주고 있다고 지적한다. "재해와 원전 사고 이후, 작년까지 진행되어 오던 비정규직 노동형태에 대해서 규제를 강화해야 한다는 방향성이나 노동을 질적으로 전환시켜야 한다는 흐름이 일제히 무너지고, 일단 '일이 있으면 된다'는 경향이 강해지고 있습니다. 피해지에서는 한달 10만 엔으로 정해진 최저 임금을 깨뜨리는 일도 횡행하고 있습니다." 5월 15일과 16일에 걸쳐 미야기 현 후쿠시마 현 등 피해지의 공공 직업 안정소(hallowork)의 상황녹취[가모 모모요가 제공한 자료, 정규직과 비정규직 구별 없음]를 보면, 임금이 시급 700엔을 밑돌아 임금 수준이 현저히 낮아지고 있음이 확인된다. 또한 피해지의 경우, 노동 문제뿐 아니라 주거 확보, 멘탈 케어 등 생존 전반에 대한 지원이 필요한 상황이다.

피해지인 센다이의 직업 안정소 활동가는 현재 실시되는 기금 사업은 최저 임금에 단기고용이며 가족이 함께 거주할 숙소가 마련되지 않는 등 삶 전체를 고려하지 못한다고 비판한다. 소마 직업 안정소도 비슷한 이야기를 들려준다. 원전 특례휴업수당(210일 내지는 1년간 지급)이 지급되지만, 그 기간 이후는 보장되지 않는다. 실업부금은 원래 임금의 60~80% 정도로 생활이 불가능하다. 이처럼 피해지의 특별조례들은 비정규 노동자를 배제하고 있을 뿐 아니라 애써 만들어진 조치들의 경우도 저임금 단기간 노동인 경우가 많다. 특별 조치 속에 비정규 노동이 안고 있었던 문제가 반복되는 것이다.

눈에 띄는 것은 직접적인 피해지역이 아님에도 직격탄을 맞고 있는 비정규 노동자들의 고통이다. 앞서 말한 대로, '전국 유니온'이 전국 8개소에 마련한 '고용을 지키는 재난 핫라인'에는 3월 26일까지 293건의 상담이 들어왔다. 무급휴가 및 자택대기에 관한 상담이 221건으로 가장 많고 계약파기 및 만료가 28건, 노동시간 단축이 15건이었다. 지역별로 보면 도쿄 도가 48건, 미야기 현이 31건, 아이치 현이 25건, 후쿠시마 현이 19건 등[15]으로 수도권이 많다. 성별로는 남성보다 여성이 많고, 연령대로 보면 30~40대가 많다. 고용별 형태로 볼 때 파견이 107건이며, 파트나 아르바이트가 66건, 정사원이 33건, 계약사원이 19건, 그 외가 28건, 불명이 40건이다. 비정규 노동(파견, 파트, 아르바이트, 계약직) vs 정사원의 비율은 192건 vs 33건으로 역시 비정규직이 대다수를 차지한다.[16]

최근에는 "편승 해고"라는 말이 비정규 노동자들 사이에서 퍼지고 있다. "편승 해고"란 재해에 직접적인 피해를 입은 것이 아님에도 재해를 핑계로 등록 파견사원이나 단기 고용 노동자를 해고하는 것을 말한다.

자동차 부품 전자회사 '히타치 오토모티브 시스템'(日立オートモティブシステムズ) 군마 현 사업소는 2011년 4월, 파견노동자 전원(약 150명)과의 파견계약을 깨뜨렸다. …… 이곳에서 일하던 기노시타 야스하루(木下康春, 45세) 씨는 4월 4일, 식당에서 3그룹으로 나누어 진행된 파견회사의 설명을 듣는다. 재난 때문에 부품 조달이 어렵게 되어 파견을 지

---

15) 「地震に伴う無給休業, 派遣切り·解雇が続々」, 1쪽. 자료를 제공해 주신 가모 모모요 씨에게 감사드린다.
16) 「地震に伴う無給休業, 派遣切り·解雇が続々」, 2쪽

속하기 어렵다는 회사 측의 연락을 받았기에 4월 말로 파견을 끝내며, 오늘부터는 [출근하지 말고] 집에서 대기해 달라는 것이었다. 4월 말까지는 급료의 60%가 나온다고 했다. 그는 5월 1일 이후에도 기숙사를 이용할 수 있을지 물었지만, 방세를 내면 사용할 수 있다는 차가운 대답이 돌아왔다. 그러나 시급 1,100엔(약 14,000~15,000원)인 그는 저금이 없다. 해고당하면 방세를 낼 수 없다. 그러나 기숙사를 나가면 갈 곳이 없다.[17]

이 예는 '재해편승 파견해고'의 전형적인 예이다. 재해편승 파견해고는 광범위한 분야에 걸쳐서 일어났지만 수도권에 위치한 제조업 관련 비정규 노동자가 가장 많은 피해를 입었다. 한편 수도권에서는 원전 사고로 이뤄진 계획정전의 영향을 핑계로 한 계약 파기 및 해고도 있었다. 계획정전으로 수입이 감소해서 임금의 30%를 삭감해야 하는데 받아들일 수 없다면 해고라는 이야기를 듣거나(60대, 남성 정사원, 도쿄), 지진 후 폐업이 되어 그 후 300명이 해고당한(20대, 여성 파견, 미야기) 사례가 그것이다. 활동가들은 무급 휴업에서 그대로 해고로 연결되는 케이스가 많으며 "리먼 쇼크를 상회하는 규모의 파견해고, 비정규직 해고"[18]가 일어나고 있다고 입을 모은다.

그러나 파견해고를 당한 비정규 노동자는 파견처나 원청회사와의 교섭이 쉽지 않다. 기노시타는 '파견 유니온'의 '고용을 지키는 재난 핫 라인'과 상담하고, 4월 11일 '재난 유니온' 결성대회에 또 한 명의 파견사원인 가토 다쿠토(加藤匠人, 46세)와 함께 '재난 유니온 히타치 오토 모티브

---

17) 関根修一郎, 「災難便乗解雇, 派遣切りの現状と課題」, 23쪽.
18) 「地震に伴う無給休業, 派遣切り·解雇が続々」, 1쪽.

지부'를 결성했다. 그리고 파견처인 히타치 오토 모티브와 파견등록 회사인 '산바테크'(サンヴァーテックス)에게 다음과 같은 요구사항을 들어 '조합 결성 통고 및 단체교섭 신청'을 제출했다. 그러나 파견처인 원청회사는 교섭에 응해 주지 않았다. 그가 노동자로 계약을 맺은 것은 파견등록회사인 '산바테크'이기 때문에 파견처인 '히타치 오토 모티브'는 기노시타 씨와 고용관계가 없다는 이유였다.[19]

이 재해편승 해고의 문제핵심에는 파견법이 있다. '히타치 오토 모티브'라는 회사가 파견노동자들을 이렇게 손쉽게 자를 수 있는 것은, 등록 파견사원의 경우 일을 하는 파견처와 고용관계를 맺고 있는 파견등록회사가 분리되어 있기 때문이다. 파견노동자와 파견처(히타치)는 고용관계가 없다. 파견처(히타치)와 고용관계를 맺고 있는 것은 파견회사(산바테크)이다. 이것이 간접고용의 문제다. 파견처(히타치)가 파견해고를 통보하더라도 파견노동자의 실업에 대한 책임은 파견처(히타치)가 아니라 파견회사(산바테크)가 지게 된다. 따라서 파견노동자의 부당노동행위 이의신청과 단체교섭에 파견처(히타치)가 응하지 않아도 현 파견법 상에서는 문제가 되지 않는 것이다. 세키네 씨는 이렇게 말한다. "파견노동자의 생사여탈 권한을 장악하고 있으면서도 문제가 발생하면 '고용관계가 없습니다'라는 한마디로 모든 책임으로부터 도망쳐 버린다. 이것이야말로 노동자 파견제도의 최대 문제점이다."[20]

2008년 말 리먼 쇼크로 파견해고(派遣切り)가 있었을 때 많은 활동가들은 이렇게 경고했다. "파견이라는 제도를 방치해 두면, 뭔가가 일어

---

19) 関根修一郎, 「災難便乗解雇, 派遣切りの現状と課題」, 24~25쪽.
20) 関根修一郎, 「災難便乗解雇, 派遣切りの現状と課題」, 25쪽.

날 때마다 파견해고가 반복될 것이다". 파견이라는 것은 "기업이 노동자를 자르고 싶을 때 언제든 자르기 위한 제도"(가모 모모요)이기 때문이다. 일본의 비정규직운동은 파견법을 개선하기 위해, 2010년 봄 노동자 파견법 개정법안을 국회에 제출하는 등 비정규직이 비정규직으로서 살아가기 위한 법적 장치를 마련해 가고 있다. 그 내용은 파견해고의 원인인 '등록형 파견'이나 '기간제 파견'을 규제하는 것으로, 파견처가 파견노동자에 대해서 "간주고용"(み-なす雇用)[21]에 의한 고용책임을 지는 것을 골자로 한 것이었다. 재해 이후에는 재해로 인해 가시화된 비정규직의 상황을 통해 파견법 개정의 필요성을 강력히 요청하고 있다.

3월 11일 이후 "편승 해고"와 더불어 부각되고 있는 또 하나의 해고 형태는 "예방 해고"이다. 재해와 상관없이 회사는 정상적으로 돌아가고 있음에도, 재해로 인해 닥칠 수 있는 불경기를 미리 대비하기 위해 예방 차원에서 비정규 노동자를 해고하는 경우이다.

A씨는 지진이 난 뒤 일주일도 되지 않아 "지진으로 전화가 불통이며 일이 불가능하니까 사무소가 열릴 때까지 한동안 휴업한다"는 통보를 받는다. 동시에 "원전사고가 진정될 때까지 일하는 건 무리니까, 이쯤에서 쉬지 않겠어요?"라는 말로 고용계약의 종료를 암시당했고 이어서 "개인 물품은 어떻게 할까요? 보내 줄까요?"라는 이야기를 듣는다. A씨는 도쿄 도에 있는 콜센터에서 1개월 계약의 위장청부[22] 상태로 일하고 있었

---

21) 간주고용(み-なす雇用). 파견법 개정 법안의 최대 문제 중 하나이다. 이것은 위법적인 파견 등이 있었을 경우, 파견처와 노동계약이 있었던 것으로 간주하는 제도이다.
22) 위장청부(偽装請負). 계약상으로는 '청부'의 형태이지만, 실제로는 노동자를 파견처의 관리와 명령 하에 일하게 하는 위법 행위를 말한다.

다. 2년 이상 계약이 지속적으로 갱신되었음에도 오히려 그 과정에서 시급은 1,700엔에서 1,200엔으로 내렸다. 고용보험도 유급휴가도 받지 못했다. 이렇게 위법적인 노동환경을 참지 못하고 그는 2011년 2월부터 퇴직을 요구했고 3월까지만 일하기로 했을 때 재난이 덮쳤다. 전화통화 뒤 개인물품이 착불로 보내져 왔다. 이상한 낌새가 들어 회사에 가 보자, 업무는 통상적으로 진행되고 있었다. 빨리 사람을 바꿔치기하기 위해 재난을 핑계로 삼아 거짓말을 한 것이었다.[23]

A씨의 경우처럼 회사는 재난 후에도 문제없이 돌아가고 있는데, 닥쳐올지 모르는 위기에 미리 대응하거나, 이른바 '필요 없게 된' 노동자를 해고하기 위해 '재해'를 핑계로 해고를 통보한다. "재난에 의한 실적 악화를 예상하여 회사의 데미지를 최소한으로 경감하기 위해 예방적으로 해고나 파견해고를 하는 케이스가 압도적으로 많"은 것이다.[24] 예방 해고는 재해 이전부터 "블랙 기업[25]이었던 경우 심각하고, 또 비정규직일수록 심각해서 재해에 편승해 자택 대기를 시킨 후 임금도 주지 않고 급작스레 해고하는 경우들이 많다"[26]고 한다. 비정규 노동자의 편승 해고, 예방 해고가 피해지 및 광범위한 피해지인 도쿄뿐 아니라 재난의 영향이 거

---

23) 川村遼平, 「被災か露呈したブラック企業―'災難だから'が正当化する非正規雇用の'便乗解雇'」, 『POSSE－3.11が揺るがした労働』 11号(新灯印刷株式会社, 2011年 5月), 97쪽 내용을 재구성했다.

24) 関根修一郎, 「災難便乗解雇, 派遣切りの現状と課題」, 28쪽.

25) 블랙 기업(ブラック企業). 노동법이나 그 외의 법령에 저촉되거나 그럴 가능성이 있는 애매한 조건의 노동을 의도적·자의적으로 강요하는 기업. 혹은 종업원의 건강을 무시하고 극단적 장시간 노동을 강요하거나 파워하라와 같은 폭력적인 방법으로 본 업무와 관계없는 노동을 시키는 기업, 법인단체 등을 의미한다.

26) 川村遼平, 「被災か露呈したブラック企業」, 99~101쪽.

의 없는 간사이 지역 및 전국으로 확산되고, 관광, 판매, 콜센터, 사무, 운수 등 광범위하고 다양한 업계에 영향을 미치는 이유도 여기에 있다.

비정규 노동은 자본주의 위기 때마다 유동적으로 자르고 호황 때마다 유동적으로 고용할 수 있는 노동력, 즉 자본주의의 위기를 흡수할 스펀지로서 기능하고 있다. 앞으로 비정규직 노동은 더욱 다양한 형태로 늘어날 가능성이 크다. 따라서 단지 정규직을 지향한다면 차별받는 비정규직 노동은 형태를 달리하면서 계속 양산될 것이다. 일본의 비정규직 노조들은 정규직을 지향하는 것이 아니라 비정규직이 비정규직으로서 살아갈 수 있도록 싸우고 있다. 피해지의 비정규직 대책, '재난 유니온'의 결성, 파견법 개정의 필요성 제기 등이 그것이다. 아직 공과를 논할 수 없지만 이러한 활동은 향후 비정규직의 노동환경을 개선하는 실질적인 지침이 될 것이다.

2) 잠재적 빈곤과 노동 불안정성

한편 재해 속에서 충분히 가시화되지 못한 잠재적인 빈곤과 노동 불안정성도 있다. 재해는 피해지인가 아닌가를 불문하고 비정규직 노동자들에게 인재(人災)가 되어 다가왔다. 먼저 임금 보장도 없이 무급 휴업이 끝없이 지속되는 경우가 있다. 제조업에서는 부품조달이 어렵다는 이유로, 콜센터는 재해 후 자숙 분위기를 이유로 비정규 노동자들을 장기간 자택 대기시키고 있다.

> (야마가타, 60대, 여성, 파트, 제조) 편의점 도시락을 만들기를 하고 있다. 재료가 들어오지 않아 무급휴업이 되었다. 고령이기 때문에 해고되는 것이 두렵다.

(후쿠시마, 50대, 여성, 여관) 온천여관에서 일하고 있었다. 지진 피해는 없었지만 고객이 줄어 영업할 수 있는 상태가 아니라고 휴업했다. 이대로 해고당할 거란 소문도 있다.[27]

무급 휴가는 파견해고 및 해고로 이어지기 일쑤다. 따라서 비정규 노동자, 특히 단기 등록형 파견노동자는 당장 임금을 받지 못해서 받는 고통뿐 아니라 언젠가 해고당할지 모른다는 미래에 대한 불안에 시달리고 있다. 비정규 노동자에게 해고는 곧 주거의 상실이며 생존의 위협이다. 특히 고령자의 경우 갑자기 해고당했을 때 재취업이 매우 어렵다.

두번째로는 수도권의 계획 정전 등으로 시급제 파트노동자의 노동시간이 변경되거나 단축되어 임금이 삭감되는 경우이다. 정사원의 경우는 노동시간과 관계없이 일정한 임금이 보장되지만, 시급제 파트노동자에게 노동시간의 단축은 곧 임금 삭감을 의미하며 생계와 직결된다. 계획 정전을 이유로 노동시간표를 회사 측이 마음대로 재조정하고, 교통편이 두절되어 도저히 출근할 수 없는데도 출근을 시키면서 천재지변이니까 어쩔 수 없다며 인내와 침묵을 강요하는 경우도 있다.[28]

(사이타마, 30대, 여성, 사무파견) 계획 정전의 영향으로 파견처가 휴일 일정이나 근무시간을 일방적으로 변경했다. 파견회사에 문의하자 '때가 때이니까 이해해 주세요'라고 했다.(7쪽)

---

27) 「地震に伴う無給休業, 派遣切り·解雇か続々」, 4~5쪽(이후 본문에 쪽수만 표시).

28) 계획 정전을 빌미로 파견처에서 횡포를 부리는 예로는 다음 논문을 참고. 本紙編集部, 「会社の責任は問われない? 計画停電下の理不尽な命令」, 『POSSE −3.11か揺るがした労働』 11号(新灯印刷株式会社, 2011年 5月), 103~106쪽.

(가나가와, 60대, 남성, 위탁, 제조) 정년 후의 재고용으로 일하고 있다. 계획 정전의 영향으로 오전 중에 되돌아가거나 오후부터 출근하라고 명령받거나 하고 있다.(7쪽)

이러한 사례들은 노동법상에서 위법으로 판단될 소지들을 지니고 있다. 그러나 후생노동성은 비정규 노동자들의 입장을 보호해 주기는 커녕 상황을 더욱 악화시킬 수 있는 법해석을 내놓아 큰 반발을 빚었다. 노동후생성은 천재지변으로 인한 일시 휴무는 "사업주의 책임으로 돌려야할 이유"에 해당하지 않으며, "계획 정전이 실시될 경우의 노동기준법 제26조의 활용에 대하여"에서는, "계획 정전의 시간대에 사업장에 전기가 공급되지 않는 이유로 인한 휴업에 대해서는 원칙으로서 법 제26조의 '사용자의 책임으로 돌려야 할 이유'에 의한 휴업에 해당하지 않는다"고 발표했다. 비정규 노동자 노조들은 노동후생성의 잘못된 법 해석으로 인해 "본래라면 휴업수당이 지급되어야 할 케이스도 [휴업수당을] 지급되지 않게 되어 생활 빈곤자가 대량으로 발생할 가능성"이 있으며, "계획 정전에 대해서 휴업수당을 지급할 필요가 없다고 한다면, 시간제로 일하고 있는 비정규 노동자는 임금이 낮아져 생활에 영향을 받게 되는 것은 불 보듯 뻔하다"[29]라고 반발했다.

비정규 노동자에게 불리한 법 해석이 나오고 편승/예방 파견해고가 횡행하는 중요한 원인은 3월 11일의 재난이 "상정 외의 천재지변"이라고 여겨졌던 점에 있었다. 천재지변이므로 다소간의 불이익이나 불편은 참

---

29) 関口達矢(東京ユニオン副執行委員長), 「災難を口実にした便乗解雇を許さない!」, 『労働法律旬報』1741号(2011年 4月上旬号), 旬報社, 56쪽.

아야 한다는 게 기업이나 정부의 의견인 것이다. 노동자들도 자신들과 피해지를 비교하면서, '피해지는 더 힘드니까', '자신의 상황이 조금 더 나으니까' 참아야 한다고 생각하곤 한다. 그러나 비정규 노동자에게는 이 다소간의 불이익과 불편을 '인내'하고, 불만을 말하지 않고 '침묵하는 것이 곧 생존 전체를 위기로 내몬다. 그들에게 "상정 외의 천재지변"이란 이미 일상화되어 있어, 피해지에 있지 않더라도 천재는 생존을 위협하는 '인재'의 형태로 닥치기 때문이다.[30] 더구나 리먼 쇼크 당시 "고용 계약을 대량으로 일제히 해지하면 비판을 받는다는 것을 알게 된 기업은, 현재 파견해고를 눈에 보이지 않도록 잘게 나누어서" 하고 있다.[31] 리먼 쇼크 이후 6개월 계약이었던 제조업계의 파견기간은 1개월로 단축되어 갱신되는 경우가 증가하고 있는 것이다.[32]

이러한 상황 속에서 '전국 유니온'은 3월 18일에 이 통지의 철회를 둘러싼 6개의 요구사항을 후생노동성에 제출했다. 다소 길지만 기자회견의 내용을 정리해 본다.

1. 재난에 동반한 휴업에 대해서 휴업보장의무를 면제해 버린 통지('전력부족에 동반한 노동기준법의 운용에 대하여'[2011年 3月 15日·基藍発0315第1号])를 백지화하고 철회할 것.
2. 재난으로 휴업하게 된 노동자(특히 파견을 포함한 비정규직 노동자)에 대해서 휴업수당의 지급이 확보될 수 있도록 긴급 입법할 것. 혹

---

30) 德住源治, 「大震災にともなう労働法律問題」, 『労働法律旬報―大震災にともなう労働問題』 1744号(2011年 5月 下旬号), 旬報社, 11쪽.
31) 「失業者, 忘れられていく…, 年起し派遣村開設から3年」, 『東京新聞』 2011. 12. 26, 22쪽.
32) 関根修一郎, 「災難便乗解雇, 派遣切りの現状と課題」, 24쪽.

은 같은 취지로 법 해석을 명확히 할 것.

3. 해고제한(노동기준법 19조)이나 고용예고(노동기준법 20조)는 "천재지변 그 이외의 부득이한 경우"에는 적용되지 않게 되어 있다. 그러나 재해에 따른 파견해고, 해고, 계약 만료 등으로 많은 노동자(특히 비정규직 노동자)가 직장을 잃는 것을 막기 위해서는 재해를 이유로 한 해고도 규제해야 한다. 또한 재해를 이유로 한 해고도 해고 제한, 해고 예고를 하도록 적용시키는 긴급 입법을 제정할 것.

4. 설령 노동기준법상 해고 예고를 할 의무(법 20조)가 없는 경우라고 할지라도, 합리적인 이유가 없는 해고, 사회 통념상 적절치 못한 해고는 무효(노동계약법 16조)라는 것, 또한 재난을 이유로 한 무제한적인 해고(편승 해고 등)도 무효라는 점은 주지의 사실이다.

5. 재해에 의해 실업한 노동자의 고용보호 절차를 원활히 할 것. 또한 실업부금을 받고 있는 자에 대해서 부금 기간을 연장하는 등의 조치를 취할 것.

6. 미지급된 임금 체불 제도에서, 지급액의 상한 및 지급률(80%)을 둔 것을 철폐할 것. 또한 지급되지 않은 임금에 덧붙여 해고 예고 수당을 포함하는 것 등의 조치를 취할 것.[33]

이러한 발빠른 대응이 이후 파견법 개정으로도 이어지기를 기대해 본다.

한편 재해 이후의 비정규직 문제는, '잠재적인 불안정성과 빈곤'이라는 측면에서 접근할 필요가 있다. 유아사 마코토는 비정규 노동자 및 빈

---

33) 関口達矢, 「災難を口実にした便乗解雇を許さない!」, 56쪽.

곤충의 문제가 현실화되는 것은 2012년 이후일 것이라고 말한다(유아사 마코토, 2011년 11월 30일). 현재는 전국에서 의원금이나 기부가 쇄도하고, 고용보험이 특례적으로 연장되고 있으며, 도쿄전력의 보상금 등이 있기 때문에 피해지의 생활보호 대상자가 표면상으로는 크게 늘고 있지 않을 뿐, 잠재적인 빈곤층이 증가했다는 것이다. 예를 들어 현재 피해지에서 실시되고 있는 고용대책으로는 '시범고용'[34]이 있다. 이 시범고용이란 노동자가 안정적인 고용 상태로 이행하는 것을 돕기 위해, 3개월 간의 단기 고용을 권하는 제도다. 3개월 간은 월 4만 엔의 장려금을 받을 수 있다. 그러나 3개월의 시범고용 기간이 종료되면 회사는 고용했던 노동자에 대한 지속적인 고용의무를 지지 않는다. 3개월 후 다시 실업문제가 반복되는 것이다. '프리타노조'의 야마구치도 피해지 세 현에서 실업부금 연장자가 작년의 4배 정도로 증가하고 있다고 말한다. 회사들이 외국으로 거점을 옮기는 경향도 있고 한동안은 잔해 청소, 방사능 오염 제거 작업 등의 부흥사업 수요로 노동할 곳이 조금 있다. 그러나 동북지방은 일본 제조업의 거점이었기 때문에, 고용정세는 점차 어려워질 것이라고 예측했다(야마구치 모토아키, 2011년 12월 2일).

더 근본적인 문제는 재해로 갑작스럽게 비정규 노동 상태 혹은 빈곤 상태에 빠지게 된 새로운 빈곤층과 기존의 비정규 노동자 및 빈곤층이 품고 있는 마음의 문제다. 사랑하는 사람을 잃거나 전 재산을 잃고 마음에 트라우마를 안고 피난 온 사람들은 피난지에서 다시금 비정규 노동과 빈곤 상태로 인해 상처를 받는다. 마지막까지 피난소에 남아 있는 사람들은

---

34) 川村遼平,「被災が露呈したブラック企業」, 102쪽. 시범고용(トライアル雇用)에 대한 자세한 설명은 이 논문을 참고.

돈이 없고 의지할 수 있는 인간관계나 네트워크도 없으며 일을 할 수 없는 고령자들이 대부분이다. 더구나 이번 재해는 인류 역사상 대처해 본 적이 없는 방사능 오염 문제까지 포함하고 있다.

유아사 마코토는 "가난(경제적 궁핍) + 고독(인간관계의 희박함) = 빈곤"이라는 도식이 재해 전에도 후에도 반복되고 있다고 말한다. "3·11 이후 비정규직 문제는 노동이 아니라 생존의 문제임이 드러나고 있"으며, "생존의 기본이 갖춰지지 않은 상태에서 비정규직 상황은 더욱 악화"(이토 미도리, 2011년 11월 28일)된다는 것이 드러났다는 것이다. 재해 이후 비정규 노동의 문제가 곧 생존과 삶 전체의 관계성을 재구축하는 문제임이 명확하게 부각되고 있는 것이다.

3) 비정규 원전 노동자의 중층적 하청구조와 과학기술-하층노동

3월 11일 이후 여태까지 비정규직 노동으로서 인식되지 않았던 노동형태가 모습을 드러내고 있다. 특히 원전 노동이 쓰고 버려지는 위험하고 차별적인 비정규 노동임이 부각되었다. 원전 노동은 중층화된 하청노동이다. 하청은 일본 토목건설 노동자에게 사용되어 왔던 악명 높은 고용형태인데, 원전 노동에 재활용되었다.

40년간 오염노동, 원전 노동 사진을 찍어 온 다큐멘터리 사진가 히구치 겐지는 원전 노동은 보통 7~8차의 중층적 하청으로 이루어진다고 말한다. "원전(도쿄전력) → 상위 9개의 전력 원청회사 (히타치, 도시바, 미쓰비시 등) → 하청 → 2차 하청 → 3차 하청 → 인부조달업자를 통해 동원된 일용노동자 → 농민, 어민, 피차별부락민, 옛날 탄광노동자, 홈리스, 실업자, 이주 노동자"[35] 순이다. 도쿄전력은 원전 노동 임금을 일당 7만 엔(약 90만 원)으로 책정해 놓고 있지만, 여러 번의 하청을 거치면 일용노동자가 받는 임금은 3만 엔(약 35~40만 원) 정도로 줄어든다. 점검 기간에만 단기로 일하는 간이 작업 노동자(簡易作業労働者)는 심한 경우 20차까지 하청이 되며[36] 최초 임금의 약 93% 가량을 착취당해 최저 6,500엔(약 10만 원)까지 내려간다. 노동자 확보가 어려울 때에는 다중 채무자나 반제 불능이 된 사람들을 폭력단을 개입시켜 일하게 하기도 한다.

둘째로 원전 노동은 피폭 노동이다. 원전 노동자들 사이에서 피폭으로 인한 병은 "원전 빈둥빈둥병"(原発ぶらぶら病)이라고 불린다. 이 병에 걸리면 이유 없이 무기력해지고 몸이 무겁고 아파 일을 할 수 없게 되기 때문이다. 원전 노동은 300여 가지가 있지만 크게 3가지 정도로 구분된다.[37] ① 제어계나 보안계 유지 관리 ② 원자로나 터빈 등 기계 검사 수리 ③ 현장의 방사능 오염을 제거하는 허드렛일. 이 중 기술이 필요 없는 하청업인 3그룹의 일은 피폭 위험도가 극히 높다. 걸레로 새어 나온 방사능 오염수를 닦는 청소, 오염된 보호복 세탁, 파이프 보수나 청소, 원전 내부의 기계나 방사능 폐기물의 이동, 슬러지 탱크에서 침전된 진흙을 꺼내고 파손부위를 찾는 작업[38] 등 방사능 오염물질 제거작업을 충분한 안전장비 없이 한다. 노동자들은 산야나 가마가사키의 일용노동자 함바(飯場)에서 동원되거나 근처 농가나 어촌에서 단기적으로 모집된다. 그 중에서

---

35) 樋口健二, 「原発がお葬り続けた被爆労働者たち」, 『POSSE－3.11が揺るがした労働』 11号 (新灯印刷株式会社, 2011年 5月), 46쪽.

36) 渡辺博之, 「福島第1原発現地から」(第1回 原発労働問題シンポジウム), 日弁連 主催 『震災・原発問題連続シンポジウム―人間の復興を目指して』, 2011.8.4 [http://ameblo.jp/kokkoippan/entry-10977201393.html].

37) 今野晴貴, 「現代労働問題の縮図としての原発」, 『POSSE－3.11が揺るがした労働』 11号, 新灯印刷株式会社, 2011年 5月, 72~75쪽 이하. 원전 노동의 분류는 이 글을 따른다.

38) 樋口健二, 「原発がお葬り続けた被爆労働者たち」, 47~49쪽.

도 원전 이주 노동자들은 일회용 노동의 상징이다.[39) 이주 노동자들은 주로 원전 정기검사 때 물이 들어 있는 원자로나 사용이 끝난 핵원료 풀(核燃料プール)에 잠수하여 수리할 부분을 찾아내는 일을 한다. 잠수 작업 후에는 방사성 물질을 체외로 내보내야 한다며 맥주를 먹이거나, 원전 외부 시찰이 있을 때에는 그들을 숨겨둘 정도로 위험한 일이어서 외국인 죄수들을 데려와 일을 시킨다는 소문이 퍼져 있다.

피해가 더 심각해지는 이유는 건강상으로도 고용법으로도 보호를 받지 못하기 때문이다. 원전 노동자들은 하루에 할당된 노동량이 있어서 그것을 채우지 못하면 돈을 받지 못한다. 고온에다 덥고 습한 작업 환경에서 그 할당량을 채우려다 보면 안전에 신경 쓸 수가 없다.

> 측량기를 달지 않고 현장에 들어가거나 알람이 울려도 무시한다고 합니다. …… 원전 내부는 고온다습하고 통상 30~50도까지 오르기 때문에, 전면 마스크는 사람의 입김과 습기로 흐려져 앞이 보이지 않고 숨 쉬기가 어렵습니다. 그럼에도 하루 노동량을 채우지 않으면 돈을 받지 못합니다. 안전 확보보다 하루의 노동량을 위해서 마스크를 벗었다는 이야기도 자주 듣습니다. 당연 내부피폭이 발생합니다.[40)

외부피폭보다 더 무서운 것은 내부피폭이다. 내부피폭이란 방사능 물질이 체내에 들어가서 일어난다. 한번 체내에 들어간 방사능 물질은 아무리 적은 양일지라도 몸 안에서 계속해서 방사능 물질을 방출하면서 세

---

39) 渡辺博之,「福島第1原発現地から」.
40) 樋口建二,「原発がお葬り続けた被爆労働者たち」, 50쪽.

포에 영향을 준다. 그러나 노동자들의 내부피폭량은 측정되지 않는다. 일본에서 통용되는 방사선 기준치는 내부피폭을 제외시키고 피해를 축소 평가해 온 국제방사선 방호위원회(약칭 ICRP)의 기준을 따르고 있기 때문이다.[41] ICRP의 전신은 일본에 원자력발전소를 수출/설치하기 위해 피폭 기준을 축소해서 제시하는 데 목적을 두었던 원폭상해조사위원회(ABCC)이다. 심지어 후생노동성은 원전 사고 직후, 사고수습을 위해 작업원의 긴급 피폭선량을 100밀리시버트에서 250밀리시버트까지 올렸다. 히구치는 250밀리시버트를 쐬면 암에 걸리게 된다면서, 도쿄전력은 살인 기업이라고 비판한다.

셋째로 원전 노동은 고용에 책임을 지지 않는 간접고용이다. 원전의 상층부에 있는 전력회사나 상위 9개의 전기 회사 사원은 임금도 높고 건강보험 및 안전보험에 가입되어 건강상의 체크도 철저히 받는다. 반면 지방의 중소 종합건설사나 영세기업에 단기 고용된 비정규직 노동자는 노동조합도 보험도 없이 위험한 작업을 하고 있다. 피폭의 영향은 장기간에 걸쳐서 나타나지만, 그들을 고용한 인력회사들은 없어져 버리기 일쑤여서 증거서류나 피폭선량의 계속적인 관리 등이 불가능하다. 원전 노동자들은 일자리를 찾아 이곳저곳을 전전하기도 하지만, 일하는 동안 측정한 피폭량 정보를 노동자 당사자에게 개방하지 않는 것도 문제다. 퇴사할 때 노동자에게 주도록 되어 있지만 받지 못하는 경우가 많다.[42]

설사 피폭선량의 증거를 갖고 있고 재판을 하더라도, 피폭 노동에 대

---

41) 早尾貴紀, 「内部被爆と植民地主義―福島とアメリカ」, 『インパクション』 180号, インパクション出版会, 2011年 6月, 80쪽에서 재구성.
42) 樋口建二, 「原発がお葬り続けた被爆労働者たち」, 51쪽.

해서 파견처인 원전 회사는 책임을 지지 않기 때문에 재판이 어렵다. 이러한 간접고용상황은 등록 파견노동자들과 완전히 동일하다. 원청회사인 전력회사는 하청기업에게 위험한 노동에 종사할 노동력 동원 및 계약을 떠맡기고, 그 노동자들의 건강상의 문제나 고용상의 문제도 모두 하청회사에 일임함으로써 다양한 고용책임 및 노동재해 보상 책임에서 벗어나는 것이다.[43]

비정규 중층 하청 원전 노동은 근대 이후 일본에서 에너지원의 발굴을 위해 반복되어 온 오염 재해 노동의 현재적 귀결점이다. 근대 초기 제국주의 전쟁을 위해 석탄 산업을 시작했던 일본의 에너지 산업은 미쓰이, 미쓰비시, 스미토모 등의 거대 재벌에 의해 떠받쳐져 왔다. 1960년대 무렵 고도 경제성장과 함께 석탄 산업은 저물고 석유로 옮겨 간다. 그 다음이 원자력이다. 1966년 7월 25일 도카이(東海) 1호 원자로가 운전을 개시한 것이다.[44] 특히 원전 산업은 전후 냉전 체제에서 미국이 이른바 '핵블록'을 통해서 자신의 진영을 형성하려고 했던 데 기인한다. 당시 일본에서는 히로시마·나가사키 원폭 투하, 제5후쿠류마루(第五福竜丸) 피폭사건으로 핵에 대한 거부감이 심했다. 이러한 거부감을 완화하기 위해서 실시된 것이 '원자력의 평화이용 캠페인'이다. 이때부터 '핵'이라는 말은 '원자력'이라는 말로 대치된다. "핵의 '파괴', '공포'라는 이미지를 불식시키고 핵은 '편리'하고 '안전'하다라는 이미지"를 만드는 데 결정적으로 기

---

43) 今野晴貴,「現代労働問題の縮図としての原発」, 68쪽.

44) 樋口建二,「労働者を殺す原子力産業-'フクシマ50'の真実」,『インパクション』180号, インパクション出版会, 2011年 6月(2011년 5월 3일에 있었던 '자유와 생존의 메이데이 2001년 실행 위원회'의 연설「自由と生存のメーデー 2011. 3. 11 逃げる·繋がる·追いつめる」에서 재구성), 95쪽~97쪽.

여한 인물이 쇼리키 마쓰타로(正力松太), 그리고 그가 사주로 있던 『요미우리신문』이었다.[45] 최근 자주 거론되고 있는 '겐시료쿠 무라'(原子力ムラ)[46]라는 말은 재벌-정부-경찰을 잇는 긴 역사를 지닌 이 에너지 산업의 권력구조가 얼마나 강력한 파워를 갖고 있는지 잘 보여 준다.

재벌-정부-경찰이 똘똘 뭉친 착취의 역사는 석탄산업 노동자에서 시작하여 원전 노동자가 되기까지 비정규 하층 오염 노동을 전전해 온 비정규 노동자들의 삶에 그대로 반영되어 있다.

내가 취재했던 후쿠시마 제1원전에서 일했던 나가타 도시오(永田利夫) 씨는 후쿠오카 현 지쿠호 출신이었습니다. 지쿠호는 일찍이 석탄 산업으로 번영했던 거리입니다. 석탄 산업이 시들해지고 석유로, 더욱이 원자력으로 에너지 산업이 이행함에 따라, 원래 탄광 노동자였던 많은 사람들이 일을 찾아 떠돌던 중에, 원전 노동을 전전하게 됩니다. 나가타 씨도 그 중 한 명입니다.[47]

원전 노동자들은 죽거나 원전 노동을 하거나 둘 중 하나의 선택을 강요당하는 상황에서 방사능 위험을 "어쩔 수 없는 운명"[48]으로 받아들인다.

---

45) 早尾貴紀, 「内部被爆と植民地主義—福島とアメリカ」, 앞의 책, 79~80쪽에서 재구성.

46) 겐시료쿠 무라(原子力ムラ). 직역하면 '원자력 마을'이다. 그러나 이 말은 원자력 산업을 수입하고 유지하면서 강력한 파워를 행사하는 "원자력 산업, 중력회사, 브랜드메이커, 경찰관청" 등을 묶어서 일컫는 말로, 전통적으로 공동체를 지칭해 온 '마을'[村]이라는 말과 구별할 필요가 있다. 따라서 한자 대신 '무라'(ムラ)라는 가타카나 표기를 하는 경우가 많다. 여기서도 '원자력 마을' 대신 '겐시료쿠 무라'라고 발음 그대로 번역한다.

47) 樋口建二, 「原発がお葬り続けた被爆労働者たち」, 50쪽.

48) 와타이 다케하루, 「27세 원전 노동자, 운명이라고 생각한다」, 『시사in』 188호(2011. 4. 25.).

농가도 지금은 기계화니까요. 가령 50만 엔짜리 기계를 사려고 해도 빚을 져야 하는데, 원전에 가면 하루에 1만 엔으로 20일 일해서 20만 엔. 1년이면 2백만 엔이 되는 거죠. 즉 50만 엔의 기계를 사서 빚을 져도 [원전에서 일하면] 생활은 안정된다는 겁니다. 일반적인 일을 해서는 기껏해야 5~6천 엔의 품삯을 받거든요. 1만 엔이나 1만 5천 엔이라는 높은 일당을 주는 것은 거기에 뭔가가 있기 때문일 거라고는 생각을 해요. 그렇지만 생활을 안정시키기 위해서는요, 위험작업에 발을 들여놓지 않고서는요…….[49]

비정규 노동자들의 가난을 이용해서, 원전 노동자의 노동재해 재판을 취하하게 하기도 한다. 예를 들어 원전 노동자였던 남편이 재판을 준비하고 있었는데, 남편이 집을 비운 사이에 하청회사에서 그 집을 방문하여 아내에게 돈 600만 엔(약 7,500만 원)을 줄 테니 소송을 취하하겠다는 서약서에 서명을 하라고 해서 서명을 받아내는 경우도 있다.[50] '프리타 전반노조'의 야마구치 모토아키는 이렇게 말한다. "원자력발전소는 고용의 비정규화를 극대화하여 사람들의 삶을 불안정하게 했다. 바로 이 불안정을 통해 이윤을 획득해 온 것이다. 이것이 일본 자본주의의 [전형적인] 모델이다. …… 일용노동을 비롯해서 비정규 노동자의 삶이 불안정하지 않았다면, 그들에게 죽음에 이르는 노동을 일상적으로 강제할 수 없었을 것이다."[51] 가난한 사람들의 삶과 건강을 파괴하고 미래를 불안하게

49) 今野晴貴, 「現代労働問題の縮図としての原発」, 76쪽(樋口健二, 『原発被爆列島』, 三一書房, 1987에서 재인용).
50) 樋口建二, 「原発がお葬り続けた被爆労働者たち」, 55쪽.
51) 山口素明, 「誰も殺すな」, 『現代思想』, 2011年 5月号, 青土社, 245쪽.

만들어 바로 그 불안과 불안정한 위치를 이용해서 지속되는 산업, 그것이 비정규 피폭 원전 노동이다.

그럼에도 노다 수상은 경제에 미치는 악영향을 피한다는 이유로 원전 재가동을 용인한다는 입장을 취하고 있다. 원자력 관련 예산에서도 '안전/사고 대책 연구개발비'가 전년도 당초 302억 엔에서 783억 엔으로 대폭 증가했는데, 이것은 "안전대책이라는 이름을 빌려 예산을 바꿔치기 한 것이 아닌가"라는 의혹을 샀다. 재무성 간부는 "'참견하지 말라'는 매우 강한 '겐시료쿠 무라'의 저항 등 몇 층의 성역이 있었다"고 말하기도 했다.[52] 결국 비정규 피폭 원전 노동을 멈추기 위해서는 비정규 원전 노동자 스스로가 일어서야 한다.

물론 원전 노동자의 조직화는 이전의 방식으로는 어렵다는 게 일반적인 견해다. 원전 노동자는 "원전 집시"라고 불릴 만큼 "유동적이고 직장에도 토지에도 좀처럼 묶여 있지 않기 때문에 조직으로 연결되는 것이 너무나 어렵다"(아마미야 가린). 또한 일하는 동안도 원전 근처 "업자가 확보한 숙박시설에서 생활"하기 때문에 비정규 노조가 집중된 수도권과 거리가 멀고, "생활 전반이 관리"(야마구치 모토아키)되는 격리 비밀 노동이란 점도 노조결성을 어렵게 한다.[53] 무엇보다 원전 노동은 새로운 형태의 과학기술 하층 노동이다. 피폭위험에 노출되어 있어 일반적인 노조 활동가가 접근하기 어렵다. 그러나 일본 내의 탈원전·반원전 분위기는 매우 고조되고 있다. 아직 뚜렷한 연대방식이나 성과는 나타나지 않았지만

---

52)「脱原発響かぬ野田流―'原子力ムラ'の抵抗」,『東京新聞』 2011. 12. 25, 3쪽.

53) 8월에 방영된 독일 ZDF TV의 「후쿠시마 원전 노동자의 실태」를 보면, 하청업자와의 맺는 계약서에는 취재에 응하지 말 것, 원전 노동의 비밀을 지킬 것, 건강 이상이 생겨도 이의제기를 하지 말 것 등이 명시되어 있다.

전통적인 일용노동자운동인 산야 활동가들이나 프리타노조 등 비정규직 운동이 원전 노동 문제에 적극적으로 관여하기 시작했고, 원전 노조를 구성하기 위한 접촉도 시도되고 있다고 들었다.

재해의 순간은 모든 사람들의 삶이 불안정해지는 순간이라고도 할수 있다. 이런 시공간 속에서 3월 11일 재해 속 비정규직운동들은 비정규직 노동자의 불안정한 노동 상황이 재해의 순간 타격을 입지 않기 위해서 어떤 조치가 필요한가와 함께, 원전 노동 등 가시화되지 못했던 비정규직 노동을 이슈화시키고 있다. 또한 점차 그 범위를 넓히고 있는 과학기술 하층-비정규 노동자나 삶 전체가 파괴된 빈곤층이 살아갈 수 있는 새로운 형태의 비정규직운동이 요청되고 있기도 하다. 3월 11일 이후, 일본 전국에서 거리로 쏟아져 나온 프레카리아트들은 이미 그러한 새로운 운동의 맹아를 보여 주고 있다.

3. 재해와 불안 속의 움직이는 '텐트-코뮨'

1) 반원전 텐트광장─불안에서 대중지성으로

3월의 혼돈이 조금 안정되자 4월 10일 '아마추어의 반란' 마을의 프레카리아트들은 반원전 집회를 기획했다.[54] 열 명 정도가 술집에 모여 앉아 트위터로 50명의 실행위원회를 모아 시작한 이 바람구멍으로 수많은 사람들이 쏟아져 나왔다. 집회를 주도한 마쓰모토는 당시 도쿄에서도 수돗물에서 방사능이 검출되었기 때문에 불안하고 무서워 '어떻게 되는 거지'

---

54) 4월 10일의 데모 영상[http://www.youtube.com/watch?v=MAU1kos_n9g&feature=player_ embedded/, http://www.youtube.com/watch?v=NkqDGkXneqE&feature=related].

라고 생각하거나 '무엇인가 말하고 싶다'는 생각을 지닌 사람들이 많았기 때문에 당초 예상을 훨씬 뛰어넘어 1만 5천 명이 모일 수 있었다고 이야기한다. 이날 집회에는 "집회는 처음"이라는 개개인이 각자의 방식대로 참여해 말하고 싶은 것을 외치고 돌아감으로써 일본 사회의 '집회포비아'를 변화시켰다는 데 큰 의의가 있다. 이것이 이후 더욱 크고 다양하고 지속적인 집회를 가능하게 했다. 마쓰모토의 말처럼 "데모라는 건 말하고 싶은 것을 말하는 장소를 거리에 만들어 내는 것"[55]이라는 인식을 확산시켰던 것이다.

2011년 일 년 동안 '어디서 갑자기 이렇게 많은 사람들이 나타난 거지?'라는 생각이 들 정도로 거리는 외치는 사람들로 들썩였다. 우리는 애매하고 믿을 수 없는 피폭 정보 속 "어떻게 되는 거지"라는 불안감에서 거리로 쏟아져 나오기 시작했다. 그러나 그 불안은 이시하라가 말하는 집단 패닉과는 전혀 다른 벡터와 풍부함을 지닌 것이었다. 마쓰모토가 말하듯이 "무엇인가 말하고 싶다"는 감정의 표현이자, 거짓말쟁이 정부와 매스컴 대신 우리 스스로 우리들의 정부와 지식을 만들겠다는 의지였으며, 만남으로써 전염되고 확산되어 가는 사건적 순간이었고, 가시화되지 않은 위험을 느끼는 민감한 감수성이자, 자연과 미래와 새로운 관계성을 맺어야 한다는 인식의 시작이었다. 이 불안은 기존의 일상으로 대중들을 복귀시킨 것이 아니라 거리 한복판에 텐트-코뮨을 형성하는 동력이 되었다. 방사능의 위기와 엄청난 피해 앞에서 불안해하는 우리가 정상이며, '집단 패닉'이라고 매도하면서 안정을 강요하는 정부나 도쿄전력이 비정상이라는 것을 보여 주었다. 흔들리는 쪽에서 보면 흔들리지 않는 쪽이 오히

---

55) '마쓰모토 하지메의 인터뷰', 일 코먼즈 블로그[http://illcomm.exblog.jp/13388229/].

려 이상한 것이다.

불안이라는 초기적 감정이 대중지성을 만들고 임시정부를 욕망하도록 물꼬를 튼 것은, 최근 몇 년간 '자유와 생존의 메이데이' 사운드데모를 통해서 프레카리아트들의 목소리를 발산해 왔던 '아마추어의 반란'이나 '프리타 전반노조'의 운동형태였다. 단체나 정당을 통해서 동원되어 엄숙하게 같은 구호를 반복하는 것이 아니라, 개개인이 자발적으로 스스로의 구호나 참여방식을 생각해서 모이고, 사운드가 울리는 펑키한 분위기 속에서 춤도 추고 연주도 하고 술도 마시면서 사람들을 끌어 모으는 것이 그것이다. 자기가 살고 있는 지역의 친구들을 트위터로 불러내서 시작된 작은 파장이 일파만파로 확산되어 나아간다는 점도 특징이었다. 이렇게 시작된 데모의 물결은 모이는 방식, 데모 방식, 모이는 지역, 참여자 구성 등이 극히 다양화된 형태로 일년 내내 지속되었고 지금까지도 이어지고 있다.

그 중에서도 경제산업성 앞 점거-텐트 활동은 단연 돋보인다. 이곳에 처음으로 점거-텐트를 친 것은 후쿠시마에서 올라온 여성들이었다. 반원전[56] 집회 현장에서 여성들의 참여는 눈에 띌 정도로 많다. 그 중에서도 많은 관심을 모았던 것이 바로 이 후쿠시마 여성들의 점거-텐트였다. 경제산업성은 원전 문제를 관리하는 부서로 그 앞 부지는 공원과 마

---

56) 현재 '반원전'이라는 용어와 '탈원전'이라는 용어가 혼용되어 사용되고 있다. '반원전'이라는 말은 히로시마·나가사키의 원폭 투하 때부터 진행되어 왔던, 긴 역사를 지닌 원자력 및 핵무기 반대운동을 상기시키는 경우가 많다. 반면 '탈원전'이라는 용어는 3월 11일 재해 이후에 등장한 말로서 일본에서 포스트 전후 등이 논의되는 맥락에서 사용되는 경우도 눈에 띈다. 이 글에서는 과거의 반원전운동의 경험과 현재의 운동이 함께 진행되어야 하며, 비정규 노동자, 빈곤층이 'NO'라고 말하는 부정의 표현이 중요하다는 점을 고려해서 주로 '반'이라는 용어를 사용했다. 기타 '반원전 노동', '반빈곤' 등도 같은 맥락에서 사용한다.

찬가지로 공공공간으로 분류된다. 사유지에서처럼 쉽사리 추방하기 어려운 것이다. 그녀들은 바로 그곳에 점거 텐트를 치고 울면서 외쳤다. 후쿠시마 어린이들에게 피난의 권리를 인정해 줄 것, 가동 중인 원전과 멈춘 원전의 재가동을 중지할 것. 이 활동은 후쿠시마의 상황, 원전의 위험성, 피난의 권리를 알리고, 집회에 처음 참여하는 사람들도 자연스럽게 참여하도록 유도했다. 이 힘을 이어받아 10월 30일부터 11월 5일까지는 도쿄와 전국의 여성들이 점거 농성을 했다. 이 활동에는 여성 비정규직 노조인 '일하는 여성 전국센터'가 적극 가담했다(이토 미도리, 2011년 11월 28일).

이렇게 시작된 반원전 점거-텐트광장은 현재 후쿠시마 및 피해지와 도쿄, 그리고 또 다른 지역들을 연결하는 네트워크적 논의의 장이자, 긴급한 사태에 대비하는 베이스 캠프가 되고 있다. 텐트-광장 블로그에 들어가면 "모두 경제산업성 앞에 모여 이곳을 탈원전 광장으로 만들어 주길"이라는 제목하에 이렇게 씌어 있다. "9월 11일부터 24시간 체제로 살면서 교류, 토론, 행동의 장이 되고 있어요. 바로 그들의 눈앞에 많은 사람이 모인다면, 반드시 원전을 멈출 수 있습니다! 꼭 오세요."[57] 그곳에 가면 후쿠시마 어린이들이 그린 그림, 이 활동을 지지하는 수많은 단체의 플래카드 등과 만나게 된다. '텐트 담화실'은 반원전 연구회를 개최하며 '아마추어의 반란' 마을에서 열리는 '지하대학'이 이곳으로 자리를 옮겨 합동으로 강연회를 열기도 했다. '전국으로부터의 편지'는 피해지 및 전국에서의 의견을 듣는 창구가 되고 있다. "전력은 충분하다. 원자력발전은 싸지 않다(T, 40대, 남자)", "전기세 지불을 거부하는 운동이 있으면 좋

---

57) '경제산업성 앞 탈원전 텐트광장'이라는 블로그[http://tentohiroba.tumblr.com/].

겠다고 생각합니다(여성)" 등 짤막한 글이 실린다.

매일 작성되는 '텐트 일지'는 점거 텐트광장을 방문하는 사람들, 활동, 집회 일정, 연구회 일정, 점거 텐트의 상황 등을 알린다. 1월 24일에 에다노 경제산업성 수상이 불법점거이며 화기관리상의 위험이 존재한다는 이유로 텐트의 자발적 철거를 강하게 요구하고, 정보 시스템 후생과 후생 기획실(情報システム厚生課厚生企画室長)이 퇴거 및 텐트 철거를 문서로 통고해 오자, '텐트광장' 블로그는 이 상황을 즉각 알렸고 수많은 사람들이 몰려와 이곳을 지켰다. 이처럼 사건이나 집회공지뿐 아니라 매일 매일의 소소한 일상이나 작은 만남들, 서로 나눈 이야기들이 기록된다. 2월 3일 텐트 일지를 보자. 텐트광장에 모인 사람들은 정령들을 위로하는 군무(盆踊り) 사탕수수 춤을 함께 배우고 춘다. 나이 든 남성도 있고, 춤에 재주가 없다고 빼는 사람도 있다. 이질적인 그들이 이 공간에서 호흡을 맞춰 춤을 춘다. "이 춤이 지닌 강렬함과 격렬함, 집단적 반복이 지닌 압박감이 정치가들을 두렵게 했기 때문에, 여러 가지 탄압을 받아 왔습니다. 그렇지만 이 춤은 몇 세기의 풍파를 견디며 살아 남았습니다(이것이 후쿠시마의 진정한 힘이지요)." 이날은 춤 덕분인지 한 명의 경찰도 보이지 않았다고 씌어 있다. 점거-텐트광장은 이곳에 모인 사람들이 지닌 몸의 습속과 정치적인 감응 자체를 변화시키는 공간이 되어 가고 있다.

이러한 활동들을 비정규직 노동 조건을 직접적으로 개선하는 활동과는 다소 거리가 있는 듯이 보일지도 모른다. 그러나 이 활동에 불을 당긴 것도 이 활동의 모델이 된 것도 기존 프레카리아트들의 운동이었다. 4월 10일의 고엔지 데모는 매년 '자유와 생존의 메이데이'를 개최해 온 '아마추어의 반란'이 주도했다. '반원전 점거텐트'는 후쿠시마 여성들과 비정규 여성노조인 '일하는 여성 전국센터'의 적극적인 참여하에 확산되었다. '탈원전 텐트 광장' 점거활동에는 소노를 비롯해 '프리타 전반노조'의 멤버들이 적극 참여하고 있다. 무엇보다 점거-텐트라는 방식은 고령화된 일용노동자들, 즉 야숙자들의 텐트를 잇고 있다.

불안해하기 일쑤여서 과학적이고 이성적인 판단을 못한다고 이야기되는 "어머니들"(정부 발행 방사능 대책 소책자들은 '엄마라도 아는 방사능 지식' 등의 제목을 달고 있다)이었지만 그녀들의 점거 농성은 그 누구보다 과학적으로 후쿠시마의 현실과 방사능의 위험성을 강력하게 전달했다. 그들의 불안은 비이성적이 아니라 그녀들의 과학을 만들어 갔고, 가족으로 회귀하는 것이 아니라 거리에서 도시락을 나눠 먹고 춤을 추고 뜨개질을 하면서 점거농성 자체의 이미지를 완전히 바꾸어 놓았다. 집안 구석에서 하던 일들이 거리에 펼쳐진 순간, 그 집안일들은 '가족'이라는 폐쇄성을 벗어나 부드럽고도 강력한 '감응력'이 되었던 것이다. 또한 불안정한 노동조건으로 고통을 받는 희생자이거나 무기력하다는 비판에 시달려왔던 프레카리아트들은 오히려 자신들이 지닌 그 불안정성을 통해서 특정한 입장이나 위치에 얽매이지 않는 집회를 만들어 냈고 다양한 사람들이 거리로 나오게 하는 바람구멍이 되었다. 이러한 흐름은 즉흥적인 교류와 논의가 이루어지는 움직이는 노동조합, 모여든 사람들이 서로의 감각을 조정하는 감응적 점거-텐트가 되어 가고 있다.

2) 다층적인 비정규직 노조'들'

① 프리타 전반노조-코뮨

재해편승 해고로 고통당하는 비정규직 노동자, 가시화되기 시작한 원전 노동, 잠재적 빈곤층과 오히려 재해로 인해 관심 밖으로 밀려난 비정규직 문제. 이 세 가지 상황에 대한 각 노조들의 대응방식은 비정규직 노조의 유연성, 다양성, 풍부한 접속 가능성을 보여 준다.

재해 이후의 비정규 노동 문제와 반원전 문제에 즉각 대처한 것은 '프리타 전반노조'였다. 원전 사고가 한창 진행 중인 3월 17일, 가장 먼저 비정규직 노동자의 목소리를 담은 선언을 발표했다. 당시 원전 노동자나 자위대 소방대 등이 사고가 난 원전에서 보수작업을 진행했는데, 이런 죽음에 이르는 "결사의 노동"을 영웅시하는 보도가 빗발쳤다. '프리타 전반노조'에서는 이러한 죽음을 무릅쓴 노동을 부추기고 칭찬하는 추악함을 우리들이 극복하기 위한 요구라고 말하며 원전 노동을 찬미하는 분위기에 일침을 가한다. 또한 "비즈니스를 성립시키기 위해서 지역 독점을 허가하고 원전 건설에 유리한 각종 법 제도를 만들어 각 전력 회사를 지원해 왔던 일본 정부"의 책임을 물으면서, 다음과 같이 요구한다.[58)]

일본정부와 모든 전력회사는 모든 원자력발전소를 즉시 정지시켜라.

사람들의 생명을 탐하는 비즈니스를 철폐하라.

도쿄전력은 모든 원자력 피해자에게 보상하라.

피폭당한 모든 사람들에게 금후의 모든 건강 피해를 회복할 때까지 의료비와 생활비를 보상하라.

원전 사고 때문에 폐쇄 휴업을 어쩔 수 없이 당하게 된 모든 사업자의 매상을 보상하라.

실업이나 휴업, 임금 삭감에 내몰리고 있는 사람들의 손해를 보상하라.

(이하 생략)

― 2011년 3월 17일, '프리타 전반노동조합'

---

58) 山口素明, 「誰も殺すな」, 244~245쪽.

피해 직후 '프리타 전반노조'에서는 전화로 현장조사를 했다(야마구치 모토아키). 질문은 ①임금이나 노동시간의 변화, ②생활과 심리상태의 변화, ③사회에 원하는 것이었다. 응답률은 43%로 높지 않았지만 응답자의 74%가 서비스업 종사자, 24%가 실업자, 2%가 제조업 종사자였다. 프리타노조에 가입하고 있는 조합원들의 상황이 곧 비정규 노동자들의 상황을 보여 주는 바로미터였다. 이 조사는 정확한 통계를 제시하진 못했지만, '원전 사고' 및 '원전 노동'에 대한 비정규 노동자들의 불안, 분노, 요구를 보여 주었다.

'프리타 전반노조'가 빠르게 비정규 노동자 입장의 선언을 발표하고, 재해와 반원전이라는 정치적 문제에 관여할 수 있었던 힘은 어디서 온 것일까? 일본의 비정규직 노조는 대부분 개인 가입이 가능하고 상담활동이 활발하다. 그러나 개인 가입으로 모든 게 해결되는 것은 아니다. 주체적으로 단체교섭과 직접행동을 하고 함께할 친구들을 모으는 기술이 필요하다. '프리타 전반노조'가 갖고 있는 장점은 친구를 모으고 비정규직으로서의 대안적 삶을 모색하는 활동이 활발하다는 점이다.

2011년 말 '프리타 전반노조' 홈페이지에는 「직장에서 동료를 만들자! 직장에서 노동조합을 만들자! 정규/비정규를 불문하고 일하면서 노동조건을 개선하는 방법」(大平正巳, フリーター全般労働組合組合員)이라는 글이 실리기도 한다.[59] 이 글은 개인 가입이나 노조결성부터 직접교섭까지의 프로세스를 알기 쉽게 설명하고 있다. 특히 눈에 띄는 것은 '직장에서 친구를 만드는 법', '자신의 문제를 모두의 문제로', '처음에는 단 한 명이었다', '기간제 고용이건 파견이건 기죽을 필요 없다'와 같은 말들

---

59) '프리타노조' 블로그[http://d.hatena.ne.jp/spiders_nest/?of=10].

이다. '프리타 전반노조'가 강조하고 있는 것은 '프리타 전반노조'의 일원이 되는 것이 아니라, 자신감을 회복하고 동료를 사귀고 가슴속에 담긴 말을 나누는 복수의 작은 노조들이 잔뜩 생겨나는 것이다.

또한 이들은 비정규직 노동운동이라기보다는 비정규직 삶 운동을 만들어 가고 있는 듯하다. 정규직이 되기 위해서 애쓰는 것이 아니라 비정규직 프레카리아트로서 멋지게 살아갈 수 있는 대안적 삶과 노동을 창조하는 것이다. 그들은 "집이 없으면 집을 만들자"라며 비정규직 동료가 안심하고 살아갈 수 있는 공동주택 '자유와 생존의 집'(自由と生存の家) 활동을 전개하고 있다. 임대료를 공동으로 부담하기 때문에 집세가 저렴하며, 거실에서는 다양한 연구회나 영화 상영회 등이 열린다. 또한 다른 지역이나 해외 활동가들의 숙소가 되기도 한다. '자유와 생존의 집' 골목 마당에서는 야채시장이 열린다. "일이 없으면 일을 만들자"라는 모토 아래 매달 한 번씩 열리는 '자유와 생존의 야채시장'(自由と生存の野菜市, http://members2.jcom.home.ne.jp/nanairobatake/)이다. 농가 생협과 연계되어 있어서 안심하고 맛난 야채를 싼 가격에 살 수 있다. 이곳 야채들은 정말 맛있다. "무는 사과맛, 당근은 감맛"이 난다고 한다! 이 활동은 APEC에 의한 농산물 유통에 저항하는 활동으로 연결되기도 한다. 연말연시 상담 창구 안내문에는 이렇게 씌어 있었다. "행정 창구가 닫혀도 지갑이 가벼워도 우리들은 우리들을 버리지 않는다. 노동/생존을 위한 조합에서 함께 생존을 지탱해 가니까." 그들의 집, 그들의 먹거리, 그들의 노동, 그들의 친구가 아니라, 우리들 비정규직의 집, 우리들의 먹거리, 우리들의 노동, 우리들의 친구를 만들어 가고 있는 노조-코뮌인 것이다.

노조-코뮌의 활동은 생존을 위한 것만이 아니라, 광범위한 정치적 활동과 관련을 맺고 있다. '프리타 전반노조'는 매년 '자유와 생존의 메이데이'를 열고 프레카리아트들의 요구를 표현한다. 연초부터 시작되는 준비과정을 통해서 조합원들은 스스로의 의견을 주장하는 법을 서로 배우고, 폭넓은 사회문제에 관심을 갖게 된다. 이러한 활동들이 바탕이 되어 2011년의 '자유와 생존의 메이데이'에서는 원전 노동자의 실태를 알려 큰 반향을 얻었다.

야마구치는 "파출소 숫자만큼 [30~40명 정도 규모의] 조합이 잔뜩 있었으면 좋겠다(야마구치 모토아키 인터뷰, 235쪽 참조)"라고 말했다. '프리타 전반노조'의 젊은 활동가인 후세는 신뢰관계가 형성되어 가는 과정을 이렇게 회상한다. "놀람의 연속이었어요. 그러니까 글쎄, 곤란하면 도와주지, 물어보면 알려주지, 해나간다기보다는 어느새 정신을 차려 보니까, 어느 사이엔가, 어느 김에……". 다노는 "조합이라는 것은 [친구를 만나기 위해] 모이기 위한 구실이라고 할까 그걸 구실로 삼아 모인 것"이라고 말한다.

'프리타 전반노조'의 조합원들은 직업도 처한 상황도 천차만별이지만 스스로가 '프리타 전반노조'의 주인이고 활동을 만들어 가는 자라는 의식이 강했다. 전체가 하나의 직종을 대변하거나 단일한 정치적 입장을 대변해야 하는 기존의 노조와 달리, '프리타 전반노조'는 자신들이 각각 처한 상황 속에서 발언하고, 친구를 사귀고, 대안적 삶을 창조하고, 사회적 활동에 참여하는 출구가 되기도 했다. 집이 없으면 비정규직의 공동주택을 만들고 일이 없으면 스스로 원하는 일을 만들며 행정이 멈춘 곳에서 노조-코뮨을 만들어 가고 있다.

② 고령 비정규 노동자 : 야숙자의 점거-텐트

아직 가시화되지는 않았지만 시간이 지날수록 심각해질 것으로 예상되는 것은 재해로 인한 잠재적인 비정규직 해고와 빈곤층 문제다. 해고 위기에 놓인 비정규직 중에는 고령자가 상당수 있어서 재취업이 어렵다. 공원이나 공터를 점거하여 텐트를 치고 사는 것은 고령화된 비정규직이나 실업자들이 생존을 유지하는 최후의 보루다. 그럼에도 요즈음 고토 구 하천 부지를 재개발하면서 야숙자들에 대한 노골적 배제가 반복적으로 일어나고 있다. 2011년 말부터 고토 구청 주변의 아라 강, 다테 강, 스미다 강의 야숙자 마을에서는 이런 소리가 울려 퍼지고 있다. "공원 봉쇄를 당장 풀어라!" "야숙자를 추방하지 말아라." "살 권리는 평등하다."

최근 위태로운 상황에 부딪친 것은 다테 강 주변이다. 고토 구는 "주민이 불안을 느끼기 때문에 배제되어도 당연"하다는 이유로 2012년 1월 27일, 많은 경비원과 작업반을 동원하여 공원의 1/3을 봉쇄했다. 봉쇄된 지역은 야숙자들이 주로 살고 있는 "다목적광장"(多目的広場)의 일부이다. 철조망 안에는 여전히 야숙자 15가구가 살고 있다.[60] 야숙자들은 정말 무서운 건 자신들이 아니라 폭력을 휘두르고 유언비어를 흘려 야숙자들이 소년들의 습격대상이 되게 하는 고토 구라고 말한다. '산야노동복지회관'의 활동가들은 공원 봉쇄를 철회할 것, 야숙자에 대한 폭력에 사죄할 것, 행정대집행을 멈출 것, 야숙자에 대한 유언비어를 퍼뜨리지 말 것, 거짓 약속을 하고 불시에 추방명령을 내리지 말 것, 공공공간에서 야숙자를 내쫓고 스포츠시설로 만드는 것을 중지할 것을 주장하고 있다.

고토 구의 하천부지는 전통적인 일용노동자 마을 '산야' 근처에 있는 야숙자 텐트마을이다. '산야'와 마찬가지로 고령화된 일용노동자들

---

60) http://www.youtube.com/watch?v=T-cEyuiIg8Q, http://www.youtube.com/
watch?v=xkkRK7dWyEk

이 빈 깡통을 모아 생계를 유지하고 있다. 원래 일용노동자운동을 해왔던 '산야'의 활동가들은 일용노동자들이 고령화됨에 따라 야숙자 지원 활동으로 무게 중심을 옮겨 왔다. 이 점거-텐트 야숙자 마을은 비정규직 노동에 젊은 시절을 바친 고령 비정규 노동자들의 정당한 복지에 대한 요구이며, 이 마을을 통해서 가능해지는 세이프 네트워크이다. 이 점거-텐트 야숙자 마을을 지키고 보다 풍성한 삶이 가능한 코뮌적 공간을 만들어 가는 것은 고령화된 비정규직을 위해서도, 재해 이후 확대될 고령의 잠재적 빈곤층을 위해서도 매우 중요한 활동이다.

고령화된 비정규직 노동자들의 점거-텐트 마을 활동은 비정규직의 생존에 대한 이미지를 바꾼다. 공원에서의 삶이 중요한 것은 야숙자들이 서로를 돌보는 관계를 형성할 수 있기 때문이다. 야숙자들이 모여 있기 때문에 문제가 발생하는 것이 아니라 그들이 스스로의 규칙과 삶의 리듬을 만들어 살도록 공공공간을 개방해 주지 않기 때문에 문제가 발생한다. 2006년 요요기 공원에 내려진 행정 대집행으로 인근 임대아파트로 들어갔던 야숙자들은, 공원에서 서로 맺고 있었던 보살핌의 관계를 가질 수 없게 되자 알코올 중독이나 도박, 우울증에 노출되었다. 다테 강 근처의 야숙자들도 이대로 행정대집행이 강행될 경우 일년간 집세가 면제되는 아파트로 거주지를 옮겨야 할지도 모른다. '다테 강 하천부지공원 노상생활자 자립지원사업'에 의한 것이다. 그러나 일년 후의 삶이 막막할 뿐 아니라 입주권은 심히 제한된다. 더구나 구청 직원이나 위탁민간단체(新栄会)가 입주자의 허가 없이 집에 들락날락하는 것을 허가하는 등의 굴욕적인 계약을 강요당하고 있다.

아라 강 하천부지의 점거-텐트 활동은 인간과 자연의 관계도 재고하도록 한다. 이곳에는 40명 정도가 텐트를 치고 20년 이상 살고 있었으나 지금은 10가구 정도가 남아 있다. '스미다 자연재생공사'(墨田自然再生工事) 때문이다. 환경을 위한 공사라면서 이곳의 나무들에 번호를 붙여 모조리 베어 버렸다. 베어진 나무의 흔적은 여전히 남아 있어서, 8번 혹은 9번과 같은 번호가 베어진 나무 밑둥에 달라붙어 있다. 나무가 베어지자 나무숲 사이에 숨어 있던 점거-텐트들이 모조리 드러났고 철조망으로 둘러쳐졌다. "갈대 등의 하천 주변의 동식물을 소중히 하고 싶다" "자연공원을 만든다"는 이유를 대고 있지만 실제 목적은 야숙자들을 배제하기 위한 공사인 것이다. 이곳에서 만난 한 나이 든 노동자분은 "아침 저녁으로 그놈들에게 인사하고 집에 들어간다니까. 지켜 주지 않아도 되는데 말야"라고 하신다.

아라 강 마을로 들어오는 입구에는 요요기 공원의 야숙자이자 활동가인 이치무라와 오가와가 함께 만든 '고양이텐트'(猫小屋)가 있다. 고양이 그림을 그려 넣어서 '이웃집 토토로'에 나오는 고양이 버스처럼 보이는 이 텐트에는 들고양이와 들개 들이 산다. 그러나 들고양이 들개 들도 야숙자들이 줄어들면서 그 수가 현저히 줄어들었다. 이 공사로 하천부지의 공터로 물이 들어오면 텐트와 동물과 나무 들은 모두 물에 잠긴다. 이곳을 점거하는 것은 생존을 넘어서 야숙자와 자연의 공생을 위한 점거다.

이처럼 고령자 비정규직 노동자·야숙자 점거-텐트 마을과 그들의 싸움은 비정규직 노동운동이 보여 주는 또 하나의 노조-코뮨이다. 행정이 멈춘 연말연시에는 아라 강에서 떡방아를 찧어 떡을 해먹는 행사가 있었다. 한쪽에서는 떡방아를 찧고 오뎅을 끓이고, 다른 한쪽에서는 반원전 집회와 정세에 대한 이야기를 교환하고 또 다른 쪽에서는 기타를 치며 노래를 하고, 땔감을 때면서 추위를 달랬다. 이러한 야숙자들의 점거-텐트는 경제 산업성 앞 탈원전 점거-텐트광장, '프리타 전반노조'의 코뮨적 활동들과 마찬가지로 대중의 지식이 만들어지는 논의의 장이자, 가난한 우리들이 풍성하게 자연과 타인과 공존해서 살아갈 수 있는 삶의 형태를 만들어 가고 있다.

③ 정규 노조와 비정규 노조의 접점

'프리타 전반노조'의 노조-코뮌이나 '산야노동복지회관'을 중심으로 한 고령 비정규직 야숙자 추방에 맞선 텐트-마을의 형성과 달리 제도적인 접점을 모색하는 활동들도 있었다. 3월 11일에 재해가 일어나자 노조들은 비정규 노동자와 빈곤층 그리고 수해자들을 돕기 위한 상담-네트워크를 빠르게 만들어 갔다.

'일하는 여성 전국 네트워크'에서는 '동일본대지진 여성지원네트워크'를 개설했고, '전국 유니온'에서는 '고용을 지키는 재난 핫라인'을 개설했으며, 다양한 노조와 운동단체를 네트워크하는 '반빈곤 네트워크'를 통해 만들어진 네트워크는 셀 수 없이 많다. 유아사 마코토에 의하면 대표적인 것으로는 '동일본대지진 지원네트워크'(JCN)가 있는데 500개 이상의 단체가 가맹하고 있다고 한다. 비정규직 노조들은 위기 시에 연결 네트워크로 변신했던 것이다. 이러한 네트워크를 통해서 모인 의견을 통해서 '전국 유니온'과 '파견 유니온' 등은 후생노동성이 무급휴가나 계획 정전으로 인한 노동시간 단축에 대한 책임이 회사 측에 없다는 해석을 내놓았던 것에 대해 항의하고 비정규 노동자 및 피해지의 피해에 도움이 되는 법해석 및 조치들을 요구했다. '파견 유니온'은 재해로 인한 파견해고에 대처하기 위해 '재해 노조'를 구성해 가면서 대처하고 있다. 이와 더불어 현재 방치상태로 있는 파견법(등록형 파견)의 개정, 단기 계약(유기계약, 유기계약 노동자 74%는 연수입이 200만 엔 이하)의 규제 입법화, 파트법의 차별 금지 적용 조건의 재검토 등을 지속적으로 요구하고 있다.

그러나 모든 노조들이 일관되게 반원전의 방침을 정하고 비정규직 노동자를 위한 활동을 했던 것은 아니다. 역시 정사원 중심의 노조와 비정규 노동자를 중심으로 한 노조의 대응에는 차이가 있었다. 특히 정사원이 노조원의 대부분을 차지하는 '연합'의 경우 원전 노동자 문제 및 반원전 활동에 적극적으로 대응하지 않는다는 비판을 받기도 했다. 원전 하청노동 위쪽에 있는 9개의 재벌회사(미쓰이, 미쓰비시, 히타치 등) 등에 소속된 정규 원전 고위급 노동자는 대개 "'전노련'(電勞聯)이나 '전기노련'(電氣勞聯)"에 가입해 있는데 그 정규직 노조들이 '연합' 가입 노조 중 수적으로도 힘으로도 강한 파워를 갖는다. 따라서 '연합'은 "원청이나 하청 이하의 사람들을 구한다는 의식이 전혀 없다"[61]라는 비판을 받았다.

정규 노조와 비정규 노조 간의 이러한 갈등 속에서 비정규 노동자 조합이 많이 가입하고 있으면서도 '연합'에 속해 있는 독특한 위치의 '전국 유니온'의 활동은 눈여겨볼 만하다. '전국 유니온'은 2011년 8월 제10차 정기회의에서 '반원전'을 노조의 방침으로 정했다. 그러나 이 노조의 대표로 있는 가모 모모요는 정사원 중심의 노조와 비정규 노동자가 참여하고 있는 노조 사이에는 여러 가지 의견 차이가 있었다고 말한다. 반원전에 대한 '연합'의 입장은 '원전의 단계적 축소'라고 한다. '연합' 안에 도쿄전력 등의 노동조합을 포함하고 있기 때문에 반원전에 대한 토론이 충분히 이루어지고 있다고 말하기는 어렵다는 것이다. 더구나 주로 조합비를 내는 사람들이 정사원이므로 '연합'은 '정규 노동자 조합'이라는 인식에서 벗어나 있지 못하며 비정규 노동자가 겪는 고통을 실감하지 못한다

---

61) 樋口健二, 「労働者を殺す原子力産業」, 99쪽.

는 것이다. 특히 "비정규직 노동자는 불쌍한 노동자이니까 도와주어야 한다"거나 비정규 노동자를 "[정사원 노조]조직을 유지하기 위한 조직화의 대상으로 보는 등의 잘못된 인식"을 하고 있는 '연합' 노조원도 많다고 비판한다. 가모 모모요는 '연합' 속에서 '전국 유니온'이 해야 할 역할이 "비정규 노동자의 입장에서 말해야 할 것을 말하고, '연합'의 방침과 운동에 그 의견을 반영시켜 사회적 노동운동을 적극적으로 밀고 가는 점"에 있다고 강조한다. '전국 유니온'과 '파견 유니온'은 광범위하고 탄탄한 조직망을 통해서 비정규 노동자들의 재해 상황에 대한 충실한 데이터를 기반으로 법적 언론적 대응을 조직한 바 있다. 비정규직 노동자들을 대변하면서도 기존의 노조가 지닌 파워를 이용한 활동을 조직하고 있는 것이다.

비정규 노조들은 재빠르게 노조의 형태를 네트워크-상담 체제로 바꾸는 유연성, 제도적 법적 장치를 요구할 수 있는 데이터 확보, 각각의 노조가 지닌 다양한 성격을 통해서 재해 이후의 빈곤과 비정규직의 상황에 대응했다. 또한 '프리타 전반노조'는 노조-코뮌의 형태로, '산야노동복지회관'을 둘러싼 고령화된 비정규직을 위한 활동은 야숙자의 텐트-마을이라는 형태로 나아가고 있다. 어떤 입장에 구애받지 않는 유연한 네트워크, 새로운 집합적 삶에 대한 모색 등은 재해 이후 비정규직 노조가 보여준 잠재적 에너지였다.

3) 비정규직 노동운동과 반원전운동의 접합

일본의 비정규직운동은 스스로를 "프레카리아트(precariat)운동"[62] 으로

---

62) 이토 기미오(伊藤公雄), 「성 프레카리오의 강림—이탈리아 프레카리아트운동」(「聖プレカリオの降臨」, 『インパクション』151号, 2006年 4月, インパクト出版会). 이탈리아의 프레카리아

서 불러 왔다. 비정규 노조인 '프리타 전반노조'가 중심이 되어 열고 있는 메이데이 집회, 그 중에서도 2009년 '자유와 생존의 메이데이'의 구호는 "60억 프레카리아트"였으며, 2010년에는 "프레카리아트 Z, 역습하는 기민, 판도라의 상자가 열리다"였다. 2011년에는 재해 직후에 열려 원전 비정규 노동자가 중심논제가 되었고 모토는 "3·11/ 도망가다, 연결되다, 추격하다"[63]였다. 이러한 운동은 바로 프레카리아트들의 불안정한 상황, 즉 다양한 직종에 단시간에 근무하기 때문에 특정 입장에 얽매이지 않을 수 있는 위치에서 발휘된 풍성함이었다.

3월 11일 이후 일본의 비정규직 노동은 원전 노동, 피해지의 일용직 노동 등 여태까지 가시화되지 않았던 다양한 영역의 프레카리아트를 포함하기 시작했다. 이 속에서 두드러지는 것은 여러가지 갈등과 어려움이 있을지언정, 다양한 운동들이 서로의 접점을 찾아가면서 연결되어 가는 현상이다. 3월 11일의 재난 이후, 반원전 데모가 일본 전역을 휩쓰는 동안에도 정부와 자본가는, 오키나와에서는 미군기지 건설을 본격화하는 예산을 책정했고, 비정규직 노동자들이 해고당하거나 월급을 지급받지 못하는 것을 '비상시'라는 이유로 정당화했으며, 아라 강 하천부지에서 홈리스들을 몰아내는 행정 대집행을 서둘렀다. 반원전운동은 '반원전'이라는 모토하에 이루어졌지만, 이 운동 속에는 이 모든 기민(棄民)들이 참여

트운동은 탈일상적이고 코믹한 퍼포먼스나 미디어를 활용하여 세계화에 대항해 국제적인 연대를 열어 가는 운동이었다. 프리타들의 권리 요구, 불안정한 지적 정보 분야 노동자의 권리 요구, 외국인 차별에 대한 비판, 환경운동, 페미니즘이나 퀴어운동, 반전평화운동 등을 포괄했다. 이 운동은 특히 적과 동지를 나누고 단일한 목표를 추구하는 것이 아니라, '생권력' (生權力, bio-pouvoir)으로 사람들을 활성화시키면서 끌어들이는 힘을 지니고 있었다.
63) http://2011mayday.blogspot.com/

하여 반원전 안에서 제각각 다른 목소리를 냈다. 이에 따라 최근에는 반원전, 동북지방의 내부식민지화라는 문제와 기존의 반빈곤, 비정규 노동자 문제, 오키나와 미군기지 문제 등을 연속성 속에서 사고하려는 시도가 보인다. 이것은 3월 11일 이후 9~10개월 간 거리에서의 반원전운동 속에서 획득한 연대 감각이다. 이 연대 감각은 '기민'들의 눈을 통해서 파악된 다양하고 총체적 관계성을 통한 운동을 요청하고 있다. 특히 자연재해에 대비하기 위해서는 인간이 자연(환경)과 맺는 관계를 새롭게 해야 한다는 것, 원전사고나 원전 노동을 반복하지 않기 위해서는 과학기술 및 자본을 생산하는 사회적 관계를 새롭게 해야 한다는 것, 마지막으로 가난하거나 비정규직인 채로 풍성하게 살아갈 수 있는 집단적 삶의 형태를 창발해 가야 한다는 것이다.[64]

아마미야 가린은 반원전운동에 반빈곤 비정규 노동운동이 강력한 원동력이 되고 있는 이유가 무엇이라고 생각하느냐는 질문에 다음과 같이 답했다.

> 월가 젊은이들은 '우리들은 99%다'라는 슬로건을 내걸고 있습니다만, 빈곤의 문제도 원전의 문제도 99%라는 말로 정리할 수 있다고 생각합니다. 서로 으르렁거리며 싸우고 방해를 하도록 작용할 수도 있지만 정규도 비정규도 같은 노동자예요. 그 지점에서 대립하면 할수록 1%가 이익

---

64) Felix Guattari, *Les trois ecologies*, Paris : Galilee, 1989(フェリックス·ガタリ, 『三つのエコロジ-』, 杉村昌昭 訳, 平凡社, 2008, 10쪽). 이 글에서 펠릭스 가타리는 에코소피(ecosophy)를 제창한다. 에코소피란 에콜로지(écologie)와 필로소피(philosophie)를 결합시킨 조어로 '환경, 사회적 제관계, 인간적 주관성'이라는 세가지 작용영역의 윤리·정치적 절합(articulation)을 의미한다.

을 얻습니다. 원전 문제도 보상을 받을 수 있는 사람과 보상받지 못하는 곳에서 피난해 온 사람들 사이에 대립이 발생하거나 하는 경우가 있을지 모릅니다만, 나쁜 건 원전을 추진해 온 도쿄전력이나 정부이지요. 결국 원전에서 가장 위험한 일을 하는 것은 가난하고 약한 사람들입니다. 또한 사고가 발생하면 원전 가까이에 사는 사람들의 인생 그 자체가 파괴될 것은 명백합니다. 특정의 사람들이 반드시 희생된다는 구조는 완전히 동일합니다. 이런 희생이 전제된 사회는 이상하다는 게 이 힘의 이유라고 생각합니다. (아마미야 가린, 2011년 11월 27일)

반빈곤(비정규 노동운동)과 반원전운동 모두 국가 내부의 '기민'이자 99%에 속한 자들의 운동이다. 원전 노동이야말로 비정규직 노동의 극한이며, 비정규직 노동자야말로 원전 노동의 대상자가 된다. 좌담회 '반(탈)원전운동의 현재적 과제, 재가동 반대 액션을 향해서'에서 참여한 일용노동자 마을 '산야 노동자 복지회관'에서 활동해 온 나스비는 원전 노동을 비정규직 노동의 문제로 파악하지 못했던 과거를 후회한다.[65] 그가 일용노동자운동(산야운동)에 참여한 1986년은 체르노빌 사건이 터진 해이기도 하다. 그때 원전 노동을 찍어온 사진작가 히구치 겐지는 원전 노동이야말로 "쓰고 버리는 노예노동"이라고 강조했다고 한다. 1997년에는 후쿠시마 제1원전에 일어난 사고로, 폐로가 되어야 할 기계를 폐기하지 않은 채 수선하여 쓰면서, 피폭 위험이 높은 일을 일용노동자에게 하도록

---

65) 園良太, なすび, 近藤和子, 天野恵一, 「座談会―反(脱)原発運動の現在的課題, 再稼働反対アクションに向けて」, 『インパクション』 181号, インパクション出版会, 2011年 9月, 85~96쪽 이하. 나스비의 이야기는 이 부분에서 재구성.

했던 일이 있었다. 당시 '일용전협'(日用全協)의 각 지부가 있었던 산야, 고토부키, 사사지마, 가마가사키 등의 일용노동자 마을에서는 "후쿠시마에 가지 마라, 가면 죽는다"라는 삐라를 돌렸다. 그러나 원전 노동 자체를 해결하려고 하진 않았다는 것이다.

> 피폭 노동 없이는 원전은 움직일 수 없기 때문에 모두가 피폭 노동을 거부하면 원전은 멈춘다. 그렇지만 우리들은 그러한 운동을 우리 운동의 영역 속에서 벌이지 않았다. 오히려 후쿠시마 제1원전에는 가지 말라는 캠페인을 할 때에도, 어쩔 수 없는 상황인데 일하러 가지 말라는 건 무슨 소리냐는 반발이 나올 정도였다. 이것은 하층 노동의 본질적인 문제로 피폭 노동만의 이야기이거나 일용노동만의 이야기가 아니다.[66]

원전 노동이 유지되는 데에는 차별적인 비정규 노동 및 빈곤 구조가 있다. 따라서 재해 이후 터져 나오고 있는 원전 노동 문제는 단지 '환경' 문제만이 아니며, 또한 '비정규 노동'만의 문제도 아니다. '환경' 문제는 과학기술과 자본의 연계 속에서 생겨난 과학기술 노동 및 오염 노동과 긴밀히 관련되어 있다. '비정규 노동'이란 '고용'이나 '노동'의 차원을 넘어서서 자연과 사회 전체와 맺는 관계성 전체의 문제인 것이다. '산야 노동자 복지회관'의 나스비는 원전 노동은 "중층적인 하청구조 속의, 전형적인 쓰고 버리는 시스템"이며 토목건설 및 다른 여타의 산업 속에도 있는 비정규 노동의 형태라고 말하면서 피폭 노동 문제를 비정규 노동운동과

---

66) 園良太, なすび, 近藤和子, 天野恵一, 「座談会—反(脱)原発運動の現在的課題, 再稼働反対アクションに向けて」, 86쪽.

함께 대중운동 차원으로 확장시켜 가고 싶다고 말한다.[67)]

더구나 이 새롭게 대두한 과학기술-하층 노동이 여태까지의 그 어떤 노동과도 다른 것은 노동자가 그 위험성을 판단하기 어려운 노동이라는 점이다. '방사능'은 눈에 보이지도 만져지지도 냄새를 풍기지도 않는다. 비정규직 노동이 단기 고용, 잦은 해고 등으로 안정적인 경제생활은 물론 사회적 제 관계를 맺을 기회를 박탈하는 노동이라면, 비정규직 원전 노동은 노동자들을 사회적 제관계뿐 아니라 스스로의 건강에 끼칠 영향력이나 과학지식으로부터 소외시키는 노동인 것이다. 더구나 3월 11일 이후 건강의 위험성을 스스로 판단할 수 없는 비정규 과학기술 노동형태는 확산되어 가고 있다. 방사능 오염이 심각한 피해지에서 오염제거작업이 진행되고 있으며, 이러한 잔해들을 다른 지방으로 운반하고 관리하는 노동도 진행되고 있다. 이런 노동은 원전 노동과 마찬가지로 피폭 가능성이 매우 높다.

> 계획적 피난지구로 지정된 후쿠시마 현 이이다테 마을은 …… 30년 후에도 연간 약 10밀리시버트에 달하는 공간 방사선량이 예측되고 있어요. 사람이 살 수 없는 상황입니다. 그럼에도 일본 정부는 3천억 엔을 들여 이 지역에서의 오염제거작업(실제로 방사능 물질을 제거하는 것은 불가능하니까 오염이동작업이라고 해야 합니다만)을 합니다. 부흥을 연출하기 위해서 오염된 지역의 사람들을 기민으로 만들고 있는 것입니다.(야마구치 모토아키, 2011년 12월 2일)

---

67) 園良太, なすび, 近藤和子, 天野恵一, 「座談会—反(脱)原発運動の現在的課題, 再稼働反対アクションに向けて」, 105쪽.

야마구치는 정부가 불가능한 부흥의 꿈을 거짓말로 연출하기 때문에, 사람이 살 수 없는 환경인 후쿠시마 제1원전을 수습하는 일이 진행되고 있으며, 그 일에 비정규 노동자들이 사용되어 피폭당하고 있다고 말한다. 실제로 재해로 일자리를 잃은 후쿠시마 지역의 사람들은 생계를 위해서 원자로를 수습하는 일에 뛰어들고 있다. 야마구치는 지금 당장 원자로 폐쇄작업이 진행되더라도 50년 동안 수만 명의 피폭 노동자가 빈곤층을 중심으로 동원당할 것이라고 분석한다. "빈곤층의 생명을 깎아먹는 노동을 생산하는 것을 그만두고, 즉시 사고가 난 원자로를 봉쇄해야 한다"(야마구치 모토아키)라고 외친다.

반빈곤 및 비정규직운동과 반원전운동과의 접점은 그 이외의 운동과도 만나가고 있다. 오키나와 주민들이 미군기지로 인해 버려졌듯이, 후쿠시마 주민들이 원전으로 인해 버려졌듯이, 여성들의 감정노동이 자본주의의 가치척도에서 배제되었듯이, 빈곤층과 비정규 노동자 및 원전 노동자들도 국가에 의해서 버려진 존재들이기 때문이다. 더불어 반원전 반빈곤 비정규직운동을 위한 국제적 연대도 요청되고 있다.

물론 3월 11일 재해 이후의 비정규 노동, 반빈곤, 비정규 원전 노동을 서로간의 관련성 속에서 파악하는 것은 갈등을 낳기도 한다. 예를 들어 반원전운동 중 가장 큰 공감을 얻고 있는 것은 후쿠시마의 아이들을 지키자는 활동이다. 그러나 그 후쿠시마 아이의 아버지는 3월 11일의 재해 및 12일부터 지속된 원전 사고로 직업을 잃고 불안정한 노동을 전전하다가 결국 생존을 위해 후쿠시마 원전에 비정규직으로 일하러 간다.[68] 이 예는

---

68) 園良太, なすび, 近藤和子, 天野恵一, 「座談会―反(脱)原発運動の現在的課題, 再稼働反対 アクションに向けて」, 98쪽.

언뜻 보면 비정규직운동과 반원전 노동운동이 연대할 수 없는 이유로 보일 수도 있다. 그러나 그렇기 때문에야말로 비정규직 운동은 특정 부문운동이 아니다. 인간이 자연과 노동과 맺는 관계성 전체를 새롭게 구축하고 삶에 대한 대안적 모델을 마련하는 운동으로서 전개해야 한다.

4. 재해 유토피아, 그 이후

클라이스트는 1647년 칠레의 대지진을 배경으로 「칠레의 지진」[69]이란 소설을 쓴다. 이 소설에서 금지된 사랑으로 교수형에 처할 위기에 놓였던 두 남녀는 대지진으로 모든 질서가 무너짐에 따라 극적으로 구원받는다. 그 짧은 재앙의 순간, 부당한 기존 질서는 무너지고 사람들 사이에는 부드럽고 순수한 유토피아적 관계가 형성되는 듯했다. 모두가 모두를 걱정하고 그 누구도 남을 돕지 않는 사람이 없었으며 불편했던 관계는 화해를 향해 간다. 그러나 대지진이 어느 정도 가라앉자, 두 사람의 사랑은 대지진을 불러온 죄악으로 매도된다. 결국 두 사람은 대중들에 의해 처참하게 살해당한다. 그들은 왜 재해의 순간 열렸던 새로운 유토피아 혹은 새로운 코뮌의 가능성을 기존의 도덕과 질서로 회수해 버려야 했던 것일까? 재해의 순간 드러났던 새로운 코뮌과 관계성들을 통해 새로운 삶을 만들 수는 없었을까?

재해가 일어난 순간은 기존의 질서가 무너지는 순간이다. 신이 사라진 자리에 새로운 질서가 태어날 수 있는 잠재성들이 모습을 드러내는 순간인 것이다. 몇 달 간 일본 전체를 감싼 불안감은 단지 방사능에 대한 걱

---

69) 하인리히 폰 클라이스트 지음, 「칠레의 지진」, 『버려진 아이 외』, 진일상 옮김, 책세상, 2005.

정만이 아니었다. 그것은 전후에 형성된 질서가 무너진 뒤 무엇이 나타날 것인가에 대한 어떤 새로움에 대한 갈구를 담은 불안이었다. 2011년 3월 11일 지진 쓰나미 원전 사고 이후 비정규직 노동자의 상황은 악화되었고 비가시적인 영역으로 숨어 버린 문제들도 있었다. 그러나 다른 한편 비정규직이 놓인 불안정한 상황 및 원전 노동을 비롯한 재해 임시 노동 등 새로운 형태의 불안정 노동형태들이 가시화되었다. 정상적인 상태가 전면적으로 정지됨에 따라 사회 전체가 비정상적인 상태, 비정규적인 노동의 상태로 변환되는 순간이었다고 말할 수 있었다.

이 불안정한 위치에서 느껴지는 민감한 불안은, 대중들을 거리로 나와 만나게 하고 논의하게 하고 외치고 점거하게 했다. 즉흥적인 거리의 점거-텐트광장이 등장했고, 비정규직 노조들의 유연한 네트워크와 코뮨적 활동은 활발해졌으며, 각 운동들이 지닌 벽이 불안정해지면서 서로간의 접점을 발견해 가기 시작했다. 비록 정규직과 비정규직 노조 사이의 차이는 존재했지만 말이다. 이는 재해라는 불안과 비정규직이라는 불안정 속에서 구성된 '움직이는 텐트-코뮨'의 잠재성들이었다. 이 속에서 만난 프레카리아트들은 사회 전체를 움직이는 에너지가 무엇인가를 질문하고 그 에너지에 대한 감각을 바꾸고 있다.

대중들은 이번 재해와 점거 텐트의 만남을 통해서 국가가, 자본가가 늘 거짓말을 해왔음을 알아채고 있다. 현재 피해지에서는 부흥의 헛된 꿈이 떠돌고 있고, 수도권에서는 계획정전이 실시되고 있지만 이에 대한 의심과 반발도 만만치 않다. 사람들은 질문하기 시작했다. 지방의 부흥정책은 비정규 노동자들을 방사능 오염 노동으로 내몰면서 실시되고 있지 않은가? 결국 다시 국책이라는 말로 오염산업을 받아들이게 만들 뿐이지 않은가? 원전이 없으면 전기 공급에 심각한 문제가 있다고 말해 왔지만 전국의 50여 개의 원전이 모두 정지되었는데도 그렇게 위협적으로 말하던 파국은 오지 않았다. 역으로 원전이 없어도 아무런 문제가 없다는 것을 지금의 일본이 보여 주고 있는 것이다! 이번 원전사고를 통해서 사람들은 이렇게 생각하기 시작했다. "계획 정전이라는 것은, 원전이 전기 공급에 꼭 필요하다는 인식을 심어 주기 위한 거짓말이지 않을까?"[70] 후쿠시마의 어떤 고등학생은 이렇게 쓴다.

> 정치가도 국가도 매스컴도 전문가도 원전 상층부도 모두가 적이다. 거짓말쟁이다. ― 후쿠시마 현 미나미소마 시 고등학생의 시(詩)에서[71]

국가와 자본의 거짓말 대신에 점거텐트와 거리의 네트워크를 채운 것은 대중의 과학과 감응적 진실인 소문들이었다. 거리의 점거-텐트광장, 비정규 노동자들의 노조-코뮌(피해지의 자원봉사자들의 지원텐트를 포함하여), 직장에서 집에서 공원에서 쫓겨난 자들의 거처(야숙자 점거 텐트)들에서는 다양한 의견과 정보가 교환되고 소문이 퍼져 나간다.

소문은 사실이 아니지만 비정규 노동자와 빈곤층 그리고 기민들의 감각적 판단과 바람을 드러내 준다는 점에서 감응적 진실에 가깝다. "남서쪽에 올해 안에 다시 큰 지진이 온대"(언제든 다시 닥쳐올 수 있는 위기에 대한 불안감), "요즘 좋은 일[자리]가 있다고 하면 원전 일이래, 원전에 일하러 가면 죽는대"(정보가 투명하게 공개되지 않는 상황 속에서 피폭에

---

70) 樋口建二, 「労働者を殺す原子力産業」, 93쪽.
71) 『来たるべき蜂起』翻訳委員会, 「流言の氾濫はすでに革命の到来を告げている」, 『現代思想 - 東日本大震災 - 危機を生きる思想』vol.39-7(2011年 5月), 青土社, 130쪽에서 재인용.

대한 두려움과 불안이 원전 노동자 비율을 축소시킨다), "피해지에서는 노동직업 안정소에 가면 누구든 실업부금을 준대"(비정규이건 정규이건 상관없이 모두에게 돈을 주면 좋겠다는 희망) 등. 이 소문들은 사실보다 강력한 힘을 지닌 감각적 진실들이다. 이 감각적 진실의 눈을 통해서 주류 미디어의 보도나 국가정책들을 되짚어 보면 그 안의 거짓말들이 만천하에 드러난다. 우리 기민들의 눈을 통해서 보면, 안정과 안보를 말하는 쪽이 오히려 불안하고 불안정해 보인다. 프레카리아트들의 불안과 불안정을 감지하는 예민한 감각이, 대중지성이, 감응적 진실인 소문이, 자본과 자연이 미래에 맞이하게 될 더 큰 재앙에서 우리 자신과 우주 전체를 구원할 질문을 하게 하는 것이다.

에너지 전환은 국가나 기업만이 할 수 있는 건 아니다. 에너지란 크고 작은 코뮌을 유지하는 원동력이다. 에너지에 대한 우리의 감각이 변화하면 에너지 전환을 우리의 손으로 이뤄 내는 것도 불가능한 것만은 아니다. 현재 등록형 파견, 파트, 단기계약 노동자, 원전 노동자, 야숙자, 피해지의 주민들, 피폭자, 이주 노동자, 오키나와 기지 건설지의 주민들 등 모든 프레카리아트들은 거리에서 움직이는 점거-텐트-코뮌을 만들며 새로운 삶의 형태를 실험하고 에너지에 대한 감각을 변화시키고 있다. 거리의 점거-텐트와 노조-코뮌에 모인 우리들이 원전에 대해서 NO라고 확실히 말할 수 있을 때, 직종이나 단체나 목적이나 성별 등에서 자유롭게 접속하고 대안적 삶의 형태 노동형태를 창발해 내는 비정규직의 노조-코뮌이 가능해지지 않을까? 이것이 3월 11일 이후 일본의 비정규직운동이 획득한 새로운 감수성, 에너지 전환의 잠재성, 새로운 코뮌의 가능성이다.

글을 다 쓸 때쯤 해서 진도 3~4 정도의 지진이 왔다. 남서쪽에 큰 지진이 일어날 거란 소문이 들어맞나 싶어 잠시 아찔했다. 앞으로도 자본의 위기와 자연의 재해는 반복적으로 자주 발생할 것이다. 그때마다 비정규 노동자, 빈곤층 모든 기민들은 더 크게 요동할 것이다. 그러나 모든 프레카리아트들이 느끼는 불안은, 집단 패닉도 일상이나 개인으로 복귀하려는 약자의 감정도 아니다. 그들이 느끼는 불안은 그들을 거리로 나서게 하고 스스로의 의지를 표현하게 하고 더 나은 미래를 요구하게 하는 외부로 열린 감수성으로 변화되고 있다. 또한 프레카리아트들의 불안정성은 결여와 고통의 조건이 아니다. 오히려 단일한 목적이나 집단간의 경계선을 넘어서 다양한 운동들이 접합하고 움직이고 촉발할 수 있는 탈영토적 운동의 가능성이 되고 있다. 재해 속에서 구성된 프레카리아트들의 유동적이고 즉흥적인 점거-텐트 혹은 노조-코뮨은 그러한 새로운 비정규직 노동운동의 잠재성들을 담고 있다. '불안'에서 기존의 사회질서를 전환시킬 에너지를 만들어 내고, '불안정'에서 새로운 코뮨의 형태를 상상해 내는 프레카리아트들, 비정규직 노동자의 감수성이야말로 오염된 자연과 비틀어진 자본의 동력을 동시에 전환시키기 위한 "휘말림의 주술"이며 "도래해야만 할 혁명"이 아닐까?

부기

이 글은 2011년 말에서 2012년 1월에 걸쳐 씌어졌음을 밝혀둔다. 비정규 노동법안이나 운동 상황, 반원전 집회 상황 등은 이 글을 쓴 뒤에도 계속해서 변화했다. 그 모든 상황들을 모두 포착할 수는 없었지만, 두드러진 몇 가지 변화들에 대해서는 언급해 두고 싶다.

2012년 3월 28일에는 일본 참의원 본회의에서 '노동자 파견법 개정안'이 통과되어, 4월 6일에 공포되었고, 6개월 뒤부터 시행된다. 개정된 파견법은 '파견 노동자의 보호'를 명시하고 있고 '파견 노동자의 보호와 고용안정'을 목적규정에 명기하고 있지만, 등록형파견(26개 업무 제외)의 원칙금지와 제조업 파견금지(1년 초과 상시고용 업무 예외)가 제외되었다. 이 두 가지 파견형태는 "쓰고 버리는 한시적 고용계약"의 온상으로 이번 개정안에서 핵심적인 과제였음에도 파견 노동으로 남게 된 것이다. 또한 현재 3월 23일에 각의 결정이 된 '노동계약법의 일부 개정안'이 심의 중인데, 이것이 유기노동을 제도화할 가능성이 커서 반발이 일고 있다. 2012년 5월에 열린 '자유와 생존의 메이데이'는 '잡민(雜民)들의 메이데이'였다. 이들은 일본 국내에서는 "기즈나"(絆, 연대·유대)의 합주를 강조하며 '부흥 행진곡'이 울려 퍼지지만 자신들은 동참할 수 없다! 정제되지 않고 조화되지 않은 잡민들의 소리, 그것이 희망이다! 노동 반대! 일 안해! 돈을 달라!(방사능 비를 맞지 않도록)우산을 달라! (방사능 오염 없는) 스시를 달라! 그들은 말한다. "우리들은 '우리'와 '들' 사이에 있는 심연을 보지 않고 '우리들'이 되는 것은 불가능하다."

고토 구 주변의 고령의 비정규직 노동자나 야숙자 들의 점거-텐트의 상황은 지속되고 있지만, 우리가 '여자 요시다 기숙사'라고 부르는 집을 비롯 여전히 그곳을 지키고 있는 사람들이 있다. 이후에도 미타카 등 이곳 저곳에서 야숙자에 대한 배제가 지속되고 있다. 특히 2012년 6월 15일에는 미케다 공원(美竹公園) 시부야 청사 지하 주차장을 강압적으로 봉쇄했다. "재해 대책"이라는 명목을 들고 있지만, 이곳에 사는 10명이 넘는 야숙자들을 추방하려는 의도를 담고 있다. 이에 현재 연일 항의 행동이 일어나고 있다.

'경제산업성 앞 텐트 광장'이 가동 원전 제로 카운트다운 41일째에 접어들었던 2012년 6월 15일, 노다 총리가 후쿠이 현 오이(大飯) 원전 3,

4호기를 재가동하기로 결정한다. 이에 17일에는 후쿠이 현에서 열리는 오이 원전 재가동 반대 전국 행동(이것은 오키나와의 오스프레이 헬기 및 기지 철거 대집회에 맞춘 것이기도 하다)이 열렸다. 또한 '경제산업성 앞 텐트 광장'에서는 이 데모에 참여하기 위해서 '간토 도쿄의 버스투어'를 조직한다.

이처럼 급박한 상황 변화들은 모든 완결된 이야기를 거부한다. 이 변화들은 단지 "그들"에 의해 일방적으로 주어진 것이 아니다. '우리'들의 움직이는 감응적 코뮌을 통해서 변화시켜 왔고 변화시켜 가야 할 것이기도 하다. 비정규직 노동운동은 이처럼 다른 운동들과 끊임없이 만나는 과정을 통해서 움직이고 있다. 또한 어디로 어떻게 움직여 가야 할 것인지 계속해서 질문하게 한다.

부록 | 성 프레카리오의 강림
 — 이탈리아 프레카리아트운동

이토 기미오(伊藤公雄)

번역 신지영

1. 시작하며: 새로운 빈곤의 시대 속에서

'양극화 사회'라는 말이 유행하고 있다.

국회의 논쟁에서, 논단지에서, 그리고 매스미디어의 논의에서까지 그 말이 들리지 않는 날이 없을 정도다.

빈부차를 나타내는 지니계수를 토대로 '양극화 사회'가 확대되었음을 증명하는 논의도 있지만, 다른 한편 '양극화 사회'라는 것은 독거노인 증가가 반영된 것뿐이라는 분석도 있다. 그러나 특별히 지니계수를 참고하지 않더라도 '양극화'의 확대는 누구라도 실감할 수 있을 정도이다. 실제로 일본이 OECD 가맹국 중에서 빈곤층 비율 순위가 5위라는 사실이나 생활보호 대상세대가 100만 건을 넘어섰다는 보도, 더욱이 의무교육의 경우 도쿄나 오사카에서는 국가 보조로 학교에 다니는 초등학생이 4명에 1명 꼴이라는 데이터도 있다. 아라카와 구[1]에서는 국가 보조로 학

---

1) 아라카와 구는 최근 도쿄에서 빈곤층이 많은 지역으로 자주 거론되고 있다. 2004년의 데이터에 따르면, 일본 전국에서 국가 보조로 학교를 다니는 비율이 가장 높은 곳은 오사카(27.9%)

교에 다니는 학생의 비율이 40%를 초과하는 학교도 있다고 하니, '양극화' 정도가 아니라 '빈곤' 자체가 사회 문제로 부상하고 있다고 해야 할 것이다.

십여 년 전, 일본 '경제단체연합회'는 정사원은 극히 일부만 남기고 대다수를 파트타임이나 파견사원 같은 비정규직 노동자로 바꿈으로써 기업의 효율화를 꾀하는 보고서를 내놓았다. 양극화의 배경에 이 보고서 이후 진행된, 특히 최근 5년 사이에 현저해진 일본 사회의 신자유주의 구조개혁이 있다는 것은 누가 보더라도 명백하다.

소위 '니트'나 '프리타'라는 불안정한 청년층 문제도 당연히 이러한 신자유주의 '구조개혁'에 따른 고통이라고 파악할 수 있다. 최근엔 이 '프리타'라는 단어가 청년층의 고용 부족 문제를 그들이 나태하거나 일할 마음이 없기 때문에 생긴 문제인 것처럼 호도해, 고용 대책이 없는 정부나 기업이 해야 할 일에 대한 책임추궁을 회피하려 한다는 비판도 나온다.

그러나 불가사의한 것은, 이러한 '구조개혁' 고통의 희생자가 될 수밖에 없는 '하층'이나 '저소득층'의 젊은이들에게서는 어떤 움직임도 찾아볼 수 없다는 점이다. 오히려 희생자가 될 수밖에 없는 이 '하층'의 젊은이들이 모두 자민당에 투표함에 따라, 2005년 9월 11일 고이즈미 자민당 정권에 대한 폭발적인 지지가 생겼다고 말할 수 있을 정도이다.

이고 도쿄는 24.8%로 2위이다. 도쿄의 경우, 국가 보조로 학교를 다니는 비율은 아다치 구가 47.2%로 1위이고, 여기서 거론되고 있는 아라카와 구는 33.7%를 기록하고 있다(『메일 매거진 가료통신』[メールマガジン臥龍通信], 135호, 2006년 4월 7일, http://www.nakajima-msi. com/). 특히, 아라카와 구의 미카와시마 역과 아라카와 구에서 가까운 아다치 구는 제주도에서 이주한 재일조선인들이 밀집해 있는 지역이다. ― 옮긴이

2. 아우토노미아와 그 시대

이렇게 '양극화'가 심화되는 동향은 시장중심적 세계화의 진원지인 미국은 물론, 사회민주주의 조류가 지금까지도 그런대로 힘을 발휘하고 있는 유럽 국가들에서도 그 정도는 다르지만 마찬가지로 나타난다. 최근 프랑스에서 "수습 기간 2년 동안 이유 없이 마음대로 해고할 수 있다"는 CPE 법[2)]이 도입된 것에 항의해, 45개 대학에서 일어난 시위는 이러한 상황의 표현이 아닐까. 당시 소르본에서는 항의하던 학생 수백 명이 대학을 일시 점거하기도 했다.

하지만 과거를 돌이켜 보면 여기서 문제로 다루려는 청년 불안정층의 고용이나 실업이라는 상황은, 질적 차이는 있지만 유럽의 주요국들에서는 이미 1970년대부터 사회문제화 되고 있었다. 그 중에서도 청년 불안정층의 급증이 두드러졌던 곳은 이탈리아였다. 1970년대 중반에는 20대 인구의 70%가 실업 상태라는 보고서를 읽은 적도 있다. 당시 이탈리아 젊은 층의 고용불안정 상황이야말로, 유럽뿐만 아니라 전세계에서 유일하게 68년운동이 아우토노미아라는 새로운 운동으로 계승되어 70년대 후반까지 계속될 수 있었던 원인 중 하나였다.

그렇다고 하더라도 당시 이탈리아의 사정은 현재와는 매우 달랐다. 아이러니하게도, 당시 이탈리아에서 젊은 불안정층이 증가한 것은, 노동조합운동 및 좌익정당이 68년에서 69년에 걸친 투쟁으로 더욱 강력해졌

---

2) CPE법은 최초고용계약법을 말한다. 기업이 26세 미만의 직원을 채용할 경우, 처음 2년 동안 언제든지 이유 없이도 해고할 수 있다는 법이다. 이 법에 대항해 2006년 3월 21일 프랑스의 젊은이들과 노동자들은 쓰레기봉투 복장을 하고 "우리는 일회용이 아니다"라는 구호를 외치며 가두시위를 했다. ─ 옮긴이

기 때문이기도 했다. 불황에도 불구하고 강력한 노동조합과 그 노동조합과 연동한 좌파정치세력은, '구조조정'의 공격에도 까딱하지 않고 고용과 임금을 둘러싼 정부나 경제단체와의 투쟁에서 승리를 거두었던 것이다. 이렇게 되자, 기업으로서는 노동력의 신규채용을 억제하지 않을 수 없었다. 그 결과 젊은이들의 고용은 정지되었고, 거리는 직업이 없는 젊은이들로 넘쳐 나게 되었다. 그러나 사회민주주의 세력 덕분에 그 나름의 사회보장 제도가 정비되고 있었고, 부모 세대의 고용은 조합세력에 의해 보다 확실히 보장되었다. 따라서 운동 에너지는 '빈곤'보다 '사회적 소외감'에 의해 확산되었다는 인상을 받는다. 일정 수준의 생활이 확보된 부모 세대에게 기생함으로써 젊은 사람들의 '빈곤'이 완화된다는 이 구도는 일본의 현재 상황과 흡사하다.

1970년대 이탈리아에서 소위 '운동'은 68~69년 투쟁의 유산을 계승한다는 측면과 함께, 분명 이러한 '부유한 사회에서의 빈곤'이라는 사회적 배경과 결합되면서 발전했다. 그랬기 때문에 아우토노미아로 대표되는 이 기간의 운동은 기존의 노동자 중심이었던 좌익운동 논리를 벗어나, 젊은이들이나 실업자, 특히 주부, 외국인 노동자 등 그때까지 변혁의 주체로서는 낮게 평가되었던 세력을 자본주의 비판의 중요한 수행자로 설정할 수 있었다. 이 문제설정은 나중에 하트와 네그리의 '다중'(Multitude)이라는 개념으로 연결되는 요소 또한 분명히 포함하고 있다.

당시 일어난 아우토노미아의 문제설정을 간략히 정리해 보면 다음과 같다. 전세계화되고 전사회화된 자본의 지배 ──이 관점도 나중에 하트와 네그리의 『제국』으로 계승, 발전된다── 는 단순히 생산노동자뿐만 아니라 학생, 실업자, 주부들까지도 성장 수단으로 활용하고 착취한다. 그들은 산업예비군, 노동조정 때문에 일시적으로 산업에서 배제된 사람들,

게다가 생산노동력을 음지에서 지탱하고 있지만 노동으로 인정받지 못하기 때문에 임금을 받지 못하는[非拂] 재생산노동자들이다.

학생이나 실업자, 주부 같은 사람들은 그런 의미에서 사회 전체로 확대된 자본의 지배, 즉 사회라는 공장에서 착취당하는 사회적 노동자들이다. 이때 사회 전체로 확대된 자본의 지배란, 공장이나 기업 같은 생산의 장을 초월해서 소비생활부터 학교나 가정, 지역사회에 이르기까지, 모든 자원을 시장의 이익으로 삼는 과정의 일부로 동원되는 것을 의미한다. 그런 까닭에 그들은 또한 지불되지 않은 임금[非拂]을 요구할 권리가 있다. 여기에서 "학생에게 임금을", "실업자에게 임금을", "가사 노동자에게 임금을"이라는 어떤 의미에서는 쇼킹한, 그러나 냉정히 생각해 보면 '당연한' 자본주의 비판, 즉 시장중심주의 비판의 슬로건이 등장하는 것이다.

3. 계속되는 '투쟁'

그러나 이런 아우토노미아를 중심으로 한 운동, 즉 기존의 좌익적 관점을 넘어선 새로운 자본주의와 시장중심주의사회에 대한 비판의 움직임은, 유감스럽게도 운동의 급진화 속에서 생긴 테러리즘적 경향이 현저해짐에 따라 급속히 사회적 설득력 ——사회적인 헤게모니 ——을 상실해 갔다. 테러리즘과 치안 강화가 서로 증폭되는 소위 '납의 시대'(leaden age)[3]가

---

3) '납의 시대'란 브레턴우즈체제가 해체된 1970년대 이후의 시대를 지칭한다. 환율을 규제하고 자본의 흐름을 통제하는 브레턴우즈체제 시대는 현대 국가자본주의의 '황금시대'라고 불렸다. 반면 1970년대 이후 금융시장의 자유화와 변동환율 제도가 도입된 시기는 종종 '납의 시대'라 묘사되어 왔다. 이 시기엔 상당히 둔화된 경제성장, 더 후퇴한 생산성, 높은 이자율, 더욱 커진 시장 불안, 금융위기 등이 발생했다. 임금은 정체되거나 줄었고 노동시간은 늘어났

시작된 것이다. 삼엄한 강압에 대항했던 운동은 무장화·폭력화만으로 활로를 찾으려고 했다. 결국 기존의 좌익 논리와 방법을 근본적으로 극복하지 못한 '신좌파'는 이미 네트워크되고 리좀화된 자본 지배가 심화되고 있음을 간파하지 못했다. 따라서 적을 '일원화'하여 중심에 타격을 주는 것만으로 문제는 해결되고 혁명은 달성된다고 고집했다. 실제로는 이미 중심 없는 네트워크적 지배가 심화되고 있는데도, 적을 관념적으로 설정하고 그 적과의 투쟁을 위해 자기편을 '일원화'함으로써 모처럼 나타나기 시작한 '운동'의 다수성·복수성을 위축시켜 버렸다.

그렇다고 하더라도 이러한 아우토노미아를 선두로 한 '운동'이 완전히 그 모습을 감춰 버린 것은 아니다. 특히 1980년대 중반 이후 '납의 시대'가 종언을 고하자, 그때까지 이탈리아 각지에서 다수성과 복수성을 유지하며 뿌리내려 온 다양한 움직임이 사회적 세력으로 다시금 그 모습을 드러내기 시작했다.

그 중 가장 전형적인 예로는 1990년대 이탈리아뿐만 아니라 유럽사회에서도 주목받은 이탈리아 사회센터의 활동이 있다.[4] 이탈리아의 사회센터는 1970년대 전후의 '운동' 속에서 탄생했다. 활동가나 아티스트를 위시한 다양한 젊은이들이 빈집이나 폐허가 된 공장, 빌딩 등을 점거하고 그렇게 확보한 공간을 다양한 운동단체와 교류의 장으로 활용하기 시작했다. 세미나 운영 위원회 등이 점거한 공간들을 조정하는 가운데, 카페나 서점, 자유라디오 방송국으로 사용되거나 때로는 콘서트나 집회, 회의

다. 이러한 현상은 전지구적 상황이기도 하다(노암 촘스키, 장영준 옮김, 『불량국가―미국의 세계 지배와 힘의 논리』, 두레, 2001 참조).―옮긴이

4) 伊藤公雄, 空間の政治學, 『アンテルナシオナル·シチュアシオニスト』3卷 解說, インパクト出版會 참조.

장으로 비교적 자유롭게 활용되었다. 그러나 이탈리아 전국으로 확대되었던 사회센터운동은 80년대를 전후한 테러리즘과 탄압의 시대 속에서 한때 그 힘을 잃기도 했다. 80년대에는 이러한 센터가 마약 거래의 온상이 되는 등, 사회적으로 소외된 젊은이들의 비정치적인 배출구로 간주되기도 했다. 그러나 80년대 후반부터 90년대에 걸쳐 새로이 참가하는 젊은 세대에 의해 사회센터는 정치조직이나 이데올로기에 속박되지 않는 다양성과 복수성이 명확히 열린 '운동' 거점으로 그 활동을 소생시켜 가고 있다.

그 중에서도 특히 흥미로운 것은 사회센터운동과도 밀접한 관련이 있는 '하얀 작업복'(White overalls) 그룹의 활동이다. 이 집단의 활동에 대해서는 하트와 네그리의 『다중』에서 「하얀 작업복」이라는 칼럼에 소개되어 있다.[5] '하얀 작업복'은 일본의 정밀기계나 약품공장 등에서도 흔히 볼 수 있는 하얀 모자, 마스크에 하얀 작업복을 착용한 '특별 편성조'이다. 이 모습은 일본 학생운동의 경험에 비추어 보면, 헬멧에 복면을 한 모습을 연상시킨다. 특히 하얀 작업복의 형태는 얼굴을 감추는 기능뿐 아니라, 예전의 청색 작업복을 입었던 조직된 공장노동자들을 대체하는 새로운 정보산업 노동주체의 등장을 표현하는 것이기도 하다. 이 하얀 작업복을 입은 집단은 '운동'의 다양한 장면에서 흥미로운 활동을 보여 주었다. 즉 데모 등의 조정 역할, 우익이나 기동대와 충돌할 때의 방위대 등, 상황에 따라 조직적으로 대응하는 특별 편성조로 행동했다. 특히 90년대 후반

---

5) Michael Hardt, Antonio Negri, Multitude : war and democracy in the age of Empire, The Penguin Press, 2004(서창현·정남영·조정환 옮김, 『다중─제국이 지배하는 시대의 전쟁과 민주주의』, 세종서적, 2008). 3부 '민주주의'에 나오는 '하얀 작업복'이란 칼럼 참조.─ 옮긴이

에는 플라스틱 방패를 든 기동대에 대항해 그들 스스로 나름대로 만든 방패를 들고 대응하는 등, 시위에서 일종의 '스타'가 되었던 적도 있다. 하트와 네그리에 따르면, 이 '하얀 작업복' 운동은 그 후 철저한 시민불복종운동과 비폭력저항운동 스타일로 이행한다. 그리고 그들은 2001년 제노바에서 있었던 G8 반대운동 이후 '스스로의 역할은 끝났다'고 선언하고 그 후 모습을 감춘다. 하트와 네그리는 이 운동을 높이 평가했다. 이 운동은 다양한 형태를 띤 저항운동을 확대시켰고, 거기에 정치적 일관성을 부여했으며, "새로운 노동형태 ── 네트워크 형태의 조직이나 공간적 이동성 및 시간적 유연성 ── 에 적합한 표현 형태를 조직했다"는 것이다.

4. '성 프레카리오'의 강림

이러한 90년대에서 21세기 초에 걸친 반세계화와 반신자유주의를 위한 젊은 세대의 운동 가운데 하나로 나타난 새로운 표현이 프레카리아트운동이다. 프레카리아트의 개념이나 실제 활동에 대한 상세한 것은 사쿠라다 가즈야(櫻田和也)의 논문[6]을 참조하면 좋을 것이다. 이 글에서는 프레카리아트운동이 지닌, 70년대 운동에서 계승된 측면에 대해 논의해 보려고 한다.

프레카리아트(precariat)[7]라는 것은, 간단히 말하자면 불안정성 (precarious)과 프롤레타리아트(proletariat)를 합친 용어이다. 이 용어에

---

6) 櫻田和也, 「プレカリアート共謀ノート」, 『インパクション』, 2006年 4月, インパクト出版會 참조. ── 옮긴이
7) 이탈리아어로는 'precariato'이다.

는 다양한 함의가 있다. 특히 정보, 커뮤니케이션, 지적 생산이 우위를 차지하는 포스트포디즘 사회에서 신자유주의 시장중심 원리에 의해 불안정한 상황에 처한 사람들을 총칭한다. 대표적으로는 비정규직 노동자를 들 수 있다. 그뿐만 아니라, 고학력자이면서도 마찬가지로 불안정한 지적 산업예비군들도 중점적으로 언급된다. 즉 일본의 경우, 박사 학위를 갖고 있고 대학이나 대학원에 출강하면서도 아직도 안정된 직업을 얻지 못한 사람들이 있다. 이들은 사쿠라다 가즈야의 논문에서 브레인 워커(brain worker)로 지칭된 바 있다. 그러나 이 글에서는 불안정한 상황에 처한 젊은 세대에 대한 총칭으로 이 프레카리아트라는 말을 사용했다. 고학력 프레카리아트에 대해서는 다음 기회에 중점적으로 논의하고 싶다.

프레카리아트라는 용어가 등장한 것은 2003년 이탈리아에서였다. 이 신조어는 곧장 스페인으로 번졌고, 순식간에 유럽으로 퍼졌다. 특히 2004년 2월 29일 이탈리아 각지에서 등장한, 불안정한 노동자와 그 생활의 수호성인인 '성 프레카리오'를 상징으로 한 운동은 프레카리아트의 존재를 널리 알렸다. 가톨릭 달력에서는 매일이 특정한 성인의 날로 지정된다. 그들은 4년에 한 번밖에 없는 이 날(2월 29일)을 성 프레카리오의 날로 정했다. 성 프레카리오가 등장하는 방식은 지역에 따라 남성노동자였다가, 여성이었다가, 트랜스젠더의 모습을 했다가 하는 등 다양하지만, 성 프레카리오라고 칭해지는 성상 대부분은 기도를 올리는 노동자의 모습을 하고 있다. 활동가들은 이 성인상에 기반해 슈퍼마켓이나 서점, 베니스영화제 회장 등에 들이닥쳐 퍼포먼스를 하고 자신들의 불안정한 노동상황을 호소했다.

성 프레카리오 성인을 중심으로 한, 때로는 카니발식 퍼포먼스를 동반한 운동을 상세하게 설명하는 것은 다음으로 미루고자 한다. 단지 다음과 같은 것들은 강조할 필요가 있다. 이 운동의 기본적인 방향성이 탈일상적인 낯설게 하기 효과를 동반하는 때로는 코믹한 퍼포먼스를 하는 한편, 세계화와 시장중심주의에 대항하는 다양한 운동의 연대를 염두에 두었다는 점, 그래서 미디어를 사용한 국제연대를 열어 가는 형태의 운동이었다는 점 등이다. 그 운동들을 구체적으로 들어 보자면, 체인점 노동자(chain worker)라고 불리는 서비스산업에 종사하는 프리타들의 권리 요구, 일회용 시간강사 같은 불안정한 지적 정보 분야 노동자의 권리 요구, 외국인 차별에 대한 비판, 환경운동, 페미니즘이나 퀴어운동, 반전평화운동 등이다.

다시 말해, 이 운동이 이탈리아의 프레카리아트들이 '선언'에서 표현하고 있는 '포스트사회주의 세대, 포스트냉전 세대' 등의 세대운동이라는 점, 게다가 비참한 테러리즘의 시대를 경험한 후 폭력을 넘어선 스타일을 추구하는 포스트테러리즘 세대운동 등으로 설정되고 있다는 점에도 주목해야 한다.

5. 프레카리아트에게 임금을!

그런 의미에서 프레카리아트운동은 하트와 네그리 식으로 말하면, '다중'의 한 형태로 나타났다고 할 수 있다. 아니, 아직 그 구체적인 상을 그리기 어려운 다중이라는 '혁명주체'라기보다는, 현재 일본에 적용하더라도 보다 확실히 이미지가 그려지는 '시대의 아이'[8]라고 하는 편이 좋지 않을

---

8) 지다이코(時代の子). 일본에서 역사적으로 전전 세대와 전후 세대를 구별하거나, 프리타·니트 등 각 시대별 특징을 가진 세대별 집단을 나타낼 때 쓰는 용어이다. — 옮긴이

까. 일본에서 거론되는 프리타·니트 문제는 바로 이 프레카리아트 문제이기도 하다. 게다가 그 프레카리아트라는 용어는 젊은이들에게 드리워진 불안정한 상황이 한 국가의 문제가 아니라는 점을 보여 준다. 즉 세계화되는 신자유주의의 공통적인 움직임 속에서 경제가 발달한 많은 국가들로 확대되고 있음을 명확히 보여 주는 것이기도 하다. 부연하자면, 세계화 속 개발도상국의 상황을 이 프레카리아트라는 개념을 통해 논하는 것도 가능할 것이다.

실은 프레카리아트의 확대는, 지배층에게도 대단히 중대한 과제이다. 불안정층, 빈곤층의 증대는 분명 사회를 불안정하게 하고, 체제 그 자체의 위기로까지 연결될 가능성이 크기 때문이다. 그렇기 때문에, 지금 각국의 통치세력은 신자유주의적 시장중심주의를 전개하여 불안정층이나 빈곤층을 확대시키는 한편, 그 결과 발생하리라 예견되는 사회적인 위기에 대처하기 위해서 감시국가화를 더욱 강화하고 있다. 이러한 감시국가화의 길은 틀림없이 21세기형 전체주의의 성립이라는 비극적인 결과만 유도하게 되리라 생각하지만…….

문제해결은 관리사회화나 감시국가화처럼 자유와 민주주의를 희생양으로 한 '안정'의 길이 아니라, 오히려 비인간적인 자본의 지배를 가능한 한 '인간적인 것'으로 전환해 가는 것이어야 하지 않을까. 현재 자본의 지배는 대자본을 소유한 부유층이나 통치세력조차도 컨트롤할 수 없을 정도로 비대해져 폭주하고 있다. 불안정한 노동 속에서, 병이 나서도 안 되고, 저축도 없고, 최저한의 생활조차 보장받지 못하는 상황, 그야말로 아이를 키울 수도 없고 고령자의 수발도 불가능한 상황을 사회적으로 변화시키려는 작업은 그 첫걸음을 내딛었다.

이렇게 본다면, 70년대 아우토노미아에서 내건 "학생, 실업자, 주부…… 에게 임금을"이라는 슬로건을 현재의 문맥 속에서 새롭게 해석해도 좋지 않을까. 즉 "프레카리아트에게 임금을"이다. 70년대에는 다소 '공상적'으로 여겨진 슬로건이었지만, 현재라면 이 슬로건과 '기본소득' 논의가 만나는 것도 가능하지 않을까. 예를 들면 갓난아이도 포함한 모든 사람들에게 월 일정 금액을 국가재정에서 지급하는 것이다. 특별예산이 있다는 것을 고려하면 그다지 무리한 방법은 아니다. 또한 아이를 많이 낳을수록 그 가구의 수입도 증가할 것이므로, '저출산 대책(?)'으로도 유효할 것이다. 불안정노동을 안정시키는 첫걸음인, 노동의 균등한 대우를 도모하면서, 불로소득이나 머니게임으로 얻은 소득에 중과세를 부과하는 것도 필요할 것이다. 사회보장은 물론, 주택이나 수업료 등 사회적 뒷받침을 충실하게 할 것도 요구된다. 또한 식료품 등 일용품 가격 제한 같은 기본 생활을 사회적으로 뒷받침하는 장치도 필요하다. 이는 위태로운 상황에 있음이 분명한, 생활보호 수당이나 연금 문제를 해결하는 길이기도 하다. 물론 '그 이상의 생활'을 희망하는 사람들은 열심히 일하면 된다. 급료나 연금도 일한 만큼 더 받고 싶은 사람들은 노력해서 더 올려 받으면 된다. 물론 이런 구상은 어디까지나 그림의 떡일 뿐이다. 노동 의욕까지 고려한 노동 문제, 욕망의 문제, 지속 가능한 성장의 문제나 이행 조치 등을 포함해서, 꽤 논의가 필요한 과제인 것은 분명하다.

다시 말해, 더 벌고 싶은 사람은 더 벌면 된다. 물론 돈을 버는 만큼 세금을 더 내야 한다. 이렇게 말하는 이유는 '계획'과 '규제'의 과잉이 어쩐지 현대의 인간사회에는 부적합하다는 생각이 들기 때문이다. 20세기 사회주의가 생각했던 것 같은 '계획'과 '통제'에 의한 경제와 욕망의 조절이, 결국 비인간적인 전체주의체제를 낳았다는 것을 잊을 수 없기 때문이기도 하다. 그러나 규제 없는 이익중심주의, 시장중심주의의 여파는 사람들의 인간다운 생활을 붕괴시키고, 사람과 사람의 신뢰관계나 친밀한 관계성을 돈으로 환산해 파괴할 뿐 아니라, 자연환경도 파괴하는 식으로 진행 중이다. 돈을 벌기 위하여 무기를 만들고, 그 무기를 팔기 위하여 전쟁을 하는 상황은 이미 심각한 상태이다.

유럽에서 탄생한 프레카리아트운동은 분명히 '이 상황'을 바꾸기 위한 운동과 결부된다. 물론 일부에서는 지나친 행동을 하거나 잘못을 범하는 경우도 많이 있을 것이다. 게다가 이 운동의 주류는 기존의 신좌익과 구좌익 운동처럼 '적'을 단순화·일원화하고, 그것에 대항하기 위해 자기편도 집중과 통제를 통해 군사조직과 비슷한 균질적인 것으로 환원해 버렸던 과거의 운동 스타일과는 완전히 다른 맥락으로 전개되는 듯하다. "적에게 일거에 타격을 가해 권력을 쥐면 OK"였던 미련하고 단순한 권력관이나 정치관에서 자유로워지고 있는 것이다. 오히려 자본이나 권력이 복잡한 시스템일 뿐 아니라, 때로는 생명권력(bio-pouvoir)으로 사람들을 활성화시키면서 끌어들이는 힘을 행사하는 메커니즘을 갖고 있다는 점에 눈뜨고 있다. 그렇게 해야만, 지금의 운동은 스스로의 복잡성과 다양성을 유지하면서 타자와 서로 공유할 수 있는 장이나 인식으로 향하는 조정의 힘을 갖게 될 것이다. 이를 위해서라도 현재의 운동은 단순히 폭력에 의해 문제를 해결하려는 길이나, 교섭력이나 조정능력을 일방적으로 비판하고 부정만 하는 스타일에서 벗어나, 유머가 가미된 제안과 사회적 구상력을 필요로 하고 있다.

물론 이런 유럽에서의 프레카리아트운동을 일본에 그대로 도입하자는 단순한 제안을 하려는 것은 아니다. 다만 현재 일본에서는 일본 사회를 뒤덮고 있는 '신자유주의', '시장중심주의' 세계화의 움직임에 대해서 좌파도 전통적인 보수파도 모두 반발을 표시하면서도, 출구를 찾을 수 없는 상황이다. 좌익세력은 여전히 낡은 구호만 외쳐 결국 현 상황을 유지하는 방향성밖에 보여 주지 못한다. 보수파는 전통적인 도덕 질서의 회복이나 근거 없는 자기 이미지를 비대화한 자존사관(自尊史觀)의 횡행이라는 더욱 낡은 방법으로 이 상황을 벗어나려는 듯 보인다. 반면 이 새로운 활동은 기존의 좌익도 우익도 아닌 형태로 자본의 폭주를 제어하기 위한 새로운 방법과 그 주체를 모색하는 데 한 가지 힌트를 보여 주고 있음에 분명하다.

찾아보기